"탁월한 랍비 조너선 색스는 이슬람국가(ISIS)가 사실상 우리가 앞으로 몇십 년 뒤에 보게 될 전형적 모습이라고 주장한다. … 저자의 가장 위대한 공헌은 종교적 폭력에 대한 해결책을 종교 자체 안에서 찾을 수 있다는 점을 지적한 것이다."

—David Brook, *The New York Times*

"저자의 강력한 주장의 핵심은 창세기에 대해 수긍할 수밖에 없는 해설인데, 창세기 이야기를 새로운 눈으로 다시 읽게 만든다. … 이 책은 오늘날과 같은 폭력적 세상에 대한 귀중한 탐구로서, 십자군전쟁을 지지하는 데 사용되는 기본 본문들을 다시 생각하고 다시 듣도록 초청한다. 그 대안으로 이 책이 권위 있게 공통의 인간성에 근거한 공적인 삶의 실천을 가리키는 것은 모든 부족적인 유혹들을 뒤엎어버린다. … 지혜롭고 중요하다."

—Walter Brueggemann, *The Christian Century*

"종교적 폭력의 뿌리에 대한 긴급하고도 권위 있는 탐구로서, 오늘날 세계에서 가장 위대한 신학자들 가운데 한 분이 쓴 책이다. 창자를 뒤틀리게 만드는 저자의 첫 문장에서부터, 독자들은 그다음에 이어지는 문장들이 완벽한 학자가 깊게 생각하고 치밀하게 선택한 언어들임을 확실하게 깨닫게 된다. 그가 히브리성서를 읽는 방식은 빈틈이 없으며, 흔히 사람들이 놓치는 의미의 층들을 밝혀준다. 저자는 명민하며 확신할 수밖에 없도록 만드는 학자로서, 그의 방법론적 해체는 성서에 대해 잘못 읽는 오독을 폭로함으로써, 우리로 하여금 희망을 향해, 혐오를 내려놓게 만드는 신학을 향해 나아가도록 역설한다."

—Barbara Mahany, *Chicago Tribune*

"이 놀라운 책에서 저자는 종교 전쟁들이 이슬람에만 독특한 것이 아님을 치밀하게 문헌으로 뒷받침한다. 그는 아브라함의 신앙을 믿는 종교인들을 설득하기 위해서는 종교적 폭력에 반대하는 논증들이 세속적 사상들에서만이 아니라 신학 안에서도 뿌리를 내려야 한다고 믿는다."

—E. J. Dionne Jr., *The Washington Post*

"저자의 분석은 철학, 정치학, 사회과학들과 치열하게 대결하는 박식한 정신을 보여준다. 저자가 그 문제에 주목하고 또한 그 모든 자원들을 이용해서 종교적 신앙과 폭력 사이의 연관성에 대해 신학적으로 씨름하는 데서 그의 가장 위대한 공헌을 찾아볼 수 있다. … 나는 종교인들이 함께 읽고 공부하기 위한 새로운 책으로 이 책보다 더 중요한 책을 생각할 수가 없다. … 저자는 온 세상을 위해 깨달음을 주며, 그의 메시지는 어느 때보다 더 강력한 울림을 주고 있다."

—Michael Jinkins, *The Huffington Post*

"저자는 이슬람의 폭력이 유대인들과 기독교인들의 폭력과 마찬가지로, 경전을 오해하는 데서 비롯된다고 믿는다. 저자는 더욱 지혜로운 믿음과 부드러운 하나님을 밝혀준다. 이 책은 통찰력이 넘치며, 날카롭고 아름답게 쓰여진 책이다."

—William Saletan, *The Wall Street Journal*

"냉철하면서도 영혼을 뒤흔들어놓은 이 책은 창세기를 기막히게 해석한다. … 랍비 조너선 색스의 신학자로서의 총명함이 빛나는 책이다."

—Irshad Manji, *The New York Times Book Review*

하나님
이름으로
혐오하지
말라

하나님 이름으로 혐오하지 말라: 21세기를 위한 창세기

지은이/ 조너선 색스
옮긴이/ 김준우
펴낸이/ 김준우
초판 1쇄 펴낸날/ 2022년 7월 25일
초판 3쇄 펴낸날/ 2024년 3월 15일
펴낸곳/ 한국기독교연구소
등록번호/ 제8-195호(1996년 9월 3일)
경기도 고양시 일산동구 고봉로 32-9, 331호 (우 10364)
전화 031-929-5731, 5732(Fax)
E-mail: honestjesus@hanmail.net
Homepage: http://www.historicaljesus.co.kr.
표지 디자인/ 디자인명작
인쇄처/ 조명문화사

ISBN 978-89-97339-85-3 94230 (세트)
ISBN 978-89-97339-89-1 94230

값 18,000원

성서심층연구 시리즈 02

하나님 이름으로 혐오하지 말라

랍비 조너선 색스 지음

김준우 옮김

NOT IN GOD'S NAME

Confronting Religious Violence

템플턴상 수상자

21세기를 위한 창세기

한국기독교연구소

NOT IN GOD'S NAME

Confronting Religious Violence

by

Rabbi Jonathan Sacks

Shocken Books, New York, 2015.

Korean Translation by Kim Joon Woo

이 책은 이 숙(1948-2022) 사모의 아름다운 삶을 감사하여,
김준형 목사가 출판비를 후원하여 간행되었습니다.

Korean Institute of the Christian Studies

목차

〈성서심층연구 시리즈〉를 발간하면서 / 9

감사의 말씀 / 13

제1부 나쁜 믿음

1. 이타주의적인 악 / 17
2. 폭력과 정체성 / 49
3. 이원론 / 73
4. 희생양 / 103
5. 형제자매 사이의 라이벌 / 133

제2부 형제자매들

6. 이복형제들 / 161
7. 천사와의 씨름 / 189
8. 역할 바꾸기 / 219
9. 배척을 배척하다 / 245

제3부 열린 가슴

10. 낯선 나그네 / 267
11. 정의의 보편성, 사랑의 특수성 / 283
12. 어려운 본문들 / 307
13. 권력의 포기 / 325
14. 혐오 내려놓기 / 351
15. 권력 의지인가, 생의 의지인가 / 371

참고문헌 / 394

옮긴이의 말 / 411

일러두기

1. 이 책은 *Not In God's Name: Confronting Religious Violence* (2015) 완역본입니다.
2. 이 책에서 '성서'는 주로 유대인들의 히브리성서(구약성서)를 말합니다.
3. 성서 본문은 주로 표준새번역을 사용했지만, 저자가 인용한 본문의 문자적 의미를 더 정확하게 강조할 필요가 있을 경우에는 사역을 했습니다.
4. 저자가 이탤릭체로 강조한 것은 **타이프체**로 표기했으며, 괄호 속에 작은 글씨로 설명을 넣은 것은 역자주에 해당합니다.

〈성서심층연구 시리즈〉를 발간하면서

우리는 45억 년 동안의 치열한 창조/진화 과정의 산물이다. 태양과 목성, 달과 소행성 덕분에 생명의 역사에서 막내둥이로 등장해 문명을 건설한 인류가 생명의 어머니 가이아를 파괴하는 데는 45년 걸렸다. 인류 자신과 모든 피붙이까지 멸종당할 위기를 초래했다. 화석연료에서 나오는 대기오염 때문에만 현재 매년 9백만 명이 죽는다. 2030년까지 1억 명이 죽게 될 것이며, 머지않아 2도 상승하면 매년 1억5천만 명이 대기오염만으로 죽게 될 것이라고 한다. 유엔 사무총장 안토니오 구테흐스의 말처럼, "기후 지옥으로 가는 고속도로"에서 질주하는 자멸의 길을 멈추고 생태문명으로 전환하는 과업은 하나님의 초자연적인 개입이 아니라, 우리나라와 같은 선진국들과 가진 자들의 책임이다.

인류는 이 전대미문의 위기를 해결하기 위한 충분한 지식과 기술과 자본을 이미 갖고 있다. 그러나 섭씨 1.5도 상승까지의 탄소예산을 7년 내에 모두 소진하면 돌이킬 수 없는 임계점을 넘게 된다는 과학자들의 경고에도 불구하고, 문명전환을 위한 시간 싸움에서 99%의 인류는 세계 1%의 자본가들의 탐욕 앞에 패배하고 있는 현실이다. 에너지 전환뿐 아니라 성장주의에서 벗어나는 것이 절박한 때이지만, 영화 "돈 룩 업(Don't Look Up)"이 보여주듯이, 정치인들과 언론은 자본의 이익에 철저히 복무하기 때문이다. 따라서 지금의 "기후전쟁"은 개인적 탐욕을 앞세우는 사탄적 세계 지배체제와 공동선을 위한 연대 간의 전쟁이다.

인류의 운명이 공멸일지, 공생공락의 세상일지는 우리 손에 달려 있다. 코로나19로 인해 전 세계에서 700만 명 정도 죽었고, "2040년대부터는 북반구에서 동시다발적 식량폭동이 예상되는"(나오미 오레스케스) 현실에서 과학적 증거와 사회경제적 분석은 비관적이다. 정치인들에게 문명전환을 위한 정책들을 요구할 힘은 우리의 정치적 역량에 달려 있다. 그러나 지배 카르텔은 "이미 너무 늦어서 행동할 필요가 없다"는 기후 허무주의와 파멸주의를 통해 체념하도록 만들거나, 저항하지 못하도록 계급과 세대와 젠더로 분열시키고 탈정치화시키고 있다. 따라서 문명전환을 위해 우리는 체제변혁을 위한 용기와 연대가 절실하다. 위기 완화정책과 함께 적응대책도 마련해야 한다.

관건은 문명전환을 위한 종교의 역할이다. 종교는 역사 이래 새로운 문명을 선도해왔다. 기후전쟁에서 종교의 일차적 역할은 지금 가이아가 마지막 진통을 겪으면서 무엇을 출산하려고 몸부림치는지를 분별하는 일이다. 그래야 상처와 아픔이 넘쳐나는 세상을 더욱 견디지 못하게 만들어가는 사탄적 세계체제를 변혁시킬 가능성이 열린다. 그러나 오늘날 종교는 생태문명의 비전에 따라 이 불공평한 세계 경제구조와 이에 편승한 정치적 극단주의를 비판하고 변혁시킬 노력보다, 세속주의와 과학주의를 신봉하는 새로운 무신론자들의 공격에 맞서 근본주의적 폭력성을 보이거나, 세상 현실에서 물러나 내면의 영성에서 은둔처를 찾고 있다. 일반적으로는 시장만능주의의 하수인이 되었다. 종교가 전통 수구적 태도로 인해 문명전환에 오히려 방해가 되고 있는 현실이다.

그러나 오래 전부터 세상에 대한 근본주의적 정복(개종)이나 내면적인 은둔 대신에 제3의 길을 통해 공동선을 추구한 사람들은 세상의 빛이 되기 위해 더욱 열심히 경전을 공부했다. 일주일 내내 감자만 먹으면서도 저녁마다 모여 공부했다. 불안과 혐오와 폭력이 몰려올수록, 영혼의 촛불을 밝히고 어둠을 견딜 수 있는 유일한 희망이 경전 공부와 기도였기 때문이다. 죽음의 수용소에서도 여성들은 "하나님이 거하실 합당한 장소"(멜리사 라파엘)를 만들었고, 스스로 하나님의 빛이 되었다.

그러나 제2차 세계대전 이후 급격하게 악화된 생태계 파괴 문제를 지질학적 관점에서 보고, "신생대를 넘어 생태대로 출애굽하라!"고 외쳤던 토마스 베리 신부는 성서를 몇 년 동안 읽지 말자고 제안했다. 성서에 우주론이 결여되어 있고, 자연에 대한 정복, 내세 구원, 초자연주의로 인해 인간의 책임성을 약화시킨다는 이유 때문이다. 모세와 엘리야의 초자연적 기적을 일으키던 "이스라엘/인류 역사의 하나님"은 아우슈비츠에서 "6백만 번 부재하셨다"(미겔 데 라 토레). 또한 지난 40년 동안 지구 삼림 면적은 10년마다 49.6%씩 파괴되었고, 세계 야생동물들은 이미 평균 68% 감소했다. 창조/진화의 기적을 통해 "우주/생명의 역사를 이끄시는 자연의 하나님"이 여섯 번째 대멸종 시대에는 인류의 생존과 지구 생태계의 건강을 거의 전적으로 인류의 책임에 맡기셨다.

따라서 묵시적 대재앙의 마지막 임계점이 코앞에 다가온 지금은 종교가 문명전환을 위해 창조/진화의 원리인 동시에 모든 경전의 기본적 가르침인 양생(養生), 즉 다양성, 서로주체성, 친교(상호의존성)의 원리를 우리의 가치관과 생활방식, 산업구조와 정치를 통해 구현하기 위해 혁명적인 변화를 추구할 때다. 비폭력 혁명에서 항상 문제가 되는 것은 거짓자기에 사로잡혀 탐진치 삼독의 노예가 되는 현실이다. 제도종교의 "영적인 파산"(존 캅)에도 불구하고, 개인의 영적인 변화 없이는 사탄의 체제와의 투쟁이 실패할 수밖에 없다(월터 윙크). "대량파괴의 가장 큰 무기는 인간의 마음"(조너선 색스)이기 때문이다.

또한 성서해석이 흔히 문자에 매여 과거 지향적이 됨으로써, 당면 위기와 미래 세대를 위한 과제를 무시한 채, 기존질서를 옹호하는 수구적 태도를 조장해왔다. 특히 성서가 이분법적 사고방식뿐 아니라, 자본주의 사회에서 탐욕과 혐오를 정당화하는 빌미가 되지 않도록 성서의 심층적 의미를 배우고, 기존질서를 비판하고 저항함으로써 새로운 문명을 선도할 책임이 부족했다. 일차적으로 신학자들의 책임이다.

성서는 창세기부터 요한계시록까지 정치적으로는 반제국주의 문서이며, "하나님 나라"라는 대안적 세상을 위한 체제전복적 저항 문서다. 컨텍스트를 고려하지 않는 텍스트는 세상을 파괴하는 악마의 빌미(프리텍스트)가 될 수 있다는 점에서, 지금은 성서 문자주의와 결탁한 폭력적 극단주의를 막아내기 위해 더욱 열심히 성서의 심층적 의미를 공부하고 함께 토론하며, 기존체제를 변혁하기 위해 연대할 시간이다. 수구적인 교회를 비판하기 전에 신학자들이 자기역할을 정말 다 했는지부터 반성하게 된다. 교회가 빠르게 몰락해가는 지금, 성서가 가르치는 생명 외경과 인류의 하나됨, 그리고 양생의 구체적인 방법인 급진적 분배정의(희년, 예수의 무차별적인 밥상공동체), "지배 없는 섬김과 나눔과 용서의 하나님 나라 공동체"와 그에 근거한 체제 비판 정신과 영적 휴머니즘만은 다음 세대에게 물려주고 싶은 것이 마지막 희망이다.

역사를 바꾸는 것은 생각하는 시민의 힘이며, 우리에게 절실한 것은 공부와 토론 문화이며, 어둠 속에서 우리를 구원해주는 것은 말씀 한마디이기에, 대선 이후 심란해진 동지들과 다음 세대를 위한 신앙적인 대응책으로 〈성서심층연구 시리즈〉를 기획하게 되었다. 생명의 노래에 맞춰 함께 더욱 신명나게 춤추고, 시대의 광기를 견디면서 공부의 즐거움을 누리는 데 일조하게 되기를 바라는 마음이다. (2023년 5월, 김준우)

감사의 말씀

이 책의 원고를 읽고 많은 제안을 해주신 분들의 도움이 없었다면 나는 이 책을 마치지 못했을 것입니다. 마크 버너, 데이얀 이반 빈스탁, 메간 버리지 박사, 리처드 버리지 교수, 데이비드 프라이, 로버트 조지 교수, 랍비 알렉스 그린버스, 에드 후사인, 저스틴 맥라렌, 조프리 폴, 랍비 예수다 사르나, 네슬리 와그너 교수와 N. T. 라이트 교수에게 감사드립니다. 이분들의 논평이 나의 많은 부정확하고 부적절한 표현들로부터 나를 구해주었습니다. 나머지 잘못들은 내 책임입니다. 나는 또한 엘하싼 빈 탈랄 왕세자와 아크바 아메드 교수에게 엄청난 빚을 졌는데, 이 두 분은 몇 년 동안 이슬람의 관대하고 매우 인간적인 비전으로 나에게 영감을 불어넣어주었습니다.

특히 감사드리고 싶은 것은 내 사무실의 조앤나 베라로취, 댄 새커, 발 쉐리단이 매일 보여준 친절함과 유능함입니다. 지칠 줄 모르고 나에게 동기를 부여해준 나의 출판 대리인 루이 그린버그에게 감사드립니다. 쇼켄 출판사의 알티 카퍼와 편집진에게 그 열정과 전문성에 감사합니다. 나의 가장 큰 감사는 항상 최고의 독자이며 언제나 지원하는 나의 아내 일레인의 몫입니다.

궁극적으로 이 책은 우리 인류 전체가 종교적 차이점들을 초월한다는 것을 알고, 또한 그 용기를 보여준 다른 신앙의 사람들과의 오랜 만남이 없었다면 쓸 수 없었던 책입니다. 그분들과 그분들의 입장은 우리의 미래를 위한 최고의 희망입니다. "최고의 사람들은 확신이 부족한 반면에 최악의 사람들은 열정적인 강렬함으로 가득할" 때 종교적 극단주의가 날뛰게 됩니다. 더 이상 그런 일이 벌어져서는 안 됩니다. 종교적인 동기로 발생하는 폭력은 군사적으로 맞싸울 뿐 아니라 종교적으로도 열정을 갖고 맞싸워야 합니다. 왜냐하면 이것이 21세기를 규정하는 전쟁들 가운데 하나가 될 것이기 때문입니다.

조너선 색스

2015년 3월/ 5755년 아달월

제1부

나쁜 믿음

1장

이타주의적인 악

> 인간이 종교적인 확신에서 악을 행할 때보다 더 완벽하고 즐겁게 행하는 때는 없다.
>
> — 블레즈 파스칼

종교가 인간을 살인자들로 둔갑시킬 때, 하나님은 통곡하신다.

이렇게 창세기는 우리에게 말한다. 하나님은 인간을 당신의 형상으로 만드신 후에, 그 첫 남자와 여자가 첫 번째 명령에 불순종하고, 또한 그들의 첫 아들이 첫 번째 살인을 저지르는 것을 보셨다. 짧은 시간 동안에 "세상은 폭력으로 넘쳐났다." 하나님은 "땅 위의 인간들이 얼마나 악하게 되었는지를 보셨다." 그리고 우리는 종교 문헌에서 가장 통렬한 문장 가운데 하나를 읽는다. "하나님께서는 땅 위에 사람 지으셨음을 후회하시며 마음 아파 하셨다"(창 6:6).

종교의 역사에서 사람들은 너무나 자주 생명의 하나님 이름으로 사람들을 죽였으며, 평화의 하나님 이름으로 전쟁을 벌였으며, 사랑의 하나님 이름으로 혐오했으며, 자비의 하나님 이름으로 잔학행위를 저질렀다. 이런 일이 벌어지면, 하나님은 때때로 작고 조용한 목소리로 말씀하시는데, 하나님 이름으로 말한다고 주장하는 자들의 시끄러운 소리에 묻혀 거의 들을 수 없을 정도로 작은 목소리로 말씀하신다. 그런 때에 하나님께서 말씀하시는 것이 "내 이름으로 하지 말라"는 말씀이다.

다신론 형태의 종교는 권력을 정당화하는 것으로 생겨났다. 그때는 교회와 국가의 분리도 없었고, 종교는 국가에 대한 초월적 정당화였다. 도대체 왜 세상에 위계질서가 있는가? 하늘에 위계질서가 있기 때문이다. 태양이 하늘을 다스리듯이, 파라오, 왕, 또는 황제가 땅을 다스렸다. 누군가 다른 사람들을 억압하고, 소수가 다수를 통치하고, 인구 전체가 노예로 전락할 때, 이런 일이 벌어지는 것은 하늘에 기록된 거룩한 질서를 (땅 위에서) 방어하기 위한 것이라고 말했다. 그러지 않으면 혼돈이 생길 것이라고 말이다. 다신론은 위계적인 사회에 대한 우주론적 정당화였다. 다신론이 만든 기념비적인 건축물들, 즉 바빌론의 지구라트와 이집트의 피라미드는 그 바닥이 넓고, 맨 위는 좁은 형태로서, 그 위계질서의 가시적인 상징물들이었다. 종교는 권력에 대한 적나라한 추구를 은폐하기 위해 입힌 거룩한 옷이었다.

바로 이런 배경에서, 아브라함의 유일신론이 하나의 계속적인 항의로서 등장했다. 갑자기는 아니었지만 결국에는 유일신론이 비상한 주장을 했다. 즉 유일신론은 모든 사람이 그 피부색이나 문화, 계급이나 믿음과 상관없이 하나님의 형상과 닮은 모습으로 만들어졌다고 주장했다. 최고의 권능이 가장 힘없는 사람들을 해방시키기 위해 역사 속에 개입했다. 사회를 판단하는 기준은 그 사회에서 가장 연약한 사람들과 가장 취약한 사람들을 어떻게 대하는가에 달려 있다. 생명은 성스럽다. 살인은 범죄일 뿐 아니라 죄다. 사람들 사이에는 의로움과 정의, 자비와 마음 아파함, 용서와 사랑의 계약적 유대가 있어야만 한다. 히브리성서의 처음 책들에는 비록 전쟁에 대한 명령이 나오지만, 몇 세기 지나 이사야와 미가 같은 예언자는 평화가 이상이라고 주장하는 첫 목소리가 되었다. 그 예언자들은 세상 사람들이 칼을 녹여 보습을 만들고 창을 녹여 낫을 만들어 더 이상 전쟁을 벌이지 않는 날이 올 것이라고 말했다. 히브리성서에 따르면, 아브라함의 유일신론이 세상에 등장한 것은 제국주의에 대한 배격이었으며, 또한 무력을 사용해서 누구는 주인이 되고 누구는 노예로 만드는 것에 대한 배격이었다.

전 세계 24억 명의 기독교인들, 16억 명의 무슬림들, 그리고 1300만 명의 유대인들이 모두 존경하는 아브라함은 제국을 다스리지 않았으며, 군대를 지휘하거나, 영토를 정복하거나, 기적을 행하거나, 예언을 선포하지 않았다. 비록 그는 이웃들과 다른 방식으로 살았지만, 인간이 하나님께 말한 가장 담대한 말, 즉 "세상을 심판하시는 분께서는 공정하게 판단하셔야 하지 않겠습니까?"(창 18:25)라는 말로써, 그 이웃들을 위해 기도했고 또한 싸웠다. 그는 자기의 믿음에 투철하며, 타인들의 믿음에 상관없이 그들에게 복이 되려고 노력했다.

이런 생각은 오랫동안 무시되어왔지만, 아브라함 신앙을 가장 단순하게 정의하는 것으로 남아있다. 세상을 정복하거나 개종시키는 일, 또는 믿음의 획일성을 강요하는 일은 우리의 과제가 아니다. 우리의 과제는 세상에 복이 되는 일이다. 정치적 목적을 위해서 종교를 이용하는 것은 의로움이 아니라 우상숭배다. 사랑받기보다 공포의 대상이 되는 것이 더 낫다고 말한 사람은 모세나 모하메드가 아니라 마키아벨리였다. 그런 주장은 테러리스트들과 자살 폭탄범인들의 교리다. "하나님은 죽었다"고 처음 말했던 니체의 윤리는 권력에 대한 의지였다.

무고한 사람들을 향해 폭력을 행사하면서 하나님 이름을 부르는 것은 거룩한 행동이 아니라 신성모독이다. 그것이 바로 하나님 이름을 망령되게 일컫는 짓이다.

*

2001년 9월 11일에 뉴욕의 트윈타워와 펜타곤이 공격을 받은 이후, 종교적인 동기로 발생한 폭력은 줄어들지 않았다. 아프가니스탄 전쟁과 이라크 전쟁, 리비아와 시리아에 대한 개입, 중동 지방의 여러 국가들에서의 정권 교체와 ISIS(이슬람국가)의 등장 이후, 10년 넘게 이 문제와 씨름한 후에 서방세계는 약해진 반면에 급진주의 정치적 이슬람은 더 강해졌다.

알카에다와 그것이 파생한 이슬람주의 이데올로기는 전 세계에 수십 개, 아마도 수백 개의 연관된 집단들을 만들어냈고, 그 집단의 테러는 줄어들 기미가 안 보인다. 예를 들어, 2014년 11월에, 14개 국가에서 664건의 지하드 공격이 있었고 모두 5,042명을 죽였다. BBC 월드 서비스와 런던 킹스 칼리지의 "급진주의화 연구센터"가 보고한 바에 따르면, 알카에다의 역할이 줄어들고 있음에도 불구하고 이슬람주의자들의 극단주의는 "전보다 더 강해졌다."[1)]

우리는 텔레비전과 소셜미디어를 통해서, 중세시대에만 벌어졌던 것으로 생각한 광경들을 보는 데 익숙해졌다. 인질들이 참수를 당했다. 군인들이 도끼로 처형되었다. 요르단 조종사는 산 채로 불태워졌다. 무고한 사람들이 도살당했다. 어린 학생들이 냉혹하게 살해당했다. 어린 소

---

1) Joint report by the BBC World Service and the International Center for the Study of Radicalisation (ICSR), King's College London, December 2014.

녀들이 성폭행당하고 노예로 팔렸다. 열 살 먹은 소년들이 자살 폭탄범들이 되었다. "아동의 권리에 대한 유엔 위원회"가 2015년 2월 발표한 보고서는 ISIS가 소년들을 대량 처형한 것과, 참수당하거나 산 채로 불에 태워진 아동들에 대해 보고했다.[2] 교회들, 회당들, 그리고 무슬림 사원들이 파괴되었으며, 거룩한 장소들이 더럽혀졌으며, 기도하던 사람들이 살해되었으며, 기독교인들이 납치되어 십자가에 처형되었다. 오래된 공동체들이 자신들의 고향에서 추방되었다.

기독교인들은 세계 여러 곳에서 조직적으로 박해당하고 있다. 그들은 중동지방 전역에서 위협, 투옥, 죽음에 직면해 있다. 아프가니스탄에서 기독교는 거의 사라졌다. 마지막까지 남아있던 교회가 2010년에 완전히 전소되었다. 기독교로 개종하는 사람들은 사형선고에 직면해 있다. 시리아에서는 약 45만 명의 기독교인들이 탈출했다. 다른 종교인들, 즉 무슬림의 소수 신앙인들인 (시아파) 만데안, (쿠르드족) 야지디스, 바하이들도 박해와 죽음을 겪었다.

이집트에서는 5백만 명의 콥트인들이 공포 속에 살아간다. 2013년에는 14세기 이후 기독교인들에 대한 가장 큰 공격에서 50개 이상의 교회들에 폭탄이 투척되었거나 불에 탔는데, 이 공격은 "이집트의 크리스탈나흐트"(Kristallnacht of Egypt)라고 불렸다.[3] 콥트족 소녀들이 납치당해, 자신들의 의지에 반해 이슬람으로 개종하고 강제로 무슬림 남자들과 결혼했다. 그 소녀들이 다시 기독교 신앙으로 돌아가려 하면, 그들은 투옥되고 죽임을 당하게 된다.[4]

---

2) 'Islamic State Crucifying, Burying Children Alive in Iraq', Reuters, Geneva, 5 February 2015.

3) Lord Alton, speech, House of Lords, 24 July 2014.

2001년에 이라크에는 150만 명의 기독교인들이 있었다. 오늘날에는 40만 명 미만이다. 2014년에 ISIS는 기독교인들을 참수하고 도륙하는 프로그램을 시작하여, 이슬람으로 개종하기를 거절하는 사람들은 "죽임을 당하거나, 십자가에 처형되거나, 아니면 그들의 손과 발이 절단될 것"이라고 선포했다. 기독교인들은 이라크에서 두 번째로 큰 도시인 모술에서 추방당했는데, 그들은 그 도시에 1600년 동안 존재했었다.

수단에서는 1984년 이후, 아랍 무슬림 민병대 자나위드가 약 150만 명의 기독교인들을 살해했다. 파키스탄에서는 기독교인들이 공포 속에 살고 있다. 2010년 11월에는 펀자브 지방 출신의 기독교 여성 아시아 노린 비비가 파키스탄의 신성모독법을 위반했다는 이유로 교수형을 선고받았다. 그녀가 무슬림 농장 노동자들과 함께 물을 마셨다는 것이 고발당한 이유였다. 무슬림 노동자들은 기독교인이 그 물잔에 손을 댔다는 이유로 항의했다. 그들은 그녀를 신성모독으로 고발했다. 내가 지금 이 글을 쓰는 동안에도 그녀는 독방에 감금되어, 상소 결정을 기다리고 있다.

한 세기 전에는 중동지방의 전체 인구 가운데 기독교인들이 20%를 차지했다. 오늘날에는 4%에 불과하다. 지금 벌어지는 사태는 종교적인 인종청소에 해당한다. 이것은 우리 시대에 자행되고 있는 "인도에 반하는 범죄"(crimes against humanity) 중 하나다.

무슬림들 역시 미얀마, 태국 남부, 스리랑카, 중국, 우즈베키스탄에서 박해를 받고 있다. 1995년에 스레브레니차(보스니아 헤르체고비나의 도시)에서는 8천 명의 무슬림들이 집단학살 당했으며, 또 많은 사람들이

---

4) Angela Shanahan, 'No Going Back for Egypt's Converted Cops', *The Australian,* 21 May 2011.

강간, 고문을 당했거나 추방되었다. 캄보디아에서는 1970년대에 거의 50만 명이 크메르루지에 의해 살해당했고, 무슬림 사원들 132개가 파괴되었다. 헤브론에서는 1994년에 미국 출신 의사이며 종교적 유대인이었던 바룩 골드슈타인이 "아브라함의 무덤"에서 기도하던 무슬림 팔레스타인 사람들에게 총기를 난사하여 29명을 살해했고 125명에게 상해를 입혔다. 2014년 7월 2일에는, 세 명의 이스라엘 십대 소년들이 살해된 데 대한 보복공격에서, 열일곱 살 난 팔레스타인 소년 모하메드 아브크데어가 납치되어 끔찍하게 살해당했다. 2015년 2월 10일에는 노스캐롤라이나 채플 힐에서 호전적 무신론자를 자칭한 사람이 세 명의 무슬림을 살해했다.

이슬람주의자들의 폭력에서 대다수 희생자는 무슬림이다. 메릴랜드 대학교의 "지구 테러 데이터베이스"가 발표한 보고서에 따르면, 2004년부터 2013년까지 테러리스트 공격의 약 절반과 사상자의 60%는 이라크, 아프가니스탄, 파키스탄에서 발생했는데, 이들 국가의 인구 대부분은 무슬림들이다.[5] 가장 비극적 사건 중 하나가 2014년 12월 15일, 파키스탄의 페샤와르에서 발생했는데, 탈레반 군인들이 군대가 운영하는 학교에 난입하여 141명을 살해한 사건으로서, 그 중 132명은 어린이들이었다. 한편 미국이 주도하여 벌인 이라크 전쟁에서 민간인 사상자들이 발생하고, 파키스탄에서 드론 공격들이 행해지며, 팔레스타인 하마스의 로켓 공격에 대한 이스라엘의 보복 공격, 또는 무슬림이 소수인 국가들에서 무슬림이 일반적으로 경험하는 적대감 등에서, 무슬림들은 이것이 서구인들의 적대감이 표출되는 것으로 보아 크게 위협을 느끼고 있다.

---

5) http://www.bbc.com/news/magazine-30883058.

한편 홀로코스트에 대한 기억이 생생함에도 불구하고, 세계 도처에서 반유대주의가 다시 등장했다. 2000년 1월 27일, 스톡홀름에서 아우슈비츠 해방 55주년 기념일을 맞아, 유럽의 모든 국가 지도자들이 인종차별주의에 대한 반대와 홀로코스트 교육을 계속하겠다고 다짐했다. 그러나 그 후, 모든 유럽 국가들에서 반유대주의가 등장했다. 유대인들은 공포를 느끼고 프랑스, 네덜란드, 노르웨이, 스웨덴, 벨기에, 헝가리를 떠나고 있다. 유럽연합의 인권위원회가 2013년 11월에 발표한 보고서에 따르면, 유럽에 거주하는 유대인들의 1/3이 유럽을 떠날 것을 고려하고 있다.

2015년 2월 14일, 코펜하겐에서는 한 유대인 안전요원 자원자가 회당 바깥에서 살해당했다. 파리에서는 2015년 1월 9일, 네 명의 유대인들이 코셔(유대인 음식) 수퍼마켓에서 총에 맞아 죽었다. 2014년 5월에는 세 명의 유대인이 브뤼셀의 유대인 박물관에서 사살당했다. 툴루즈에서는 2012년에 유대인 교사 한 명과 세 학생이 살해되었다. 이 세 사건 모두에서 범인들은 모두 프랑스 태생 무슬림들이었다. 2014년 여름에는 파리 중심부의 바스티유 근처 회당을 에워싼 성난 무리들이 "유대인들에게 죽음을!"이라고 외쳤다.

이처럼 "유대인들을 가스실로 보내라!"는 외침이 독일의 길거리에서 다시 울려 퍼지고, 유럽의 몇몇 국가들은 유대인들이 살기에 불안한 장소라고 간주되는 것은 지난 몇 십 년 동안 인종차별주의에 반대하는 입법 활동, 종교간 대화, 그리고 홀로코스트 교육이 진행되었다는 사실에 비추어 볼 때, 비상한 사태임에 틀림없다. 유대인들은 "결코 다시는 홀로코스트가 벌어져선 안 된다"는 주장이 "다시 벌이자"는 사태로 전개될 것을 두려워하고 있다.

이처럼 폭력의 위협을 당하는 사람들은 아브라함의 유일신론을 신봉하는 사람들(유대인, 기독교인, 무슬림)만이 아니다. 불교도, 힌두교도, 시크교도, 조로아스터교도, 바하이교도 역시 마찬가지다. 북부 이라크에서는 고대 야지디스 종파가 ISIS의 대량학살을 피해 가까스로 탈출했다. 아브라함의 종교가 아닌 사람들, 특히 민족주의적 불교도들과 힌두교도들은 희생자가 될 뿐 아니라 가해자들이기도 했다. "인권선언" 제18조에 새겨진 종교자유의 권리는 오늘날 세계 1/4 이상의 국가들에서 위협을 당하고 있다. 2012-14년의 현황에 대한 ≪세계의 종교자유≫[6] 보고서는 세계 196개 국가들 가운데 55개 국가에서 종교자유가 상당히 위축되었는데, 그 이유는 독재정권 때문이거나 이슬람주의자 집단 때문이라고 밝혔다. 이런 현실은 오늘날의 시대가 얼마나 어려운 시대인지를 보여준다.

*

한나 아렌트는 나치 전범 아돌프 아이히만의 재판에 관한 책에서 "악의 평범성"이라는 유명한 말을 했는데, 이 말은 유럽의 유대인들을 멸절시키려고 계획한 "최종 해결책"을 수행한 사람들 상당수가 유대인들에 대한 증오심보다는 정부의 명령에 대한 충성심 때문에 그 일을 수행한, 얼굴 없는 관료들이었다는 주장이다. 그러나 오늘날 세상의 여러 지역을 폭력적으로 집어삼키고 있는 악에는 평범한 것이 없다.

자살폭탄 범인들과 무슬림 성전(聖戰)주의자들을 포함해서 가해자들 상당수는 유럽 출신이며 대학교육을 받은 사람들로서, 그들이 급진주의자들이 되기 전까지는, 친구들과 이웃들로부터 친절하고 좋은 사람들로

---

6) Aid to the Church in Need, *Religious Freedom in the World Report 2014*.

간주되었던 사람들이다. 자신들의 범죄를 세상에 감추기 위해 세심하게 노력했던 나치들과는 달리, 오늘날의 테러리스트들은 전문가들이 만든 비디오와 최신 소셜미디어 기술을 사용하여 자신들의 범죄를 세상에 알리기 위해 노력한다. 그 테러리스트들이, 이슬람 법학자들과 신학자들이 꾸란의 가르침과 반대되는 금지된 행동들이라고 규정한 행동들을 자행하면서도 양심의 가책을 받지 않는 것은 우리를 놀라게 만든다. 나이지리아의 그워자 지역에서 이슬람주의자 집단 보코 하람이 자행한 대량학살에서 살아남은 한 생존자는 기자에게, 그 급진주의자들이 동료 무슬림들을 한 사람씩 죽이면서 얼마나 침착했는지를 이렇게 설명했다. "그들은 우리에게 자신들이 하나님의 일을 하고 있다고 말했다. 비록 그들이 내 눈앞에서 사살한 사람들 모두가 무슬림들이었지만 말이다. 그 살인자들은 행복해보였다."7)

이처럼 평범하고 정신병자가 아닌 사람들을 냉혹한 살인자들로 둔갑시켜, 어린 학생들, 원조기관의 활동가들, 저널리스트들과 기도하는 사람들을 학살하는 이 치명적인 현상을 설명할 수 있는 용어가 필요하다. 그 이름을 붙이자면, **이타주의적인 악**(altruistic evil)이다. 즉 높은 이상을 명분으로 내세우면서 거룩한 대의를 위해 자행하는 악이다.

내가 "이타주의적인 악"이라는 용어로 뜻하는 것은 오늘날 사람들이 논쟁을 벌이는 행동, 예를 들어 낙태나 자살 협력 같은 종류의 행동이 아니다. 비대칭적 전쟁에서 민간인들의 살상 문제와 같은 매우 복잡한 이슈를 뜻하는 것도 아니다. 내가 여기서 말하는 악은 우리 모두가 인정할 수 있는 종류의 악이다. 약한 사람들, 무고한 사람들, 어린 아기들과

---

7) *Sunday Times*, 16 November 2014.

노인들을 살해하는 악이다. 테러리스트 공격이나 자살폭탄 공격으로 사람들을 무차별적으로 죽이는 악이다. 사람들의 종교나 인종, 국적 때문에 살해하는 악이다. 바로 이런 이유 때문에, 제2차 세계대전 후 뉘른베르크 재판에서, "인도에 반하는 범죄"(crimes against humanity)라는 개념이 만들어졌는데, 이것은 어떤 행동들은 너무 흉악해서 "나는 단지 명령을 따랐을 뿐이다"라는 것에 근거해서 변호할 수 없다는 원칙을 국제사회에 천명한 것이었다. 어떤 행동들은 인간에 대한 우리의 개념에 너무나 이질적인 것이라서, 그 행동들이 위대하고 고상하며 거룩한 목적의 수단이었다는 것을 근거로 정당화될 수 없다.

이타주의적인 악에는 특별히 종교적인 것이 없다. 근대 역사에서 벌어진 사건들, 예를 들어, 나치 독일, 스탈린의 러시아, 마오쩌둥의 중국, 폴 포트의 캄보디아 등은 공공연히 세속적이었다. 그들이 벌인 집단학살은 과거의 잘못들에 대한 복수, 불의를 바로잡고 국가의 명예를 회복하거나, 세상에 평등과 자유를 가져올 사회질서를 확립하겠다는 목적으로 자행되었다. 거대한 악들이 희화적으로 자행되는 것은 소설에서뿐이다(Darth Vader, Lord Voldemort, Sauron, the Joker 등). 실제 역사에서 거대한 악들이 자행되는 이유는 낭만적인 것으로 묘사된 황금시대를 회복하기 위해, 사람들이 위대하고 심지어 거룩한 대의라고 간주하는 것을 위해, 자신들과 타인들의 목숨을 기꺼이 희생하려 들기 때문이다. 그래서 경우에 따라, 사람들은 자신들이 "하나님의 일을 수행한다"고 생각한다. 그들은 "행복해 보인다."

이것이 유토피아에 대한 꿈이 지옥의 악몽으로 둔갑하는 방식이다.

*

종교와 폭력의 관계에 대해 최근에 많은 논의가 있었고 많은 책들이 출판되었다. 그 대답은 세 가지 주장으로 정리할 수 있다. 첫째로, 종교는 폭력의 주요 원천이라는 주장이다. 따라서 보다 평화적인 세계를 위해서 종교를 없애야 한다는 주장이다. 둘째로, 종교는 폭력의 원천이 아니라는 주장이다. 사람들이 폭력적이 되는 이유는 홉스가 말한 것처럼, "끝없이 권력을 추구하는 욕망은 죽음에서만 끝이 난다"[8]는 두려움과 영광 때문이다. 종교는 폭력과 아무 상관이 없다는 주장이다. 종교가 자기를 희생하는 영웅적인 행동을 불러일으키기 때문에 정치 지도자들이 국민을 전쟁에 동원하기 위해 종교를 폭력에 이용할 수는 있지만, 종교 자체는 사랑과 용서를 가르치지, 증오와 전쟁을 가르치지 않는다는 주장이다. 세 번째로, 그들의 종교는 폭력적이지만, 우리의 종교는 폭력적이지 않다는 주장이다. 우리의 종교는 평화를 위한 종교인 반면에, 그들의 종교는 전쟁을 위한 종교라는 주장이다.

이런 주장들은 모두 진실이 아니다. 첫째 주장에 대해서는, 찰스 필립스와 알란 악셀로드가 ≪전쟁 대백과사전≫에서 1800개의 전쟁을 분석한 결과, 10% 미만의 전쟁만 종교와 연관되었다.[9] BBC가 위탁해서 만든 "신과 전쟁" 조사에 따르면, 무력 충돌의 40% 정도에서만 종교가 일정한 역할을 했지만, 보통 사소한 역할이었다.[10]

---

8) Thomas Hobbes(1588-1679), *Of Man, Being the First Part of Leviathan*, Part I, ch. 11, 'On the Difference of Manners', Harvard Classics, 1909-14.

9) C. Phillips and A. Axelrod, *Encyclopedia of Wars*, New York, Facts on File, 2004.

10) G. Austin, T. Kranock and T. Oommen, *God and War: An Audit and an Exploration*, BBC, 2003.

두 번째 주장은 잘못된 주장이다. 테러리스트나 군사 집단이 거룩한 전쟁을 말할 때는 자신들의 전쟁이 사탄과의 전쟁이라고 정의하며, 불신자들을 죽이면서도 "신은 위대하다"고 선언하기 때문에, 자신들이 종교적 동기에서 행동하고 있다는 사실을 부인하는 것은 앞뒤가 맞지 않는다. 그들은 자신들의 종교가 평화를 추구한다지만, 그것은 자신들의 관점에서 말하는 평화일 따름이다. 그런 주장은 평화가 아니라 전쟁을 위한 주장이다.

세 번째 주장은 전형적인 자기 집단 중심의 편견을 보여준다. 거의 모든 사람들은 자기 집단이 다른 집단보다 우수하다고 생각한다. 사회적 정체성 이론의 개척자인 헨리 타지펠은 가장 작은 집단 만들기에서조차 이런 편견이 얼마나 뿌리 깊은지를 보여주었다. 그는 한 실험을 통해서 동전 던지기로 사람들을 몇 개의 집단으로 나누었는데, 그 집단 사람들이 서로 전혀 만난 적이 없었으며, 단지 임의로 뽑힌 사람들이라는 점을 알고 있었음에도 불구하고, 자기 집단 사람들이 다른 집단 사람들보다 더 좋은 사람들이라고 평가했다. 개인들과 마찬가지로 집단 역시도 자긍심을 필요로 하며, 또한 사실들을 자신들의 우월감에 맞추어 해석한다.[11] 유대교, 기독교, 이슬람은 스스로를 평화의 종교라고 정의하지만, 그들 역사의 어느 시점에서는 모두 폭력을 자행했다.

이 책에서 나의 관심은 종교와 폭력 사이의 일반적 연관성보다는, 21세기의 정치화된 종교적 극단주의라는 구체적 도전에 맞추어져 있다.

---

11) H. Tajfel and J. C. Turner, 'The Social Identity Theory of Intergroup Behavior', in S. Worchel and W. G. Austin (eds.), *Psychology of Intergroup Relations*, Chicago, Nelson-Hall, 1986, pp. 7-24; Donald M. Taylor and Janet R. Doria, 'Self-serving and Group-serving Bias in Attribution', *Journal of Social Psychology*, 113.2, April 1981, pp. 201-11.

종교가 전 지구적인 세력으로 다시 등장하는 현상에 대해 세계는 전혀 대비하지 못했으며 또한 보호받지 못하고 있다. 그 이유는 종교를 사로잡고 있는 것이 전혀 다른 이야기이기 때문이다.

사람들은 베를린 장벽이 붕괴되고 냉전이 끝난 1989년은 오래 지속된 드라마, 즉 처음에는 종교가, 그 다음에는 정치이데올로기가 장기간 동안 중환자실에 있다가 결국 죽게 되어, 그 오랜 드라마가 마침내 끝난 해라고 말했다. 종교적이든 세속적이든 참된 신봉자들의 시대는 끝났다고 했다. 그 자리를 대신 차지한 것이 시장경제이며 자유민주주의 국가인데, 이 체제에서는 개인들이 선택하는 방식대로 살 수 있는 권리가 모든 종교적 교리와 세속적 규칙들보다 우선했다. 이 새로운 시대를 찬양한 것이 존 레논의 노래 "이매진"(Imagine)이었으며, 그 가사처럼 "죽일 것도 없고 그것을 위해 죽을 것도 없는 / 그리고 종교도 없는" 이데올로기 이후 시대, 그리고 종교 이후의 세상에 대한 비전이었다.

이런 세상에 대한 비전은 17세기, 즉 대규모 종교전쟁의 마지막 시대에서 시작된 이야기의 마지막 장이었다. 그 후 서구세계는 4세기에 걸쳐 세속화 과정을 거치게 되었다.

첫째로, 17세기에는 과학과 철학에서 **지식**의 세속화가 이루어졌다. 그리고 18세기에는 미국혁명과 프랑스혁명을 거치면서 교회와 국가의 분리를 통해 **권력**의 세속화가 이루어졌는데, 프랑스에서는 교회와 국가의 분리가 철저했던 반면에, 미국에서는 덜 교조주의적이었다. 19세기에는 **문화**의 세속화가 이루어져서, 미술전시관과 박물관이 교회 대신 숭고함을 경험하는 대안적인 장소가 되었다. 끝으로 1960년대에는 **도덕**의 세속화가 이루어졌다. 이것은 그보다 한 세기 전에 존 스튜어트 밀이 처음 주장한 원칙, 즉 개인이든 국가든 사적인 행동에 개입하는 것이 정당화될 수 있는 유일한 근거는 타인들에게 해를 끼치지 않는다는 것이라는 원칙을 받아들임으로써 이루어진 세속화였다. 이를 통해 전통적 윤리 규약들이 종지부를 찍기 시작했고, 대신에 개인, 자율성, 권리와 선택은 무제약적으로 신성하다는 신념으로 대체되었다.

20세기 말에 이르러 대부분의 세속주의자들이 내린 결론은 종교라는 것은 반박되어야 할 것이거나, 아니면 적어도 없어도 좋은 것이라는 결론이다. 우리는 우주를 설명하기 위해 더 이상 성서를 필요로 하지 않는다. 대신에 우리에게는 과학이 있기 때문이다. 인간의 운명을 통제할 거룩한 제의들도 필요하지 않다. 그 대신 기술을 갖고 있기 때문이다. 우리가 아프면 기도할 게 아니라 의사를 찾아가고 약을 먹고 수술을 하면 된다. 우울해지면, 종교적 위안 대신에 항우울제 약을 먹으면 된다. 죄의식에 압도당하면 고해성사 대신 심리치료를 받을 수 있다. 초월 경험을 하려면 록 콘서트와 스포츠 경기장에 가면 된다. 인간이 죽을 수밖에 없는 존재라는 사실에 대한 최선책은 죽음에 대해 자주 생각하지 않는 것이다. 하나님의 존재에 관해 사람들이 확신하지 못할 수 있지만, 우리가 하나님을 괴롭히지 않으면, 하나님도 우리를 괴롭히지 않을 거라고 생각하는 것이 합리적이라는 식이다.

그러나 이런 세속주의자들이 잊고 있는 것은 호모 사피엔스가 의미를 찾는 동물이라는 점이다. 현대세계의 가장 위대한 제도들이라는 시장경제와 자유민주주의 국가와 과학기술이 하지 않는 것이 바로 삶의 의미를 제공하는 일이다. 과학은 우리에게 **어떻게**(how)를 말할 뿐이지, **왜**(why)는 말하지 않는다. 기술은 우리에게 힘을 주지만, 그 힘을 어떻게 사용할지에 대해서는 안내할 수 없다. 시장은 우리에게 선택권을 주지만, 어떻게 그 선택을 할 것인지에 대해서는 아무런 가르침도 주지 않는다. 자유민주주의 국가는 우리가 선택한 삶을 살아갈 자유를 주지만, 어떻게 그 선택을 할 것인지에 대한 안내는 원칙상 거절한다.

과학, 기술, 자유시장과 자유민주주의 국가는 지식, 자유, 기대 수명, 풍요에서 전례가 없는 성취를 이루게 했다. 그런 것들은 인류 문명의 위대한 성취들이며, 고이 보호하고 간직할 것들이다. 그러나 그런 성취는 생각하는 개인이 자신의 삶의 어느 시점에서는 묻게 되는 세 가지 질문들, 즉 나는 누구인가, 나는 왜 여기에 있는가, 나는 어떻게 살아야 하는가 하는 질문들에 대답해주지 않으며, 또한 대답해줄 수도 없다. 이런 질문들에 대한 대답은 서술적인 것이 아니라 규범적인 것이며, 절차적인 것이 아니라 본질적인 것이다. 결과적으로 21세기를 사는 우리에게는 최대한의 선택과 최소한의 의미가 주어진 상태이다.

종교가 다시 돌아온 이유는 의미 없이 사는 것이 너무 어렵기 때문이다. 그래서 어느 사회든지 간에, 종교나 종교를 대체하는 것이 없으면 장기간 생존하지 못한다. 20세기가 잔인하게 또한 결정적으로 보여준 사실은 종교에 대한 현대의 위대한 대체물들, 즉 민족, 인종, 정치이데올로기와 같은 대체물들은 그 자체의 대리신들(surrogate deities)에게 인간을 희생제물로 바치는 데서 조금도 덜하지 않았다는 사실이다.

다시 돌아온 종교는 사람들이 점차 기대하게 되었던 부드럽고 조용하며 평화를 추구하며, 종교간 일치를 추구하는 종교 형태가 아니다. 오히려 가장 공격적이며 적대적인 종교 형태로서, 주님의 원수들과 전쟁을 벌일 준비가 되어 있으며, 타락한 시대를 끝장내고 하나님, 진리, 신의 뜻에 대한 순종이 최종적으로 승리하는 묵시종말 시대를 가져올 준비가 된 종교 형태다.

반근대적 종교 모두가 폭력적이지는 않다. 매우 종교적인 유대인들

(*Haredim*)은 보통 조용하다. 기독교 집단 중에서 메노나이트와 아미쉬, 무슬림의 수피 집단도 마찬가지다. 그들은 단순히 세상으로부터 떨어져 살면서, 자신들의 가치에 따라 공동체를 건설하고, 정신적으로 또한 영적으로 하나님과 가까이 살 기회를 추구한다. 그들은 세상과는 다른 자신들의 생활방식을 통해 은총을 증언한다.

오늘날과 같은 포스트모던 세계에서 자유를 가장 크게 위협하는 것은 급진적이며 정치화한 종교라는 사실은 부인할 수 없다. 그런 종교가 바로 우리 시대에 이타주의적인 악의 얼굴이다.

*

이런 이타주의적인 악에 대응해야 하지만, 누가 고양이 목에 방울을 달 것인가? 지식인들은 자신들의 작업 때문에 매우 폭력적 반응들을 받았다. ≪악마의 시≫(*The Satanic Verses*, 1989, 살만 루시디의 소설)에 대한 논쟁 때문에 결국 그 책의 일본어 번역자가 암살당했으며, 이탈리아어 번역자는 칼에 찔렸고, 노르웨이 출판사는 총기난사를 당했으며, 터키에서는 그 책 출판 환영회에 참석한 35명의 손님들이 화재로 사망했다.

2004년에 네덜란드에서는 "순종"(Submission, 이슬람의 여성 학대를 비판한 영화)을 만든 테오 반 고흐 감독이 대낮에 암스테르담 중심부에서 근거리에서 정조준한 총기발사와 참수 시도로 살해되었다. 2005년에는 덴마크 사람이 그린 만화들 때문에 아프리카, 아시아, 중동지방에서 폭력적 시위가 벌어져 최소 200여 명이 죽었다.

2006년에 교황 베네딕트 16세가 레겐스부르크 대학교에서 강연한 후, 웨스트뱅크와 가자 지역에서 다섯 군데 교회가 공격을 받았고, 모가디슈(소말리아 수도)에서 65세 된 이탈리아인 수녀가 살해되었으며, 모술에서는 기독교인 사제 한 사람이 납치되어 참수당했다. 파리에서는 프랑스의 풍자 신문 ≪샤를리 에브도≫의 사무실이 2011년 폭탄공격을 받았으며, 2015년 1월의 테러리스트 공격에서는 그 편집자, 만화가와 직원이 살해되었다. 전 지구적 시대이지만, 언론자유는 더 이상 없다.

이타주의적인 악에 대해 가장 큰 소리로 대응하는 사람들은 "새로운 무신론자들"인데, 이들은 9/11 공격 이후에 등장했다. 그러나 아쉽게도 그들은 모든 종교가 폭력으로 이끌며 대부분의 폭력은 그 기원이 종교에 있다는 명백한 거짓 주장을 함으로써 자신들의 주장을 우습게 만들었다. 이런 주장을 세심하게 반박하기 위해서는 영적 훈련이 필요하다. 모든 종교와 종교에 대한 모든 대체물에는 폭력적인 순간들이 있었으며, 반면에 관용, 정신에 대한 관대함과 평화를 성취한 기간들도 있었다.

일반적으로, 서양세계는 마지막 전투를 하는 경향이 있었다. 다음에 또 전쟁이 벌어지지 않을 것처럼 말이다. 냉전은 자유의 위대한 수호자들을 낳았는데, 프리드리히 하이에크, 칼 포퍼, 이사야 벌린 등이다. 그들의 공격 목표는 스탈린이 지배하는 전체주의 러시아였다. 그들은 자유와 평등과 같은 위대한 이상은 서로 충돌하기 때문에 그 중 어느 하나를 더 강조하면, 다른 하나를 덜 강조할 수밖에 없다는 원리상, 마르크시스트 유토피아는 불가능하다는 점을 성공적으로 보여주었다.

그들은 또 우리가 주장할 수 있는 최악의 것은 확실성이라고 주장했다. 그들은 확신이 폭군으로 이끈다고 주장했다. 이 주장은 잘못된 주장이며 자기모순이다. 하이에크는 자유가 노예보다 좋다고 확신했으며, 포퍼는 "열린 사회"가 "폐쇄 사회"보다 좋다고 확신했고, 벌린은 소극적인 자유가 적극적 자유보다 좋다고 확신했다. 그러나 그들은 어떤 진리도 최종적이지 않다는 자기주장에 너무 집착했기 때문에, 결과적으로 의도하지는 않았지만, 도덕적 상대주의 원리에 힘을 실어주게 되었다.

도덕적 상대주의는 오늘날 서양세계와 그 자유를 공격하는 전쟁에 맞서는 데 전혀 도움이 되지 않는다. 상대주의가 옳다면, 어떤 것도 참되다고 말할 수 없으며, 어떤 것도 절대적으로 잘못되었다고 말할 수 없다. 시민들을 죽이고, 아이들을 인간 방패로 삼고, 어린 소녀들을 노예로 삼는 것을 나쁘다고 말하는 것을 나의 주관적 신념의 문제라고 보기 때문이다. 그러나 당신은 다르게 볼 수 있다고 양보해야만 하기 때문이다. 당신은 그런 일을 저지르는 것이 하나님의 더 큰 영광을 위한 거룩한 명령이라고 믿기 때문이다. 이사야 벌린의 말을 사용하자면, 우리의 세계관이 엄청나게 다르기 때문에, 우리의 가치들도 매우 다르다고 주장할 수 있기 때문이다. 이런 식의 담론은 제2차 세계대전 이후 거의 반세기 동안 지속된 오랜 평화 기간 중에 옥스퍼드대학교처럼 평온한 환경에서나 설득력이 있었을 것이다. 그러나 오늘날처럼 도전적인 시대에는 완전히 부적절한 논리이다.

그렇다면 대안은 무엇인가? 그 대안을 찾기 위해 우리는 종교개혁 이후 16세기와 17세기의 종교전쟁 시대로 거슬러 올라갈 필요가 있다. 프랑스에서는 1562년부터 1598년까지 가톨릭과 위그노 사이에 전쟁이 벌어졌고, 또한 1618년부터 1648년까지는 30년 전쟁이 모든 것을 황폐하게 만들었다. 당시와 오늘날 사이에는 놀랍게 비슷한 점들이 있다.

*

오늘날의 사회적 불안은 정보기술의 혁명과 더불어 시작되었다. 정보기술은 15세기 중반에 구텐베르크가 발전시킨 인쇄술인 셈이다. 많은 발명들이 세상을 변화시켰지만, 우리가 정보를 기록하고 전달하는 방법에서 변화가 일어날 때는 그 영향이 제도, 문화, 그리고 우리의 사고방식까지 보다 더 체계적으로 변화시킨다.

새로운 정보기술은 훨씬 더 많은 사람들을 쉽게 연결시켜주었다. 그 결과는 읽고 쓰는 능력을 확산시켰으며, 지식에 대한 접근을 민주화했고, 기존의 권력구조에 실질적으로 도전할 수 있게 만들었다. 인쇄술을 발견했을 때나 오늘날의 새로운 정보기술의 발전에서나, 그 변화는 일차적으로 종교에서 나타났다. 루터의 종교개혁은 1517년 10월 31일, 비텐베르크의 올 세인트 교회 문에 95개조를 붙이는 것으로 시작되었다.

루터가 16세기 초에 발표한 기본 교리들 대다수는 이미 2세기 전에 옥스퍼드에서 존 위클리프가 작성한 것들이었다. 그 당시에 그 교리들이 전파되지 않고 나중에 루터 때 전파된 이유는 인쇄술의 영향 때문이었다. 처음에 가장 많이 인쇄된 책이 성서였다. 영국에서만 1517년에서 1640년까지 성서와 신약성서가 줄잡아 백만 권 이상 인쇄되었을 것이다. 루터의 종교개혁 선언문도 인쇄되어 배포되었다. 15일 만에 독일 전역에서 그 선언문을 볼 수 있었으며, 3주 만에 세 도시에 있는 인쇄소에서 그 선언문을 인쇄하고 있었다. 1546년까지 루터가 번역한 성서의 430개 서로 다른 판본이 모두 인쇄되어 나왔다.

그 결과는 종교전쟁의 세기였다. 이 전쟁으로 유럽의 지도가 바뀌게 되었는데, 그 시작은 신성로마제국의 몰락이었고, 1648년 베스트팔렌 조약으로 새로운 정치질서가 등장했는데, 그것은 주권국가와 권력 균형에 기초한 정치질서였다. 바로 이 정치질서 전체가 오늘날 위험에 처해 있다는 것이 헨리 키신저가 쓴 ≪세계질서≫(*World Order*)의 주장이다.

인쇄술이 종교개혁에 끼친 영향은 인터넷이 급진적인 정치적 이슬람에 끼친 영향과 같아서, 인터넷은 급진적인 정치적 이슬람을, 테러를 선동하고 세계 전역에서 테러범을 모집할 수 있는 전 지구적 세력으로 만들고 있다. 이들 극단주의자들은 종교가 여러 면에서 21세기를 위해 만들어졌다고 이해했다. 극단주의자들은 민족국가보다 더 지구적인 세력이다. 종교적 급진주의자들은 세속적 급진주의자들보다 새로운 전자 미디어를 더욱 교묘하게 이용한다. 또한 그들은 우리 시대에 적합한 조직 구조를 발전시켰다.

로드 벡스트롬과 오리 브라프먼은 ≪불가사리와 거미≫(*The Starfish and the Spider*, 김정수, 김현숙 역)에서 미래를 지배하게 될 것은 지도자 없는 조직들일 것이라고 주장했다. 불가사리와 거미는 형태가 비슷하지만 내부 구조는 서로 다르다. 거미는 목을 자르면 죽지만, 불가사리는 잘린 다리 하나에서부터 다시 살아날 수 있다. 이것이 알카에다를 추종하는 많은 후계자 운동들에서 벌어진 일이다.

따라서 17세기로 돌아가 당시에 종교전쟁을 끝낸 것은 무엇이었으며, 근대세계를 탄생시키고 서양이 중국과 오스만제국보다 앞서서 문명의 선도자가 되도록 만든 것이 무엇인지를 살펴볼 가치가 있다.

무기는 전쟁에서 승리하게 만들지만, 평화를 이루게 하는 것은 사상이다. 17세기에 변혁적 사상은 탁월한 사상가들로부터 나타났는데, 그 중에는 존 밀턴, 토마스 홉스, 베네딕트 스피노자, 존 로크가 있다. 그들의 핵심적 원칙은 사회계약, 국가권력의 한계, 관용의 교리, 양심의 자유와 인권 개념이었다.

이 사상가들 모두가 종교인이었던 것은 아니다. 홉스와 스피노자는 당시에 무신론자들로 간주되었다. 밀턴은 위대한 종교 시인이었으며, 로크는 소키누스주의(삼위일체를 부정하는 유니테리언파) 기독교인이었다. 그럼에도 불구하고 그 네 사람 모두 자신들의 정치사상을 일차적으로 히브리성서에서 끌어왔다. 그들의 가장 중요한 원칙 중 하나는 꾸란(*Al- Baqara* 256)에도 나오는 것으로서, 종교에는 강압이 없어야 한다는 원칙이다.

그 원칙들은 오늘날에도 타당한 것으로 남아 있지만, 당시와 지금은 한 가지 중요한 차이점이 있다. 17세기에는 가장 중요한 운동이 가톨릭 교회의 종교적 권력에 맞서서 여러 사회적 영역을 세속화하는 운동이었다. 오늘날의 혁명은 적어도 중동지방에서는 두 가지 종류의 세속주의에 반대하는 혁명이다. 첫 번째는 세속적 민족주의에 반대하는 혁명으로서, 이집트의 나세르, 사다트, 무바라크, 시리아의 아사드, 이라크의 사담 후세인 등 부패하고 억압적 정권으로 널리 인식되는 세속적 민족주의에 반대하는 혁명이다. 두 번째는 서양의 세속적 문화에 반대하는 혁명으로서, 전통을 지키려는 사람들이 보기에 서양문화는 퇴폐적이며 물질주의적이고 영혼을 파괴하는 문화다. 간단히 말해서, 17세기는 세속화 시대가 시작된 때였다. 21세기는 탈세속화 시대가 시작된 때다.

21세기는 20세기보다 몇 가지 이유에서 훨씬 더 종교적인 세기가 될 것이다. 첫째로, 우리가 앞에서 본 것처럼, 여러 면에서 종교는 민족국가와 기존의 정치 기관들보다, 전 지구적인 즉각적 통신기술에 훨씬 더 익숙하다는 점 때문이다.

둘째로, 우리가 다음 장에서 보게 될 것처럼, 제2차 세계대전 후에 서양사회는 인간의 가장 근본적인 욕구인 정체성 찾기에 대해 답을 주는데 실패했다는 점 때문이다. 위대한 세계종교들은 정체성을 제공한다. 자유시장과 자유민주주의 체제가 제공하지 못하는 방법들로, 삶의 의미, 방향, 행동 규칙과 도덕적이며 영적인 삶을 위한 원칙들을 제공한다.

특히 아브라함의 유일신론은 우리들과 같은 평범한 개인들에게 자긍심과 가치를 인식하게 한다. 우리가 이기적인 유전자에 불과하며, 원칙상 동물들과 다를 바 없으며, 사회에서 가장 강한 동기를 부여하는 것은 돈과 성공이며, 우주가 생겨난 것은 아무런 이유가 없으며, 또한 우주는 아무런 이유 없이 언젠가는 사라질 것이라고 말하는 종교는, 우리가 하나님의 사랑으로 창조된 우주 안에서 하나님의 형상과 닮음으로 지어졌다고 가르치는 종교처럼, 결코 인간 영혼에게 강력하게 말하지 못하게 마련이다.

세 번째 이유는 인구와 관련된다. 유럽의 어느 국가도 지속가능한 출산율(여성 1인당 자녀 2.1명)에 이르지 못하고 있다. 유럽의 평균 출산율은 한때 1.47까지 떨어졌지만, 지금은 1.6에 이른다(주로 이민자들의 유입 덕분에 증가한 것이다). 그러나 유럽의 토착민 인구는 오랫동안 점차 줄어들고 있다는 뜻이다. 그 격차는 이민자들과 소수인종들의 높은 출산율로 메워질 것이다.

전 세계적으로 가장 출산율이 높은 집단은 종교인 집단이다. 에릭 카우프만이 ≪종교인들이 지구를 물려받을 것인가?≫(*Shall the Religious Inherit the Earth?*)에서 자료를 통해 제시한 것처럼, 앞으로 50년 동안 세계의 많은 지역에서 종교인들의 분포에 엄청난 변화가 일어날 것이며, 유럽이 그 선봉에 설 것이다. 미국은 유일한 예외이지만, 서양세계는 그 유전자를 다음 세대에게 넘겨준다는 다윈주의(Darwinism)에 주목하지 않았다.

이 모든 것은 우리가 더 이상 17세기에 회피했던 과업을 미룰 수 없다는 뜻이다. 당시에 종교에서 권력을 박탈했기 때문에 가톨릭교도들과 개신교도들이 서로 죽이는 일을 중단시킬 수 있었다. 애당초 그 충돌을 야기한 신학은 대부분 수정되지 않은 채 응고된 DNA처럼 그대로 남아 있다. 지난 4세기 동안 사람들은 종교적 교리가 많은 점에서 해로

울 수 있다는 사실을 알게 되었고, 그 이후 종교인들의 손에서 권력을 박탈했지만, 그들이 저지를 수 있는 악행의 가능성은 여전히 남아 있다.

더 이상 그렇게 악행을 저지르도록 내버려두어서는 안 된다. 최강대국들과 동맥경화증에 걸린 국제기관들이 몰락하고, 실패한 국가들이 늘어나며, 홉스가 말한 시민전쟁과 부족전쟁의 혼란 속에서 종교적 극단주의자들이 권력을 장악하고 있다. 이런 현실은 애당초 폭력적 충돌로 이끄는 신학을 우리가 다시 검토할 수밖에 없도록 만들었다. 신학 작업을 새로 하지 않는다면, 이제까지 21세기를 특징지었던 테러에 계속 직면하게 된다. 테러 이외에는 다른 길이 없기 때문이다.

그 길은 군사적 수단만으로 종식시킬 수 없다. 모이제스 나임은 그의 독창적인 책 ≪권력의 종말≫에서 이런 점을 매우 명확하게 밝힌다. 그는 전쟁이 점차 비대칭적으로 되고 있어서, 많은 군대가 작고 비전통적인 군대와 싸우고 있다고 말한다. 또한 전쟁들은 점차 군사적으로 약한 편이 승리하고 있다. 하버드대학교에서 조사 연구한 바에 따르면, 1800년부터 1849년까지 비대칭적 충돌에서, 병력과 무기 면에서 약한 편이 승리한 경우는 12%에 불과했다. 그러나 1950년부터 1998년까지의 전쟁에서는 약한 편이 승리한 경우가 55%였다. 따라서 나임은 "오늘날 민족국가가 전쟁을 시작하면, 대규모 군사력은 과거처럼 힘을 발휘하지 못 한다"[12)]고 결론지었다.

이제 해야 할 일은 신학 작업이다. 이 점을 분명히 밝힌 것은 2015년 초에 이집트 대통령 압델 파타 엘시시가 알아자르대학교에서 행한 연설에서였다. 그는 "종교적 혁명"을 요청하면서, "이슬람 세계가 지금 찢겨

---

12) Moisés Naim, *The End of Power*, New York, Basic Books, 2013, p. 5. 김병순 역, ≪권력의 종말≫, 책읽는 수요일, 2015.

지고 파괴당하며 사라지고 있다. 우리들 자신의 손으로 잃어버리고 있는 것이다"라고 말했다.

이런 도전을 받는 것은 이슬람뿐 아니라 유대교와 기독교도 마찬가지다. 1995년 11월에 이갈 아미르라는 젊은 유대인 학생이 이츠하크 라빈 이스라엘 수상을 암살했는데, 그는 수상이 추진하는 평화 과정 때문에 이스라엘의 미래가 위험에 빠지고 있다고 보았던 것이다. 기도하던 29명의 무슬림을 살해한 바룩 골드슈타인과 마찬가지로, 아미르 역시 대학에서 공부했으며, 유대인이었고, 종교적 원리에 따라 행동했다. 우리가 추측할 수 있는 것은 골드슈타인이 성서에서 악의 상징인 아말렉의 "흔적을 없애버리라"(신 25:19)는 명령을 수행한다고 믿고 있었다는 점이다. 아미르는 라빈 수상을 타인들의 복지를 위협하는 자(*rodef*), 또는 백성의 반역자(*moser*)로 간주했다. 나는 유대교가 평화의 종교라고 굳게 믿는다. 그러나 모두가 종교를 나와 같은 방식으로 해석하지는 않는다. 위대한 종교들 가운데 어느 종교도 단호하게 "우리의 손은 결코 무고한 피를 흘린 적이 없다"고 말할 수 없다.

우리는 유대인, 기독교인, 무슬림으로서, 더욱 불편한 질문들을 물어야만 한다. 아브라함의 하나님은 자신의 제자들이 자신을 위해 살인하기를 원하시는가? 하나님은 인간을 희생제물로 바칠 것을 요구하시는가? 그분은 우리가 원수들을 증오하고 불신자들에게 테러를 가하기를 원하시는가? 우리가 성스러운 경전을 올바르게 읽었는가? 하나님은 지금 여기서 우리에게 무슨 말씀을 하고 계신가? 우리는 예언자들이 아니지만, 예언자의 후예들로서 이처럼 치명적인 문제에 대한 안내를 상실하지는 않았다.

*

왜 이런 종교적 폭력이 증가하고 있는가? 세상이 역사상 어느 때보다 더 빠르게 변화하고 있으며, 변화는 방향감각을 잃게 만들어, 상실감과 두려움이 순식간에 혐오로 바뀌기 때문이다. 우리의 세상은 혐오로 가득하다. 인터넷은 많은 축복을 안겨줌과 동시에 전파하는 힘이 있다. 사람들은 소셜미디어를 통해 혐오를 전 지구적으로 전파할 수 있다. 불에 태워 죽이고 참수하는 영상을 유튜브 비디오로 방송함으로써 전 세계에 영향을 끼친다.

통신채널이 많아졌다는 것은 우리가 더 이상 기존 신문들과 방송채널들에만 의존하지 않는다는 뜻이다. 방송(broadcasting)이 협송(narrow-casting)으로 대체되고 있다. 방송은 혼합된 대중에게 다양한 견해들을 전달한다. 반면에 협송은 시청자들의 편견을 뒷받침하는 사실들과 견해들만 전달한다. 협송은 대중을 같은 생각을 가진 종파들로 파편화한다.

인터넷도 혐오를 지구 전체에 퍼뜨린다. 과거에는 순전히 지역에만 영향을 끼쳤을 사건들이 이제는 세계 전역에 충격을 준다. 한 곳에서 벌어진 도발행위는 모든 곳에서 분노를 일으킬 수 있다. 사실을 확인할 수단이 없는 수천 킬로미터 떨어진 사람들에게는 방송 진행자의 의도하지 않은 멸시가 의도적인 모욕으로 전달되기 쉽다.

또한 특정한 국가의 인구 전체를 효과적으로 악마화하는 것도 어느 때보다 쉬워졌다. 지하드와 자살폭탄 지원자들이 계속 나오는 이유는 무슬림들이 타인들에 의해 굴욕을 당하는 모습들이 쉬지 않고 방영되기 때문이다. 그런 타인들은 자신의 민족을 박해하는 자들이기 때문에 큰 사탄, 또는 작은 사탄으로 간주되어 망설임 없이 살해할 수 있게 된다. 일상의 차원에서 인터넷은 **탈억제 효과**(a disinhibition effect)가 있어서, 얼굴을 맞대고 말하는 것과 달리 인터넷 상에서는 서로가 비인격화되기 때문에 훨씬 더 상대방에게 무례할 수 있다. 웹에서 논평 부분을 읽어보면, 이상 대신 분노가, 논증 대신 욕설이 난무하는 것을 볼 수 있다. 이런 방식으로 예의는 사라지고 있으며, 또한 예의가 완전히 사라지면 문명 자체가 위험에 처한다.

서양에서는 지금 벌어지는 사태에 대해 어렴풋하게 인식할 뿐이지, 도대체 왜 그런 일이 벌어지는지에 대해서는 이해하지 못하는 경향이 있다. 그 이유는 18세기 이후 서양에서는 시장경제와 자유민주주의를 통해서 **합리적 행위자**라는 역사적으로 색다른 사고방식과 독특한 인격이 창조되었는데, 합리적 행위자는 개인의 선택과 결과에 대한 계산에 근거해서 결정하는 사람이기 때문이다. 합리적 행위자에게는 해결할 수 없는 문제가 없으며, 해소할 수 없는 갈등은 없다. 우리에게 필요한 것은 앉아서 두뇌를 정리하고, 대안적인 시나리오들을 검토하여 관련된 당사자들 모두에게 최대의 이익을 가져오는 선택을 하는 것이다.

이 우주를 지배하는 것은 **이해관계**(interests)다. 때로는 이해관계가 개인적이지만, 때로는 집단적이다. 그러나 이해관계가 관건이다. 여기서 빠져 있는 것은 **정체성**(identity)이다. 정체성은 항상 집단의 현상이다. 정체성에 실려 있는 것은 역사, 기억, 과거와 그 불의함에 대한 인식, 그리고 충성, 존경, 숭앙하는 마음인데, 이 세 가지 도덕적 감수성의 미덕은 시장경제와 자유민주주의, 그리고 개인주의 문화에 의해 무너졌다. 나는 시장경제와 자유민주주의의 가치를 인정하는 사람으로서, 그에 반대하는 세력의 힘을 서양이 충분히 이해하지 못하는 것에 대해 두려움을 느낀다. 이해관계를 계산하는 것보다 열정이 더 깊고 강하게 작동하기 때문이다. 이성만으로는 이 특수한 전투에서 이길 수 없다. "자유"나 "민주주의"라는 말에 호소한다고 해도 이길 수 없다. 그런 말들이 어떤 사람들에게는 당연한 이상처럼 들리지만, 다른 사람들에게는 자신들의 문제의 해결책이 아니라 싸워야 할 문제이기 때문이다.

*

이 책의 주장을 간단히 정리하자면, 종교와 폭력 사이에는 연관성이 있지만, 그 연관성은 직접적인 것이 아니라 간접적인 것이라는 점이다. 왜 그런지는 2장에서 밝힐 것이다. 아브라함의 유일신론이 일으킨 세 종교인 유대교, 기독교, 이슬람 사이에는 서로 다르면서도 깊은 연관성이 있다. 이 연관성을 그 뿌리까지 거슬러 올라가 추적하는 것이 3장부터 5장까지의 과제다. 거기서 나는 하나님 이름으로 폭력을 행사하는 이타주의적인 악에 이르도록 만드는 사회적이며 심리적 과정을 검토할 것이다. 그 세 장에서 반유대주의를 강조할 것인데, 그 이유는 반유대주의가 종교적인 동기로 혐오를 일으키는 가장 중요한 사례이기 때문이 아니라, 그런 사회적이며 심리적인 과정이 가장 분명하게 작동하는 것 중 하나가 바로 반유대주의이기 때문이다. 십자군전쟁 시대든 아니면 오늘날이든, 종교적 폭력의 희생자들은 유대인들보다 기독교인들과 무슬림의 숫자가 훨씬 더 많다. 이처럼 반유대주의를 자세하게 검토함으로써 우리는 두려움이 혐오로 바뀌고 다시 살인적인 폭력으로 둔갑함으로써 합리성을 죽일 뿐 아니라 파괴적이며 동시에 자기파멸적인 폭력을 행사하는 사회적이며 심리적인 과정을 추적할 수 있다.

유대교, 기독교, 이슬람 사이의 관계는 역사적으로 독이 스며들어있는 관계로서, 나는 그 이유를 해명하려고 한다. 이 장들을 통해서 나는 세 가지 현상, 즉 정신구조, 신화, 그리고 형제자매간의 경쟁(sibling rivalry) 현상을 탐구할 것이다. 첫째로, 이타주의적인 악을 가능하게 만드는 특수한 정신구조가 있는데, 그것은 이원론(dualism)이다. 이원론은 유일신론과 양립할 수 없지만, 그럼에도 불구하고 때에 따라 유일신론 안에 똬리를 튼다. 둘째로, 이런 정신구조를 키우는 신화들이 있으며, 이 신화들은 놀라울 만큼 영속성이 있고 적응력이 강해서, 하나의 종교로부터 다른 종교로 이동할 뿐 아니라 세속적 문화에도 잘 적응한다. 셋째로, 아브라함의 세 종교 사이의 독특한 관계는 그 종교들을 서로 긴장 관계 속에 있게 만든다.

아브라함의 세 종교 각각은 애당초 나머지 두 종교가 사라질 것이라고 생각했다. 각 종교의 신봉자들은 다른 종교의 신봉자들을 개종시키려 하거나, 아니면 자기들의 새로운 신앙이 더 우월하다고 인정했다. 기독교인들은 유대인들이 기독교인들이 될 것으로 기대했다. 기독교의 창시자가 유대인이었기 때문이다. 무슬림들은 유대인들과 기독교인들이 무슬림이 될 것으로 예상했다. 무슬림의 신앙이 아브라함, 모세, 예수와 그들의 가르침을 통합시켰기 때문이다. 그러나 나머지 다른 종교들은 사라지지 않았다. 일부는 개종했지만, 대다수는 개종하지 않았다. 유대인들은 유대인으로 남았고, 기독교인들도 기독교인으로 남았다. 그 결과, 유대교, 기독교, 이슬람은 각각 다른 종교들의 존재에 의해 도전을 받았으며 심지어 위협을 받았다. 대부분의 시간에는 그것이 별로 문제가 되지 않았다. 유대인들, 기독교인들, 무슬림은 역사상 대부분의 기간 동안 서로 평화롭게 살았다. 그러나 극심한 혼란과 긴장이 닥치면, 실제로 다른 종교들의 존재가 큰 문제가 되었다.

5장에서 자세히 살피겠지만, 창세기의 이야기들에 나타나는 독특한 사고방식은 세 종교 모두가 최소한 느슨하게 공유하고 있다. 그 이야기들에서 문제가 생긴다. 그 이야기들을 무시하는 것은 불가능하다. 그러나 그 이야기들을 재해석하는 것은 실제로 가능하다. 우리가 한 발 더 나아가서, 문제의 뿌리에 놓여있는 본문들을 올바르게 해석한다면, 그 문제의 해결책을 찾을 수 있다. 이를 위해서 우리는 유일신론 자체의 원래의 목소리에 귀를 기울임으로써 그 본문들을 철저하게 다시 읽을 필요가 있다.

제2부는 그렇게 본문들을 다시 읽는 것이다. 나는 창세기의 그 이야기들이 이제까지 이해했던 것보다 훨씬 더 심오하며, 이제까지 종교적인 동기에서 자행된 폭력들의 상당수는 그 이야기들을 충분히 깊이 있게 이해하지 못했으며, 그 이야기들이 도전하는 복합적 의미를 파악하지 못한 결과라고 주장한다. 제3부는 오늘날과 같은 전 지구적 시대에 아브라함의 유일신론에 도전하는 또 다른 핵심 요소들을 살펴볼 것이다. 아브라함의 자손들인 유대인들, 기독교인들, 그리고 무슬림들이 함께 평화롭게 살기 위해서는 무엇이 필요하며, 또한 만일 우리가 평화롭게 살지 못하면 무슨 일이 벌어질 것이 가장 염려되는가?

*

이 책을 가능하게 만든 것은 유대인들, 기독교인들, 그리고 무슬림들이 각자의 충만한 인간성 속에서 서로 얼굴을 마주할 때 일어난 변혁을 깨닫게 되었기 때문이다.

유대교와 기독교의 경우에는 홀로코스트를 통해 이런 만남이 이루어졌다. 그 결과는 극적이었다. 거의 2천 년 동안 서로 등을 돌리고 살았던 유대인들과 기독교인들이 오늘날에는 원수들이라기보다는 친구와 "형제들"로서 훨씬 자주 만나고 있다.

이슬람의 경우도 마찬가지다. 내가 이 책을 쓰는 동안에 벌어진 일은 나를 크게 감동시켰다. 2015년 1월 9일 금요일에, 한 명의 이슬람 테러리스트가 파리의 코셔 수퍼마켓에 들어가 안식일 음식을 사던 네 명의 유대인을 살해했다. 무슬림 점원 라사나 바틸리는 사태를 파악하고, 유대인 고객 20명을 저온창고에 숨겨 그들의 목숨을 구했다. 사람들이 그의 용기를 칭찬하자, 그는 "우리는 모두 형제들입니다. 그것은 유대인, 기독교인, 또는 무슬림의 문제가 아닙니다. 우리는 모두 같은 보트에 타고 있고, 위기에서 벗어나려면 서로 도와야 하지요"라고 말했다.

파키스탄의 무슬림 소녀로서 탈레반에 맞서 여성의 권리를 위해 싸웠고, 암살 시도에도 살아남아 2014년에 최연소로 노벨평화상을 받은 말랄라 유사프자이처럼, 무슬림 점원 라사나 역시 우리 시대의 영웅 가운데 한 사람이다. 그들과 같은 수백만 명의 사람들이 보여주는 것은 신앙이 우리 모두가 공유한 인간성을 파괴하는 것이 아니라 강하게 만들어주는 능력이다. 그것은 간단해 보이지만, 역사는 그렇지 않다는 걸 말해준다. 종교인들이 두려움, 고통, 염려, 혼란, 상실감과 치욕감처럼 강한 감정에 사로잡힐 경우에는 종종 자신들의 반대편을 비인간화시키고, 그 결과는 끔찍하다. 믿음이란 타자의 얼굴에서 하나님의 흔적을 보라는 하나님의 부르심이다. 그 믿음은 타자의 신학(a theology of the Other)을 필요로 하며, 내가 이 책에서 제시하려는 것이 바로 그것이다.

우리 시대에 급진주의적인 정치화된 종교가 확산되고 있는 것은 전혀 우연이 아니다. 그런 종교가 나타난 것은 반세기 전에 내린 몇 가지 결정들이 전체 학교들과 신학교들로 하여금 헌신하도록 만든 명제, 즉 하나님을 사랑하는 것은 하나님의 원수들을 미워하는 것이라는 명제 때문이다. 그 최종적 결과는 혼돈, 폭력, 파괴의 홍수로서 무고한 자들과 죄인들을 함께 익사시키고 있다. 우리는 지금 그들과 똑같이 진지하게 평화, 용서, 사랑을 위한 교육을 해야만 한다. 오늘날 전 지구적 기관들 모두가 혐오 교육과 혐오 설교에 맞서기 전까지는, 모든 외교적 노력과 군사적 개입이 실패할 것이다. 궁극적으로 그 책임은 우리 종교인들이 지고 있다. 내일의 세상은 오늘 우리가 우리의 자녀들에게 무엇을 가르치는가에 달려 있다. 이 사실이 이 책이 말하려는 것이다.

따라서 이 책은 가장 단순한 질문에서 시작한다. 도대체 무엇이 애당초 사람들을 폭력적이게 만들었는가?

2장

폭력과 정체성

그렇다면 인간이란 이 무슨 키메라(그리스 신화에 나오는 사자의 머리, 염소의 몸, 뱀의 꼬리를 한 불을 뿜는 괴물)인가! 얼마나 새로움이며, 괴물이며, 혼돈이며, 모순덩어리며, 불가사의인가! 모든 것을 판단해볼 때, 미천한 벌레, 진리의 보물창고, 불확실성과 잘못을 꿰매는 자, 우주의 영광이며 쓰레기인 것을.

— 블레즈 파스칼

친구 둘이 정글 속을 걸어가다 사자가 으르렁거리는 소리를 들었다. A는 자기들이 숨을 곳을 생각했다. B는 달리기용 신발로 갈아 신었다. A가 물었다. "너 무슨 생각이니? 사자보다 빨리 달릴 수는 없어!" B가 대답했다. "나는 사자보다 빨리 달릴 필요는 없어. 단지 너보다만 빠르면 돼!"

이것은 수학의 천재로서 컴퓨터를 처음 생각해내고 제2차 세계대전 중에 독일의 암호를 해독한 앨런 튜링의 삶을 그린 영화 "모방게임"에 나오는 농담이다. 그러나 이것이 농담이라기보다는 인간의 현실이라고 먼저 파악했던 사람은 찰스 다윈이었다. 이것은 인간 조건의 근본적인 긴장상태를 보여준다. 이런 긴장상태는 그의 **자연도태**(natural selection) 이론에서 가장 큰 도전이 되었다.

A는 집단적 해결책을 찾는다. 자신과 친구 모두가 살 방도를 생각한다. B는 자연도태를 선택한다. 친구를 죽게 내버려 둠으로써, 자신은 살 방법을 찾는다. 그는 어쨌건 둘 중 하나는 죽게 될 것임을 알고, 그게 자신이 아닐 방법을 찾은 것이다.

이것은 본질적으로 인간의 딜레마다. 이타주의냐, 아니면 생존이냐? 어느 게 우선하는가? 공동선이냐, 아니면 개인적인 자기이해냐? 우리는 성자인가 죄인인가, 천사인가 악마인가, 도덕군자인가 마키아벨리안인가? 위의 농담은 우리가 둘 모두임을 보여준다. 이것이 인간 조건의 핵심적인 양면성이다.

다윈의 문제는 만일 자연도태가 맞는다면, 만일 진화가 희소한 자원을 놓고 벌이는 경쟁이라서 가장 잘 적응한 자만이 살아남아 자기의 특성을 다음 세대에게 넘겨준다면, 우리가 기대할 수 있는 것은 이기적인 존재가 살아남을 거라는 점이다. 이타주의자는 모두의 안전을 위해 위험을 감수하기 때문에 평균적으로 일찍 죽게 되며 또한 자신의 유전자를 다음 세대에게 넘겨주지 못할 것이다. 이타주의자는 사자에게 잡아먹힐 사람이다.

다윈이 표현한 것처럼, 가장 용감하며 가장 자기희생적인 개인들은 "평균적으로 타인들보다 일찍 죽게 되며," 또한 가장 고귀한 사람들은 "흔히 자신의 고귀한 본성을 자손들에게 넘겨주지 못한다."[1] 따라서 이타주의는 시간이 지나면 완전히 사라질 것이다. 생존전략으로서는 옳지

---

1) Charles Darwin, *The Descent of Man*, vol. 1, London, John Murray, 1871, p. 163. 추한호 역, ≪인간의 기원≫, 동서문화사, 2018.

않다. 그런 이타주의적 모험은 다른 사람들이 하도록 내버려두고, 최소한 당신 자신만이라도 안전할 수 있도록 하라는 말이다.

그러나 다윈은 모든 인간 사회가 이타주의를 극구 칭찬한다는 걸 알았다. 심지어 동물들도 자기 집단을 위해 위험을 감수한다. 포식자가 있다고 경고 소리를 내는 개체는 그 집단이 도망치도록 돕지만 그 자신은 쉽게 발각된다. 오늘날의 말로 표현하자면, 어떻게 이기적 유전자들이 한데 모여 이기심 없는 사람들을 낳을 수 있었는가?

우리는 반대 방향에서도 똑같이 이 문제에 이를 수 있다. 소크라테스 이후 철학자들은 왜 어떤 사람은 도덕적인가 하고 물었다. 플라톤은 지식 때문이라고 보았다. 사람들이 잘못을 행하는 유일한 이유는 무지함 때문이다. 아리스토텔레스는 플라톤의 대답을 수긍하기 어려웠다. 우리는 흔히 약한 의지(*akrasia*) 때문에 문제가 된다. 그래서 선한 사람이 되는 길은 테니스 선수나 바이올리니스트처럼, 우리가 바라는 행동이 자연스럽게 흘러나오게 될 때까지 훈련하는 길이다. 도덕적인 존재가 된다는 것은 우리가 덕성(virtue)이라고 부르는 마음의 습관을 갖게 되는 걸 뜻한다.

근대에 들어와 칸트는 우리를 도덕적이게 만드는 것은 이성(특수한 방법으로 이해된)이라고 생각했다. 어떤 행동이 옳은가 하는 것은 우리가 그 행동을 모든 사람이 행하는 보편적 규칙으로 정할 수 있는 행동이다. 우리가 거짓말을 해서는 안 되는 이유는 만일 모두가 거짓말을 하면, 아무도 서로를 신뢰하지 않게 되며, 거짓말에 의존하는 의사소통은 불가능하게 된다. 부도덕은 일종의 자기모순이다. 이성은 우리가 덕성에 이르게까지 생각하도록 만든다.

데이비드 흄과 아담 스미스는 우리의 행동을 위한 근본 동기가 이성만은 아니라고 생각했다. 감정이나 정서(흄이 "열정"이라 부른 것)도 행동의 동기가 된다. 우리를 도덕적이게 만드는 것은 우리가 타인들에 대해 갖는 감정이다. 아담 스미스는 ≪도덕 감정론≫(*The Theory of Moral Sentiments*)의 첫 문장에서, "인간이 아무리 이기적인 것처럼 보여도, 그 본성에는 분명히 몇 가지 원리들이 있는데, 타인들의 운명에 관심을 기울이며, 타인들의 행복이 자신에게 반드시 필요하다는 것을 아는 것이다. 비록 타인들의 행복에서 자신이 얻을 것은 아무것도 없지만, 그들의 행복을 보는 것만으로도 기쁜 것이다"라고 말한다. 신경과학이나 생화학, 또는 거울뉴런(mirror neurons)이나 옥시토신을 통해서, 우리는 도덕의식을 갖고 있다.

이 모든 이론들이 분명히 묻는 질문은 이것이다. 만일 도덕적 존재가 되는 것이 그처럼 간단하다면, 만일 지식, 습관, 성격, 이성, 감정 모두가 옳고 선한 길을 가리킨다면, 도대체 왜 사람들은 오랜 옛날부터 거짓말을 하고, 속이고, 훔치고, 약탈하고, 모욕하고, 남의 감정을 상하게 만들고, 억압하고, 착취하고, 살육을 자행했는가? 이것은 다윈이 반대 방향에서 질문한 것이다. 만일 우리가 그처럼 선하다면, 왜 우리는 그처럼 악한가?

세 번째 출발점은 종교적인 것으로서 이 책의 출발점이다. 어떻게 사람들은 생명의 하나님 이름으로 살인하며, 평화의 하나님 이름으로 전쟁을 벌이고, 사랑의 하나님 이름으로 혐오하고, 자비의 하나님 이름으로 잔인한 행동을 하는가? 우리가 하나님의 형상이라면, 어떻게 우리가 그토록 자주 하나님의 작품, 특히 우리의 동료 인간들에게 해를 끼치는가?

*

이 질문에 대해 다윈 자신은 핵심적으로 대답했다. ≪인간의 기원≫에서 다윈은 "부족의 많은 사람들이 높은 애국심, 충성심, 순종, 용기, 공감을 가지고 서로 도울 준비가 되어 있으며, 공동선을 위해 자기를 희생할 준비가 되어 있는 경우에 다른 부족들과의 경쟁에서 승리한다는 것에는 의심의 여지가 없으며, 이것이 자연도태일 것이다"라고 말한다.

우리는 사회적 동물이다. 우리는 개인적으로 우리의 유전자를 다음 세대에게 넘겨주지만, 살아남는 것은 오직 집단으로서다. 이것은 인간만 그런 게 아니다. 개미, 벌, 그리고 대다수 포유류가 포식자들의 위협에 대해 경계를 서고, 집단적으로 사냥하며 살아간다. 야생의 세계에서 집단으로부터 떨어진 개체는 죽게 된다. 혼자가 된 개체는 사자의 먹이가 된다.

이것이 호모 사피엔스의 진화적 장점이다. 인간은 집단을 형성하고 유지하는 데서 가장 효율적인 동물이다. 가장 사회적인 동물이다. 실제로 많은 생물학자들에 따르면, 인간이 언어 사용 능력을 발전시킨 것이 바로 이런 집단적 생존 능력을 위한 것이었다. 인간의 두뇌 크기가 인간의 진화적 조상보다 300% 큰 것도 바로 이런 이유 때문이다.

우리는 협동하며 경쟁한다. 우리가 협동하는 것은 경쟁하기 위해서다. 한 사람은 사자와의 대결에서 살아남지 못한다. 그러나 열 명, 또는 백 명이 팀을 이루면, 살아남을 수 있다. 따라서 인간이 직면한 가장 큰 위험은 포식자가 아니라, 음식, 거처, 영토와 같은 부족한 자원을 놓고 똑같이 경쟁하는 다른 인간 집단이다. 집단이 강할수록 라이벌 집단과의 경쟁에서 이길 기회가 더 많다. 다윈이 말한 생존경쟁에서 가장 응집력이 강한 팀일수록, 각자의 재능과 과업을 발휘하여 협동하는 데 숙련되어 있어서 살아남을 가능성이 더 커진다.

그래서 우리는 오랜 진화 역사를 통해 연마되고 정련된 두 가지 본능을 갖게 되었다. 하나는 다윈이 말한 "애국심, 충성심, 순종, 용기, 공감"으로서 우리를 이타주의로 기울게 만드는 본능이다. 우리가 집단의 공동선을 위해 일하는 이유는 우리의 생존이 집단에 달렸기 때문이다. 집단이 강할수록 우리의 생존 가능성과 다음 세대를 출산할 가능성이 높다. 다윈이 말한 것처럼, 이것이 자연도태를 이룬다.

또 다른 본능은 공격, 두려움, 분노, 호전성에 대한 기본적 반작용이며, 기꺼이 싸우고 타인들에게 상해를 입힐 능력으로서, 부족한 자원을 놓고 우리와 다투는 경쟁 집단과의 관계를 형성한다. 이런 반작용의 속도와 힘이 자연도태의 경쟁 현장에서 우리가 성공하는 데 필수적이다.

이런 점에서 우리는 천사이며 또한 악마다. 우리 편에게는 천사이며, 상대편에게는 악마다. 이것은 집단을 이루는 본능에서 자연스럽게 생긴 것이다. 집단은 뭉치게 만들며 또한 나누기도 한다. 집단은 연합시키는 것처럼 분열시킨다. 모든 집단은 많은 개체들이 한데 모여 집단적인 우리(Us)를 형성한다. 그러나 모든 우리는 그들(Them)에 맞서서 정의된다. 그들은 우리와 같지 않은 존재들이다. 그들 없이 우리만 있는 것은 불가능하다. 포용과 배제는 함께 간다.

그러므로 여기에 폭력과 이타주의 모두의 원천이 있다. 다윈의 질문은 대답이 되었다. 이타주의는 집단의 생존에 중요한 역할을 한다. 자연도태가 개체의 차원에서 작동하는지, 아니면 집단의 선택과 같은 것이 있는지 하는 문제는 생물학에서 여전히 뜨겁게 논쟁하는 주제로 남아 있다. 그러나 개체의 생존이 그 집단 구성원들이 집단 전체의 선을 위해서 모험하고 희생할 준비가 되어 있는가에 달려 있다는 것에는 의심의 여지가 없다. 그것은 우리의 본성에서 천사들의 생물학적 기능이다.

반대 방향에서도 똑같이 설명할 수 있는데, 이성이나 감정이 왜, 언제 우리의 도덕성으로 기우는가를 설명할 때도 인간의 악이 존재한다. 우리가 타인들에게 선하게 행동할 때 그 원천이 무엇이든 간에, 우리와 공통된 정체성을 공유하는 사람들에게만 국한되는 경향이 있다. 역사상 처음으로 철학자들과 과학자들을 낳은 그리스인들은 그리스인이 아닌 사람들을 야만인으로 간주했는데, 야만인(a barbarian)이라는 말은 양이 울 때 내는 소리에서 나온 말이다. 우리가 도덕적 관심을 갖는 반경은 제한되어 있다. 우리가 관심을 갖는 집단이 작거나 클 수 있지만, 실제는 이론과 반대로, 우리는 우리와 같지 않은 사람들을 완전히 인간보다 못한 존재로 보는 경향이 있다.

종교에서도 마찬가지다. 세계의 위대한 종교들은 사랑, 자비, 희생, 자선과 같은 숭고한 것들을 말해왔다. 그러나 그처럼 고상한 감정들은 흔히 동료 신자들이나 최소한 동료 신자가 될 가능성이 있는 사람들에게만 국한되었다. 비신자들, 즉 다른 종교인들이나 무종교인들, 그리고 같은 종교를 신봉하지만 이단자들로 간주되는 사람들에 대해서, 종교는 잔인하고 냉혹할 수 있다.

*

우리가 잠재적으로 폭력적인 이유는 우리가 사회적 동물로서, 자원을 놓고 다른 집단과 경쟁하고 살아남기 위해 집단을 형성하기 때문이다. 인간 이외의 사회적 동물들과는 달리, 우리는 비폭력적인 방법으로 다른 집단들과 상호작용할 수 있지만, 슬프게도 너무나 자주 우리는 그러지 않는다. 또한 집단 내부의 폭력도 있지만, 대부분 그것은 봉쇄된다. (집단 내부와 집단 외부는 상황에 따라 변한다. 집단은 분파, 종파, 교파,

당파로 분열되어 때로 뭉치다가, 어떤 때는 서로 완전히 별개의 집단으로 간주한다.) 전쟁과 테러로 이끄는 폭력은 집단 간에 벌어지는 것이며, 바로 이런 집단 간의 폭력이 집단 내부의 연대감과 응집력을 키우고, 다른 외부 집단에 대한 두려움, 의심, 공격을 키운다. 우리를 현재의 모습처럼, 선과 악의 희한한 혼합물로서 도덕적 높이에 이르게 할 수도 있고 야만적 구덩이 속에 빠지게도 만드는 것은 세속주의나 종교적 믿음이 아니다. 그것은 우리의 집단성이다.

우리가 다른 사람들보다 먼저 자신의 생존을 추구하는 것이 유전적으로 조건지어진 상태라면, 도대체 우리가 애당초 집단을 형성하는 이유는 무엇인가? 어떻게 이타주의가 나타날 수 있는가? 그에 대한 대답은 세 가지 서로 매우 다른 차원에서 찾을 수 있다.

첫 번째 차원은 J.B.S. 할데인이 그의 형제를 구하기 위해 강에 뛰어들 수 있는지에 대한 질문을 받았을 때, 그가 사실적으로 대답한 것에 드러나 있다. 그는 "아니요, 그러나 나는 두 명의 형제나 여덟 명의 사촌을 구하기 위해서라면 강에 뛰어들 겁니다"라고 대답했다. 강물에 빠져 죽어가는 누군가를 구하기 위해 자신의 목숨을 거는 것은 말이 되지 않을 것이다. 왜 타인들을 살리기 위해 자신의 후손을 희생시킬 위험을 무릅쓰겠는가? 1960년대에 윌리엄 해밀턴과 몇몇 사람이 밝힌 할데인의 요점은 만일 우리가 구하려는 사람이 우리와 매우 가까운 사람들이라면, 자기 목숨을 거는 것이 말이 된다는 점이다. 우리는 유전자의 50%를 형제자매들과 공유하며, 사촌들과는 1/8을 공유한다. 따라서 가까운 친척들의 생명을 구함으로써 우리는 우리의 유전자를 미래 세대에게 넘겨줄 수 있다. 이것이 **친족 선택**(kin selection)의 논리이며, 이것은 유전적 유사성에 의해 결정된다.

이것은 우리가 직관을 통해 알 수 있다. 이타주의의 근거는 가족 안에 있다. 가족을 통해서 우리는 유전자를 다음 세대에게 전해주며, 우리가 죽을 수밖에 없는 운명이라는 것을 이 땅에서 물리칠 수 있는 것도 가족을 통해서다. 에드먼드 버크는 "우리의 공적인 애정은 가족 안에서 시작된다"라고 말했으며, 알렉시스 토크빌은 "가족 감정이 유지되는 한, 억압에 대한 대적자는 결코 혼자가 아니다"라고 했다. 이런 점에서 생물학, 도덕, 그리고 사회는 일치한다. 도덕은 친족에서 시작된다.

집단이 어떻게 확대되었는지, 즉 친족에서 친척으로, 친척에서 친구들로 어떻게 확대되었는지는 1970년대까지 진화생물학에서 중요 논쟁점이었다. 자기이해가 항상 공동선보다 앞선다면, 인간은 물론이고 어떻게 동물이 서로 혈연관계가 아닌 타자들과 군집관계를 형성하는가? 이것은 자연 상태에서 생명에 대한 홉스의 유명한 설명의 출발점이었는데, 자연 상태에서는 "폭력적 죽음에 대한 지속적인 두려움과 위험이 있으며, 인간의 삶은 외롭고 빈곤하며 험악하고 잔인하며 짧다." 사람들로 하여금 서로 오랫동안 계속된 싸움을 멈추고 집단을 만들게 하는 것은 무엇인가?

이런 질문들에 대한 대답은 1970년대 말엽과 1980년대의 몇몇 탁월한 작업을 통해서 주어졌다. 그 대답은 게임이론을 이용한 시나리오를 사용하는데, 그 시나리오 이름이 "죄수의 딜레마"였다. 이 시나리오는 두 명의 범죄자를 상정하는데, 경찰은 그들의 범죄에 대해 혐의를 갖고 있지만 기소하기에는 충분한 증거를 갖고 있지 못하다. 경찰이 할 수 있는 최선의 방법은 두 명을 별도로 심문하여, 각자에게 상대방에 대한 정보를 주면 보상하겠다고 약속하는 방법이다. 그렇게 하면 결과적으로 두 명 모두 묵비권을 행사했을 경우에 받을 형량보다 더 긴 형량을 받게 된다. 이것은 사소한 호기심처럼 들리지만, 아담 스미스의 ≪국부론≫ 이래로 경제학이 근거하고 있는 중요한 가정을 무너뜨린다. 그 가정은 소위 노동의 분업이 개인적인 자기이해와 결합되어 집단적인 이익을 얻게 된다는 것이다. 죄수의 딜레마가 보여주는 것은 그런 가정이 성립하는 경우는 신뢰라는 요소가 덧붙여질 경우뿐이라는 점이다. 두 명의 혐의자가 침묵을 깨고 상대방에 대한 정보를 제공하는 것은 서로 상대방을 신뢰하지 못할 때다.

수학자들이 발견한 것은 죄수의 딜레마가 단 한 번만 실행될 경우 그처럼 부정적인 결과가 나온다는 점이다. 여러 번 그런 방식의 심문을 받으면, 그 두 명이 마침내 서로 신뢰하게 되는데, 그 이유는 그들이 서로를 신뢰하면 이득을 보지만, 신뢰하지 않으면 손해를 본다는 것을 배우기 때문이다. 낯선 사람들 여러 명과 만나면서도 생존할 수 있는 매우 효과적인 컴퓨터 프로그램이 1979년에 아나톨 라포포트에 의해 만들어졌는데, 그는 한때 피아니스트였다가 핵무기 대결에 관심을 가진 정치학자였다. 그는 그것을 "맞대응"(Tit-for-Tat)이라고 불렀다. 그것은 첫 번 만남에서 친절하라, 그리고 다음 번 만남에서는 상대방의 마지막 행동을 되풀이하라고 말한다. 만일 상대방이 친절하면, 당신도 친절해야 하며, 만일 상대방이 친절하지 않으면, 같은 방식으로 대응하라는 것이다. 이것은 생존가(survival value)를 컴퓨터 시뮬레이션으로 보여준 첫 번째 도덕 원리였다. 그것이 보여준 것은 황금율의 황금이었다. 그것은 당신이 사람들에게 행동한 대로 그들도 당신에게 행동하는 세상에서, 타인이 당신에게 행동하기를 바라는 대로 당신도 타인에게 행동하면 이득을 보는 것이 대부분의 문화에서 기본적 원리라고 말한다.

이것은 다윈의 딜레마, 즉 어떻게 유전적으로 서로 연결되지 않은 개체들이 협동하여 집단을 형성할 수 있는지에 대한 딜레마를 해결해준다. 만일 남들이 당신에게 행동하기를 기대하는 것, 예를 들어 음식을 나누고 임박한 위험을 경고하는 등의 행동을 당신이 한다면, 그 집단은 효과적으로 기능하여 생존한다. 만일 그렇지 않다면, 당신은 보복을 당하고, 집단으로부터 추방될 수 있다. 생물학자들은 그것을 **상호적 이타주의**(reciprocal altruism)라고 부른다. 어떤 사람들은 이것이 전혀 이타주의가 아니라고 부정한다. "올바르게 이해된 자기이해," 또는 버틀러 주교가 부른 것처럼 "냉정한 자기사랑"(cool self-love)이라는 것이다. 그러나 이것은 도덕적 삶의 가장 단순한 기초인 셈이다. 만일 우리가 선행을 베풀고 상호성의 규칙을 적용하면, 우리는 신뢰의 토대를 만들고 그 토대 위에 집단을 형성할 수 있다. 이것을 위해 종교가 필요한 것은 아니다. 모든 사회적 동물들이 이렇게 집단을 형성하는 이유는 그러지 않고서는 생존하지 못하기 때문이다.

집단의 생존은 얼굴을 맞대는 만남에 달려 있다. 내가 당신을 지금 신뢰하기 위해서는 지난번에 당신이 나에게 행한 것을 기억할 수 있어야 한다. 이것은 상당한 기억을 요구하는데, 침팬지와 보노보 같은 동물들의 집단이 작은 이유를 설명해준다. 어떤 생물학자들은 인간이 언어를 발전시킴으로써 서로 간의 협동을 더욱 잘 할 수 있게 되었다고 생각한다. 또한 언어를 통해 인간은 남들에 대한 수다를 떨게 되어, 누구는 신뢰할 만하며, 누구는 그렇지 못한지에 관한 정보를 나눌 수 있게 되었다. 심지어 언어를 통해 주먹이 아니라 말로 "때릴" 수 있게 되었기 때문에, 서로 간에 감정적 유대를 더욱 공고히 하게 되었다.

독창적인 생물학자 로빈 던바는 동물 종자들에서 뇌의 크기와 그 집단의 크기 사이에 상관관계가 있음을 밝혔다. 이를 근거로 그는 인간의 최적의 집단 규모는 150명이라고 계산했다. 이 때문에 처음 인간의 집단은 동물을 길들여 가축으로 삼고 농업을 발명한 후에도, 그 규모가 작은 부족, 마을, 씨족으로 남아 있었다. 이보다 큰 결합은 작은 집단들이 연합한 것이었다.

그렇다면 어떻게 인간은 훨씬 더 큰 집단을 형성하게 되었는가? 어떻게 도시와 문명을 창조했는가? 상호적 이타주의는 자주 만나 서로의 성격을 아는 이웃들 사이에 신뢰를 형성해준다. 그러나 도시는 훨씬 크고 다른 문제를 제기했다. 즉 서로 모르는 사람들 사이에 어떻게 신뢰를 형성할 것인가?

*

이 시점에서 문화가 자연의 특성을 넘겨받고 종교가 태어났다. 여기서 종교란 신화, 제의, 거룩한 시간과 장소, 신전, 그리고 제사장으로 조직된 사회적 구조다. 우리는 지금 신학적 관점이 아니라 진화적 관점에서 말하고 있는 중이다. 종교가 참이든 거짓이든, 종교는 분명히 적응을 돕는다는 점에서 가치가 있다. 왜냐하면 종교는 문명이 시작될 때 등장했으며, 그 이후 거의 모든 사회에서 중심적 특성이었기 때문이다.

초기 종교는 도덕적 공동체를 창조함으로써 서로 모르는 사람들 사이의 신뢰 문제를 해결해주었다. 종교는 사회질서를 신성한 것으로 만들었다. 현재의 사회질서는 신들의 뜻이며, 우주의 기본 구조이기 때문이라고 종교는 가르쳤다. 메소포타미아와 이집트의 초기 종교들에서 근본적인 주제는 우주와 혼돈, 질서와 무정부, 구조와 무질서 사이의 긴장상태였다. 우주는 혼돈 속에서, 형태를 갖추지 못한 바다나 물질에서 시작되었고, 만일 통치자의 지배를 따르지 않는다면, 다시 혼돈에 빠질 것이다.

셰익스피어가 ≪트로일루스와 크레시다≫(*Troilus and Cressida*) 1막 3장에서 율리시스의 연설로 다음과 같이 표현한 것은 우주론적 정신에 대한 가장 아름다운 설명이다.

천상의 세계 자체, 행성들과 이 중심은
각도, 우선성과 장소를 정확히 지키며
관직과 관습을 제정하고 운행하며 조화를 이루고
계절과 형태를 모두 질서정연하게 만든다.

하늘과 땅에는 질서가 있으며, 그 지배가 무너지면, "들어라, 어떤 혼란이 뒤따르는지를!" 바다가 땅을 휩쓸게 되며, 사회적 구별이 해체된다. 법 대신에 무정부 상태가 되며, 자녀들은 더 이상 부모에게 복종하지 않게 될 것이다. 남는 것은 폭력뿐이다.

그러면 모든 것이 힘으로 좌우되며,
힘은 의지로, 의지는 욕구로 둔갑하고
욕구는 모두를 늑대로 둔갑시킨다.
이처럼 의지와 힘 두 가지로 뒷받침되어
모두를 먹이로 만들어
최후에 남은 자는 자기를 먹어치운다.

이렇게 큰 규모로 질서를 창조할 수 있는 생물학적 기제(mechanism)는 인간에게 없다. 개미가 큰 집단을 만들 수 있는 이유는 그 집단 안의 역할에서 서로의 복제품이기 때문이다. 개미는 친족 선택에 의해 작동한다. 인간은 서로 다르다. 그래서 인간 사이의 협동이 그렇게 어렵고, 협동하게 될 때는 매우 강력하다. 이것은 인간에게서만 나타나는 새롭고 독특한 것이다. 학습된 행동 습관은 진화를 통한 본능을 넘겨받는다. 이것을 드러내는 것이 종교적 제의들이다. 사회화는 젊은이들의 교육에서 근본적인 부분이 되었다. 사회화에는 역할, 규칙, 행위규범이 있다. 집단을 유지하기 위해 반드시 필요한 습관들이 내면화된다. 우리는 문화를 창조하며 의미를 추구하는 동물이다. 호모 사피엔스는 호모 렐리기오수스(Homo religiosus)가 되었다.

이런 것이 데이비드 슬로언 윌슨, 스코트 아트란, 아라 노렌자얀을 비롯한 몇몇 진화학자들의 주장이다. 그들은 특히 19세기에 설립된 200개의 공동생활체(commune)에 대한 리처드 소시스의 연구에 주목한다. 공동생활체는 친족이 아니더라도 협동하는 좋은 사례다. 소시스는 그 공동생활체 가운데, 설립된 지 20년 후에도 여전히 존재하는 세속적 공동생활체는 6%인 반면에, 종교적 공동생활체는 39%인 것을 발견했다. 그 이후 연구를 통해서 소시스는 그 종교적 집단이 요구하는 것이 더 많을수록, 더 오래 지속된다는 것도 발견했다.[2)] 종교는 공동체들을 창조하고 또한 유지시킨다.

종교는 또한 신뢰를 창조한다. 니콜라스 라우는 기독교 이전 시대에

---

2) Richard Sosis, 'Religion and Intragroup Cooperation: Preliminary Results of a Comparative Analysis of Utopian Communities,' *Cross-Cultural Research*, 34.I, 2000, pp. 70-87; Richard Sosis and Candace Alcorta, 'Signaling, Solidarity, and the Sacred: The Evolution of Religious Behavior', *Evolutionary Anthropology: Issues, News, and Reviews*, 12.6, 2003, pp. 264-74; Richard Sosis and Eric R. Bressler, 'Cooperation and Commune Longevity: A Test of the Costly Signaling Theory of Religion,' *Cross-Cultural Research*, 37.2, 2003, pp. 211-39.

로마의 해상무역의 중심지였던 델로스의 사회생활을 연구했다. 상인들이 장거리 무역을 가능하게 만든 상호 신뢰를 발전시킨 것은 무엇이었는가? 상인들은 종교적 형제애를 창조하였고, 자신들의 합의에 대한 증인들로서 자신들을 지켜보는 신들에게 호소했다. "이런 신들의 기능은 다른 무엇보다 그리스와 로마의 시장에서 마주치는 특성들의 공통분모로 작용했다."[3]

2008년 미국의 대통령 선거를 앞두고, 2007년의 갤럽조사는 유권자의 90% 이상이 가톨릭이나 유대인 후보자에게 투표할 것인 반면에, 45%는 무신론자 후보자에게 투표할 것임을 보여주었다.[4] 이것은 미국에서만 독특한 현상이 아니었다. 전 세계 81개 국가에서 1999년부터 2002년 사이에 행해진 조사에서도, 조사에 참가한 사람의 2/3는 종교를 신뢰하는 반면에, 1/2은 자기의 정부를 신뢰하며, 1/3은 정당을 신뢰한다고 말했다.[5]

17세기에 자유주의 사상가였던 존 로크마저도 무신론자들에게는 시민권을 주어서는 안 된다고 주장했음을 기억하라. 그는 이렇게 말했다. "하나님의 존재를 부인하는 사람들에게 관용을 베풀어서는 안 된다. 약속, 언약, 서약은 인간 사회의 결속으로서, 무신론자에게는 기대할 수

---

3) Nicholas K. Raul, *The Sacred Bonds of Commerce: Religion, Economy, and Trade Society at Hellenistic Roman Delos, 166-87 BC*, Amsterdam, J. C. Gieben, 1993, p. 129.

4) Cited in Ara Norenzayan, *Big Gods: How Religion Transformed Cooperation and Conflict*, Princeton, NJ, Princeton University Press, 2013, pp. 66-7.

5) Ronald Inglehart and Wayne E. Baker, 'Modernization, Cultural Change, and the Persistence of Traditional Values,' *American Sociological Review*, 65.I, 2000, pp. 19-51.

없는 것이다. 생각만으로도 하나님을 저버리면 모든 것이 와해된다."[6] 내가 이것을 언급하는 이유는 이런 감정을 찬성하기 위해서가 아니라, 단지 그런 감정이 존재한다는 것을 지적하기 위해서다.

리처드 슈베더와 조너선 하이트 같은 학자들은 종교윤리학이 갖고 있는 권위에 대한 존중, 충성, 거룩함에 대한 인식 등의 풍부한 자원이, 공정과 해를 끼치지 않는 것에 근거한 세속적 윤리학의 빈약한 특성보다, 얼마나 포괄적이며 "두터운" 도덕성을 제공하는지를 보여주었다. 이것은 종교인들이 세속적인 사람들보다 더 도덕적이라는 말은 아니지만, 종교인들의 도덕성이 더 풍부하며, 단지 임의적으로 만나는 개인들의 관계를 규정할 뿐 아니라 집단을 함께 묶어준다는 뜻이다. 하이트가 표현한 것처럼, "그 기원이 무엇이든 간에 신성함에 대한 심리학은 개인들을 도덕적 공동체로 묶어주는 데 도움을 준다."[7] 많은 사람들은 "종교"(religion)라는 단어가 "묶는다"는 뜻의 라틴어 '렐리가레'(*religare*)에서 왔다고 믿는다.

실제로 하버드대학교 정치학과 교수인 로버트 퍼트남이 데이비드 캠벨과 공저한 ≪아메리칸 그레이스≫에서 보여준 것처럼, 미국에서 가장 강한 사회적 자본을 발견할 수 있는 곳은 구체적으로 종교적 공동체들로서, 그들은 기꺼이 이방인들을 돕고, 종교적 목적이든 세속적 목적이든

---

6) John Locke, *Letter Concerning Toleration*, Indianapolis, Hackett, 1983, p. 51. 로크는 가톨릭 신자들에게도 시민권을 주지 말라고 했는데, 가톨릭 신자들은 다른 곳(교황)에 충성한다는 이유 때문이었다. 이와 비슷한 비난을 오늘날 반유대주의자들이 이스라엘 국가와의 관계에서 유대인들을 대상으로 제기했다.

7) Jonathan Haidt, *The Righteous Mind: Why Good People Are Divided by Politics and Religion*, New York, Pantheon Books, 2012, p. 151.

후원금을 내며, 자발적인 단체, 이웃들 집단에서 적극적으로 활동한다. 그는 이런 태도가 종교적 믿음과 연관이 있다기보다는 오히려 종교 공동체의 멤버십과 연관된다고 본다.

이런 연구에 덧붙여, 앞장에서 이미 언급한 에릭 카우프만의 인구통계 연구, 즉 오늘날 세계 전역에서 종교 집단의 출산율이 더 높다는 점을 보면, 종교가 공동체를 장기간 지속시키는 힘을 갖고 있음을 알 수 있다. 그 반대도 사실이다. 마이클 블룸은 이렇게 지적한다.

> 우리는 초기 그리스와 인도에 대한 모든 자료와 사례연구들을 치밀하게 살펴본 결과, 비종교적 인구에서 한 세기 동안에 여성 1인당 두 명 이상의 출산을 유지한 경우를 찾아볼 수 없었다. 종교 공동체들이 와해되는 곳에서는 어디서나 인구도 줄어들었다.[8)]

따라서 종교는 큰 집단들에 필수적인 과업을 수행해왔으며 지금도 계속 수행하고 있다. 종교는 사람들을 정서적으로, 행동에서, 지적으로, 또한 영적으로 교제할 수 있게 연결시켜줌으로써 공동체를 이루게 한다. 따라서 처음으로 완전히 세련된 종교들은 절대적으로 정치와 연결되었는데, 정치(politics)라는 말은 '도시'를 뜻하는 '폴리스'(*polis*)에서 파생된 말이다. 종교는 사회적 구조의 형이상학적 토대였으며, 정치질서의 기초였다. 국가의 우두머리는 종교의 우두머리였다. 왕, 통치자, 또는 파라오는 신이거나 신의 아들, 또는 신들과 소통하는 최고 중재자였다. 문명은 종교와 정치를 분리시키는 것을 배우기 전에 혁명을 거쳐야만 했다. 바

---

8) Norenzayan, *Big Gods*, p. 153.

로 이 지점에서 아브라함의 유일신론이 등장했지만, 이 문제는 다음 장에서 다룰 이야기다.

*

우리는 이제 종교와 폭력의 관계에 대한 질문뿐 아니라, 인간이 큰 선을 행할 능력과 큰 악도 행할 능력을 갖고 있는 점, 즉 인간의 이중적 본성에 대한 질문에 대해서도 대답할 수 있게 되었다. 우리가 선하기도 하고 악하기도 한 것은 우리가 인간이며, 사회적 동물로서 집단 안에서 살고 생존하며 번창하기 때문이다. 집단 안에서 우리는 이타주의를 실천한다. 집단들 사이에서 우리는 공격적이기도 하다. 이 평형상태 속에 종교가 들어오는 유일한 이유는, 종교가 낯선 사람들 사이의 신뢰 문제를 해결함으로써 큰 규모의 집단을 창조하고 유지할 수 있도록 고안된 가장 강력한 세력이기 때문이다.

폭력은 종교 자체와는 상관없다. 폭력은 정체성과 집단생활과 상관된다. 종교는 다른 어느 세력보다 집단을 보다 효율적으로 지탱시켜준다. 종교는 내부의 폭력을 금지시킨다. 외부의 폭력 위협에 대해서는 종교가 들고 일어난다. 대부분의 충돌과 전쟁은 종교와 상관없다. 그런 사태들은 권력, 영토와 영광, 세속적이며 심지어 비열한 것들과 연관된다. 그러나 만일 종교가 그런 사태들에 개입할 수 있을 때는, 개입한다.

이처럼 폭력이 정체성과 상관된다면, 왜 정체성을 없애지 않는가? 왜 인간을 그들과 우리들로 나누는가? 왜 단지 공통적 인간으로 규정하지 않는가? 이것은 결국 스가랴와 같은 예언자들의 유토피아적 희망이었다. "주께서 온 세상의 왕이 되실 것이다. 그날이 오면, 사람들은 오직 주 한 분만을 섬기고, 오직 그분의 이름 하나만으로 간구할 것이다"(슥 14:9).

정체성이 없는 세상은 전쟁이 없는 세상이 될 것이다.

역사상 이런 꿈을 실현하려는 세 차례의 중요한 시도가 있었는데, 그 시도들이 왜 실패했는지를 이해하는 것은 대단히 중요하다. 첫 번째 시도는 바울의 기독교였다. 바울은 "유대 사람이나 그리스 사람이나, 종이나 자유인이나, 남자나 여자나 차별이 없습니다"(갈 3:28)라는 말을 한 것으로 유명하다. 역사적으로 기독교는 세계를 하나의 신앙으로 개종시키려 했던 가장 성공적인 종교였다. 오늘날 세계 인구의 1/3이 기독교인이다. 그러나 민족들은 계속 존재했다. 비유일신론 신앙도 계속 존재했다. 또 다른 유일신론인 이슬람이 등장하여, 마찬가지로 이슬람이 하나님의 뜻이라고 이해한 것으로 세상을 개종시키려는 포부를 가졌다. 기독교 안에서도 분열이 일어났는데, 처음에는 서방교회와 동방교회로 분열되고, 그 다음에는 가톨릭과 개신교로 분열되었다. 이슬람은 수니파와 시아파로 분열되었다. 그 결과 전쟁은 끝나지 않았다. 십자군, 지하드, 거룩한 전쟁, 그리고 시민들 사이의 내전이 벌어졌다. 이런 역사 때문에 일부 사람들은 종교가 폭력을 치유하는 길이 아니라 폭력을 악화시키는 길이라고 믿게 되었다.

두 번째 시도는 18세기 유럽의 계몽주의였다. 몇 차례 끔찍한 종교전쟁을 거친 후, 유럽의 지성인들 사이에서 믿음과 도그마가 초래한 분열들은 이성, 철학, 과학이라는 보편적 진리에 의해 극복될 수 있다는 진정한 신념이 생겨났다. 칸트는 우리가 모두 하나님의 형상으로 지음받았다는 사상과 세속적으로 같은 명제를 만들었다. 그는 타인을 수단이 아니라 목적으로 대하라고 말했다. 그는 또 예언자 이사야의 꿈을 되살려내어 "영구적 평화"(1795)라는 세속적 프로그램으로 만들었다. 그 프로그램이 가장 유명하게 표현된 것이 베토벤 교향곡 9번의 마지막 장에 나오는

쉴러의 “환희의 송가”와 “모든 인류가 형제가 된다”는 비전이었다.

그러나 이것 역시 지속되지 못했다. 이성의 시대는 낭만주의로 이어졌고, 민족과 종족의 옛 신들이 다시 돌아왔다. 19세기와 20세기를 거치면서 종교를 대체하게 된 세 가지가 새로운 정체성의 기초로 등장했다. 첫 번째는 민족국가였다. 두 번째는 이데올로기 체계였다. 세 번째는 인종이었다. 첫 번째인 민족국가는 두 차례 세계대전으로 이끌었으며, 두 번째인 이데올로기 체계는 스탈린의 러시아, 강제수용소(Gulag)와 KGB로, 세 번째인 인종은 홀로코스트를 초래했다. 이처럼 종교를 대체한 세 가지는 수천만 명의 목숨을 앗아갔다. 그 이후에는 어느 누구도 종교를 철폐하는 것이 평화로 이끈다고 주장하는 사람을 진지하게 취급하지 않는다.

그 첫 번째와 두 번째 시도는 보편주의자들의 시도였다. 즉 모두가 믿는 보편적 종교나 보편적 문화에 대한 신념이었다. 세 번째 시도는 우리가 지난 반세기 동안 거쳤던 것으로서 정반대다. 그것은 집단을 완전히 철폐함으로써 정체성을 없애버리고, 대신에 개인을 왕좌에 앉게 하려는 시도였다. 오늘날 서양은 역사상 가장 개인주의적인 시대를 경험하고 있다. 그 중심 가치는 윤리적으로 자율성, 정치적으로 개인의 권리, 문화적으로는 포스트모더니즘, 종교적으로는 “영성”이다. 개인주의 시대의 우상은 자기(self)이며, 아이콘은 “셀피”(selfie)이고, 그 작동 체제는 자유시장과 탈이데올로기적이며 관료 중심의 자유민주주의 국가다. 민족적 정체성 대신에 우리는 지구적 코스모폴리타니즘(세계시민주의)을 갖고 있다. 공동체 대신에 플래쉬 몹(flash-mobs)을 갖고 있다. 우리는 더 이상 순례자가 아니라 여행자들이다. 우리는 더 이상 우리가 누구이며, 왜 여기에 있는지 알지 못한다.

이와 같은 문명질서는 과거에 등장했던 적이 없으며, 우리가 그것을 이해할 수 있는 유일한 길은 종교를 대체했던 세 가지, 즉 민족주의, 공산주의, 그리고 인종이라는 대체물이 실패한 끔찍한 트라우마에 비춰 보는 길뿐이다. 우리는 지금 1970년대 이후 개인주의의 욕구불만 시대를 살아가고 있다. 정체성은 되돌아왔다. 부족들도 되살아나서, 과거 어느 때보다 더 맹렬하게 싸운다. 충돌의 옛 원천이었던 종교와 민족은 지금 새로운 희생자들을 낳고 있다. 근대를 반대하는 급진주의자들은 근대의 산물을 사용하면서도, 그 산물을 생산한 과정인 서구화를 거치지 않는 방법을 배웠다. 그러는 동안에 서양의 에너지는 고갈되었다. 그 이유는 종교가 한때 에너지를 불어넣었던 혼인, 가족, 공동체, 도덕규범의 공유, 본능을 충족시키는 것을 자제할 능력, 부자와 가난한 자를 상호 책임의 유대관계로 연결시켜주는 계약, 희망이라는 사회적 미덕을 낳은 우주에 대한 비전 등이 와해되었기 때문이다.

인간이 집단을 형성하려는 경향에서 종교는 가장 효과적인 동력인데, 그런 집단 형성 경향이 폭력과 전쟁의 원천이다. 그러나 대안이 되는 것, 즉 집단이나 정체성 없는 인류라는 대안이 불가능한 이유는 그것이 견딜 수 없는 것이기 때문이다. 이 점을 가장 분명히 파악한 사상가는 프랑스의 사회학자 에밀 뒤르켐이었다. 1897년에 그는 ≪자살론≫이라는 중요한 책을 발표했다. 우리는 "살 것이냐 죽을 것이냐"를 결정하는 것을 가장 격렬한 개인적 결정이라고 생각한다. 그 결정은 정신과 감정 상태와 관련된 것이지, 바깥세상과는 아무런 관련이 없다고 생각한다.

그러나 뒤르켐은 다르게 주장했다. 그는 아노미(*anomie*), 즉 공통적인 도덕규범을 상실한 사회에서는 더 많은 사람들이 자살한다고 했다. 우리는 공공의 의미와 집단적인 도덕적 정체성이 없는 상태를 견딜 수 없다. 미래에 직면하여, 취약한 개인들은 삶보다 죽음을 선택한다. 비록 뒤르켐은 예상할 수 없었지만, 그와 같은 현실이 우리 시대에 벌어지고 있다. 바로 이런 이유 때문에 겉보기에 정상적이며 부모 세대보다 교육도 잘 받았고 경력과 가족을 갖고 적응한 사람들이 삶보다는 죽음을 선택하여 지하드와 자살 폭탄범이 되는 것이다.

2001년 9월 11일의 테러공격 사건 이후 방대한 연구는 지하드와 자살 폭탄범들이 대부분 빈곤이나 사회적 배제 때문이 아니라는 사실을 밝혀주었다. 그들에게서는 특별히 찾아볼 수 있는 심리적 측면이 없었다. 그들은 정신질환자가 아니며, 종교적 극단주의 추종자들도 아니다. 그들 중 많은 사람들이 종교교육을 받지 못했다. 어려서부터 그들은 종교집회에 참석하지 않았다. 상당수가 이슬람에 대해서는 전혀 몰랐다.

그들이 무엇인가 고난을 받고 있다면, 그것은 오늘날 서양과 이슬람 세계의 타락한 세속 정권의 공허감, 무의미, 물질주의, 그리고 나르시시즘이다. 에릭 호퍼가 ≪맹신자들≫에서 지적했으며, 또한 스코트 아트란이 자살 폭탄범들에 대해 연구한 ≪적들에게 말하기≫에서 밝힌 것처럼, 개인들이 급진주의 운동에 가담하는 이유는 외로운 군중의 고립감에서 벗어나고, 아무리 잠시 동안만이라도, 자기보다 더 큰 무엇을 추구하는 일에 종사하는 격렬한 공동체의 일부가 되려는 때문이다.[9] 그들에게 동기를 부여한 것은 진정한 이상이다. 그들은 동료 신자들의 고통과 치욕을 느낀다. 그래서 필요하다면 목숨을 바쳐서라도 세상의 불의를 종식시

---

9) Eric Hoffer, *The True Believer: Thoughts on the Nature of Mass Movement*, New York, Harper and Row, 1951; Scott Atran, *Talking to the Enemy: Violent Extremism, Sacred Values, and What It Means to Be Human*, London, Allen Lane, 2010.

키고, 그 불의의 희생자들에 대한 기억을 명예롭게 하는 일에 헌신하려는 것이다. 마이클 이그나티프가 발칸반도 전쟁에 대한 응답으로 쓴 책 ≪전사의 명예≫에서 말한 것처럼, "정치적 테러가 끊이지 않는 이유는 그것이 윤리적 실천이기 때문이다. 그것은 죽은 자에 대한 숭배, 극단적이며 절대적인 존경의 표현이다."[10] 거룩한 전사들은 이타주의자들이며, 그들이 자행하는 것은 이타주의적인 악이다.

우리는 이 장에서 어떻게 이타주의가 우리로 하여금 집단을 위해 자신을 희생하도록 만드는지, 동시에 우리의 집단에 위협으로 인지된 것에 맞서서 폭력행위를 자행하게 만드는지를 살펴보았다. 선과 악, 이타주의와 공격성, 평화와 폭력, 사랑과 증오는 모두 우리 자신을 "그들"에 맞서는 "우리"로 규정하려는 필요성이 낳은 쌍둥이 결과다. 그러나 우리는 더 나아가야 한다. 선한 사람들로 하여금 정말로 악한 행동을 자행하도록 만들기 위해서는 단순한 정체성보다 더 중요한 무엇이 필요하다.

---

10) Michael Ignatieff, *The Warrior's Honor: Ethnic War and the Modern Conscience*, New York, Metropolitan Books, 1997, p. 188.

3장

이원론

그가 짐승, 해충, 벌레가 될 때까지
그의 온갖 특징을 과장하라.
그 배경에는 옛날 옛적부터의 악몽들,
곧 악마들, 귀신들, 악의 앞잡이들로 채워라.
네 원수의 모습이 완성되면,
너는 죄의식 없이 죽일 수 있게 되고,
부끄럼 없이 도살할 수 있다.

— 샘 킨, ≪원수의 얼굴≫ (1986) [1]

1946년 11월에서 1947년 2월 사이의 어느 날, 베두인 족의 목동인 무하메드 에드디히브가 그의 사촌과 친구 한 명과 더불어 사해 근처 산 속의 쿰란 동굴에서 많은 고대의 가죽 두루마리들을 발견했다. 그는 가축을 돌보다가 한 마리가 무리에서 벗어난 걸 보았고, 동굴 입구 쪽으로 돌멩이를 던졌는데, 이상하게도 동굴 바닥에 떨어지는 소리가 아니라

1) Sam Keen, *Faces of the Enemy: Reflections of the Hostile Imagination*, New York, HarperSanFrancisco, 1992.

점토 항아리에 맞는 소리가 들려서 놀랐다고 했다. 무서운 마음에 그는 도망쳤다가 나중에 친구 두 명과 다시 그 동굴로 올라가, 그 두루마리들을 회수하여 집으로 가져왔다. 그의 아버지는 그 두루마리들을 말린 다음에 그 지역의 판매상들에게 가져갔다. 한 사람은 전혀 가치가 없다고 했고, 다른 사람은 두루마리 세 개를 싼 값에 샀다. 다른 두루마리와 함께 예루살렘의 시리아 정교회 대주교의 손에 들어가게 되었고, 그가 어느 학자에게 보여줌으로써 그 가치와 중요성이 알려지게 되었다.

이로써 쿰란의 다른 동굴들과 두루마리들에 대한 본격적인 탐색이 시작되었다. 당시는 이스라엘의 독립전쟁이 진행되던 때였다. 그 발굴 작업은 1956년까지 요르단 정부의 주도로 계속되었다. 결국 열한 개의 동굴에서 문서들이 발견되어, 981개의 서로 다른 본문들을 갖춘 방대한 자료들을 찾았다. 그 중에는 전혀 알려지지 않았던 고대 문서들뿐 아니라, 당시까지 알려진 가장 오래된 성서 본문 필사본들이 있었는데, 그 필사본들은 기원전 3세기나 2세기의 것이었다. (그 이후에 더 오래된 기원전 6세기의 본문 단편들이 케테프 힌놈에서 발견되었다.)

사해두루마리는 현대의 가장 위대한 발견들 가운데 하나다. 대부분의 학자들은 그 두루마리들이 기원전 2세기에 분리주의자들의 작은 공동체, 즉 이스라엘의 원수들과 그 타락한 종교 기득권자들이 전복되고 또한 의의 통치가 회복될 날까지 예루살렘을 떠나 광야에서 은둔하기로 결정한 작은 분리주의자 공동체의 작품이라고 믿는다. 어떤 학자들은 그들이 에세네파였다고 믿지만, 다른 학자들은 사두개파의 의견을 달리하는 집단이었다고 본다. 또 다른 학자들은 그들이 당시 혼란스럽고 분열하던 시대에 형성된 하나의 독자적 집단이었다고 생각한다.

그보다 덜 알려진 것은 사해두루마리보다 2년 전에 북부 이집트의 정착지인 나그함마디 부근에서 발견된 중요한 필사본들이다. 1945년 12월에 무하마드 알리 알삼만과 그의 형제들이 동굴이 벌집모양으로 많은 야발 알타리프라는 산에 부드러운 흙을 캐기 위해 갔다가 발견한 문서들이다. 그들이 땅을 파던 중에 삽이 붉은 점토 항아리에 닿았고, 그 안에서 가죽으로 묶은 열세 개의 파피루스 책을 찾았다. 그 이후 이야기는 애매하다. 그 형제들은 피나는 싸움을 벌였고, 경찰이 살인사건을 조사하다가 그 필사본들을 발견하고 압수할 것을 염려했다. 마침내 그 필사본들은 암시장으로 흘러들어갔고, 그 문서들이 존재한다는 소식이 전해지자, 이집트 정부는 문서들을 추적하여 마침내 카이로의 콥틱 박물관에 보관했다.

그 책들 가운데 일부가 이집트에서 몰래 반출되었고, 네덜란드 학자 길레스 퀴스펠의 주목을 끌게 되었다. 그는 그 문서 조각들을 맞추어, 본문 중 하나를 해독하였고, 오랜 세월 동안 감춰졌던 도마복음(*Gospel of Thomas*)의 한 판본이라는 것을 발견했다. 전체 나그함마디 필사본들은 52개의 초기 기독교 본문들의 콥트어 판본인데, 그 중 많은 것들이 당시까지 알려지지 않았던 문서들로서, 도마복음, 이집트인복음, 야고보의 비밀, 바울의 묵시록, 베드로의 묵시록 등이 포함되어 있다.

그 문서들은 기원후 350년에서 400년 사이에 콥트어로 번역된 문서들이며, 그리스어로 기록된 그 원본들은 2세기의 문서들이다. 나그함마디 문서들이 숨겨졌던 이유는 곧 분명히 드러났다. 기독교의 주류가 된 믿음과는 급진적으로 다른 신학을 담고 있는 문서들이었기 때문이다. 실제로 새롭게 발견된 많은 본문들은 180년 경, 리옹의 주교 이레나이우스가 이단적인 문서라고 비난했던 것들이다.

이 두 가지 서고는 오랜 세월 감춰져 있던 것으로서 두 가지 매우 다른 종교전통에 속한 것이었다. 하나는 유대인 전통에 속한 것이었고, 다른 하나는 기독교 전통에 속한 것이었다. 그러나 공통된 특징이 있는데, 애당초 그 문서들이 감춰지게 된 이유 중 하나였다. 유대교와 기독교는 모두 유일신론이지만, 쿰란 종파와 나그함마디 종파는 **이원론자들**(dualists)이었다. 그들은 우주를 다스리는 권능이 하나가 아니라 둘이라고 믿었다.

쿰란 두루마리들 중 하나는 빛의 자녀들(이스라엘 백성들 또는 많은 패배와 유배생활 후에도 여전히 그렇게 남아 있는 자들)과 어둠의 자식들, 즉 암몬 족속, 모압 족속, 아말렉 족속, 블레셋 족속과 그 동맹군과의 전쟁을 묘사한다. 빛의 자녀들이 승리할 것이며, 어둠의 자식들은 사라질 것이고, 영원히 평화가 다스릴 것이다.

나그함마디 복음서들은 더욱 급진적이라서 성서의 인습적 세계를 뒤집어엎는다. 이 복음서들에서는 물리적 우주의 창조자가 하나님이 아니라 하급신(a demiurge), 즉 통제할 수 없는 타락한 천사라는 2차적 권능이었다. 그가 물질 세상을 만들었고, 질병과 죽음, 폭력과 고통을 만들었다. 참 하나님은 물리적 우주와 전혀 상관없이 시간, 죽음, 변화를 초월한 영역인 하늘에서 살았다. 나그함마디 종파에게는 히브리성서와 신약성서의 복음서들이 완전히 거짓이었다. 에덴동산의 진짜 주인공은 뱀이었다. 뱀이 아담과 하와의 눈을 열어 진실을 보게 했기 때문이다. 신약성서에 관해서 도마복음은 예수를 정말로 이해했던 유일한 제자가 유다였다고 놀라운 주장을 하는데, 정경복음서들에서는 유다가 예수를 배반한 자로 나온다.

도대체 이처럼 이상한 생각들은 어디에서 나왔는가? 분명히 유대교나 기독교에서 나온 것이 아니다. 이원론은 유일신론이 아니기 때문이다. 유대인들이 그런 이상한 생각들과 접하게 된 것은 페르시아가 통치하던 기간에 조로아스터교(Zoroastrianism)를 통해서였다. 이 고대의 신앙은 초자연적 권능을 둘로 나누어, 빛의 신을 "아후라 마즈다," 어둠의 신을 "아리만"이라 불렀는데, 어둠의 신은 "저주받고 파괴적인 영으로서 온통 사악하며 죽음으로 가득하다."[2] 어둠의 신 아리만은 악마의 군대와 일곱 마왕의 도움을 받아 빛의 자녀들과 전쟁을 벌이는데, 자기 마음대로 형태를 바꾸어 사자나 도마뱀이 되기도 하며, 멋진 젊은이가 되기도 한다. 시간이 지나 자기가 질 수밖에 없음을 깨달은 아리만은 마지막 대결을 위해 힘을 모은다. 마지막 대결에서는 하늘에서 해와 달이 빛을 잃고, 별들이 몸을 떨게 된다. 마침내 진이 빠져 사라지고, 다시는 돌아오지 못한다.

이원론의 또 다른 원천은, 쿰란 문서보다 나그함마디 문서에서 보다 분명히 드러나는 것처럼, 고대 그리스, 특히 오르페우스교(Orphism)였다. 여기서는 그 분리가 선과 악 사이가 아니라, 영혼과 몸, 영적인 영역과 물리적인 영역 사이의 분리다. 오르페우스 신화는 타이탄이 제우스의 아들 디오니수스와 싸워서, 타이탄이 그를 죽이고 먹어치운 이야기를 전해준다. 제우스는 화가 치밀어 타이탄을 불태워죽이고, 그 재로 인간을 만들었기 때문에, 인간은 두 가지 요소 모두를 갖고 있다. 즉 디오니수스는 인간이 영혼의 형태로 갖고 있으며, 타이탄은 몸의 형태로 갖고 있다. 영혼은 몸속에 갇혀 있지만, 몸이 죽은 후에도 살아남고 환생한다. 이 교리의 요소들은 플라톤 철학에서 지속되어, 플라톤은 우리가 육체적 감각을 통해 만나는 세상과 우리가 영혼을 통해 진정으로 알고 있는 세

2) Jeffrey B. Russel, *The Prince of Darkness*, Ithaca, New York, Cornell University Press, 1989, p. 20.

상을 구분했다.

쿰란과 나그함마디 문서를 만들었던 종파들은 사라졌지만, 이원론은 여전히 살아남았다. 페르시아에서는 그 이원론이 마니교(이란의 사상가 마니[216-276년]의 이름을 따라서)라고 알려진 종파가 되었다. 그리스에서는 그 이원론을 영지주의(Gnosticism)라고 불렀다. 나그함마디 문서들은 영지주의 복음서들로 알려졌다.

종교와 폭력의 연관성을 이해하기 위해 이런 고대의 변두리 종파들을 살펴보는 것이 이상하게 보일 수 있지만, 그 종파들은 이 수수께끼에 대한 핵심적 단서를 갖고 있다. 앞의 2장에서 나는 폭력이 태어나는 이유가 정체성과 집단 형성의 필요성 때문이라고 주장했다. 이것들이 충돌과 전쟁으로 이끈다. 전쟁은 정상적이다. 이타주의적인 악은 정상적이지 않다. 자살 폭탄, 민간인들을 목표로 삼고 어린 학생들을 죽이는 것은 정상이 아니다. "우리"와 "그들"로 구분하는 곳에서는 폭력이 벌어질 수 있다. 그러나 철저한 악이 등장하는 것은 오직 "우리"는 완전히 선한 반면에 "그들"은 완전히 악하다고 보고, 빛의 자녀들과 어둠의 세력 간의 전쟁을 선호할 때다. 바로 이런 때, 이타주의적인 악이 태어난다.

*

왜 유대교와 기독교의 종파 구성원들조차 한 분 하나님에 대한 자신들의 믿음과 분명히 모순되는 사상에 유혹을 받게 되는가? **현실 세계가 우리가 마땅히 그래야만 한다고 믿는 당위적 세계와 너무나 다를 때, 인지 부조화가 더 이상 견딜 수 없게 될 때 나타나는 것이 이원론이다.** 역사가 제프리 러셀이 표현한 것처럼, 이원론은 "하나님의 완전한 선하심을 보존하기 위해 하나님의 단일성과 전능성을 부인했다."[3)]

아브라함의 하나님은 무엇보다도 그의 백성들을 이집트의 노예생활에서 구출하신 역사의 주님이시다. 그러나 기원전 2세기에 유대인들에게는 그 위대한 예언자들의 비전이 성취되지 않았다. (기원전 6세기에) 이스라엘은 느부갓네살 왕에게 패배했다. 성전은 파괴되었다. 백성들은 바빌론에 포로로 끌려갔다. 일부는 돌아왔지만, 모두가 돌아오지는 않았다. 잃어버린 열 지파(부족)는 대부분 그대로 잃어버린 상태였다. 제2 성전은 솔로몬 성전의 희미한 그림자였다. 민족은 진정 독립한 상태가 아니었다. 페르시아의 통치는 알렉산더 제국의 통치로 이어졌고, 결국에는 로마의 통치로 이어졌다. 많은 유대인들이 그리스화되었으며, 하스몬 왕족과 대제사장들도 마찬가지였다. 바로 이런 시점에서, 아마도 기원전 125년경에, 제사장 집단 하나가 예루살렘을 떠나 사해의 쓸쓸한 광야에 살면서, 하나님이 악의 세력과 싸우는 우주적 전쟁에서 악의 세력들을 물리침으로써 역사가 끝나는 날을 기다리기로 결정했다.

초기 기독교인들 사이에서는 그 인지 부조화가 더욱 심했다. 처음 기독교인들은 메시아가 도래했다고 믿는 유대인들이었다. 그러나 주류 유대교에서는 메시아가 인간의 조건을 변혁시킬 능력을 지닌 초자연적 존재가 아니다. 메시아는 다윗 혈통에서 단지 기름부음 받은 왕(메시아는 "기름부음을 받은 자"라는 뜻이다)으로서, 이스라엘의 전쟁에서 국가의 독립을 회복하고, 백성들을 통일하고 평화의 시대를 시작할 분이다.

그런 일은 분명히 일어나지 않았다. 예수가 죽임을 당한 후에, 신실한 사람들의 운명은 더 좋아진 것이 아니라 더 나빠졌다. 로마인들은 무자비했다. 종교 자유는 제한되었다. 유대인들은 반란을 일으켰지만 처

---

3) Ibid., p. 19.

참하게 패배했다. 이런 상황에서 특히 이방인 기독교인들로서는 그리스 사상에서 차용한 이원론적 관점에서 생각하는 것이 쉬워졌다. 물리적 영역과 그 전쟁과 파괴는 실재하는 것도 아니고 하나님의 역사도 아니었다. 세상 현실은 플라톤이 말한 것처럼, 우리의 감각이라는 벽에 인공적인 빛이 비추는 그림자 연극에 불과했다. 실재하는 세계는 형상의 세계이며, 영원과 영혼의 세계이다. 이 세계에 하나님이 사신다. 메시아가 행하신 것은 역사를 바꾸는 것이 아니었다. 오히려 메시아는 그의 제자들에게 다른 세상에 관한 진리, 곧 우리가 그 문을 열 수 있는 비밀의 열쇠인 지식(영지, *gnosis*)을 갖고 있다면, 우리 안에 존재하는 영의 영역에 관한 진리를 가르쳐주었다.

이원론이 유대교와 기독교 안에 들어온 것은 이 세상의 고난을 하나님의 역사라기보다는 악의 세력 탓으로 돌리는 것이 쉬워졌을 때였다.

쿰란 종파와 나그함마디 종파는 사라졌다. 유대교와 기독교 모두의 주류는 이원론을 배격했다. 유대교 안에서 살아남은 집단은 랍비들이었다. 어떤 점에서 랍비들의 가르침은 처음 기독교인들의 가르침과 비슷했다. 랍비들은 사랑과 용서가 우선함을 믿었다. 그들은 산상설교에서 가르친 도덕을 받아들였다. 그들은 그 가르침을 율법의 문자를 넘어가는 것(*lifnim mi-shurat ha-din*)이라고 불렀다. 그들은 자신들을 예언자들의 상속자라고 이해했으며, 초기 기독교인들처럼, 평범한 사람들의 선함을 믿었다.

랍비들은 또한 이단적인 믿음을 배제시키는 강력한 방법을 발견했다. 그들은 교회가 마침내 325년 니케아 회의에서 했던 것처럼 교리를 성문화하지 않았다. 대신에 그들은 기도서를 통해서 사상투쟁을 벌였다. 그들이 이원론(그들은 이원론을 "두 영역"[*shtei reshuyot*]이라고 불렀다)

을 패배시킨 방법은 우아하고 효과적이었다. 그들은 성서에서 이원론을 가장 강하게 배격한 이사야의 선언, 즉 "나는 빛도 만들고 어둠도 창조하며, 평화도 만들고 악도 만든다"(사 45:7)는 선언을 선택했다. 그들은 우아하게 "악"을 "만물"로 대체했다. 그리고 랍비들은 이 말씀을 공동체의 아침기도 첫 마디로 삼아, 지금까지 전통이 되었다. 따라서 회당에서 기도하는 사람들은 모두 이원론을 부정했다. 이원론은 유대인 주류 사상에서 사라졌고, 단지 가끔씩 비밀스러운 신비주의 문서에서만 나타났다.

기독교도 마찬가지로 영지주의 복음서들을 배격했다. 가장 중요한 이원론의 도전은 2세기 중엽, 시노프(터키)의 마르키온에 의해 제기되었다. 그는 구약성서의 하나님과 신약성서의 하나님이 서로 다른 두 신이라고 믿었다. 그는 영지주의자들처럼 유대인들의 하나님, 물리적 우주의 창조자는 기독교의 하나님과 다르며, 보다 낮은 존재라고 믿었다. 그는 기독교의 하나님은 물리적이지 않고 영적이며, 정의와 보복보다는 사랑과 용서를 실천하신다고 믿었다. 두 종교는 서로 상관이 없기 때문에, 히브리성서, 곧 "구약성서"는 기독교 정경 안에 차지할 자리가 없다는 것이 그의 주장이었다. 마르키온의 입장은 이단으로 배격되었다. 이원론은 11세기에 카타리파 형태로 다시 나타났으며, 이들에 대해 교황 인노첸시오 3세는 알비파 십자군(1209-29) 출동을 명령했다. 어떤 학자들은 1234년에 종교재판이 시작된 이유 중 하나가 좀처럼 사라지지 않는 이원론에 대한 의심 때문이었다고 생각한다.

불행하게도 온건한 형태의 이원론은 다시 나타나곤 한다. 구약성서의 복수의 하나님과 신약성서의 용서의 하나님을 대조시키는 책이나 논문을 발표하는 사람들이 거의 매주 나타난다. 유명한 무신론자 리처드 도킨스가 발표한 ≪만들어진 신≫의 2장을 시작하는 말은 "구약성서의 하나님은 모든 픽션에서 가장 불쾌한 주인공이라고 볼 수 있다"[4]라는 말이다. 대화하는 중에 내가, 그 말은 그가 유대인 무신론자가 아니라 기독교 무신론자임을 보여준 말이라고 하자, 그는 놀라면서 화를 냈다. 그는 내 말을 이해할 수 없었지만, 그건 매우 간단한 말이다. "구약성서의 하나님"이라는 말은 기독교인들만 사용하는 말이다. 기독교 바깥에서는 구약성서가 없고, 오직 히브리성서가 있을 뿐이다.

구약성서의 하나님은 율법의 하나님, 문자, 정의, 보복, 복수, 분노, 육신과 죽음의 하나님이라는 말은 서양문화의 진부한 말이 되었다. 반면에 신약성서의 하나님은 믿음, 영, 용서, 은총, 관용, 사랑, 생명의 하나님이라는 설명이다. 그러나 이것은 기독교인의 관점에서 볼 때, 순전히 마르키온의 이단이다. 바울과 복음서들이 보여준 기독교의 본질은 구약성서의 하나님과 신약성서의 하나님이 똑같은 하나님이라는 점이다. 그분의 사랑은 똑같은 사랑이다. 그분의 정의도, 용서도 똑같다. 바로 이런 이유 때문에 구약성서가 기독교 정경의 일부분인 것이다.

*

이원론에는 많은 형태가 있으며 모두가 위험한 것은 아니다. 플라톤의 이원론은 정신과 몸, 영적인 것과 물리적인 것 사이를 날카롭게 구분한다. 신학적 이원론은 두 가지 서로 다른 초자연적 힘이 우주 안에 작동하는 것으로 본다. 도덕적 이원론은 선과 악이 우리 안에 있는 본능으로서 우리가 선택해야 하는 것으로 본다. 그러나 내가 **병적인 이원론**(pathological dualism)이라고 부르는 것도 있는데, 이것은 인간 자체를 존

---

4) Richard Dawkins, *The God Delusion*, London, Bantam Press, 2006, p. 31. 이한음 역, ≪만들어진 신≫, 김영사, 2007.

재론적으로 둘로 나누어, 철저하게 나무랄 데 없이 선한 사람과 구제할 수 없게 악한 사람으로 나눈다. 우리는 그 둘 중 하나로서, 구원받고 선택받은 사람 중 하나거나, 아니면 사탄의 자식, 악마의 제자라는 것이다. 병적인 이원론은 영지주의나 마니교가 아니다. 그 둘은 모두 신에 관한 것이지 인간에 관한 것이 아니기 때문이다. 그러나 어떻게 하나의 이원론이 다른 이원론으로 둔갑할 수 있는지를 이해하는 것은 어렵지 않다. 왜냐하면 자연적인 것에 대한 우리의 견해는 초자연적인 것에 의해 형성되기 때문이다. 이것이 어떻게 작동하는지를 이해하기 위해서는 신학에서 심리학으로 이동해야 한다.

지그문트 프로이트에서부터 멜라니 클라인까지 이르는 학파의 사상가들은 분리하고 투사하는(splitting and projection) 과정을 강조했다. 어린아이는 착한 물체와 나쁜 물체 사이를 날카롭게 구분한다. 성숙한 다음에야 비로소 사람들, 특히 엄마와 자기가 착할 수 있으며 나쁠 수도 있다는 사실을 이해할 수 있다. 그러나 인격 장애가 있고, 스트레스를 받는 순간에는 이런 통합적 이해가 발전하지 못하거나 압박을 받게 된다. 아이는 자기를 포함해서 사람들을 선과 악의 두 차원에서 함께 볼 수 없다. 아이는 부끄럽게 생각하는 욕망, 인정하고 싶지 않은 욕망을 가질 수 있다. 그때 일어나는 것이 분열, 즉 선과 악을 날카롭게 분리시키고, 또한 악을 다른 누구의 탓으로 돌리는 투사 행위다.

이와 똑같은 일이 집단에게도 일어날 수 있다. 우리는 앞장에서 어떻게 정체성이 세상을 둘로 나누는지, 즉 "우리"와 "그들," 내부 집단과 외부 집단, 우리와 같은 사람들과 우리와 같지 않은 사람들로 나누는지를 살펴보았다. 많은 경험적 연구들은 우리가 내부 집단의 편견을 갖는 자연적 경향성을 갖고 있음을 보여주었다. 우리는 "우리"에 대해서는 우호적으로 생각하는 반면에 "그들"에 대해서는 덜 우호적이다. 우리 집단에게 나쁜 일이 생기면, 분리시키고 투사하는 일이 여기서도 생길 수 있다. 자존감을 지키기 위해 그 악의 책임을 다른 집단에게 투사하도록 만든다. 우리는 죄가 없고, 그들에게 죄가 있다는 식이다. 좋은 일이 생기지 않는 이유는 누군가 좋은 일을 가로막고 있기 때문이다. 그 누군가는 악마, 사탄, 어둠의 왕, 악한 자, 루시퍼, 이교도, 적그리스도 등이다. 여기서 작동하는 것은 신학이 아니라 오히려 어린 시절의 유산인 기본적 사고구조다. 우리는 착하지만 그들은 악하다는 사고구조다. 우리에게 나쁜 일이 벌어지는 이유는 나쁜 놈이 그런 일을 벌이기 때문이다.

신학을 다시 생각해보자. 유일신론은 쉽게 받아들일 수 있는 신앙이 아니다. 예언자 이사야의 말씀, "나는 빛도 만들고 어둠도 창조하며, 평화도 만들고 악도 만든다"(사 45:7)를 생각해보라. 어떻게 선하기만 하신 하나님이 악을 만드실 수 있는가? 이 질문은 유일신론을 신봉하는 사람들의 핵심적 질문이다. 아브라함은 "세상을 심판하시는 분께서 공정하게 판단하셔야 하지 않겠습니까?"(창 18:25)라고 따졌다. 모세는 하나님께 "어찌하여 주님께서는 이 백성에게 이렇게 괴로움을 겪게 하십니까?"(출 5:22)라고 물었다.

가장 간단한 대답은 하나님이 우리에게 나쁜 일을 겪게 하시는 이유는 우리가 행한 악에 대해 응답하시는 방식 때문이라는 것이다. 그것은 정의, 징벌, 응징이다. 이것이 바로 유대인들이 패배와 유배라는 위기에 대처한 방법이었다. 즉 "우리가 죄를 지었기 때문에 우리의 땅에서 쫓겨나 유배를 당한 것이다." 히브리성서는 이런 자기비판의 민족 문학이라는 매우 희귀한 현상의 대표적 사례다. 고대의 다른 문명들은 자신들의 승리를 기록했다. 이스라엘 백성은 자신들의 실패를 기록했다. 이것이 바로 모세의 책들과 예언서들이 가르치는 내용이다.

그러나 하나님을 선의 원천일 뿐 아니라 악의 원천으로 보는 것, 심판과 용서, 정의와 사랑 모두의 원천으로 보는 것은 쉽지 않다. 랍비들이 이 (자기모순적인) 문제를 해결한 방법은 성서에 나오는 하나님의 가장 중요한 이름 두 가지인 "엘로힘"(*Elokim*)과 "하쉠"(*Hashem*)을 구분하여, 엘로힘은 "정의의 하나님"을 가리키며, 하쉠은 "자비의 하나님"을 가리키는 것으로 이해한 것이다. 노벨 물리학상(1975년)을 받은 닐스 보어는 자신이 상보성 이론에 도달하게 된 것은 자기 아들이 상점에서 도둑질을 했을 때였다고 말했다. 그는 아들에 대해 아버지로서 생각했다가, 곧 이어 재판장으로서 생각하게 되었고, 그런 두 가지 입장에서 생각해야만 한다는 것을 깨달았지만, 동시에 그렇게 생각할 수는 없다는 것을 발견했다. 그는 하나의 입장에서 다른 하나의 입장으로 "바꿔야만" 했다. 이것이 바로 유일신론이 그 신봉자들에게 요구하는 것이다. 즉 하나님을 아버지와 재판장으로 생각하는 것이다. 재판장은 벌을 주지만, 아버지는 용서한다. 재판장은 법을 집행하지만, 부모는 사랑을 실현한다. 하나님은 그 둘 모두이지만, 동시에 그렇게 생각하기는 어렵다.

이것은 우리가 유일신 종교에 속해 있더라도 자기도 모르는 사이에 이원론에 빠지게 되는 경향을 설명해준다. **이원론은 복잡성을 해결해준다**. 최근의 연구에서 미국의 심리학자 리처드 베크와 사라 테일러는 사탄을 악의 세력으로 믿는 믿음이 기독교인들로 하여금 하나님에 대해 더 긍정적으로 느끼도록 하며, 또한 세상의 고통과 고난에 대해 하나님을 덜 비난하도록 돕는다는 것을 발견했다. 하나님과 사탄이 우주를 지배한다는 믿음은 세상에 대한 양면적 감정을 해결해준다.[5] 그러나 만일 유일신론이 그런 복잡성에 대처할 능력을 **요구한다면** 어쩔 것인가?

*

이원론은 위험한 사상이며, 주류 교회와 회당은 이원론을 배격한 것이 옳았다. 병적인 이원론은 훨씬 더 심각하며, 사회가 극단적인 상황에 봉착할 경우에만 드물게 나타난다. 병적인 이원론은 인지능력이 붕괴된 형태이며, 세상의 복잡성을 직면할 능력을 상실하고, 인간의 이중적인 성격, 역사의 변덕스러움, 그리고 하나님을 궁극적으로 이해할 수 없다는 점을 직면할 수 없을 때 나타난다. 병적인 이원론은 퇴행적 행동으로 이끌어, 역사상 가장 끔찍한 범죄들에 대해 책임이 있다. 십자군전쟁, 유대인 학살, 마녀사냥, 캄보디아, 보스니아, 르완다, 스탈린의 러시아, 마오쩌둥의 중국에서의 대량학살이 그런 범죄들이었다. 그러나 병적인 이원론이 작은 종파 집단에만 국한될 경우에는 큰 위험이 되지 않을 수 있다. 그러나 들불처럼 번져 많은 사람들을 사로잡을 경우에는 역사상 유례를 찾기 어려운 비극의 전주곡이 된다.

병적인 이원론은 세 가지를 행한다. 우리를 비인간화시키고 우리의 원수들을 악마화한다. 우리들 자신을 희생자로 보게 만든다. 우리로 하여금 이타주의적인 악을 자행하도록 만들어, 생명의 하나님 이름으로 살인하고, 사랑의 하나님 이름으로 혐오하고, 자비의 하나님 이름으로 잔혹행위를 자행하도록 만든다.

병적인 이원론은 도덕의식을 공격하는 바이러스다. 비인간화는 공감과 측은한 마음을 파괴한다. 우리로 하여금 남들을 해치지 못하게 만드

5) Richard Beck and Sara Taylor, 'The Emotional Burden of Monotheism: Satan, Theodicy, and Relationship with God', *Journal of Psychology and Theology*, 36.3, 2008, pp. 151-60.

는 감정을 닫아버리게 만든다. 자신이 희생자라는 의식은 도덕적 책임감을 회피하게 만든다. 그것은 사람들로 하여금 내 잘못이 아니라 저들의 잘못이라고 말하도록 만든다. 이타주의적인 악은 선한 사람들을 모집하여 악한 일을 자행하도록 만든다. 높은 이상을 명분으로 내세워 평범한 사람들을 살인자들로 둔갑시킨다.

병적인 이원론이 어떻게 작동하는지를 이해하기 위해서는 하나의 극단적인 사례로서 1933년부터 1945년까지의 독일을 살펴볼 필요가 있다. 나치 이데올로기는 종교적 이데올로기가 아니라 이교도적인 것이었다. 그것은 당시에 과학적인 것으로 간주된 사상, 소위 "인종에 대한 과학적 연구"(생물학과 인류학의 혼합)와 "사회적 다윈주의"(social Darwinism)라는 이론, 즉 자연에서 벌어지는 과정은 사회에서도 똑같이 벌어진다는 이론에 근거한 것이었다. 강한 자들은 약한 자들을 멸망시킴으로써 살아남는다는 이론이다.

여기서 나치 이데올로기를 병적인 이원론의 대표적인 사례로 사용하는 이유는 멀리서 볼 때 유치하고 어리석게 보이는 믿음이 어떻게 실제로 매우 지적인 사람들을 사로잡을 수 있는지를 보여주기 위해서다. 나치즘에 지적인 위엄을 제공한 사람들은 독일의 탁월한 사상가들로서, 그 중에는 성서학자 게르하르트 키텔, 철학자 마틴 하이데거, 법철학자 칼 슈미트 등이 있다.[6] 나치 선전의 주동자 요제프 괴벨스는 하이델베르크대학교에서 독일문학으로 박사학위를 받은 자였다. 아우슈비츠의 악명 높은 의사 요세프 멩겔레는 인류학과 의학 박사학위를 지닌 자로서, 카이저 빌헬름 유전학연구소의 조교수였다.

---

6) Claudia Koonz, *The Nazi Conscience*, Cambridge, MA, Belknap Press of Harvard Press, 2003, pp. 46-68를 보라.

독일 지성인들 사이에서 나치의 계획에 저항했던 자들은 별로 없었다. 대학 교수들은 가장 열렬하게 나치를 지지했으며, 유대인 학자들을 내쫓고, 그들의 책들을 금지시키는 데 반대하지 않았다. 판사들은 뉘른베르크 법을 통해 유대인들의 모든 인권을 박탈하는 데 저항하지 않았다. 잉고 뮐러에 따르면, 심지어 대법원조차 "모든 유대인들을 박해하는 데 집요했다."[7] 의사들은 불임수술과 안락사를 실행했다. 아우슈비츠에서 "학살 프로그램을 처음부터 끝까지 주도한 자들은 의사들이었다."[8] 독일의 모든 내과 의사들의 절반이 "나치의사동맹"에 가담했다.[9]

1942년 1월, 유럽의 모든 유대인들을 멸절시키기로 "최종 해결책"을 결정한 반제회의 참가자들 중 절반 이상이 의학박사였거나 박사학위 소지자들이었고,[10] 친위대 장교들의 41%가 대학졸업자들로서 당시 전체 인구의 대학졸업자 비율은 2%에 불과했다.[11] 줄리앙 벤다는 유명한 책 ≪지성인들의 배반≫(1927)에서, 어떻게 공적 담론이 "정치적 증오심을 조장하는 지적인 조직"으로 둔갑했는지를 보여주었다. 그는 이것이 인류의 도덕 역사에서 중요한 주장 가운데 하나가 될 것이라고 말했다.[12]

---

7) Ingo Müller, *Hitler's Justice: The Courts of the Third Reich*, trans. Deborah Lucas Schneider, Cambridge, MA, Harvard University Press, 1991, pp. 92-6.

8) Robert Jay Lifton, *The Nazi Doctors*, New York, Basic Books, 1986, p. 18.

9) John Weiss, *Ideology of Death: Why the Holocaust Happened in Germany*, Chicago, Ivan R. Dee, 1996, p. 296.

10) Mark Roseman, *The Villa, the Lake, the Meeting: Wannsee and the Final Solution*, London, Allen Lane, 2002, p. 67.

11) George Browder, *Hitler's Enforcers*, New York, Oxford University Press, 1996, pp. 136-8.

12) Julian Benda, *The Treason of the Intellectuals* (*Le Trahison des Clercs*),

이원론이 문화를 휩쓸기 시작하면, 거기서 벗어날 수 있는 능력을 지닌 사람은 거의 없다.

*

히틀러가 세운 나치즘은 완벽히 병적인 이원론이었다. 빛의 자녀들은 독일 민족이었고, 좀 더 구체적으로는 아리안 족이었다. 어둠의 자식들은 유대인들이었다. 그들은 악의 세력이며, 독일을 파괴하는 자들이며, 독일 민족의 순수성을 더럽히는 자들, 독일 문화를 타락시키고 그 사기를 저하시키는 자들이었다. 유대인들이 독일 전체 인구의 1%도 되지 않았지만, 유대인들이 독일의 은행들, 미디어, 그리고 독일의 운명을 통제하는 자들이라고 비난했다. 유대인들이 세계를 조작하는 비밀스런 음모를 꾸미고 있다는 식이었다.

인간의 사회성 논리 중 하나는 한 집단의 내적 응집력은 그 집단이 외부에서 받는 위협의 정도와 정비례한다는 점이다. 따라서 특히 분열이 심한 국가를 통일하려는 자는 적을 악마화해야 하며, 필요하다면 적을 만들어서라도 악마화해야만 한다. 터키의 적은 아르메니안 족이었고, 세르비아의 적은 무슬림이었다. 스탈린에게는 유산계급이나 반혁명주의자들이었다. 폴 포트에게는 자본가들과 지식인들이었다. 히틀러에게는 기독교적인 유럽의 영원한 타자였던 유대인들이었다.

국가의 도덕을 재무장하기 위해서 지도자들은 흔히 과거의 영광을 되살린다. 바믹 볼칸은 분리하고 투사하는 행위를 국제적 갈등에 적용시키면서, **선택된 트라우마**를 강조했는데, 그것은 "한 집단이 다른 집단에

---

trans. Richard Aldington, New York, Norton, 1928, p. 27.

의해 끔찍한 공동의 상실을 겪고 무기력함을 느끼게 되고 치욕적인 상처를 입게 된" 사건을 뜻한다. 1990년대에 보스니아와 코소보에서는 슬로보단 밀로셰비치와 라도반 카라지치가, 600년 전인 1389년에 코소보 전투에서 무슬림에 의해 세르비아가 패배한 기억을 되살려냈다. 최근에는 오사마 빈 라덴, 알카에다, 이슬람국가(ISIS)가 십자군전쟁과 서양이 오스만제국을 분열시킨 것에 초점을 맞추었다. 히틀러에게는 그처럼 선택된 트라우마가 제1차 세계대전에서 독일이 패망하여 베르사이유 조약에서 치욕을 당한 사건이었다. 이 모든 것에 대해, 즉 제1차 세계대전 자체와 독일의 패망, 그 이후의 경제적 곤경에 대해 히틀러는 유대인들을 비난했다.

정치 지도자들이 일단 적을 명시하고, 선택된 트라우마를 다시 가동시킴으로써, 공동의 적에 대한 공포심과 증오심으로 모든 분파들을 통일시키면, 뇌에서 가장 원시적인 부분인 편도체를 활성화시키는데, 그렇게 되면 즉각적이며 압도적인 방어 본능이 작동하여, 순수하고 강력한 이원론에 쉽게 영향 받는 문화를 만들어, 우리는 순수하며, 우리 집단을 보호하기 위해서 뿐만 아니라 복수하기 위해서도 폭력이 반드시 필요하게 된다. 그러면 도덕이 세 가지 차원에서 패배하게 된다.

*

도덕이 패배하는 첫 번째 단계는 **비인간화**(dehumanization)다. 이 단계는 종족학살의 서막이다. "인도에 반하는 범죄"(crimes against humanity)라는 말의 역설은 그 엄청난 범죄가 자행되는 대상이 그 범죄자들이 자신과 인간성을 공유하지 않는 자들이라고 보는 사람들이라는 점이다. 후투족(르완다)에게는 투치족이 바퀴벌레였다. 나치에게 유대인들은 해충, 기생충, 이, 제거해야 할 암, 절단해야 할 병든 사지였다. 괴벨스는 유대인들을 제거하는 것이, 마치 "의사가 세균 확산을 막는 것"처럼, "사회적 위생법"이라고 했다.[13] 그는 1941년에 "유대인은 문명화된 인류의 기생충"이라고 했다. "그들은 어떤 방법으로든 멸절시켜야만 한다."[14] 히틀러는 유대인들을 "인종적 폐결핵"이라고 불렀고, 독일은 "면역 조치를 해야 한다"고 주장했다. 우리가 "회복되기를 원한다면 그 독을 근절해야만 한다"[15]는 주장이었다. 유대인들은 "다른 인종들의 몸속에 있는 기생충"[16]이며, "피를 빨아먹음으로써 우리 민족의 몸속에 전염된 것"[17]이라고 했다.

콘라트 로렌츠는 나중에 동물학 연구로 노벨상을 받았는데, 인종의 정치학을 위한 나치의 업무를 위한 논문에서, "결함이 있는 구성원들"을 갖고 있는 국가는 악성종양을 지닌 개인과 같다고 썼다. 개인이든 국가든, 그 모두의 경우에, 수술을 통한 제거가 필요하다는 주장이었다.[18] 멸절수용소에서 나치 의사였던 자에게 어떻게 히포크라테스 선서를 한 의사로서 그런 짓을 할 수 있었는지를 묻자, 그는 "인간의 생명을 존중

---

13) Jeffrey Herf, *The Jewish Enemy*, Cambridge, MA, Belknap Press of Harvard University Press, 2008, p. 38.

14) Ibid., p. 121.

15) Koonz, *The Nazi Conscience*, p. 20.

16) Ibid., p. 24.

17) Ibid., p. 25.

18) Ibid., p. 130. 대량학살은 장애인들에 대한 살해로 시작되었음을 주목하라. 정신적으로나 육체적으로 결함을 지닌 사람들은 "쓸모없는 식충들"로 간주되었다. 이런 개념은 나치가 발명한 것이 아니라, '진보적인' 인물들이 발명한 것이다. Karl Binding and Alfred Hoche가 1920년에 발표한 *Permission of Destroying Lives Unworthy of Life*가 바로 그런 책이었다.

해서 나는 병든 몸에서 썩은 충수를 제거한 것이다. 유대인들은 인류의 몸에 붙은 썩은 충수다"[19]라고 대답했다.

아우슈비츠의 생존자 쁘리모 레비는 자신이 근처의 화학공장에서 일할 과학자로서의 자격이 있는지, 그래서 즉시 죽이지 않고 독일의 전쟁을 위해 충분히 필요한 사람인지를 판단한 중요한 인터뷰에 대해 썼다. 그 시험관은 판비츠 박사였다. 레비는 이 인간의 "내면세계에 관해 자주 의문을 가졌다"고 했다.

> 그 시선은 두 명의 인간 사이에 흐르는 시선이 아니었다. 전혀 다른 세계에 사는 두 존재 사이에 놓인, 수족관의 유리를 통해서 바라보는 것 같은 그 시선의 성질을 속속들이 설명할 수 있다면, 나는 제3제국의 그 거대한 광기의 본질도 설명할 수 있을 것이다.
>
> 나는 우리 모두가 독일인들에게 대해 생각하고 말했던 것을 바로 그 순간, 그 자리에서 직접 느낄 수 있었다. 그 푸른 눈과 손톱을 손질한 손을 지배하는 뇌는 분명히 이렇게 말했다. "내 앞에 있는 이 물건은 없애버려야 할 종자임이 명백해. 그러나 이 특수한 경우에서는 그를 없애기 전에 어떤 유용한 요소를 가지고 있는지 확인할 필요가 있지."[20]

이처럼 유대인들을 인간 이하의 존재들로 만드는 것이 1933년부터 1939년까지 나치의 교육 프로그램의 중심이었다. 그것은 교과서, 어린

---

19) Lifton, *The Nazi Doctors*, p. 16.

20) Primo Levy, *If This is a Man*, London, Abacus, 1987, pp. 111-12. ≪이것이 인간인가≫, 이현경 역, 돌베게, 2007, p. 162.

이들의 이야기, 만화, 신문과 잡지, 포스터, 영화, 연구기관, 학술잡지, 두뇌집단, 전문기관들이 개입된 정교하고 다층적인 노력이었다. 교육부는 "학생들은 민족의 미래가 인종과 유산에 달려 있다는 것을 숙지하기 전에는 졸업할 수 없다"[21]는 법령을 제정했다. 유대인들에 대한 학살이 시작되기 전에 사람들에게서 유대인들에 대한 연민을 없애야만 했던 것이다. 아우슈비츠 사령관 루돌프 회스는 "너희 스스로 봐라. 그들은 우리와 같지 않다. 그들은 인간처럼 행동하지 않는다. 그들은 여기서 죽어야 한다"[22]고 말했다.

*

도덕이 패배하는 두 번째 단계는 자신이 **희생자라는 의식**(victimhood)을 확립하는 것이다. 적들에게서 인간성을 박탈하는 것이 필요한 것처럼, 우리가 자행하려는 악에 대한 책임감을 넘겨줄 방법을 찾아야만 한다. 우리는 스스로를 희생자로 정의해야만 한다. 따라서 살인을 하고, 심지어 종족학살을 자행하는 것은 단순히 자기방어 행위가 된다. 책임이 있는 것은 (그들) 희생자라는 주장이다.

이것이 히틀러가 계속해서 주장한 역설이다. 제프리 허프가 지적한 것처럼, 히틀러와 그의 선전 요원들은 서로 완전히 모순되는 두 가지 생각을 강조해야만 했다. 즉 "하나는 지배자 민족이라는 거창한 생각이며, 다른 하나는 사면초가에 몰린 무고한 희생자라는 자기 연민의 피해 망상이었다."[23] 바믹 볼칸이 지적한 것처럼, 일반적으로 이원론자는 "전

---

21) Koonz, *The Nazi Conscience*, p. 137.

22) Weiss, *Ideology of Death*, p. 325에서 재인용.

23) Herf, *The Jewish Enemy*, p. 5.

능함과 희생자라는 역설적 감정을"[24] 결합시키는 경향이 있다. 한편으로 우리는 우주의 지배자들이지만, 다른 한 편으로는 우리가 악마의 노예들이다.

히틀러는 1938년 뉘른베르크 집회에서 "유대인이라는 세계의 적은 아리안 족의 국가들을 말살하려고 시도했다"[25]고 비난했다. 1942년 4월 방송 연설에서 히틀러는 "1914년에 영국을 제1차 세계대전에 몰아넣은 숨은 세력은 유대인들이었다"고 설명하면서, 덧붙여서 "그 전쟁에서 우리를 마비시킨 세력"은 "유대인들"이었다고 선언했다.[26]

히틀러는 미국이 독일에 반대하는 책임이 유대인들에게 있다고 주장했다. 루스벨트 대통령은 단지 유대인들의 꼭두각시라는 주장이었다. "미국에서는 유대인들이 유대인 정부의 도움을 받아 권력을 장악하고 있으며, 백인들의 피를 흘리게 만들고 억압하고 있다."[27] 히틀러는 1941년 12월의 라디오 방송에서 "루스벨트의 배후 권력은 영원한 유대인들이다"[28]라고 말했다.

영국인들도 그들의 노예였다. "오늘날 우리가 영국에서 직면하고 있는 세계 제1의 적은 국제적 유대인들과 권력에 굶주리고 증오로 가득한 유대인들이다."[29] 괴벨스는 이런 맥락에서, 영국인들은 "잔인성, 거짓말, 종교를 빙자한 위선, 경건한 체하는 불신앙 속에서, 아리안 족 사이

24) Vamic Volkan, *Blind Trust*, Charlottesville, VA, Pinchstone Publishing, 2004, p. 136.

25) Ibid., p. 49.

26) Herf, *The Jewish Enemy*, p. 152.

27) Ibid., p. 87.

28) Ibid., p. 131.

29) Wolff Heinrichsdorff, *Die Judenfrage*, 18 September 1939.

에 있는 유대인들이며, 그들과 합리적으로 말할 희망을 갖기 전에 먼저 그들의 이빨을 부러뜨려야만 하는 사람들이다"[30]라고 했다. 한 신문의 머리기사는 "처칠은 독일을 약탈자 유대인들에게 주기로 약속했으며, 세계의 연대를 새로운 기생충에게 맡기기로 약속했다"[31]고 주장했다.

공산주의도 유대인들 책임이었다. 히틀러는 1941년 11월 뮌헨에서 개최된 나치 집회에서 "유대인들의 가장 큰 하인은 소련이다"[32]라고 말했다. 어떻게 유대인들이 자본주의와 공산주의, 미국과 소련의 배후 세력일 수 있는가 하는 물음에 대해 히틀러는 간단히 이렇게 대답했다. "피상적으로 보면, 금권정치와 프롤레타리아 독재는 불과 물처럼 서로 다르다. 그러나 사실상 그 둘은 같은 동전의 양면이다. 그것들의 공통분모는 유대인들이다."[33]

히틀러는 1939년 1월 30일 독일의회에서 행한 연설과 그 후 여러 차례 공적으로 반복한 연설에서, 만일에 제2차 세계대전이 일어난다면, 그것은 유대인들의 잘못이며, 독일은 유대인들을 멸절시킴으로써 세계에 복무할 것이라고 말했다.

> 나는 평생 동안 자주 예언자였으며, 그것 때문에 주로 조롱을 받았는데 … 나는 오늘 다시 예언자가 되고 싶다. 만일 유럽 안과 밖의 유대인 국제금융이 국가들을 다시 세계대전 속으로 곤두박질치도록 만드는 데 성공한다면, 그 결과는 세계가 볼셰비키화해서 유대인들

---

30) Herf, *The Jewish Enemy*, p. 69.

31) Ibid., p. 77.

32) Ibid., p. 121.

33) Ibid., p. 98.

> 이 승리하는 것이 아니라, 유럽에서 유대인들의 씨를 말리는 게 될 것이다.[34]

독일이 체코슬로바키아를 침공한 지 열흘 뒤에 괴벨스는 "그 죄는 유대인들에게 있다. 유럽에서 어느 날 어두운 시간에 전쟁이 발발한다면, 그 소리는 우리의 온 땅에서 울려 퍼질 게 틀림없다. 유대인들 책임이다. 그들이 전쟁을 원하며, 사람들을 전쟁 속에 몰아넣기 위해 그들은 모든 걸 다 한다"[35]고 썼다. 히틀러는 1940년 1월 1일, 신년 연설에서, "우리와 대결하고 있는 유대인-자본가 세계의 적이 갖고 있는 유일한 목적은 독일과 독일 국민을 멸절시키는 것이다"[36]라고 주장했다.

1945년 1월 21일, 독일의 패망이 목전에 다가왔을 때, 괴벨스는 유대인들에 관한 그의 마지막 글을 발표했는데, 그의 주장은 다음과 같이 더욱 강해지고 있다.

> 누가 러시아인들, 영국인들, 미국인들을 불 속으로 몰아가고 수많은 외국인들을 독일 국민에 맞서 희망 없는 싸움에서 희생하도록 만드는가? 유대인들이다. … 누가 우리에 맞서 새로운 증오와 멸절 프로그램을 만들고, 그렇게 함으로써 이 전쟁을 유럽인들의 끔찍한 자기 살육과 자기 말살의 행동으로 만들며, 유럽의 경제, 교육, 문화를 파괴하는가? 유대인들이다. 누가 한편으로 영국과 미국과 다른 한편으

---

34) Max Domarus (ed.), *Hitler: Reden und Proklamationen*, vol. 2, Neustadt, Schmidt, 1962, p. 1055.

35) Joseph Goebbels, 'Wer Will den Keieg', *Die Zeit ohne Bespiel, Reden und Aufsatze aus den Jahren 1939/40/41*, pp. 93-5.

36) Herf, *The Jewish Enemy*, p. 64.

> 로 볼셰비즘의 역겨운 동맹을 만들고 실행하며 시기에 찬 눈으로 지켜보는가? … 유대인들, 오직 유대인들뿐이다. … 우리가 어디를 보든지 간에 유대인들을 보게 된다.[37]

우리 자신을 희생자라고 정의하면, 우리를 인간으로 만드는 것을 부정하게 된다. 우리 스스로를 주체가 아니라 객체로 보는 것이다. 우리는 행위자가 아니라 피행위자가 되어, 능동적 존재가 아니라 수동적 존재가 된다. 타인을 비난하는 것은 책임을 회피하는 길이다. 희생자는 자신의 조건을 타인들의 탓으로 돌림으로써, 현재 자기 상태의 원인이 자기 바깥에 있다고 보게 되어, 스스로 만든 덫에서 벗어날 수 없게 된다. 그는 실제 현상들(고통, 가난, 문맹, 질병, 패배, 치욕)을 허구적인 원인 탓으로 돌리기 때문에, 그 원인을 제거한다고 해서 그 증상을 없애지는 못한다는 걸 깨닫게 된다. 따라서 그걸 없애는 노력은 배가된다. 질병의 원인이 마녀들에게 있다고 해서 마녀들을 죽이면, 마녀들은 죽지만 질병은 그대로 남아 있다. 그래서 사람들은 더 많은 마녀들을 찾아서 죽여야만 하지만, 질병은 여전히 남아 있다. 문화를 비난하는 것은 사람들이 항거하는 조건을 영속시킬 따름이다.

자기를 희생자라고 정의하는 사람들은 다른 사람들도 타락시킨다. 인간의 본능 가운데 가장 고귀한 것은 함께 아파하는 자비심이다. 우리는 이방인에게도 희생자를 도우려 손을 뻗친다. 그들과 우리 사이에 인간이라는 점 이외에는 아무 공통의 유대관계가 없을 때도 우리는 손을 뻗친다. 그러나 자비심은 이용당할 수 있다. 자기를 희생자라고 정의하

---

37) Ibid., pp. 255-6.

는 사람들이 덜 고상한 목적을 위해 자비심을 주장할 때는 사람들의 호의를 (정신병적인) 상호 의존 환자로 둔갑시킨다. 그들은 사람들을 치유하도록 돕겠다면서 실제로는 그들의 병적인 행동 패턴을 강화시킨다.

*

적에 대한 비인간화와 악마화가 자기에 대한 희생자 의식과 결합하면, 도덕이 패배하는 세 번째 단계가 가능해지는데, 그것은 이타주의적인 대의명분을 내세워 악을 자행하는 단계다. 나치즘은 스스로를 매우 도덕적 운동으로 규정하여, 민족의 혈관에서 독이 되는 이질적 요소들을 제거함으로써 아리안 족속의 위대함을 회복하고, 세상에서 자본주의와 공산주의 같은 거짓 교리들을 없애고, 민족을 타락에서 구출하는 정화운동이라고 했다. 히틀러는 처음부터 자신의 과업을 도덕적이며 미학적 관점에서 정의했다. 그는 ≪나의 투쟁≫에서, "민족국가의 최고 목적은 문화를 만들고 고귀한 인간 본성의 아름다움과 존엄성을 창조하는 원래의 인종적 요소들을 보전하는 일이다"[38]라고 썼다.

이타주의적인 악의 고전적 본문은 친위대 총사령관 하인리 힘러가 1943년 10월 4일, 폴란드 회의에서 연설한 내용이다.

> 나는 가장 정직하게 정말로 심각한 문제를 말하고자 한다. 우리들끼리 이번만은 매우 정직하게 말할 것이지만, 우리가 공적으로는 결코 그것에 대해 말하지 않을 것이다. … 내가 말하는 것은 유대인들을 전멸시키는 곳으로 후송하는 문제다. 이것은 쉽게 말하는 것 중 하

---

38) *Mein Kampt*, ch. 2, Koonz, *The Nazi Conscience*, p. 17에서 재인용.

나다. "유대 민족은 전멸될 것이다"라고 모든 당원들은 말한다. "분명히 유대인들을 전멸시키고 말살시키는 것이 우리의 프로그램이다. 우리가 그 일을 할 것이다." 그러나 8천만 명의 자격이 있는 독일인들은 모두 무거운 마음이 되는데, 그들 각자가 한 사람의 괜찮은 유대인을 알고 있기 때문이다. 그렇다, 다른 유대인들은 모두 돼지이지만, 이 한 사람은 A급 유대인이다. 이런 식으로 말하는 사람들 중에 유대인 멸절을 본 사람은 없으며, 생각해본 사람도 없다. 우리 대부분은 백 명의 시체, 아니면 5백 명이나 천 명의 시체가 나란히 누워있는 걸 보는 게 무슨 뜻인지 알고 있다. 이것을 보고 견디는 것, 그리고 연약한 인간을 제외하고, 여전히 괜찮은 사람으로 남게 되는 것이 우리를 힘들게 만든다. 우리의 역사에서 이것은 기록되지 않았으며, 또한 결코 기록되지 않을 영광의 한 페이지다.[39]

힘러가 처음 아우슈비츠를 방문했을 때, 그는 토했다. 그러나 그는 자기 부하들에게 요구했던 똑같은 엄격함을 자신에게도 요구했다. 그는 마음을 단단히 먹고 그곳으로 되돌아왔다.

그는 불타는 구덩이 옆에 멈추어 (부하가 가져올) 장갑 한 켤레를 기다렸다. 장갑을 낀 다음, 그는 시체더미에서 하나를 들어 불 속에 던졌다. "하나님 감사합니다." 그는 큰 소리로 외쳤다. "마침내 나 역시 내 손으로 유대인 하나를 불태웠습니다."[40]

---

39) Lucy Dawidowicz, *A Holocaust Reader*, New York, Behrman, 1976, pp. 120ff.에서 재인용.

40) Dov Shilansky, *Musulman*, Tel Aviv, Menora, 1962. 이것을 언급한

히틀러는 ≪나의 투쟁≫에서 유대인들을 멸절시키는 것이 "주님의 사역을 내가 하는 것"이라고 말했다. 그는 마지막까지 이런 믿음을 간직했다. 그가 자살하기 하루 전인 1945년 4월 29일에 쓴 글에서, 자신뿐 아니라 "독일 안의 어느 누구도" 1939년의 전쟁을 원하지 않았다는 주장을 반복했다. "그 전쟁을 원했고 시작했던 자들은 유대인 출신이거나 유대인들을 위해 일하는 국제적 정치인들뿐이었다." 유대인들은 "정말로 이 살인적인 전쟁에 대해 책임이 있는 자들이다." 세상에 보내는 그의 마지막 메시지의 마지막 문장에서, 그는 독일인들에게 "세계의 모든 민족들에게 독을 집어넣는 국제적 유대인들에 맞서서 가차 없는 저항을 계속할 것"[41]을 요청했다.

*

에른스트 곰브리치는 위대한 예술사가로서 전쟁 중에 BBC에서 일하면서 독일의 전쟁 선전을 분석했다. 그는 전쟁이 끝난 후 한 강연에서, 독일의 전쟁 선전이 효과적이었던 이유는 "거짓말이라기보다는 세계적 사건들에 대해 과대망상적인 패턴을 주입시킨" 때문이라고 설명했다. 병적인 이원론은 자기폐쇄적인 세계를 만드는데, 이 세계는 자기를 확증하는 세계가 된다. "일단 우리가 이런 망상의 세계에 사로잡히면, 그것이 우리의 현실이 되어, 만일 우리가 모두와 싸우면, 모두가 우리와 싸우게 마련이며, 우리가 자비심을 덜 보일수록, 우리는 더 철저히 싸워 끝장을 보려 한다. 이런 악순환에 사로잡히면, 벗어날 길이 없다."[42]

Emil Fackenheim, *To Mend the World*, New York, Schocken, 1982, p. 186.에게 감사한다.

41) Herf, *The Jewish Enemy*, pp. 261–2.

이것에 비추어 볼 때 우리는 비로소 유일신론의 도덕적 힘을 이해하기 시작한다. 한 분 하나님에 대한 믿음이 뜻하는 것은 우주 안에서 작동하는 모든 충돌하는 힘들을 한 분, 의로우신 하나님이 품어 안으신다는 뜻으로서, 그 하나님은 때로 정의로우시며 때로는 용서하시며, 때로는 율법을 가르치시며, 때로는 사랑을 가르치시는 분이다. 이런 특성들을 서로 분리시키기를 거절하는 것이 유일신론을 인도적으로 만들며, 과거에 그랬던 것처럼 평화를 유지할 때는 문명화시키는 영향을 끼친다.

신학은 인간학을 창조한다. 첫 번째 유일신론자들은 한 분 하나님을 발견함으로써 인간이 단수이며 혼자라는 것을 발견했다. 이원론이 외면화한 것을 유일신론은 내면화한다. 유일신론은 인간의 조건인 선과 악, 믿음과 공포, 보복과 용서를 우리들 각자 안에 자리매김하며, 그렇지 않으면 전쟁이 될 것을 영혼 안의 투쟁으로 바꾼다. 랍비들은 "누가 영웅인가?" 하고 물었고, "자신을 정복하는 자"라고 대답했다. 이것이 유일신론이 서양 문명에 기여한 도덕적 드라마다. 즉 전쟁터에서 강자들끼리 충돌하는 것이 아니라, 선택과 의지, 자제와 책임의 조용한 내적 드라마다.

여기서 히브리성서에 나오는 모든 등장인물들에서 빛과 그림자의 독특한 혼합이 생긴다. 아브라함과 이삭은 자기 아내들을 누이라고 속여 살아남는다. 야곱은 눈이 어두운 아버지를 속이고 형이 받을 축복을 가로챈다. 모세는 화를 참지 못한다. 다윗은 간음을 한다. 인간 중에 가장 지혜로운 솔로몬은 길을 잃는다. 성서는 어떤 것도 감추지 않으며, 그 결과에는 깊은 이유가 있다. 그것은 가장 훌륭한 인물들조차 완벽하지 않으며, 가장 형편없는 존재조차 공로가 없지 않다는 것을 가르치려는

42) E. H. Gombrich, *Myth and Reality in German War-Time Broadcasts*, London, Athlone, 1970, p. 23.

것이다. 이것이 우리의 인간성을 가장 잘 보호하는 것이다.

우리가 살펴본 것처럼, 이원론에는 여러 형태가 있다. 정신과 몸, 집단 내부와 집단 외부, 고귀한 본능과 저열한 본능 사이에서 우리는 항상 선택해야 한다. 이처럼 두 가지 서로 반대되는 것은 우리가 세상을 이해하는 근본적 방법 가운데 하나다. 그러나 인간성을 절대적인 선과 악으로 나누어, 모든 선은 한 편에 있고, 모든 악은 다른 편에 있다고 보면, 우리 자신은 선이며, 다른 편은 악이라고 보게 마련이다. 악이 선을 파괴하려고 하기 때문에, 우리의 적이 우리를 파괴하려 한다고 본다. 그들이 우리를 파괴하려는 명백한 증거가 없을 때는 그들이 은밀하게 작업하는 징조라고 본다. 그들이 그 사실을 부인하면, 그런 고발이 진실이라는 증거다. 그렇지 않다면, 그들이 그 사실을 애써 부인할 이유가 없지 않은가? 그들은 악이고 우리는 선이기 때문에, 우리가 불행한 이유는 그들 때문이기에, 그들을 제거해야만 우리가 누릴 자격이 있는 선을 누릴 수 있고, 우리가 한때 누렸던 명예와 우리의 권리인 우월성을 다시 우리의 것으로 만들 수 있다. 이런 병적인 이원론이 끔찍한 살육을 초래하는 이타주의적인 악으로 이끈다.

이원론이란 이 장에서 설명한 것처럼 심각한 것일 수 있는가? 결과적으로 나치즘은 종교와 아무 상관이 없었고, 또한 유대교와 기독교는 사해두루마리와 나그함마디 문서의 세계관을 배격했다. 이원론이 실제로 주류 유일신론에서 등장할 수 있는가? 그렇다면, 어떻게 그것이 가능한가? 이것이 다음 장에서 다룰 주제들이다.

4장

희생양

우리는 서로 혐오하기에 충분한 종교를 갖고 있지만, 서로 사랑하기에 충분한 종교는 갖고 있지 않다.

— 조나단 스위프트

기사: 2014년 11월 26일. 예루살렘 회당에서 기도하던 랍비 네 명을 살해한 요르단 국회의원 칼릴 아티가 로야 TV방송에서 한 말: "알라 신의 이름으로, 유대인들을 자극한 건 영광이다. 그들을 도발하고 격앙시킨 건 위대한 성취다. … 이것이 테러리즘이라면, 우리는 테러리스트다. 실제로 나는 모든 아랍인들이 마땅히 그래야 하는 것처럼, 유대인들에 대한 증오를 이용했다. 왜냐하면 유대인들은 조약이나 인간을 존중하지 않기 때문이다. 그들은 아무것도 존중하지 않는다. 내가 유대인을 증오한다고 말함으로써 그 저주받은 대사는 나에게 큰 영광을 주었다. 그렇다, 나는 유대인들을 증오한다. 나는 증오한다. 유대인들을 증오한다."[1)]

---

1) http://www.memri.org/clip_transcript/en/4641.htm.

기사: 2014년 11월 7일. 요르단 성직자 셰익 바삼 알아무쉬의 금요일 설교: "그들[유대인들]은 사람들을 죽이는 자들이다. 우리가 큰 전쟁들의 역사를 공부해보면, 그 전쟁들 배후에 유대인들이 있었음을 알게 된다. 우리가 국가들 사이의 혼란을 연구해보면, 그 배후에 유대인들이 있었다. … 그들은 프리메이슨을 통해 은밀한 지구적 정부를 세우려 애를 쓴다. 유대인들은 사람들을 타락시키는 자들이다. 인종차별주의자 히틀러조차도 ≪나의 투쟁≫에서 유대인들을 죽일 때, '그 이유는 유대인들이 독일의 젊은이들을 타락시키기 때문이다. 나는 독일 젊은이들이 진짜 사나이들이 되어, 세계를 지배할 수 있어야 한다'고 말했다."[2)]

기사: 2014년 9월 7일. 요르단의 전 국회의원 셰익 압 알무님 아부 잔트가 알 아크사 TV방송에서 한 말: "우리가 유대인들의 진정한 본질을 이해해야만 하는 이유는 그들이 전 세계를 속이고 또한 고통받게 만들기 때문이다. … 그들은 거짓말쟁이들이다. 사람의 살을 먹는 자들이다. 그들이 종교 축일들에 살해할 무슬림을 발견하지 못하면, 무슬림의 피를 이용해 무교병(누룩을 넣지 않은 빵) 반죽을 하고, 기독교인을 죽여 그의 피를 얻어 축일들에 먹는 무교병에 넣는다."[3)]

기사: 2010년 1월 21일. 말레이시아의 전직 대통령 마하티르 모하마드 박사의 말: "유대인들은 항상 유럽 국가들의 문제였다. 그들을 게토에 가두고 정기적으로 집단학살해야만 했다. 그러나 그들은 여전히 남아 있고 번창하며, 모든 정부들에게 배상금을 요구한다. … 나치가 그들을

---

2) http://www.memri.org/clip/en/0/0/0/0/0/0/4666.htm.

3) http://www.memritv.org/clip_transcript/en/4498.htm.

학살한 후에도 살아남아 계속해서 세계의 더욱 큰 문제들의 원인이 되고 있다."[4)]

기사: 2009년 1월 17일, 이집트의 성직자 무하마드 후세인 야쿠브가 알라마 TV방송에서 한 말: "만일 유대인들이 우리에게 팔레스타인을 넘겨준다면, 우리가 그들을 사랑하기 시작할 것인가? 물론 아니다. 우리는 절대로 그들을 사랑하지 않을 거다. … 그들이 원수들인 이유는 그들이 팔레스타인을 점령했기 때문이 아니다. 그들이 아무것도 점령하지 않았다 해도 그들은 우리의 원수가 되었을 것이다. … 유대인이 단 한 명이라도 이 지상에 남아있지 않을 때까지 우리가 그들과 싸우고 패배시키고, 멸절시킬 것임을 믿어야 한다. … 너희들 유대인들이 우리의 가슴 속에 증오의 씨앗을 심었고, 우리는 그 씨앗을 우리 자녀들과 손주들에게 물려주었다. 우리가 한 사람이라도 남아있는 한, 너희 유대인들은 살아남지 못할 거다."[5)]

기사: 2004년 9월 12일. 터키의 언론인 에이세 오날은 갑자기 자신이 반유대주의로 돌아선 것에 대해 터키의 신문 매체에 보도하면서, 다음과 같은 사례를 들었다. "335명의 어린이들과 선생들이 베슬란에서 유대인들에 의해 학살되었다. 9/11 사건의 야만성은 유대인들의 음모였다. 터키 사회와 가족의 가치들이 유대인들에 의해 파괴당하고 있다. 이라크에서 참수형을 자행하는 자들은 유대인들이다. 그들[유대인들]은 [증오심

4) *Jakarta Globe*, 21 January 2010.

5) Tarek Fatah, *The Jew Is Not My Enemy*, Toronto, McClelland and Stewart, 2010, p. xxi.

에] 너무나 눈이 멀어서, 그 모든 사건에서 유대인들의 지문[역할]을 숨기기 위해서, 그들은 때로 [동료] 유대인들을 도륙한다. 그들의 회당에 폭탄을 던진 자들은 바로 그들[유대인들]이다. 그리고 그들 자신의 가족이 죽으면, 그들은 거짓 눈물을 흘린다."[6]

기사: 2002년 4월 29일. 파트마 압달라 마흐무드가 "알아크바"(베이루트에서 발행되는 아랍어 일간 신문)에 한 말: "유대인들은 하늘과 땅에서 저주를 받은 자들이다. 그들은 인간이 창조된 날부터, 그들의 엄마가 그들을 낳은 날부터 저주를 받은 자들이다. … 이 저주받은 자들은 인류에게 재앙이다. 그들은 우리 세대의 바이러스다. … 홀로코스트라는 사기와 관련해서 … 프랑스의 많은 학생들이 홀로코스트는 조작에 불과하며, 거짓말과 사기라는 것을 입증했다. … 그러나 나는 내 가슴 밑바닥에서부터 히틀러에게 불평한다. '당신이 그 일을 끝마쳤다면, 형제여, 만일 그런 사건이 실제로 일어나기만 했다면 얼마나 좋았을까.'"[7]

*

2015년 2월 14일, 토요일, 코펜하겐의 문화센터에서 만화가 라르스 빌크스가 표현의 자유에 관한 세미나에서 강연하고 있을 때, 오마르 압델 하미드 엘후쎄인이 총기를 난사했다. 전에도 그 만화가는 예언자 모하메드에 관한 만화 때문에 살해위협을 받았었다. 한 사람이 죽었고 경찰 세 명이 부상당했다. 자정이 지나 엘후쎄인은 코펜하겐 회당에 들어

---

6) 터키의 일간 신문 *Aksam*, 2004년 9월 12일자.

7) Gavriel Schonenfeld, *The Return of Anti-Semitism*, San Francisco, Encounter Books, 2004, p. 13에서 재인용.

가, 유대인 안전요원을 살해했다. 파리에서는 2015년 1월 9일, 열두 명이 살해당한 주간 풍자 신문 "샤를리 에브도"에 대한 테러 공격의 일부로서, 아메디 꿀리발리는 유대인들이 안식일을 위해 장을 보던 코셔 수퍼마켓에 들어가 네 명을 살해했다. 2008년 11월에는 뭄바이에서 벌어진 테러 공격에서, 네 명이 유대인들의 작은 종교 센터에 들어가, 랍비와 임신 6개월 된 산모를 포함해서 여섯 명의 유대인을 살해했는데, 먼저 성폭행하고 사람들의 손발을 절단한 후 살해했다. 인도의 정보부는 통신 감청을 통해, 그 공격자들에게 "유대인의 목숨 값은 비유대인들보다 50배 비싸다"고 말하는 걸 포착했다. 이것은 이상한 양동작전으로서, 그런 통신이 없었다면 분명히 초점을 맞춘 공격이었을 것이다.

도대체 왜 유대인들이 공격 목표인가? 이 질문이 이 장에서 다룰 질문이다. 테러리스트들이 주간 풍자 신문 "샤를리 에브도" 기자들과 만화가들을 공격한 이유는 분명하다. 그들은 그 편집장과 만화가들을 죽이고 싶어 했고, 정확히 그들이 편집회의를 하고 있을 것임을 알았다. "샤를리 에브도"는 종교, 특히 이슬람을 비웃는 것으로 악명이 높았다. 2015년 1월에 일어난 이 공격은 살만 루시디의 ≪악마의 시≫(*The Satanic Verses*, 1989) 발행인에 대한 공격과 덴마크의 일간 신문 "윌란스 포스텐"의 만화가들, 그리고 테오 반 고흐 감독(이슬람의 여성 학대를 비판한 영화 "순종"을 만든 감독)에 대한 공격을 포함하여 일정한 패턴을 따르는 것이었다. 그런 공격들은 정확히 목표를 겨냥한 공격이었다. 그러나 왜 유대인 수퍼마켓에서 장을 보던 사람들을 공격했는가?

테러리스트들이 2008년에 뭄바이에서 공격한 이유도 분명하다. 그 공격은 무슬림과 힌두교, 파키스탄과 인도 사이에 계속되는 폭력의 한 부분으로서, 그들 사이에는 네 차례 전쟁이 있었으며(1947, 1965, 1971,

1999), 1984년 이후 58번이나 테러공격이 있었고, 그 중 가장 컸던 사건은 2006년 7월 11일 뭄바이 열차 폭발 사건으로 209명이 살해되었다. 테러리스트들이 식당과 호텔을 공격 목표로 선택하는 이유도 명백했다. 그들은 인도의 관광산업에 피해를 줌으로써 경제에 손해를 입히고, 최대의 선전효과를 얻을 목적이었기 때문이다. 그렇다면 왜 유대인이 거의 없는 국가에서, 젊은 랍비와 그의 아내를 공격했는가?

흔히 이슬람주의자들이 유대인을 공격하는 것은 이스라엘과 팔레스타인 사이의 충돌 때문이라고 말한다. 그러나 파리의 수퍼마켓과 뭄바이의 종교 센터 공격은 이스라엘이나 이스라엘 국민을 목표로 삼은 것이 아니었다. 위에 인용한 말이나, 인도 정보부에서 감청한 메시지가 보여주듯이, 유대인의 목숨은 비유대인보다 50배 비싸다는 말은 그런 공격이 유대인을 목표로 삼은 것임을 보여준다. 그것은 시온주의에 대한 반대가 아니라 셈족에 대한 반대다. 이것은 앞으로 살펴보겠지만 이슬람에서 새로운 현상이다.

앞장과 이번 장에서 반유대주의에 초점을 맞추는 이유는 유대인들의 고난에 주목하도록 요청하기 위한 것이 아니다. 과거나 지금이나 기독교—무슬림 충돌의 주요 사상자들은 무슬림들과 기독교인들이었다. 십자군전쟁에서 죽은 사람들도 그들이었으며, 지금도 중동지방, 아시아, 아프리카에서 죽어가는 사람들도 그들이다. 반유대주의가 중요한 이유는 그것이 다른 어떤 현상보다도 혐오의 심리학적 역학과 사회적 역학을 가장 분명하게 보여주기 때문이다. 반유대주의는 우리로 하여금 세상의 권세들, 국가들, 이해관계들 사이의 정상적인 충돌을 넘어서는 인간의 충돌에서 무엇이 작동하는지를 이해하도록 도와준다. 홀로코스트에 대한 기억이 아직도 생생함에도 불구하고 반유대주의가 다시 나타나고 있는 것은 단지 유대인들에 대한 위협만 보여주는 것이 아니다. 그것은 항상 그랬듯이, 세계질서가 붕괴될 위험에 처했음을 보여주는 첫 번째 경고이다.

오늘날 아랍세계와 이슬람세계는 유대인 혐오로 넘쳐난다. "반명예훼손연맹"이 2014년 5월에 발표한 연구에 따르면, 전 세계 102개 국가와 지역에서 53,100명을 조사한 결과, "끈질기며 깊이 스며 있는" 반유대인 태도를 보여주었다. 중동지방과 북아프리카에서는 74%가 반유대주의 태도를 드러냈다. 서부 유럽에서는 24%, 동부 유럽에서는 34%, 아메리카국가들에서는 19%였다. 2011년에 "퓨 리서치 센터"가 조사한 것은 주로 무슬림 지역에서 유대인들에 대해 호의적인 입장을 지닌 사람들이 "일정하게 매우 적다"는 것을 보여주었다. 즉 터키와 팔레스타인 영토에서는 4%, 레바논 3%, 이집트, 요르단, 파키스탄에서는 2%였다.

오늘날 이슬람에서 반유대주의가 보여주는 특징은 1930년대 독일에서의 반유대주의와 세 가지 면에서 서로 연결되어 있다. 첫째로, 둘 모두 역사가 로버트 위스트리히가 말한 강박관념을 보여준다. "이슬람 협력기구"를 구성한 56개 국가 대부분에는 유대인들이 거의 살지 않는다. 한때는 살았지만, 1940년대와 1950년대에 거의 모두 그 국가들을 떠났거나 추방당했다. 1930년대 독일에서 유대인은 전체 인구의 1%였다. 당시의 농담은 그 상황의 비현실성을 꼬집었다. 두 명의 독일인이 자기 나라가 곤경을 겪는 근본 원인이 무엇인지에 대해 토론하고 있었다. 한 사람은 유대인들 때문이라고 했다. 또 한 사람은 "유대인들과 자전거 타는 사람들 때문"이라고 했다. "왜 자전거 타는 사람들?"이냐고 첫 번째 사람이 묻자, 두 번째 사람은 "왜 유대인들?"이라고 반문했다.

1935년에 뉘른베르크 법을 통해 하루 밤새 모든 시민적 권리를 박탈당한 유대인들은 독일 안에서든 밖에서든 어떤 영향력도 권력도 없었다는 것이 분명해졌다. 유대인들에 대한 종족학살 의도를 숨기지 않았던 히틀러는 1935년부터 1939년까지 그 의도를 계속 시험해보았다. 유대인들이 막강했는가? 그들이 독일을 좌지우지했는가? 영국이나 미국에 큰 영향력을 끼치고 있었는가? 세계에 어느 친구들이나 동맹자들이 있어서 자신들을 도우러 올 수 있었는가? 히틀러는 결국 유대인들이 사실상 친구들도 없고 힘도 없다는 것을 알고 만족하게 되자, 비로소 유대인들이 너무 막강해서 세상을 좌지우지한다고 안심하고 비난할 수 있었다.

제1차 세계대전 이후 독일의 문제는 유대인들과는 아무 상관이 없었다. 이집트, 시리아, 이라크, 이란, 파키스탄, 아프가니스탄의 문제들이 유대인들과 아무 상관이 없었던 것과 마찬가지였다. 그 문제들은 국내 문제들이었다. 이집트, 시리아, 이라크에서 나타났던 세속적 민족주의가 민주주의와 번영을 약속하고, 또한 국가의 자존심을 회복시킬 수 있었는가? 1979년에 이란에서 혁명이 일어나고 1989년에 러시아 군대가 아프가니스탄에서 철수한 후, 대안 세력이 기회를 잡았는데, 이들 대안 세력이 처음 등장한 것은 1928년 하싼 알반나와 무슬림 형제단을 통해서였다. 그러나 그것보다 더 나았을 대안은 초기의 원시 이슬람으로 돌아가, 과거에 중동지방, 마그레브와 안달루스(스페인과 포르투갈) 지역을 놀라운 속도로 정복하고, 거인처럼 그 좁은 세상을 지배했던 초기 이슬람 시대를 회복하는 것이 아니었을까? 이런 질문은 유대인들이나 자전거 타는 사람들과는 아무 상관이 없는 것이다. 그러나 새로운 이슬람주의가 그 세속적 정권들을 대체하려고 노력하면서도, 그 둘이 공유하는 특징은 반유대주의라는 점을 주목해야 한다.

새로운 반유대주의와 1930년대 독일의 반유대주의를 연결시켜주는 두 번째 측면은 그 비이성적이며 자기모순적인 성격이다. 독일에서 유대인들이 혐오의 대상이 된 이유는 그들이 부자였기 때문이고 또한 그들이 가난했기 때문이며, 자본가들이었기 때문이며 또한 공산주의자들이었기 때문이며, 자기들끼리 어울렸기 때문이며 또한 어디든 침투했기 때문이며, 원시적인 신앙을 믿기 때문이며 또한 아무것도 믿지 않는 코스모폴리탄이었기 때문이다. 히틀러는 유대인들이 미국과 소련을 좌지우지한다고 믿었다. 어떻게 유대인들이 그 둘을 동시에 할 수 있었는가? 그들이 유대인들이었기 때문이다.

이와 마찬가지로 21세기에도, 9/11 공격과 그 공격을 계획하고 실행한 알카에다 테러리스트들의 천재성을 축하하면서 동시에 그 공격이 이스라엘과 그 비밀경찰 모사드의 작품이라고 말하는 것은 불가능하다. 무슬림 성직자 두 사람 모두는 유대인들이 "이라크에서 참수 행위"를 자행한다고 말하지만, 그 청중들은 이라크에 유대인들이 남아 있지 않다는 사실, 거동하지 못하는 노인 몇 사람 이외에는 남아 있지 않다는 사실을 알고 있다. 이스라엘 바깥에 있는 이라크의 유대인 공동체는 세계에서 가장 오래된 공동체이며 가장 두드러진 공동체 가운데 하나다. 유대인들이 이라크에 살게 된 것은 첫 번째 성전이 파괴된 후 포로로 끌려갔고, 바빌론 강가에서 시온을 기억하면서 울었으며, 또한 800년 후 그곳에서 위대한 랍비 학교가 창설되어, 랍비 유대교의 걸작인 "바빌로니아 탈무드"가 만들어진 것이다. 1940년대에 바그다드에는 14만 명의 유대인들이 있었다. 2003년에 미군이 바그다드에 도착했을 때는 유대인들이 20명뿐이었다. 유대인들이 이라크에서 참수한다는 것은 상상력이 꾸며낸 이야기로서, 이런 주장에 관련된 사람들은 누구나 자기가 거짓말을 하는 줄 알고 있다. 따라서 이성적인 인간이 이처럼 환상을 믿게 되는 심리적 기제는 무엇인가?

지금의 반유대주의와 1930년대 독일의 반유대주의가 비슷한 세 번째 특징은 그것이 새롭다는 점이다. 이런 점의 중요성은 아무리 강조해도 충분하지 않다. 사람들은 기독교 이전 시대부터 유대인들에 대한 적대감이 있었다고 생각하는 경향이 있기 때문에, 반유대주의가 다시 등장하는 것은 단지 그 옛날의 용이 다시 깨어나는 것으로 생각한다. 새로 나타나는 그런 현상은 단지 옛 것이 다시 태어나는 것으로 본다. 그렇지 않다.

실제로 신약성서와 꾸란 모두에는 유대인들에 대해 부정적으로 말한 것들이 있다. 이것은 히브리성서에 다른 민족들에 대해 부정적으로 말한 것들이 있는 것과 마찬가지다. 앞의 2장에서 살펴본 것처럼, 외국인들을 혐오하는 것은 인간의 조건만큼이나 오래된 것이다. 우리가 집단 내부를 향해서는 호의적인 반면에 집단 외부의 타인들에 대해서 적대적인 데는 진화론적 이유들이 있다. 그러나 반유대주의는 오래된 것이 아니다. 반유대주의라는 용어 자체는 보통 1879년에 독일의 언론인 빌헬름 마르가 만든 것으로 알려져 있다. 중세시대에 유대인들이 혐오의 대상이 된 이유는 그들의 종교 때문이었다. 19세기에는 유대인들이 종족 때문에 미움을 받았다. 그것은 새로운 것이었다.

이슬람의 경우는 약간 다르다. 탁월한 이슬람 역사가 B. S. 루이스는 역사적으로 이슬람이 유대인들을 멸시했지, 혐오하지는 않았다고 주장했다.[8] 우리가 멸시를 받는다고 죽임을 당하지는 않지만, 혐오의 대상이 되면 죽임을 당한다. 새로운 반유대주의를 형성한 신화가 이슬람에

8) Bernard Lewis, 'The Roots of Muslim Rage', *The Atlantic*, 1 September 1990.

들어온 것은 외부 세계로부터였다. 이슬람 본래의 것이 아니다. 따라서 우리는 강박적이며 비이성적인 현상, 그리고 전혀 새로운 것이 아니라면, 적어도 과거 적대감의 새로운 변종을 다루고 있는 것이다.

2장에서 우리는 폭력이, 인간 본성의 보다 선한 천사들과 더불어, 인간의 집단 형성이라는 현상 속에서 태어난다는 것을 살펴보았다. 우리는 집단 내부의 구성원들에게는 이타주의적이지만, 다른 집단의 구성원들에게는 적대적이다. 이 때문에 외국인 혐오증이 생긴다. 비록 외국인 혐오증이 전쟁을 초래할 수는 있지만, 그 혐오증 자체가 외국인들을 악마화하거나, 그들로 인해 우리가 피해자라는 의식을 갖게 되고 이타주의적인 악을 자행하도록 만들지는 않는다. 우리는 생존이라는 생물학적 명령 때문에 돌아다니면서 여성들과 아이들을 죽이지는 않는다. 그러기 위해서는, 우리가 3장에서 살펴본 것처럼, 문화가 요구된다. 우리의 도덕적 감각을 정지시키고, 평범한 사람들로 하여금 짐승과 같은 범죄를 저지르도록 만드는 구체적인 문화 형태는 병적인 이원론이다. 그런 병적인 이원론 자체는 고대 이란과 그리스의 신학적 이원론의 돌연변이 형태로서, 유대교와 기독교 이전 시대의 말엽과 초기 기독교 시대의 종파 집단들에게 감염시킨 것이다. 병적인 이원론이 독일에서 등장한 것은 제1차 세계대전 이후였다. 이런 병적인 이원론과 다르지 않은 이원론, 즉 한 편에는 신실한 자들이 있고, 다른 편에는 큰 사탄과 작은 사탄이 있다는 이원론이 오늘날 이슬람주의자들과 이란의 담론을 주도하고 있다.

이원론을 병적인 이원론으로 둔갑시키는 것은 무엇인가? 영지주의자들은 이원론자들이었지만, 폭력적이지 않았다. 또 다른 이원론 형태였던 마니교는 3세기부터 7세기 사이에 엄청난 인기를 얻어, 로마로부터 중국까지 확산되었고, 세계적인 세력으로서 기독교와 경쟁하는 라이벌이 되기 시작했다. 그러나 마니교 신봉자들은 박해를 받아 많은 사람들이 살해당했으며, 14세기에 이르러서는 거의 자취를 감추게 되었다. 쿰란 종파와 나그함마디 필사본을 만든 기독교인들은 주류 사회로부터 은둔하여, 자신들의 신비주의적인 사변을 추구하면서, 진정한 하나님이 지상의 사기꾼을 패배시킬 날을 기다렸다. 그렇다면, 이원론자들을 병적인 이원론자들로 둔갑시킨 다른 요인은 무엇이었는가?

*

누구보다 이 질문에 대한 대답을 제시한 학자는 프랑스의 문학 이론가이며 문화 인류학자인 르네 지라르로서, 그의 대표적 저술은 ≪폭력과 성스러움≫(1972)이었다.

그의 연구에 깊은 영향을 끼친 프로이트와 함께, 지라르는 인습적 지혜를 뒤집었다. 종교가 폭력을 야기하는 것이 아니라, 폭력이 종교를 생기게 만든다는 것이 그들의 주장이었다. 프로이트는 역사 이전 시대에 폭력이 일차적으로 자행된 것은 부족의 여성들을 아버지가 독점한 것에 대해 분개한 자녀들이 연합해서 그들의 아버지를 살해한 것이었다고 주장했다. 그 다음에 자녀들이 죄의식에 사로잡혔는데, 프로이트는 이것을 **억압된 것의 귀환**(the return of the repressed)이라고 불렀다. 프로이트에게 하나님은, 죽은 아버지의 음성이 양심의 소리로서 자녀들에게 내면화된 것이었다.

지라르는 덜 멋지게 설명했다. 그는 초기 사회들은 아직 질서를 강요할 법적 체계—법, 법정, 감옥, 형벌—를 갖고 있지 않았다고 주장했다. 대신에 초기 사회들은 "맞대응"(Tit-for-Tat)의 원칙을 실천했는데, 우리가 앞에서 살펴본 것처럼, 이 첫 번째 원칙은 "반복된 죄수의 딜레마"에 대한 컴퓨터 시뮬레이션에서 등장한다. 즉 죄수들은 타인에게서 적대적인 반응이 나오기 전까지는 서로에게 관대했다. 그러다가 타인이 자기에게 행한 것을 그 타인에게 그대로 행했다.

이런 전략이 갖고 있는 문제는 끝없는 보복의 악순환을 가져올 가능성이 있다는 점이다. 생물학자들도 맞대응보다 우수한 컴퓨터 프로그램을 만들기 시작하면서 이런 가능성에 주목했다. 그런 보복의 악순환은 한 번의 살인 행위에서 시작된다. 그것이 유혈사태나 씨족 간 전쟁을 촉발시킨다. 그것은 소설이나 드라마에서 가장 오래되었으며 익숙한 주제 가운데 하나로서, "로미오와 줄리엣"의 몬태규 가문과 캐플릿 가문의 싸움, 영화 "대부"의 타타글리아스 가문과 꼬르레오네스 가문의 싸움이 그런 것이다. 대량학살에 미치지는 못하지만, 보복의 악순환이 자연스럽게 끝나지는 않는다.

지라르의 논제는 두 집단이 보복의 악순환을 끝낼 수 있는 가장 효과적 방법은 제3자를 죽이는 것이라는 점이다. 몬태규 가문이나 캐플릿 가문이 아닌 존재, 그 반목 바깥에 있어서 그를 죽여도 또 다른 보복으로 이끌지 않는 존재를 죽이는 방법이다. 다시 말해서, 그 희생자는 아웃사이더로서, 한 집단의 보호를 받지 않는 사람, 또는 한 집단의 구성원이지만 보복적 폭력을 가할 위치에 있지 않은 사람이어야만 한다.

아웃사이더를 희생시킴으로써 복수를 하게 되고, 양측 모두 정의가 이루어졌다고 느낄 수 있지만, 그 희생자가 서로 싸우는 집단의 구성원이 아니기 때문에 복수의 악순환을 끊을 수 있게 된다. 여기서 지라르가 주장하는 것은 첫째로, 최초의 종교 행위는 인간을 희생시키는 것이며, 둘째로, 최초의 희생제물은 희생양이며, 셋째로, 종교의 기능은 집단을 파괴시킬 내부의 폭력을 외부의 타자에게 굴절시키는 것이라는 점이다.

이것은 지라르에게 과거 고대세계의 문제뿐 아니라 현재와 미래의 문제에 관한 진술이다. 모든 사회에서 벌어지는 내부 갈등은 폭력적이며 자기 파괴적인 것이 될 수 있다. 따라서 모든 사회에는 종교가 필요하며, 종교의 과업은 폭력을 "밖으로 던져버리는 것," 즉 그 폭력을 집단 자체 안에서부터 집단 외부의 희생자에게 뒤집어씌움으로써, 폭력이 내부적으로 파괴적인 것이 되도록 하는 대신에 바깥에로 돌리는 일이다.

하나의 사회적 현상으로서 이 체계가 작동하는 것은 일반적으로 합의된 희생양이 있을 때뿐이다. 그 희생자가 그럴듯한 대체물이 되기 위해서는 서로 반목하는 양측과 충분히 비슷하거나 가까워야만 한다. 이탈리아 베로나에서 서로 반목하는 두 가족들 사이의 싸움을, 중국에 가서 어느 한 사람을 죽인다고 해서, 끝낼 수는 없다. 그 희생자는 현재의 곤경의 원인으로 볼 수 있는 존재여야만 한다. 그렇지 않다면 그를 죽이는 것이 아무 의미가 없기 때문이다. 14세기부터 17세기까지는 질병, 흉작을 비롯한 불행의 책임을 마녀들에게 물었다. 18세기 독일의 한 종파였던 일루미나티와 프리메이슨은 은밀하게 세계 지배를 획책하는 것으로 비난받았다. 댄 브라운은 ≪다빈치 코드≫에서 두 개의 그림자 같은 기독교 집단인 프래터니티(프리외레드 시옹)와 오푸스 데이 사이의 충돌을 그렸는데, 전자는 비밀결사였고, 후자는 가톨릭 종파였다. 이와 비슷한 음모론은 오랜 세월 동안 번창했다.

그러나 희생양을 하나 만드는 것과 관련되어 대체 희생물과 음모론이 특수하게 결합하는 데는 어려운 정신적 묘기가 요구된다. 우리는 그 희생양이 전능하며 동시에 무기력하다는 것을 함께 믿을 수 있어야만 한다. 만일 그 희생양이 실제로 강력한 힘을 갖고 있다면, 폭력의 희생자로서 보복당할 위협이 없다는 본래의 기능을 더 이상 수행할 수 없게 된다.

우리는 사자나 악어를 희생자로 선택하지 않는다. 왜냐하면 만일 사자나 악어를 희생자로 선택하면, 우리가 그것에 잡혀 먹힐 가능성이 있기 때문이다. 그러나 만일 그 희생양이 완전히 무기력하다고 믿는다면, 그것이 우리의 현재 곤경의 원인이라고 볼 수 없게 된다. 예를 들어, 우리는 글을 읽지 못하는 집단이나 직업이 없는 이민자들을 희생양으로 삼을 수 없다. 보복당할 염려 없이 그들을 죽일 수는 있지만, 그들이 은행, 매스컴, 백악관을 지배한다고 볼 수는 없기 때문이다. 이처럼 서로 모순되는 믿음을 동시에 갖고 있다는 것은 한 문화 속에서 희생양 기제가 생생하게 작동하고 있다는 분명한 징조다.

*

지난 천 년 동안 유럽과 중동지방에서 희생양으로 선택된 것은 유대인들이었다. 유대인들은 가장 눈에 띄는 아웃사이더들이었다. 기독교인들의 유럽에서 비기독교인들이었으며, 이슬람의 중동지방에서 비이슬람이었기 때문이다. 그러나 이 장은 일차적으로 반유대주의에 관한 것이 아니다. 무엇이 반유대주의를 초래했는지에 관한 장이다. 반유대주의는 우연히 유대인들에 관한 것일 따름이다. 유대인들은 반유대주의의 희생자들이지, 그 원인이 아니다. 그 원인은 문화 안에서의 갈등이다. 사회를 파괴할 힘을 갖는 것은 잠재적인 내부의 폭력이 표출되는 경우다.

지라르의 요점을 다시 생각해보자. 희생양은 사회가 자체 안의 폭력을 외부의 희생자에게 초점을 맞춤으로써 그 폭력을 외부의 타자에게 굴절시키는 메커니즘이다. 따라서 강박적이며 비이성적이며 살인적인 반유대주의를 발견하는 곳에서는 어디에서나 그 문화가 내부적으로 너무 분열되고 부서져서 그 사회의 구성원들이 유대인들을 죽이는 것을 중단한다면,

그들이 서로를 죽이기 시작할 것이다. 이런 일이 17세기 유럽(종교 전쟁)과 20세기의 세계대전에서 벌어진 일이며, 또한 오늘날 시리아, 이라크, 아프가니스탄, 그리고 중동지방, 아시아, 아프리카의 또 다른 전쟁 지역에서 벌어지고 있는 일이다.

유대인들이 희생양이 되기 시작한 것을 이해하기 위해서는 우리가 몇 가지 핵심적인 역사적 순간들에 초점을 맞추어야만 한다. 첫째로, 1095년에 교황 우르바누스 2세가 제1차 십자군을 요청했을 때였다. 1096년에 십자군의 일부가 예루살렘이라는 거룩한 도시를 해방시키러 가던 중에, 북유럽의 쾰른, 보름스, 마인츠의 유대인 공동체들에서 대량 학살을 자행했다. 수천 명이 죽었다. 많은 유대인들은 그들에게 체포되어 강제로 기독교로 개종하느니 차라리 자살을 선택했다. 이것은 유럽의 유대인들에게 트라우마로 남은 순간이었고, 더 악독한 일들이 닥칠 징조였다.

이 순간부터 기독교인들의 유럽에서 살아가던 유대인들은 인간이 아니라 악한 세력, 악의 화신, 타인들에게 해를 끼치려고 적극 노력하는 악마적이며 파괴적인 세력으로 간주되기 시작했다. 유대인들은 영성체를 모독하고, 우물에 독을 풀고, 재앙을 퍼뜨린다는 비난을 받았다. 14세기에 수백만 명의 목숨을 앗아간 흑사병도 유대인들 책임으로 돌려졌다. 당시는 유대인들이 공포 속에서 살아가던 시대였다.

그 시대에 생겨난 단어들이 공개적인 반박, 분서(book burning), 강제 개종, 종교재판, 판결 선고, 추방, 게토, 대학살 등이다. 유대인들에 대한 그런 증오심과 박해가 지속된 기간과 그 강렬함은 인류 역사상 가장 오래 지속된 증오의 연대기 가운데 하나다. 그 이원론은 가장 뚜렷하며 황폐하게 만든 것이었다.

유럽은 차츰 발전해갔지만, 몇 세기 후에 중대한 결과를 낳게 될 두 가지 사건이 있기 전까지는 별로 발전하지 않았다. 첫 번째 사건은 유대인들이 박해의 위협 속에 살고 있던 스페인에서, 1391년에 "스페인의 크리스탈 나흐트"(Spain's Kristallnacht)가 벌어져, 회당들이 불타고 유대인들이 대량학살당했으며, 1492년에 추방될 때까지 그런 박해가 계속되었다. 많은 유대인들이 위협을 받아 기독교로 개종했다. 일부 유대인들은 사적으로 유대인 관습을 지속한다고 의심을 받아 종교재판에 회부되었다. 다른 유대인들은 기독교라는 새로운 신앙을 받아들이고, 스페인 사회에서 저명한 위치에 오르기도 했다.

바로 그때 새로운 현상이 나타났다. 유대인이라는 명백한 원인이 제거된 후, 유대인들에 대한 끈질긴 편견이었다. 이들 "새로운" 기독교인들은 여전히 미움을 받았는데, 이제는 그들의 종교 때문이 아니라 그들의 종족(race) 때문이었다. "순수 혈통"(*Limpieza de sangre*)을 보호하기 위한 법이 제정되었다. 그런 법이 처음 등장한 것은 1449년 톨레도에서였다. 처음에 교회는 그 법에 반대했지만, 1496년에 교황 알렉산더 6세가 승인하여 결국 19세기까지 지속되었다. 이렇게 역사상 처음 도입된 종족적 반유대주의는 그 후 450년 동안 유럽 중심부를 휩쓸게 되었다.

두 번째는 마틴 루터의 역할이었다. 처음에는 유대인들에게 호의적이었던 루터가 유대인들이 개종하지 않는 이유는 가톨릭교회의 부조리와 잔인함 때문이라고 믿었다. 따라서 사랑으로 다가가면 유대인들이 대량으로 기독교인이 될 거라고 생각했다. 그러나 그렇지 않자, 그의 분노에는 끝이 없었다. 1543년에 루터는 ≪유대인들과 그들의 거짓말에 대해≫라는 팸플릿을 출판해서, 증오의 문학에서 고전이 되었다. 회당들은 불살라야 한다. 유대인들의 집은 파괴해야 한다. 유대인들을 단칸방이나 헛간에 살도록 만들어야만 자신들이 "불쌍한 포로들"에 불과하다는 것을 알게 될 것이다. 유대인들의 기도서와 탈무드는 압수하고, 랍비들은 가르치는 일을 못하게 만들어야 한다. 유대인들은 여행할 수 없고, 법적인 보호를 받을 수 없다. 루터는 유대인들을 "우리의 재앙, 유행병, 불운"이라고 불렀다. 이 팸플릿은 나치 기간 동안 여러 차례 다시 인쇄되었으며, 그 주장은 뉘른베르크 법에 버금가는 것이었다.

유대인들에 대한 루터의 이처럼 격렬한 반감은 종교개혁 이후에도 유대인들에 대한 적대감이 지속되도록 만들었으며, 루터교가 지배적인 국가들에 큰 영향을 끼쳤다. 기독교인들 중에 두드러지게 예외적인 인물은 칼뱅이었는데, 그는 히브리성서를 매우 높게 평가했으며, 많은 사람들보다 유대인들을 덜 모욕했다. 이것이 16세기 네덜란드와 17세기 영국에 지속적인 영향을 끼쳤을 뿐 아니라, 미국의 청교도들에게도 큰 영향을 끼쳤다. 네덜란드와 영국, 그리고 미국은 처음으로 종교 자유가 발전된 나라들이었다.

역사의 이 시점에서 놀랍고 비극적인 왜곡이 이루어졌다. 18세기의 서부 유럽에서는 사람들이 계몽주의를 통해, 이성이 과거의 편견을 극복할 수 있다고 믿었다. 뒤이어 19세기에는 해방이 이루어져, 새로운 민족국가에서 유대인들을 포함한 종교적 소수자 집단에게 시민권이 허락되었다. 새로운 민족국가는 과거처럼 종교에 의해 결합된 것이 아니라 시민권과 민법에 의해 결합되었다. 그러나 스페인에서 유대인들을 추방한 다음에도 그랬던 것처럼, 유대인들에 대한 편견은 계속되었다.

그런 편견을 지속시킨 사람들 중에는 유럽의 정신적 지도자들이 있었다. 볼테르는 유대인들을 "무지하고 야만적인 사람들로서, 오랫동안 가장 치사한 탐욕을 가장 역겨운 미신과 결합시키고, 자신들에게 관용을 베풀고 풍요롭게 만들어준 모든 사람에 대해 가장 정복할 수 없는 증오심과도 결합시킨 사람들"이라고 불렀다. 그는 덧붙여서 관대하게도, "그러나 우리는 그들을 불태워서는 안 된다"[9]고 했다.

임마누엘 칸트는 유대인들을 "사회의 흡혈귀"라고 부르면서 "유대교의 안락사"를 요청했다.[10] 헤겔은 유대인들과 유대교를 "노예도덕"의 패러다임으로 보고, 사랑의 종교를 이해하거나 실천할 수 없다고 주장했다.[11] 유대인들은 기독교를 거부함으로써 역사에서 좌초당했으며, 결국 "화석이 된 민족"이며 "유령 종족"이 되었다고 했다.

피히테는 유대인들이 자유의 적이라고 믿었다. 그는 "유대인들에게 시민권을 허락하는 것"에 관해서, "나는 어느 날 밤에 그들의 머리를 베어내고 그 자리에 유대인 사상을 전혀 갖지 않은 다른 사람들의 머리를 붙이는 것 이외에는 다른 방법이 없다고 본다"고 썼다. 다른 방법은 그들을 "묶어서" "그들의 약속된 땅"으로 보내는 방법이라고 했다.[12] 쇼펜하우어는 유대인들이 "가축보다 나을 게 없고", "지상의 쓰레기"로서 추방시켜야 할 사람들이라고 말했다. 니체는 유대교가 모든 자연적 가치들을

---

9) Voltaire, *Oeuvres Complètes*, 1756, vol. 7, ch. 1; text in Paul R. Mendes-Flohr and Jehuda Reinharz (eds.), *The Jew in the Modern World: A Documentary History*, New York, Oxford University Press, 1980, pp. 252-3.

10) Immanuel Kant, *Streit*, in *Werke*, 11:321. Paul Lawrence Rose, *Revolutionary Antisemitism in Germany from Kant to Wagner*, Princeton, NJ, Princeton University Press, 1990.에서 재인용.

11) George Wilhelm Friedrich Hegel, *Early Theological Writings*, p. 201. Rose, *Revolutionary Antisemitism*, p. 111에서 재인용.

12) Johann Gottlieb Fichte, 'On the French Revolution', in Mendes-Flohr and Reinharz (eds.), *The Jew in the Modern World*, pp. 257; Poliakov, *The History of Antisemitism*, p. 180.

"허위로 만드는 것"이라고 혹평했다. 그의 위대한 독창성은 유대인들이 기독교를 거부한 것을 비판하는 대신에, 애당초 기독교를 낳게 만든 것을 비난했다.

종교가 혐오를 만든다고 비난하는 사람들은 이런 사례들을 자세히 살펴보고 다시 생각해야 한다. 볼테르부터 하이데거에 이르기까지의 철학적 반유대주의는 별로 알려지지 않았지만 매우 파괴적인 현상이다. 유럽의 문화가 세속화하고 종교적인 반유대주의가 종족적인 반유대주의로 변질하자, 그 결과는 치명적이었다. 기독교인들은 유대인들의 개종을 위해 일할 수 있게 되었다. 사람들이 자신의 종교를 바꿀 수 있기 때문이었다. 그러나 자신의 피나 유전자를 바꿀 수는 없다. 따라서 반유대주의는 유대인들의 절멸을 위해서만 작동할 수 있게 되었다. 그 결과가 홀로코스트였다.

1095년부터 1945년까지의 기간 동안에, 많은 신화들이 만들어졌는데, 그 중 두 가지 신화가 특히 관심을 끌었다. 첫째는 "피의 중상"(Blood Libel)이라는 신화다. 1144년에 노리치(영국 동부지역)에서 윌리엄이라는 소년이 칼에 찔려 죽은 채로 발견되었다. 유대인들이 벌인 짓이라는 소문이 돌았다. 당시에는 아무도 그런 소문을 심각하게 생각하지 않았지만, 5년 뒤에 몬머스의 토머스라는 수도승이 쓴 이야기가 발표되자, 그 소문이 논쟁점이 되었다.[13] 그 주장은 유대인들이 기독교인 어린이들을

13) 그 이야기들을 볼 수 있는 곳은 R. Po-chia Hsia, *The Myth of Ritual Murder: Jews and Magic in Reformation Germany*, New Haven, CT, Yale University Press, 1988; Hermann Strack, *The Jew and Human Sacrifice: Human Blood and Jewish Ritual, an Historical and Sociological Inquiry*, trans. Henry Blanchamp, New York, Blom, 1971; Joshua Trachtenberg, *The Devil and the Jews: The Medieval Conception of the Jew and its Relation to Modern Antisemitism*, Philadelphia, Jewish

죽여 그 피를 이용해서 유월절에 만드는 '무교병'(matza)을 만든다는 것이었다. 그것은 터무니없는 주장이었다. 왜냐하면 유대인들이 매우 싫어하는 것이 피였으며(음식에서 피 한 방울이 발견되면 먹을 수 없는 것이 유대인들의 법이다), 또한 아이를 희생제물로 바치는 것이었다. 이런 "피의 중상"을 하는 것은 여러 교황들(인노센트 4세, 그레고리 10세, 마틴 5세, 바오로 3세, 니콜라스 5세 등)이 공식적으로 단죄했으며, 황제 프레데릭 2세도 금지시켰다. 그러나 그런 비난이 유럽 전역으로 확산되는 것을 막지는 못했다. 유대인들이 이런 중상을 받은 경우가 기록된 것만 150건이 넘고, 그 중 많은 경우에는 그 해당 지역에 살던 유대인들에 대한 학살로 이어졌다.

두 번째 신화는 750년 후, ≪시온 장로 의정서≫(*The Protocols of the Elders of Zion*)라는 신화다. 파리에 주재하던 러시아 비밀경찰들이 만든 이 문서는 유대인들이 세계의 언론과 경제를 통제함으로써 세계를 지배할 비밀 음모를 꾸민 회의록 형태로 된 문서였다. 원래는 유대인들과 전혀 상관이 없던 허구적인 작품과 음모 이론을 결합시켜[14] 조작한 이 문서는 1921년 타임지에 의해 위조된 것으로 밝혀졌다. 그럼에도 불구하고 이 책은 처음에 러시아에서 많이 팔렸다. 그 다음에 독일에서는 이 책이 나치의 선동에 이용되어, 노만 콘이 지적한 것처럼, "종족학살의

Publication Society, 1993; Alan Dundes (ed.), *The Blood Libel Legend: A Casebook in Anti- Semitic Folklore*, Madison, University of Wisconsin Press, 1991; Ronald Florence, *Blood Libel: The Damascus Affair of 1840*, Madison, University of Wisconsin Press, 2004 등이다.

14) 여기에는 프랑스 성직자 Abbe Barruel이 프랑스 혁명을 템플기사단 때문이라고 비난한 것도 포함되어 있다. 이 이야기를 다시 독일인 E. E. Eckert가 쓰면서 프리메이슨을 포함시켰고, 세 번째는 1864년에 모리스 졸리가 몽테스키와 마키아벨리의 허구적 대화를 포함시켰다.

보증서"가 되었다.[15]

이런 두 가지 신화에 주목해야 하는 이유는 그것들이 이원론을 병적인 이원론으로 둔갑시키는 분리와 투사(splitting-and-projection) 과정을 잘 보여주기 때문이다. "피의 중상" 신화는 기독교인들의 투사였다. (이렇게 말하는 것은 기독교가 이 신화를 받아들였다거나 이 신화에 책임이 있다는 말이 아니다. 교황들이 그 신화를 배격했음을 기억하라). 그것은 유대교의 틀 안에서는 전혀 말이 되지 않는다. 그러나 성만찬에 사용되는 빵과 포도주가 상징적으로가 아니라 실제로 하나님의 아들의 살과 피라는 화체설(transubstantiation)을 믿는 일부 사람들에게는 말이 되는 것이다. "화체"라는 말을 처음 사용한 사람은 1079년경 프랑스 투르의 대주교인 일데르베르 드 라바르댕이었는데, 이 교리 자체가 공식화된 것은 1215년의 제4차 라테란 공의회였다. 정확히 이 두 기간 사이에 "피의 중상"이 나타났다.

≪시온 장로 의정서≫도 마찬가지였다. 이 책은 1903년 러시아에서 처음 출판되었는데, 당시 유대인들은 키시나우(현재 몰도바의 수도) 대학살의 트라우마를 겪고 있었다. 러시아에서 1881년에 발생한 그 대학살에 뒤이어 1882년에 반유대주의적인 5월의 법이 제정됨에 따라, 러시아제국의 서부 지역(Pale of Settlement)에 살던 수백만 명의 유대인들이 서부 유럽으로 탈출했다. 당시에 유대교를 받아들였던 레온 핀스커가 작성한 팸플릿은 동부 유럽에서 유대인으로 산다는 것이 어떤 것이었는지에 대

15) 이 사건에 대한 역사적 설명의 고전은 Norman Cohn, *Warrant to Genocide*, London, Eyre and Spottiswood, 1967이다. 참조. Hadassa Ben-Itto, *The Lie that Wouldn't Die: The Protocols of the Elders of Zion*, London, Vallentine Mitchell, 2005.

해 통렬하게 표현했다. 그는 "지상에 살고 있는 민족들 중에 유대인들은 오랫동안 죽어지낸 민족이다"라고 썼다. 그들은 "살아있는 시체로서, 통일이나 조직도 없고, 땅이나 여타 결속도 없이, 산 자들 사이에 걸어 다니는 죽은 자들이다."

그처럼 아무 권리도 없는 난민들이 비밀리에 세계를 지배할 음모를 꾸밀 수 있다는 주장은 터무니없는 주장이었다. 그러나 그런 조작을 하는 사람들의 억압되고 투사된 욕망을 이해한다면, 그런 주장을 이해할 수 있다. 그들은 러시아에서 1905년의 혁명 이전에 제국의 영광을 마지막으로 꿈꾸었던 사람들이었고, 그들의 꿈은 1917년의 혁명으로 인해 영원히 사라졌다. 이것은 왜 히틀러가 세계 제패의 꿈을 갖고, 그 ≪의정서≫가 조작된 문서라는 것을 잘 알면서도, 그 책을 이용했는지를 설명해준다. (히틀러는 유대인들이 그 문서의 진실성을 부정한다는 사실 자체를 그 문서가 진실이라는 완벽한 증거로 보았다). 히틀러는 1943년 5월 13일, 괴벨스에게 "유대인들이 세계 지배를 위해 노력한다는 것을 유대인들 자신보다 더 명백하게 보여주는 사람은 아무도 없다"고 말했다.[16)]

이런 신화들이 오늘날에도 연관성을 갖는 것은 그 신화들 모두가 그 이후에 중동지방과 이슬람에서 받아들여졌다는 사실 때문이다. 중동지방의 기독교인들은 19세기 초에 "피의 중상" 신화를 받아들였다. 시리아의 알레포(1811, 1853), 베이루트(1824), 안티옥(1826), 함마(1829), 리비아의 트리폴리(1834), 레바논의 다이르 알 카마르(1847), 그리고 시리아의 다마스커스(1840, 1848, 1890)에서였다. 그 이전까지는 유대인들이 제의를

16) Goebbels, entry for 13 May 1943, *Die Tagebucher von Joseph Goebbels*, II/8, pp. 287-91.

위해 살인을 저지른다는 비난은 이슬람 안에서 전혀 들어보지 못한 것이었다. 가장 유명한 경우는 1840년 다마스커스의 "피의 중상"이었다. 다마스커스에서 캐퓨친(프란체스코파) 수도사 한 명이 실종되었다. 그의 동료 수도사들이 그 지역 프랑스 외교관의 도움을 받아, 유대인들이 제의적인 목적으로 그를 살해했다고 비난했다. 유대인 공동체 지도자들이 투옥되었고, 고문을 받았다. 몇몇 사람은 죽었다. 다른 사람들은 고백을 했다. 이 사건은 유럽에서 넓게 전해졌고, 항의시위를 촉발시켰다. 결국 오스만제국의 당국자들이 수사에 착수하여, 그 비난이 잘못된 것임을 인정했다. 그러나 유대인들에 대한 중상은 멈추지 않았고, 1897-8년에는 알제리에서, 1901-2년에는 카이로에서 더욱 악명 높은 사건들이 벌어졌다.

1983년에 시리아의 국방장관 무스타파 틀라스는 ≪시온의 무교병≫을 통해서, 다마스커스 사건의 원래 혐의는 사실이었으며, 유대인들은 유월절에 먹는 무교병을 만들기 위해 계속해서 이방인 아이들을 죽여 그 피를 사용한다고 주장했다. 이 책은 영어로 번역되어 여러 차례 다시 인쇄되었다. 유대인 텔레그래프 에이전시에 따르면, 1991년 2월 8일, 유엔 인권위원회의 시리아 대표는 "이 귀한 책"을 칭찬하면서, 이 책이 "시온주의의 인종적 성격을 밝혀주었다"[17]고 말했다. 2001년에 이집트의 신문 "알 아흐람"은 그 비난을 반복하면서, "유월절 무교병을 비유대인의 피로 반죽하는 짐승 같은 충동은 팔레스타인 경찰 기록들을 통해 확인되었는데, 그 기록에는 실종되었던 아랍 어린이들의 시체가 발견되었으며, 피 한 방울 없이 토막이 나 있었다"[18]고 덧붙였다.

---

17) Robert Wistrich, *A Lethal Obsession*, New York, Random House, 2010, p. 792.

≪시온 장로 의정서≫는 히틀러의 ≪나의 투쟁≫과 함께 아랍어로 번역되어 1930년대에 중동지방에 소개되었는데, 그 책들을 소개한 사람들 중에 예루살렘의 이슬람 법률고문 무하메드 아민 알 후세이니는 제2차 세계대전 중 베를린에서 나치를 위한 아랍어 방송을 맡았으며, 나치의 무장 친위대를 위해 보스니아 무슬림을 모집하는 일을 했었다. ≪시온 장로 의정서≫는 계속 다시 인쇄되어 많이 팔렸으며 읽혔다. 2002년에는 그 책을 41회 분량의 드라마로 만든 "말 없는 기수"가 라마단 기간 동안에 테러 조직인 헤즈볼라가 소유한 레바논 위성 TV 방송을 통해 방영되었다.[19] 2003년에는 그와 비슷한 시리즈 "알 샤타트"('디아스포라')가 시리아 텔레비전에서 방영되었다.[20]

≪시온 장로 의정서≫는 조작된 문서라는 것을 많은 사람들이 알고 있었음에도 불구하고, 이슬람주의자들의 담론에서 독보적인 위치를 차지하고 있으며, 하마스 헌장에도 나온다. 이런 맥락에서 최근에 여러 전문가들이 관찰한 것은 주목할 가치가 있다. 전문가들은 2007년에 FBI가 "성지 재단"이 테러 기금을 제공한 재판을 준비하던 중에 발견한 것들을 언급한다. (2008년 11월 24일 재판에서, 그 재단의 전직 임원 다섯 명이 테러리스트들에게 물질적 지원을 공모한 것으로 유죄판결을 받았다).

FBI가 수사하던 도중에 미국의 "무슬림 형제단" 지도자인 모하메드 아크람이 작성한 1991년 5월 22일자 문서를 찾아냈다. "북아메리카에서

---

18) Judith Apter Klinghoffer, 'Blood Libel', *History News Network*, 19 December 2006.

19) 그 방송에 대한 반응을 조사한 것은 MEMRI *Inquiry and Analysis Series, No. 114*, 'Arab Press Debates Antisemitic Egyptian Series "Knight Without a Horse" – Part III', 10 December 2002.에서 볼 수 있다.

20) MEMRI *Inquiry and Analysis Series, No. 610*, 18 November 2003.

의 일반적 전략 목표에 관한 설명 메모"라는 제목의 그 문서에는 다음과 같은 문장이 포함되어 있었다. "이크완(즉 형제단)은 미국에서의 자신들의 일이 서양 문명을 내부에서 파괴하는 일종의 지하드임을 이해해야 하며, 자신들과 신자들의 손을 통해 그 비천한 집을 '사보타주' 함으로써 하나님[알라]의 종교가 다른 모든 종교들을 물리치고 승리하도록 해야 한다."[21] 사람들이 타인들을 세계 정복을 기획한다고 비난할 때는 그들이 무의식적으로 자신들이 원하지만, 자신들이 원한다고 고발당하고 싶지는 않은 것을 투사하는 것일 수 있다. 한 집단이 진정으로 의도하는 것이 무엇인지를 이해하려 한다면, 그 집단이 그 적들에 대해 퍼붓는 비난을 자세히 살펴보면 된다.

이런 사실들을 유념하고 현실을 보자. 유럽이 두 번 다시 홀로코스트가 일어나지 않도록 노력하던 바로 그때, 반유대주의가 그 두 가지 가장 효과적인 신화 형태로 중동지방에서 다시 태어나고 있었으며, 그곳으로부터 이슬람 전역으로 확산되었다. 이미 1986년에 버나드 루이스는 이렇게 경고했다.

현재는 기독교가 시작된 이래 기독교를 병들게 만들었던 반유대주

---

21) http://www.centerforsecuritypolicy.org/wp-content/uploads/2014/05/Explanatory_Memorandum.pdf. 이 문서를 인용한 책들은 많다. Andrew C. McCarthy, *The Grand Jihad*, New York, Encounter, 2010; Lorenzo Vidino, *The New Muslim Brotherhood in the West*, New York, Columbia University Press, 2010; Jan McDaniel, *Irredentist Islam and Multicultural America*, 2008; Thomas M. Pick, *Home-grown Terrorism*, Amsterdam, IOS Press, 2009; and Zeyno Baran, *Citizen Islam*, New York, Bloomsbury Academic, 2011.

의라는 바이러스가 마침내 치유 과정에 들어선 징조들이 나타난 시점이다. 슬픈 역설은 그와 똑같이 깊은 종교적 혐오가 이제까지 저항하던 이슬람을 공격했다는 점이다. 선택의 순간은 사라진 것처럼 보이며, 그 바이러스가 이슬람의 혈관 속에 이미 들어갔고, 과거에 오랜 세대를 거치면서 기독교세계가 그 독에 젖었던 것처럼, 앞으로 오랜 세대 동안 이슬람에 독이 될 것이다. 만일 그렇다면, 아랍 민족들뿐 아니라 유대인들의 희망도 독선이라는 질병 속에 사라지고 말 것이다. 이스라엘의 자부심인 개방적 민주주의는 종파적이며 민족적 차별과 억압으로 오염될 것이며, 중동 지방이 증오의 땅에서 번창하는 냉소주의자들의 지배 속으로 가라앉게 되면서, 아랍 민족의 최고의 희망인 자유로운 제도들도 잊혀질 것이다.[22)]

이 장에서는 이제까지 어떻게 신학적인 이원론이나 형이상학적 이원론이 병적인 이원론으로 둔갑하고 또한 폭력적인 증오의 원천이 되는지를 살펴보았다. 그런 일이 벌어지는 것은 개인적인 희생자나 집단적인 희생자를 희생양으로 둔갑시킬 때다. 즉 한 사회를 내부로부터 파괴시킬 폭력을 외부로 투사하는 방식으로 희생양을 만드는 것이다. 과거 2천 년의 역사에서 그 대표적인 경우가 유대인들이었다. 반유대주의를 이 책의 중심 주제로 삼는 이유는 희생양 삼기가 폭력적인 것이 될 때, 그것이 문명의 위기를 알리는 첫 번째이며 가장 명백한 징조가 되는 때이기 때문이다. 거의 예외 없이, 유대인들은 기독교의 처음 천 년 역사 동안에 집단학살을 당했거나, 서부 유럽에서는 19세기에, 또는 흔히 유대

---

22) Bernard Lewis, *Semites and Anti-Semites: An Inquiry into Conflict and Prejudice*, New York, Norton, 1986, p. 259.

인들이 기독교세계보다는 나은 형편이었던 이슬람 국가들 안에서, 대표적으로 학살을 당했다.

이원론이 치명적이 되는 때는 한 민족 집단이나 신앙 집단이 내부의 충돌로 인해 위험을 느낄 때다. 기독교 안에서 그런 일이 벌어진 것은 1054년에 교회의 대분열이 시작되어, 로마제국의 국가 교회가 동방(그리스)교회와 서방교회로 분열될 때였다. 독일에서는 제1차 세계대전에서 패배한 후, 베르사유 조약의 징벌적 조건들, 1920년대의 엄청난 인플레이션, 그리고 바이마르 공화국 체제가 약화될 때였다. 이슬람에서 그런 일이 벌어진 것은 1924년, 오스만제국의 마지막 요새가 함락된 이후였다. 당시 정치에 대한 세속적 접근과 종교적 접근 사이에서 발생한 긴장, 영국과 프랑스가 자의적으로 결정한 국경선 안에서 서로 다른 집단들 사이의 긴장, 수니파와 시아파 사이의 역사적 긴장관계, 그리고 이슬람 신앙에 대한 온건한 해석과 급진적 해석 사이의 긴장관계는 오늘날도 여전히 팽팽하다.

이 모든 과정에서 작동하는 것이 집단 역학의 기본 원칙이다. 우리는 앞의 2장에서, 사람들이 자기 집단 사람에 대해서는 자연적으로 호의를 갖는 반면에 다른 집단 사람에 대해서는 두려움을 갖는 경향이 있음을 살펴보았다. 그 하나의 결과는 **거의 모든 집단에서, 외부로부터의 위협이 클수록, 내부의 응집력은 더욱 강해진다는 점**이다. 제2차 세계대전 중에 런던에서 공중폭격을 겪었던 사람들은 전에나 그 후에 전혀 경험하지 못했던 경험, 즉 낯선 사람들을 친족처럼 느꼈다고 말한다. 우리의 가장 일차적인 본능인 집단 내부의 유대감이 나타나는 것은 외부의 적과 대결할 때다.

바로 이런 이유 때문에, 무자비한 정치인들이 내부의 불화로 인해 위협을 받게 되면 외부의 적들에 초점을 맞추고, 때로는 적을 만들기도 하는 것이다. 폭정과 억압을 유지하기 위한 가장 강력한 수단이 과대망상이다. 만일 폭군이 종교를 끌어들여, 사람들이 공격을 받는 것이 그들의 신앙, 가치, 그들의 하나님이라고 설득시킬 수 있다면, 종교는 더욱 강력한 것이 될 수 있다. 왜냐하면 종교는 우리의 가장 자기희생적인 본능을 불러일으키기 때문이다. 그 고전적인 사례가 반유대주의이며, 반유대주의가 가장 악독한 형태로 나타나는 곳에는 독재와 인권유린이 있게 마련이다. 유대인들을 살해하는 것은 단지 하나의 결과에 불과하다. 그 실질적 희생자들은 그 사회의 구성원들 자체다. 유대인들에 대한 증오로 시작된 증오는 결코 유대인들로 끝나지 않는다. 자유 사회는 결코 증오 위에 건설된 적이 없다.

희생양을 만드는 일의 문제는 그런 해결방식이 문제를 더 어렵게 만든다는 점이다. 희생양을 삼게 되면, "왜 이런 일이 벌어졌는가?"라는 질문을 "누가 나에게 이런 짓을 했는가?"라는 질문으로 바꾸어버림으로써 내부의 긴장상태를 견딜 수 있는 것으로 만든다. 만일 그것이 나의 잘못이 아니라 다른 누군가의 잘못 때문이라면, 나는 나의 자존감을 그대로 보존할 수 있다. 적어도 지난 천 년 동안, 유대인들을 비난할 수 있게 만든 이야기가 있었다. 빠르게 반응하는 감정적 뇌의 영향이 워낙 강력하기 때문에, 스트레스를 받으면, 천천히 작동하는 전두엽피질, 즉 분별하고 결정하는 정신 기능을 완전히 압도할 수 있게 됨으로써, 평범한 사람들을 어느 때는 십자군으로 둔갑시키고, 또 어느 때는 종족학살을 자행하는 도살자들로 둔갑시키며, 또 다른 경우에는 자살 폭탄범과 지하드로 둔갑시킨다.

그리고 그런 폭력이 끝나도, 그 문제는 여전히 남아있다. 왜냐하면 애당초 희생양은 그 문제의 원인이 결코 아니었기 때문이다. 그래서 사람들은 죽고, 희망은 파괴되고, 혐오는 더 많은 희생자를 낳는다. 그리고 하나님은 통곡하신다.

5장

형제자매 사이의 라이벌

친척보다는 조금 더 얽혀 있고, 같은 종류보다는 덜 하다.

— 윌리엄 셰익스피어, ≪햄릿≫(1막 2장, 65행)

우리는 여전히 퍼즐의 한 조각을 채우지 못하고 있다. 우리가 이제까지 설명한 현상들, 즉 정체성, 분리시키고 투사하는 것, 병적인 이원론, 그리고 희생양은 일반적인 것이다. 이런 현상들은 누구에게든 영향을 끼칠 수 있다. 유대교, 기독교, 이슬람과 특별히 연관된 현상이 아니다. 이런 현상들은 우리가 폭력을 이해하는 데 도움이 되지만, 아브라함의 종교들 사이의 위험한 관계를 이해하는 데 도움이 되지는 않는다. 즉 사랑, 용서, 자비에 헌신하는 종교들 안에서, 십자군전쟁, 지하드, 강제 개종, 종교재판, 화형, 대학살, 자살테러가 벌어지는 것을 설명하기 위해서는 그런 현상들 이외에 무엇인가 또 다른 원인이 있는 것이 분명하다. 아브라함을 자신들 모두의 영적인 아버지로 섬기는 유대인들, 기독교인들, 무슬림들이 서로 간에 그토록 오랫동안 그런 적대감 속에 살도록 만든 것은 무엇인가? 나는 이 장에서 그 요인을 추적함으로써 퍼즐의 마지막 조각을 찾고자 한다. 프로이트의 강력한 통찰에서부터 시작할 것인데, 그 통찰의 중요성을 프로이트 자신도 억눌렀던 것처럼 보인다.

프로이트와 르네 지라르 모두 종교가 폭력을 야기하는 것이 아니라고 주장했다는 점을 기억해보자. 폭력이 종교에 이르도록 한다. 우리는 앞 장에서 폭력으로 인해, 최초의 종교적 제의로서 희생양이 만들어졌다는 지라르의 이론을 살펴보았다. 그러나 그는 한 발 더 나아가, 왜 애당초 폭력이 시작되었는지를 물었다. 프로이트는 개인과 집단 모두에게서, 최초의 폭력은 아버지와 아들 사이의 긴장관계에서 벌어지는 오이디푸스 콤플렉스 때문이라고 주장했다. 지라드는 더 넓게 확장시켰다. 폭력은 **모방 욕망**(mimetic desire, '모방'을 뜻하는 mimesis에서 온 말)에서 태어난다고 본 것이다.

모방 욕망은 다른 사람이 갖고 있는 것을 자신도 원하는 욕망이다. 우리는 이런 행동을 흔히 아이들에게서 본다. 한 아이가 새 장난감을 갖고 있으면, 곧바로 다른 아이들도 그걸 원한다. 전에는 그걸 원했던 적이 없을지라도, 지금 그걸 원하는 것은 다른 아이가 갖고 있기 때문이다. 모방 욕구는 단지 다른 사람이 가진 것을 자신도 **갖고** 싶어 하는 것만이 아니다. 궁극적으로는 다른 사람이 **되고** 싶은 욕망이다. "그의 기술과 그의 여유"를 원함으로써, 우리는 그가 되기를 바라는 것이다. 이것이 모방 욕망이다. 이 욕구가 흔히 폭력에 이르게 만드는 이유는 만일 당신이 갖고 있는 것을 내가 원한다면, 조만간 우리는 서로 싸울 것이기 때문이다. 그래서 지라르는 싸움의 일차적 원인은 아버지와 아들 사이가 아니라, 형제자매들 사이의 라이벌 관계라고 주장했다.

신화와 종교적 이야기는 이런 점을 잘 드러낸다. 창세기는 그런 관계들로 가득하다. 이삭과 이스마엘, 야곱과 에서, 요셉과 그의 형제들의 관계가 그렇다. 첫 번째 살인도 가인이 아벨을 죽인 형제살인이다. 이집트 신화에서는 셋(광야, 폭력의 신)이 자기 형제 오시리스(농업, 내세의 신)를 죽인다. 그리스 신화에서는 아트레우스와 (쌍둥이인) 티에스테스가 이에 해당한다. 햄릿 이야기는 형제살해에서 시작된다. 즉 클라우디우스가 그의 형제인 햄릿의 아버지를 살해하고 그의 왕권을 탈취한다.

로마의 창설 신화 역시 두 (쌍둥이) 형제 로물루스와 레무스의 이야기인데, 어디에 도시를 건설할 것인지를 놓고 서로 다투다가, 로물루스가 레무스를 죽인다. 호레이스가 쓴 유명한 시에서는 그 살인 이후 로마에는 저주가 내렸다고 말한다.

> 쓰라린 운명이 로마인들에 붙어 다니네.
> 형제를 죽인 죄,
> 레무스의 무고한 피가 땅에 쏟아진 이래,
> 로마의 후손들에게 내린 저주라네.[1)]

프로이트 자신은 형제자매 사이의 라이벌 관계가 갖는 중요성을 알고 또한 깊이 느끼고 있었지만, 오이디푸스 콤플렉스에 너무 사로잡혀 있어서, 그 경쟁을 중요하게 다루지 않았다는 것은 아이러니다. 그의 동료 알프레드 아들러가 형제자매 사이의 경쟁에 초점을 맞추었다. 그러나 프로이트는 형제자매 사이의 경쟁에 관해 말할 때마다, 매우 격렬하게 말했다. ≪꿈의 해석≫에서 그는 "형이 어린 동생을 구박하고 해꼬지하고 그의 장난감을 빼앗지만, 동생은 형에 대해 어찌하지 못하는 분노를 품고, 형을 부러워하거나 두려워하거나, 처음으로 자유에 대한 사랑과

---

1) Horace, *Epodes* 7, 17–20.

정의감을 갖고 그 억압자를 마주한다"[2]고 썼다.

프로이트는 소설가 토마스 만에게 보낸 편지에서 나폴레옹이 그의 형 조셉과 맺었던 관계에 관해 이렇게 말한다. "형은 자연적 라이벌이지요. 동생은 형에 대해 기본적이며 엄청나게 깊은 적대감을 느끼는데, 나중에는 이런 적대감이 '죽음에 대한 소망'과 '살인적인 의도'로 나타나는 게 적절할 겁니다. 형 조셉을 제거하고 그의 자리를 차지하고 조셉 자신이 되는 것이 나폴레옹이 어린 아이로서 느낀 가장 강한 감정이었음에 틀림없을 것입니다."[3]

프로이트는 "여성성"에 관한 강연에서 이렇게 말했다. "그러나 어린이가 원하지 않는 침입자와 라이벌을 싫어하는 것은 젖 먹는 것뿐만 아니라 엄마의 돌봄에 대한 모든 다른 낌새들 때문이다. 아이는 자기가 자리를 빼앗겼으며 권리를 약탈당했다고 느낀다. 아이는 새로운 아기에게 질투의 증오심을 갖게 되며, 신뢰할 수 없는 엄마를 원망하게 된다. … 우리는 이런 질투의 충동이 갖는 힘이 나중에 아이가 발전하는 데 끼치는 큰 영향을 정확히 이해하지 못했다."[4]

우리는 프로이트가 태어난 지 열일곱 달 뒤에 태어난 동생 율리우스에 대해 강한 적대감을 느꼈다는 것을 알고 있다. 율리우스는 한 살이 되기 전에 죽었다. 프로이트는 동생이 사라지면 좋겠다고 바랐던 것에

---

2) Sigmund Freud, James Strachey, Anna Freud, Carrie Lee Rothgeb and Angela Richards, *The Standard Edition of the Complete Psychological Works of Sigmund Freud*, London, Hogarth Press, 1953, p. 250.

3) *The Letters of Sigmund Freud 1873-1939*, London, Hogarth Press, 1970, p. 428.

4) Sigmund Freud, *Femininity* (1933), in *Complete Psychological Works*, vol. 22, p. 123.

대한 죄의식을 한평생 느꼈다는 것을 솔직히 인정했다.[5] 프로이트는 이런 느낌을 없애기 위해, 대신 아버지와 아들에 초점을 맞춘 것인가?

프로이트가 알지 못했을 것은 형제자매 사이의 라이벌 의식이 인간에게만 국한된 것이 아니라는 점이다. 이것은 비교적 최근에 생물학자들이 발견한 것이기 때문이다. 더글라스 모크는 ≪친척보다 더 얽혀 있고 같은 종류보다는 덜 하다≫에서 동물들의 행동에서 나타나는 그런 라이벌 관계에 대한 증거를 수집해놓았다.[6] 갈라파고스 섬에 사는 젊은 물개는 갓 태어난 새끼를 공격하여, 그 목을 물어 공중으로 던지는데, 어미가 개입하지 않는다면, 그렇게 새끼를 죽인다.

많은 종자들에서 지배하려는 충동은 생존의 본능이다. 먹이가 부족하고 그 대열에서 첫째가 되려는 경쟁은 생사가 걸린 문제일 것이다. 예를 들어, 해오라기는 알을 여러 개 낳아, 그 알들이 서로 다른 단계에서 부화한다. 처음에 먼저 부화해서 몸집이 커진 두 마리는 부리로 어린 놈들을 쪼아대고, 나중에는 목을 길게 뻗는 행동만으로도 충분히 복종하도록 만든다.

새들의 새끼들은 재빨리 서열을 확립한다. (여기서 사회적 서열을 뜻하는 pecking order라는 말이 나왔다). 먼저 태어난 것이 힘이 있어서 먹이를 먼저 먹는다. 올챙이 같은 동물들은 다른 먹이가 없을 경우 형제자매를 잡아먹는다. 검은 황새 같은 동물들은 한 배에서 태어난 가장 어린 새끼를 둥지 밖으로 던짐으로써, 남은 새끼들의 생존을 확보한다.

---

5) 참조. Enest Jones, *The Life and Work of Sigmund Freud*, New York, Basic Books, 1953, p. 9.

6) Douglas W. Mock, *More than Kin and Less than Kind: The Evolution of Family Conflict*, Cambridge, MA, Belknap Press of Harvard University Press, 2004.

이것이 첫 번째 요점이다. 첫 번째 폭력 행위는 형제살해이지, 부친살해가 아니다. 한 배에서 태어난 형제자매들 사이의 라이벌 관계는 인간의 충돌에서 중심적 역할을 한다. 그리고 그 라이벌 관계는 모방 욕망, 즉 형제가 가진 것을 갖고 싶어 하는 욕망, 또는 형제가 되고 싶은 욕망에서 시작한다.

*

두 번째 단계는 우리를 홀로코스트 이후 시대로 안내한다. 프랑스의 역사가 쥴스 이삭은 전쟁에서 살아남았지만, 아내와 딸을 아우슈비츠에서 잃었다. 그는 기독교인들의 반유대인 가르침의 오랜 역사적 증거를 수집하기 시작했는데, 그는 그 가르침을 "경멸의 가르침"이라고 불렀다. 그의 책이 교황 요한 23세의 주목을 끌게 되어, 두 사람이 1961년에 만났다. 이것이 계기가 되어 교황 요한 23세와 그 후계자 바오로 6세가 1965년 제2차 바티칸 공의회에서 가톨릭교회와 다른 신앙, 특히 유대인들과의 관계에 큰 변화를 가져온 ≪비그리스도교와 교회의 관계에 대한 선언≫(*Nostra Aetate*)이라는 문서를 만들게 되었다.[7]

이때부터 용감한 기독교 신학자들 집단이 기독교의 반유대교의 뿌리를 탐구하기 시작했다. 그 신학자들 중에는 로즈마리 래드포드 류터, 그레고리 바움, 에드워드 플래너리, 폴 반 뷰렌, 켄달 소울렌, 메리 보이스와 소설가 제임스 캐럴이 있다.[8] 그들의 작업 배후에 있는 근본 질문은

---

7) Geoffrey Wigoder, *Jewish-Christian Relations since the Second World War*, Manchester, Manchester University Press, 1988.

8) Rosemary Radford Ruether, *Faith and Fratricide: The Theological Roots of Anti-Semitism*, New York, Seabury Press, 1974, 장춘식 역, ≪신앙과 형제살인≫, 대한기독교서회, 2001; Gregory Baum, *The Jews and the*

"어떻게 홀로코스트가 기독교적인 유럽의 심장부에서 발생할 수 있었는가?"였다.

홀로코스트는 기독교의 결과가 아니었다. 이 사실부터 분명히 말하는 것이 중요하다. 요세프 하임 예루살미가 지적한 것처럼, 기독교는 유대인들을 보존하는 데 관심이 있었지, 파멸시키는 데 관심이 있었던 것이 아니다.[9] 기독교인—유대인 관계의 역사는 단조로운 어둠의 역사가 아니다.[10] 박해 시대에 유대인들을 변호한 주교들도 있었으며, "피의 중상" 같은 반유대인 신화를 배격한 교황들도 있었다. 유대인들에 대한 학살도 있었지만, 기독교인 통치자들 아래에서 유대인들이 번영을 구가했던 시절도 있었다.

홀로코스트가 자행되던 때에 유대인들을 구출한 기독교인들도 있었는데, 프랑스의 르 샹봉-슈흐-리뇽 마을 사람들은 루터교 목사 안드레

Gospel: A Re-Examination of the New Testament, Westminster, MD, Newman Press, 1961; Edward H. Flannery, *The Anguish of the Jews: Twenty-Three Centuries of Anti-Semitism*, New York, Macmillan, 1965; Paul van Buren, *A Theology of the Jewish-Christian Reality*, Lanham, MD, University Press of America, 1995; R. Kendall Soulen, *The God of Israel and Christian Theology*, Minneapolis, Fortress Press, 1996; Mary C. Boys, *Has God Only One Blessing? Judaism as a Source of Christian Self-Understanding*, New York, Paulist Press, 2000; James Carrol, *Constantine's Sword: The Church and the Jews: A History*, Boston, Houghton Mifflin, 2001.

9) Yosef Hayim Yerushalmi, 'Response to Rosemary Ruether', in Eva Fleischner (ed.), *Auschwitz, Beginning of a New Era? Reflections on the Holocaust: Papers Geiven at the International Symposium on the Holocaust, Held at the Cathedral of Saint John the Divine, New York City, June 3 to 6, 1974*, New York, KTAV Pub. Co., 1977, pp. 97-108.

10) Alan Edelstein, *An Unacknowledged Harmony: Philo-Semitism and the Survival of European Jewry*, Westport, CT, Greenwood Press, 1982.

트로크메의 영적인 지도 아래, 5천 명의 유대인들에게 거처를 제공했다. 퀘이커 교도들과 여호와의 증인들 역시 유대인들이 안전하도록 도왔다. 히틀러에 반대한 디트리히 본회퍼나 마틴 니묄러 목사 같은 이들도 있었다. 유대인들의 목숨을 구해준 25,000명 이상의 개인적인 영웅들도 있었는데, 그들은 예루살렘의 홀로코스트 기념관(Yad Vashem)에 기록되어 있다. 덴마크 저항단체 회원들은 덴마크에 살던 유대인들 대부분의 목숨을 구했을 정도로 집단적으로 영웅적 행동을 보여주었다. 또한 그 기간 동안에 무슬림들도 많은 유대인들의 목숨을 구했다는 사실도 주목할 필요가 있다. 그들의 이야기는 로버트 사트로프가 ≪의로운 사람들≫에서 전해주고 있다.[11)]

홀로코스트가 벌어지기 한 세기 전에, 시인 하인리히 하이네는 다음과 같이 뚜렷한 예언을 했다.

> 기독교는―그 가장 큰 장점인데―잔인한 게르만 족의 전쟁 사랑을 어느 정도 감소시켰지만, 완전히 없애지는 못했다. 기독교의 정복하는 부적인 십자가를 깨부숴야만, 고대 전사들의 격앙된 광기, 북유럽 사람들이 그처럼 자주 말하고 노래했던 베르세르커 전사들의 미친 격분이 다시 한 번 불꽃으로 폭발할 것인가 … 그렇다면 독일에서 하나의 연극이 펼쳐질 것인데, 그 연극은 프랑스혁명을 순수한 전원시처럼 보이게 만들 것이다.

하이네는 기독교가 독일과 그 이교도적인 뿌리 사이에 서서 비극을

11) Robert Satloff, *Among the Righteous: Lost Stories from the Holocaust's Long Reach into Arab Land*, New York, PublicAffairs, 2006.

막았다고 생각했다. 기독교가 그 정신을 잃어버리면, 피와 잔인성의 암흑의 신들이 다시 돌아올 것이다.

홀로코스트 이후 시대의 신학자들이 찾으려 했던 것은 교회가 유대인들에 대해 갖고 있던 적대감의 뿌리였다. 이 문제는 여기서 나의 관심이 아니다. 어쨌거나 그것은 기독교 내부의 대화 문제다. 이 장에서 내가 주장하는 것은 단순하다. 그런 적대감은 이야기와 정체성과 상관이 있다. 즉 우리들에게 우리가 누구인지를 설명해주는 이야기들과 상관이 있다. 유대교, 기독교, 이슬람은 모두 자신들을 한 세트의 이야기들로 정의하는데, 그 이야기는 지라르가 밝힌 요인, 그리고 프로이트가 폭력의 뿌리에 놓여 있다고 느낀 요인에 관한 이야기로서, 한 마디로 말해, 형제자매 사이의 라이벌에 관한 이야기다.

우리가 앞에서 지적한 것처럼, 형제자매 사이의 라이벌 관계는 창세기의 중심 주제다. 가인과 아벨, 이삭과 이스마엘, 야곱과 에서, 라헬과 레아, 요셉과 그 형제들의 관계는 라이벌 관계다. 그것은 유대교의 핵심 주제다. 그러나 기독교 초기에 그 관계는 기독교에서도 주제가 되었는데, 특히 바울의 편지들에서 그렇다. 나중에 이슬람이 태어났을 때도 그와 비슷한 일이 벌어졌다.

*

바울은 종교 역사에서 가장 복잡한 인물 중 한 사람이다. 그에 관한 책들이 수천 권이지만, 그의 성격, 신학, 특히 유대인들과 유대교와 그의 관계에 대해서는 큰 견해 차이가 있다. 여기서 나는 이런 문제들에 대한 나의 견해를 전개할 의도는 없지만, 창세기에 나오는 형제자매 사이의 라이벌 관계를 바울이 어떻게 이용하는지에 대해서만 성찰하고자 한다.

바울의 원래 이름은 사울이었고, 유대인이었으며, 처음에는 기독교인들에 대해 강하게 반대했으며, 그들을 박해하던 사람 중 하나였다. 그가 다마스커스의 기독교인들을 박해하러 가던 중에 회심을 체험했으며, 이 체험이 그의 삶을 변화시켜 기독교의 첫 번째 가장 위대한 신학자가 되게 만들었다. 바울은 결코 예수를 만난 적이 없었다. 그의 회심은 예수가 죽은 지 몇 년 후에 일어났다. 그러나 그의 저술은 주로 기독교 공동체들에 보낸 편지 형태로 된 것으로서, 복음서들보다 앞서서 기독교의 첫 문서들이 되었다.

바울은 기독교라는 새로운 신앙의 성격에 대해 논쟁적인 입장을 취했다. 바울 자신을 비롯해서 초기의 많은 기독교인들은 유대인들이었다. 처음에 기독교인들이 유대인들과 달랐던 것은 메시아가 오셨다는 그들의 믿음뿐이었다. 대부분은 예수의 선교 사명이 일차적으로 유대인들에 대한 것이라고 믿었다. 따라서 그들은 유대인들의 율법을 지켰으며, 그 중에는 할례, 안식일에 노동하지 않는 것, 그리고 유대교의 엄격한 음식 제한규정이 포함되었다. 예수의 형제 야고보가 지도자가 된 그들은 예루살렘 교회라고 불렸다.

바울은 다르게 생각했다. 그 이유를 이해하기 위해서는 바울의 상황을 이해해야만 한다. 당시에 이스라엘은 로마의 지배를 받고 있었다. 당시의 여러 자료들을 통해 알 수 있는 사실은 로마제국이라는 폭넓은 상황에서 많은 이방인들이 유대교의 여러 측면들에 마음이 끌리고 있었다는 사실이다. 그들은 "하나님을 두려워하는 사람들"로 알려졌다. 그들에 대해 언급한 사람들은 요세푸스, 신약성서, 그리고 타키투스, 주베날, 켈수스 등의 로마인들도 있었다. 세네카는 비유대인들이 유대인의 사상을 받아들이는 역설에 대해 이렇게 말했다. "정복당한 자들이 자신들의 법을 승리자들에게 주었다." 하나님을 두려워하는 사람들은 완전히 개종한 사람들이 아니었다. 그들은 단지 유대교의 어떤 요소들에 끌렸던 사람들이지, 유대교의 모든 것에 끌렸던 사람들이 아니었다. 그때나 지금이나 유대인의 정체성 개념에는 분명하지 않은 측면들이 있었다. 따라서 유대인 율법에 따르면 완전히 유대인은 아니었지만, 자신의 정체성을 유대 민족과 유대인의 신앙과 동일시한 사람들이 있었다.

바로 이런 사람들이 바울의 가르침에 동조했으며, 특히 바울이 기독교인이 되기 위해서 할례를 받을 필요는 없으며, 수많은(613개) 모세의 계명을 모두 지킬 필요는 없다고 했을 때, 그들은 크게 동조했다. 바울은 사실상 새로운 시대경륜이 언약의 조건들을 바꾸었다고 주장했다. 그는 더 이상 율법이 아니라 믿음의 문제라고 했다. 본질적으로 바울이 세운 교회는 이방인들의 교회, 또는 탈민족적 교회였다. 그 결과, 바울은 엄청난 문제에 봉착했다. 기독교가 어떻게 유대교의 연속이며 동시에 유대교와는 철저하게 다른 변화된 믿음인가? 그 믿음을 받아들인 사람들에게서, 그 믿음이 가르치는 삶과 이야기에서, 어떻게 그럴 수 있는가? 유대교와 기독교 신앙 사이의 이런 긴장관계가 바울의 정신과 그가 착수한 모든 일에서 떠나지 않고 항상 붙어 다녔다.

바울은 자주 그의 청중들에게 자신이 유대인이라고 상기시켰다. 그렇다면 그가 동료 유대인들을 대한 태도는 어떠했는가? 이 점에 관해 그는 매우 애매했다. 한편으로는 유대인들에 대해 자주 비판적이었다. 이것은 이해할 만하다. 그는 자신이 빛을 보았지만, 그들은 빛을 보지 못했다고 믿었다. 그는 하나님과 세상의 관계를 바꿀 결정적인 일이 일어났다고 확신했지만, 그들은 믿지 않았다. 다른 한편으로는 바울이 그의 민족에게 분명히 속해 있었으며, 그렇게 말했다. 유대인들은 하나님의 부르심을 처음 들었고, 그분과 언약을 맺은 백성이다. 로마서 9-11장에서, 바울은 유대인들에게 "하나님의 자녀로서의 신분이 있고, 하나님을 모시는 영광이 있고, 하나님과 맺은 언약들이 있고, 율법이 있고, 예배가 있고, 하나님의 약속들이 있습니다"(9:4)라고 말한다. 유대인들의 나무에 새로운 올리브 가지가 접붙여졌다(11:16-24). 그가 걸어온 삶의 과정을 생각하면, 어느 정도의 양면성은 불가피했다. 어쨌건, 바울은 자신이 다른 청중들에게는 다르게 말한다고 했는데(고전 9:20-21), 이것은 마치 그의 청중들과 그의 편지를 읽는 사람들에게, 자신이 말하는 것을 이해하는 데 중요한 것은 상황이라는 점을 상기시켜주는 것처럼 보인다.

바울을 읽으면서 역사의 엄청난 부담 때문에 정신이 산만해지지 않기는 어렵다. 바울 이후에 기독교와 유대교, 그리고 그 신봉자들에게 벌어진 모든 일들을 생각하면, 정신이 쉽게 산만해지기 때문이다. 바울 당시에는 오늘날 우리가 알고 있는 것과 같은 "기독교"는 없었다. 기독교가 유대교로부터 결정적으로 분리된 것(기원후 80년대)은 아직 일어나지 않았기 때문이다. 당시 교회 안에서는 새로운 신앙이 요구하는 것이 무엇인지, 심지어 그것이 새로운 신앙인지에 대해서조차 격렬한 논쟁이 있었다. 복음서들도 아직 작성되지 않았던 때였다. "신약성서" 같은 것도 아직 없었다. 교리도 아직 만들어지지 않았다. 때로 혹독하고 자의적인 로마의 통치 아래서 유대인들의 세계는 요동치고 있었고, 새로운 돌파구를 찾고 있었다. 유대인들은 사두개파, 바리새파, 에세네파로 분열되었다. 랍비 자료들을 통해, 그들 사이에 치명적인 적대관계가 있었음을 알 수 있다. 당시를 재구성하기 위해, 우리는 흐릿한 유리를 통해서 볼 따름이다.

형제자매들 사이의 라이벌 관계를 다루는 이 장에서 우리가 관심을 기울이는 것은 바울의 편지들 가운데서 한 대목인데, 이 주제를 바울이 기독교에 도입했기 때문이다. 바울이 갈라디아서에서 어떻게 주장하는지를 살펴볼 텐데, 대부분의 역사가들은 이 편지가 신약성서 안에 들어 있는 그의 초기 편지들에 속한다는 점에 동의한다.

> 율법 아래 있기를 바라는 여러분, 내게 말해 보십시오. 여러분은, 율법이 말하는 것을 듣지 못합니까? 아브라함에게 두 아들이 있었는데, 하나는 여종에게서 태어나고 하나는 종이 아닌 본처에게서 태어났다고 기록되어 있습니다. 여종에게서 난 아들은 육신을 따라 태어나고, 본처에게서 난 아들은 약속을 따라 태어났습니다.
>
> 이것은 비유로 표현한 것입니다. 그 두 여자는 두 가지 언약을 가리킵니다. 하나는 시내 산에서 나와서 종이 될 사람을 낳은 하갈입니다. 하갈은 아라비아에 있는 시내 산을 뜻하는데, 지금의 예루살렘에 해당합니다. 지금의 예루살렘은 그 주민과 함께 종노릇을 하고 있습니다. 그러나 하늘에 있는 예루살렘은 종이 아닌 여자이며, 우리의 어머니입니다. …
>
> 형제자매 여러분, 여러분은 이삭과 같이 약속의 자녀들입니다. 그러나 그 때에 육신을 따라 난 사람이 성령을 따라 난 사람을 박해한 것과 같이, 지금도 그러합니다. 그런데 성경은 무엇이라고 말합니까. "여종과 그 아들을 내쫓아라. 여종의 아들은 절대로, 종이 아닌 본처의 아들과 함께 유업을 받지 못할 것이다" 하였습니다. 그러므로 형제자매 여러분, 우리는 여종의 자녀가 아니라, 자유한 여자의 자녀입니다. (갈 4:21-31)

바울이 여기서 말한 이야기를 기억해보자. 하나님은 아브라함과 사라에게 아이를 낳을 것을 약속하셨다. 그러나 세월이 지나도 아이를 낳지 못했다. 우리는 아브라함이 처음으로 하나님께 말씀드린 것에서 그의 고통을 느낄 수 있다. "주 나의 하나님, 주께서는 저에게 무엇을 주시렵니까? 저에게는 자식이 아직 없습니다"(창 15:2). 결국 사라는 아브라함이 자신의 하녀 하갈을 통해 아이를 낳을 것을 제안했다. 하갈은 대리모가 된 셈이다. 하갈은 임신했고 아이를 낳아 이스마엘이라고 이름지었다. 마침내 사라도 아들 이삭을 낳았고, 아브라함에게 하갈과 이스마엘을 쫓아내라고 요구했다. 이것은 어려운 이야기로서, 다음 장에서 더 깊이 있게 검토할 것이다.

바울이 갈라디아 사람들에게 보낸 편지에서 말하는 것은 유대인들의 자기이해를 뒤집는 것이었다. 우리가 매일 여러 차례 기도를 통해 고백하는 것처럼, 유대인들은 아브라함, 이삭, 야곱의 자녀들이다. 이것이 유대인들의 기억, 역사, 정체성을 구성한다. 바울은 다르게 주장한다. 바울에게는 사라가 기독교를 뜻하는 반면에, 하갈은 유대교를 뜻한다. 기독교인들은 자유롭지만, 유대인들은 노예들이다. 기독교인들은 이삭이며, 유대인들은 이스마엘이다. 기독교인들은 하나님과의 언약에 속하지만, 유대인들은 쫓겨나야 한다는 것이다.

이런 본문을 유대인이 읽을 때 어떤 느낌을 갖게 될 것인지, 기독교인은 이해하기 힘들 것이다. 그것은 상속권을 박탈당하고, 모독을 당하고, 정체성을 빼앗기는 느낌이다. 나의 과거, 조상, 이야기에 대해 바울은 그것이 전혀 나의 것이 아니라 자기 것이며, 자기와 함께 여행하는 사람들 것이라고 주장한다.

우리가 바울을 이해하려면 상황이 중요하다. 바울은 지금 아브라함의 언약에 들어가려는 기독교인들은 모세 율법의 모든 강력한 요구사항들을 지켜야만 한다고 믿는 사람들의 영향을 받게 된 공동체에게 편지를 쓰고 있다. 이것은 바울이 믿기에는 기독교를 완전히 오해하는 것이었다. 새로운 경륜은 하나님의 백성을 율법이 아니라 믿음을 통해 묶어준다고 바울은 확신했다. 바울은, 모세 율법을 지키는 사람들이 아니라 자신의 청중들이 아브라함의 참된 자녀들이라는 것을 어떤 방식으로든 확신시켜야 했다. 이것이 그가 편지를 통해 수행하는 과제였다. 바울은 유대인들에게 말하는 것이 아니라 기독교를 받아들인 유대인들에게 말하고 있었다. 그것은 바울의 생애에서 중요한 싸움 중 하나였으며, 아직 이기지는 못했다. 그는 교회의 영혼을 위해 싸우고 있다고 믿었다.

바울은 그런 주장을 로마서에서 계속 이어나갔다. 여기서는 비록 좀 더 성찰하기는 했지만, 자신이 태어난 유대 민족을 자신이 사랑한다고 증언하면서, 그 백성이 새로운 경륜을 받아들이지 않아 매우 괴롭다고 말한다. 그러나 모세의 율법을 지키는 사람들이 아니라 예수를 따르는 사람들이 아브라함의 참된 자녀들이라고 주장했다.

> 이스라엘에게서 태어난 사람이라고 해서 다 이스라엘 사람이 아니고, 아브라함의 자손이라고 해서 다 그의 자녀가 아닙니다. 다만 "이삭에게서 태어난 사람만을 너의 자손이라고 부르겠다" 하셨습니다. 곧 육신의 자녀가 하나님의 자녀로 되는 것이 아니라, 약속의 자녀가 참 자손으로 여겨 주심을 받습니다. 그 약속의 말씀은 "내년에 내가 다시 올 때쯤에는, 사라에게 아들이 있을 것이다" 한 것입니다. (롬 9:6-9)

여기서도 바울의 요점은 간단하다. 아브라함은 이삭과 이스마엘 모두의 생물학적 아버지다. 그러나 이스마엘이 아니라 이삭이 그 언약을 이어갔다. 따라서 아브라함의 생물학적 자손은 약속의 자녀가 되기에는 충분하지 않다고 바울은 주장한다. 충분한 자녀가 되기 위해서는 다른 무엇이 필요한데, 바울에게는 그것이 예수에 대한 믿음이다. 그 믿음을 가진 사람들은 아브라함의 참 자녀들이며, 그 믿음이 없는 사람들은 그렇지 못하다. 바울은 이어서 이렇게 말한다.

> 그뿐만 아니라, 리브가도 우리 조상 이삭 한 사람에게서 쌍둥이 아들을 수태하였는데, 그들이 태어나기도 전에, 무슨 선이나 악을 행하기도 전에, 택하심을 따라 세우신 하나님의 뜻이 지속되게 하시며, 하나님의 이러한 일이 사람의 행위에 근거하는 것이 아니라 부르시는 분께 달려 있음을 나타내시려고, 리브가에게 "형이 동생을 섬길 것이다" 하고 말씀하셨습니다. 그것은 기록된 바 "내가 야곱을 사랑하고, 에서를 미워하였다" 한 것과 같습니다. (롬 9:10- 13)

여기서 바울의 주장은 더 강해진다. 에서와 야곱은 한 부모에게서 태어난 쌍둥이였다. 그러나 야곱은 언약의 상속자였지만, 에서는 아니었다. 이런 사실은 그들이 태어나기도 전에 하나님이 선언하셨다고 바울은 말한다. 따라서 야곱이나 에서는 자신의 운명을 결정할 것이 아무것도 없었다는 말이다. 그들은 아무것도 행하지 않았고, 심지어 세상에 태어나지도 않았다. 하나님은 자신이 선택하시는 사람을 상속자나 비상속자로 결정하신다는 말이다. 바울은 단지 유대인 부모에게서 태어난 것만으로는 충분하지 않다고 말한다. 그것은 상관도 없다는 것이다. 예수를 따르는 사람은 야곱이며, 예수를 따르지 않는 사람은 유대인일지라도 에서와 같다는 주장이다. 더군다나 바울은 말라기서(1:3)를 인용하여, 하나님은 에서를 **미워하신다**고 말한다. 바울이 암시하는 것은, 자신들의 신앙을 신실하게 지키는 유대인들은 하나님에게 거절당했을 뿐 아니라 **미움을 받고 있다**는 것이다.[12)]

바울의 이런 주장을 더 발전시킨 사람들은 교회 교부들이었다. 3세기에 키프리아누스는 야곱의 두 아내 레아와 라헬을 새롭게 대조시켰다. "야곱 역시 아내를 둘 얻었다. 언니 레아는 눈이 나빠, 회당의 형태였지만, 동생 라헬은 아름답고 교회 형태였다. …"[13)]

로즈마리 류터는 이런 대조가 그 후 얼마나 끈질겼는지를 지적한다.

> "눈이 나쁜 레아" 이미지는 유대인들의 눈에 "덮개"가 씌어서 진리를 볼 수 없다는 바울의 이미지와 결합되어, "눈이 먼" 회당 이미지를 제공할 수 있었다. 중세 대성당은 보통 이 두 아내인 교회와 회당 이미지를 사용하여, 하나는 아름답고 승리하며, 다른 하나는 눈이 멀어 낙심한 이미지가 되었다.[14)]

막시미누스, 테르툴리아누스, 존 크리소스톰과 아프라핫은 마지막으로 끔찍한 공격을 하여, 유대인들은 동생을 죽인 가인으로서 이제는 영

---

12) 물론 로마서 11장처럼 유대인들과 유대교에 대해 보다 친절한 견해를 보여주는 구절도 있다. 참조. John Gager, *Origins of Anti-Semitism*, New York, Oxford University Press, 1983.

13) Cyprian, *Three Books of Testimonies against the Jews*, 20; Ruether, *Faith and Fratricide*, p. 135에서 재인용.

14) Ruether, *Faith and Fratricide*, p. 135.

원한 유배생활을 하도록 저주를 받았다고 했다. 4세기의 저술가 프루덴티우스가 지적한 것처럼, "고향을 잃은 유대인들은 도처에서 계속 바뀌는 유배생활로 방랑하고 있다. … 이 고상한 민족은 … 흩어지고 노예가 되었다. … 그 동생의 신앙의 포로가 된 것이다."[15] 이런 유비는 아우구스티누스도 상당 부분 받아들였으며, 결국 중세시대에 유대인들을 추방하는 것을 정당화하는 데 이용되었다. 1290년에 영국에서 유대인들을 추방하기 시작했고, 1492년에 스페인에서 그 절정을 이루었다.

역사적인 아이러니는 200년 후, 이슬람이 기독교에 대해 취한 태도는 바울이 유대교에 대해 가졌던 태도와 다르지 않았다는 점이다. 이슬람은, 아브라함, 모세, 예수가 모두 이슬람이라는 최종적 계시로 가는 길을 예비한 예언자들이었다고 주장했다. 아브라함을 계승한 것은 이삭이 아니라 이스마엘을 통해서였다는 주장이다. 히브리성서가 다르게 말하는 이유는 오직 유대인들이 그것을 거짓으로 만들었기 때문이다. 기독교인들은 예수를 오해했다. 예수는 하나님의 아들이 아니라 단지 한 사람의 예언자였다. 따라서 유대인들과 기독교인들은 원리상 이슬람으로 개종해야 한다. 개종하지 않는다면, "책의 백성들"로서 살려둘 수는 있지만, 이슬람의 지배와 보호 아래 완전한 시민적 권리를 갖지 못한 하등시민(*dhimmi*)으로 사는 것이 허락된다.

*

15) Prudentius, *Apotheosis*, 541-50; Ruether, *Faith and Fratricide*, p. 134. 참조. Galit Hasan-Rokem and Alan Dundes (eds.), *The Wandering Jew: Essays in the Interpretation of a Christian Legend*, Bloomington, Indiana University Press, 1986.

이제는 도대체 왜 유대교, 기독교, 이슬람이 그처럼 오랫동안 서로 폭력적이었는지를 분명히 이해할 수 있게 되었다. 그들의 관계는 형제자매 사이의 라이벌 관계로서, 똑같은 것을 서로 차지하려는 모방 욕망으로 가득했는데, 그 똑같은 것이 바로 아브라함의 약속이다.

유대교, 기독교, 이슬람은 단지 세 가지 서로 다른 종교나 문명이 아니다. 만일 그런 것이라면, 각 종교의 신봉자들은 여전히 자신들을 선택된 백성이라고 간주할 것이다. 보다 관용적으로 생각해서, 각 종교의 신봉자들은 닐스 보어의 결론, 즉 사소한 진실에 반대되는 것은 거짓이지만, 근원적 진실에 반대되는 것은 또 다른 근원적 진실일 수 있다는 결론에 이르게 되었을지도 모른다. 하나님의 주권 아래에서 이 세상에 존재하는 방식에는 하나만 있는 것이 아니라 여럿이 있다고 말이다. 더욱 개연성이 있는 것은 그들이 단순히 서로를 무시했을 것이다. 세 종교의 차이점들이 오랜 세월 동안 유혈사태와 적대관계에 이르도록 만들지는 않았을 것이다.

문명이 단지 서로 다를 경우에는 각각의 문명이 그 나름의 근거 위에서 있게 된다. 그 문명들을 단순 비교할 수는 없다. 그러나 바울의 기독교는 자신이 아브라함의 언약의 상속자라고 주장한다. 이슬람은 유대교와 기독교를 통합시켜 자신의 구원 계획으로 만들어, 그 위에 세워졌다. 이처럼 아브라함의 세 종교는 구조적 차이점과 내부적 복잡성에도 불구하고, 똑같은 정신의 영토 위에 자신들의 집을 세우려 한다. 이것이 바로 세 종교가 지상의 똑같은 영토인 성지(Holy Land)와 예루살렘이라는 성시(Holy City)를 놓고 서로 경쟁했던 이유 중 하나다. 세 종교는 서로 경쟁하는 형제들이다. 따라서 각각은 다른 종교를 근본적으로 실존적인 위협으로 볼 수밖에 없는 것이다.

세 종교 모두의 중심에 있는 신념은 인류 가운데 하나의 특권적 위치, 즉 사랑받는 아들, 선택된 민족, 진리의 수호자, 구원의 문지기가 있다는 신념이며, 그 특권적 위치를 위해 서로 경쟁한다는 것이다. 그 결과는 가장 실존적인 충돌이다. 왜냐하면 관건이 되는 것이 가장 귀한 선물인 하나님 아버지의 사랑이기 때문이다. 한 집단의 승리는 다른 집단의 패배를 뜻한다. 이것은 치욕이며, 자신의 위치를 빼앗기는 것이기 때문에 복수를 하게 마련이다. 따라서 그 싸움은 영구적인 것이다. 그 가장 유명한 성서 구절은 리브가가 임신 중에 고통을 겪을 것이라는 신탁이다. 리브가는 "주님을 찾으러" 나아갔고, 이런 말씀을 들었다.

두 민족이 너의 태 안에 들어 있다.
너의 태 안에서 두 백성이 나뉠 것이다.
한 백성이 다른 백성보다 강할 것이다.
형이 동생을 섬길 것이다. (창 25:23)

이 메시지는 분명해 보인다. 그 쌍둥이들은 단지 태 안에서만 싸우는 것이 아니다. 그들은 언제나 싸우도록 예정된 것이다. (내가 "보인다"고 말한 이유는 나의 주장이 이 구절이 치명적인 오역임을 보여주는 것에 달려 있기 때문이다. 7장에서 자세히 설명할 것이다). 그 쌍둥이의 관계는 서로 지기 싫어하며, 충돌하는 관계다. 타자를 굴복시킴으로써만 이길 수 있는 관계다. "형이 동생을 섬길 것이다."

이것이 바로 유대교, 기독교, 이슬람의 역사적 관계였다. 동생이 형을 이겼다고 믿는다. 기독교가 유대교를 이겼다고 믿었고, 이슬람이 기독교와 유대교 모두를 이겼다고 믿었다. 세 종교 사이에는 단지 서로 다른 사상체계와 생활방식의 차이만 있었던 것이 아니다. 오히려 극심한 라이벌 관계였다. 각 종교는 자기가 아브라함 언약의 유일한 상속자라고 믿는다. 싸움이 대본 속에 기록되어 있다. 그 싸움이 몇 세기 동안 동면 상태에 있을 수는 있지만, 그 씨앗은 그대로 남아 있어서, 상황이 종교적 부흥에 유리해지면 언제든 다시 살아날 준비가 되어 있다. 각 종교는 다른 종교들을 부인함으로써 자신을 정의하며 또한 스스로를 방어한다.

이것이 그 퍼즐의 마지막 조각이다. 이것은 왜 아브라함의 세 종교가 때때로 서로에 의해 그토록 위협을 받는다고 느꼈는지를 설명해준다. 프로이트가 형제자매 사이의 라이벌 관계를 설명하기 위해 사용한 단어들을 기억해보자. “어찌하지 못하는 분노 … 기본적이며 엄청나게 깊은 적대감 … 죽음에 대한 소망 … 살인적인 의도 … 질투의 증오심”이다. 이것은 폭력의 언어다. 또한 “우리는 이런 질투의 충동이 갖는 힘이 나중에 아이가 발전하는 데 끼치는 큰 영향을 정확히 이해하지 못했다”는 프로이트의 판단도 기억하라. 프로이트는 그것을 자신의 체험을 통해 알고 있었으며, 그것은 그를 평생 괴롭혔다.

*

나의 주장을 요약하면 다음과 같다. 폭력이 존재하는 이유는 우리가 사회적 동물이기 때문이다. 우리는 집단 안에서 살아가며 우리의 정체성을 발견한다. 그리고 집단들은 서로 충돌한다. 집단들은 똑같은 자원들, 즉 식량, 영토, 그밖에 다른 희소한 물건을 차지하려고 서로 싸운다. 이것이 우리의 본성이며, 우리의 최선과 최악 모두에로 이끈다. 즉 우리 집단 사람들에게는 이타주의를 보이며, 다른 집단 사람들에 대해서는 의심하며 공격한다. 종교가 여기에서 역할을 맡는 이유는 종교가 이제까지 알고 있는 집단 정체성을 형성하는 데 가장 강력한 원천이기 때문이다.

종교의 대체물을 찾으려는 모든 시도는 더욱 폭력적인 결과를 초래했다. 국가주의는 두 차례 세계대전을 초래했다. 정치적 이데올로기는 레닌과 스탈린을 만들었다. 종족은 히틀러와 홀로코스트로 이끌었다. 그 결과는 인류 역사상 가장 피바다를 이룬 세기였다. 집단보다 개인의 특권을 인정함으로써 정체성을 폐기할 수 있다는 생각은 오늘날 서양의 망상이며, 가장 호전적인 종교 형태가 다시 등장하게 만들었다. 따라서 지난 4세기 동안의 역사는 과거 마지막 종교 전쟁의 시대로 다시 돌아오게 만들었다.

집단 정체성이 폭력으로 이끌 필요는 없지만, 병적인 이원론은 세상을 둘로 나누어, 우리 편은 빛의 자녀들로, 상대편은 어둠의 자식들로 나눈다. 세상에 악이 있다면, 우리들 때문이 아니라 그들 때문이다. 이런 사고방식이 역사상 최악의 범죄로 이끄는 이유는 그것이 사람들로 하여금 반대편을 악마화하는 반면에, 자신들은 희생자로 보게 만들며, 또한 선하고 거룩한 대의를 위해 자행하는 악은 정당화될 뿐 아니라 고상한 것이라고 확신하게 만들기 때문이다. 그처럼 살인적이며 자살적인 단순화에 대해 내부에서 저항하는 자들이 있다면, 그런 저항은 희생양을 만들어 극복할 수 있다. 나머지 작업은 피해망상이 처리할 것이다. 이것이 증오의 정치학이며, 또한 21세기에 세상의 많은 지역에서 이런 증오의 정치학이 넘쳐난다.

그 상당수는 종교적이다. 이원론에는 본래적으로 종교적인 것이 없다. 그런 이원론은 나치 독일, 스탈린의 러시아, 마오쩌둥의 중국, 폴 포트의 캄보디아에 존재했다. 그러나 여러 세기 동안, 그런 이원론이 중동지방의 기독교 안에 나타났으며, 오늘날 이슬람 안에도 등장했다. 우리는 이 장에서 그 이유를 살펴보았다. 그 종교의 자기 정의 안에 들어 있는 것이 바로 창세기의 이야기들에 나오는 형제자매 사이의 라이벌 관계다. 프로이트와 지라르에 따르면, 형제자매 사이의 라이벌 관계는 폭력의 일차적 원천이며, 또한 유대교, 기독교, 이슬람을 특이하게 만드는 것은 그들의 정체성 이야기 자체가 다른 종교를 이차적이며 종속적인 것으로 만드는 형제자매 사이의 라이벌 이야기다. 세 종교 사이에 아무리 폭력이 거의 일어나지 않는다 하더라도, 항상 폭력이 날개를 활짝 펼칠 때를 기다리고 있다.

*

이런 긴장관계는 놀라운 결론에 도달한다. 신학자들은 이런 긴장관계가 기독교의 탄생과 함께 시작되었다고 생각했다. 그때까지는 아브라함의 유일신 종교가 유대교 하나뿐이었기 때문에, 그 싸움은 가족 안의 형제자매 사이의 싸움이 아니라 우상숭배와의 싸움이었다. 기독교가 태어나고, 나중에 이슬람이 생겨난 후에야 비로소 "아브라함의 하나님이 보시기에 가장 사랑받는 신앙"을 차지하기 위한 경쟁과 긴장이 생겨났다.

그러나 기독교나 이슬람이 생기기 오래 전부터 이미 긴장관계가 있었다는 것이 드러났다. 그 핵심 이야기들은 창세기 안에 나온다. 선택의 이야기, 즉 이스마엘이 아니라 이삭, 에서가 아니라 야곱을 선택한 이야기는 창세기에서 시작된다. 2천 년 전에 기독교가 시작됨으로써 발전된 이야기가 아니다. 유대교 자체 안에 이미 있었다. 따라서 기독교와 이슬람 신학만이 아니라 유대인들의 문제였다. 이런 결론은 전혀 예상하지 못했던 결론이었다.

그뿐 아니라, 우리가 이 문제를 밝히자마자, 우리는 멀리서 어렴풋이 하나의 해결책을 분별하기 시작한다. 세상을 사랑과 용서로 창조하시고 모든 사람을 자신의 형상으로 지으신 하나님께서 나는 사랑하시지만, 당신은 사랑하시지 않는다는 것이 사실일 수 있는가? 아니면 당신은 사랑하시지만 나는 사랑하시지 않는다는 것이 가능한가? 형제자매 사이의 라이벌 관계가 존재하는 이유는 식량 공급이 제한되어 있기 때문이다. 인간 사회에 라이벌 관계가 존재하는 이유는 재물과 권력 같은 물질적인 요소들이 언제나 제로섬 게임이기 때문이다. 가족 안에 라이벌 관계가 존재하는 이유는 우리가 인간이고, 때로 부모들이 편애하기 때문이다. 그러나 하나님의 사랑이나 용서나 은총에 대해서도 똑같은 말을 할 수 있는가? 하나님의 이런 특성들도 공급이 제한되기 때문에, 당신에게 그런 것을 주신다면, 나에게 주실 것을 빼앗으셔야만 하는가? 이런 생각은 이상하며, 앞뒤가 맞지 않는다.

그러나 히브리성서는 실제로 형제자매 사이의 라이벌 관계에 대해 말한다. 그것은 창세기의 중심 주제다. 그 요점을 창세기보다 더 강력하게 말할 수는 없을 것이다. **첫 번째 종교적 행위, 즉 가인과 아벨이 하나님께 예물을 바친 행동 자체가 직접 첫 번째 살인으로 이어졌기 때문이다.** 하나님은 아벨을 편애하신 것처럼 보인다. 이 이야기는 제로섬 게임인 것처럼 보인다. 따라서 유대인들, 기독교인들, 무슬림들이 창세기의 이야기들을 그런 식으로 읽은 것은 우연이 아니었다.

그러나 창세기의 이야기들이 사람들이 이해했던 것과는 전혀 다른 뜻이라면 어쩔 것인가? 그 이야기들을 다르게 읽는 방법이 있다면 어찌 되는가? 이처럼 다르게 읽는 것이 자세히 분석해보면 원래 그 이야기들을 읽도록 기록된 것이라면 어찌할 것인가? 창세기의 이야기들이 표면상으로는 하나를 뜻하는 것처럼 보이지만, 그 본문 안의 단서들에 비추어 보면 그 표면 아래의 또 다른 단계를 드러내도록 의도적으로 구성된 것이라면 어찌할 것인가?

히브리성서를 프로이트와 지라르가 그리스와 로마의 신화를 이해하듯이, 형제자매 사이의 라이벌이 폭력의 최초 형태라면 어찌할 것인가? 또한 히브리성서가 그런 폭력을 재가하는 대신에, 해체하고 뒤엎고 도전하고 마침내 대체해서, 우리가 하나님과 맺는 관계와 다른 사람들이 하나님과 맺는 관계를 전혀 다르게 이해하도록 하기 위한 것이라면 어찌하겠는가? 창세기가 우리가 이제까지 읽었던 것보다 훨씬 더 근원적이며 다차원적인 변혁의 문서라면 어찌할 것인가? 창세기가 하나님이 가인에게 말씀하신 것처럼 우리에게, 거룩한 목적으로 자행하는 폭력은 거룩한 행동이 아니라 신성모독 행위라고 말씀하시는 방식으로 드러난다면, 어쩔 것인가? 하나님께서 "내 이름으로 혐오하지 말라"고 말씀하신 것이라면 어찌할 것인가?

이런 주장은 엉뚱한 소리처럼 들린다. 유대인들, 기독교인들, 무슬림들은 오랜 세월 동안 이런 이야기들을 읽어왔다. 그 이야기들이 이제까지 이해했던 것과는 전혀 다른 뜻이라고 생각할 수 있는가? 그런 주장들이 전혀 엉뚱한 소리처럼 들리지 않을 수 있는 이유는 이제까지 각각의 종교 전통이 그 이야기들을 나름의 관점에서 읽어왔기 때문이다. 그러나 21세기가 우리로 하여금 새롭게 읽도록 요청하는 것은 우리 자신의 관점뿐 아니라 다른 종교의 관점들도 진지하게 검토하도록 요구하기 때문이다. 세상은 변했다. 세 종교의 관계는 전 지구적인 관계가 되었다. 우리의 운명은 서로 연결되어 있다. 기독교와 이슬람은 더 이상 제국들을 지배하지 않는다. 이스라엘 국가가 존재하는 것은 유대인들이 더 이상 방랑하는 유대인들이라는 신화의 시대처럼 고향이 없는 존재들이 아니라는 뜻이다. 역사상 처음으로 우리는 서로 존엄한 동등성을 지닌 사람들로 관계를 맺을 수 있다. 따라서 지금은 고통을 겪는 영혼의 침묵 속에서 모든 시대를 위한 하나님의 말씀과 우리 시대를 위한 하나님의 말씀에 귀를 기울일 때다.

제1부는 아브라함의 세 종교 사이의 위험하며 흔히 폭력적인 관계를 설명했으며, 또한 그 세 종교를 매우 고통스럽게 만들었던 형제자매 사이의 라이벌 관계와 모방 욕망을 살펴보았다. 제2부는 히브리성서의 이야기들을 철저하게 다르게 읽음으로써, 그 이야기들 속에서 형제자매들이 그 모든 차이점들과 반목에도 불구하고 마침내 서로 평화롭게 살 수 있는 세상을 향한 이정표들을 찾아볼 것이다.

제2부

형제자매들

6장

이복형제들

나의 부모는 나를 버려도, 주님은 나를 돌보아 주십니다.

— 시편 27:10

아브라함의 가족 안에서 형제자매 사이의 첫 번째 라이벌 이야기는 번민으로 시작한다. 당시에 아브람으로 알려진 그는 수많은 자녀들을 얻게 될 것이라는 약속을 받았다. 하나님은 그가 큰 민족이 되리라고 약속하셨다. 그의 자손들이 하늘의 별처럼 많아질 거라고 말이다. 그러나 세월이 지나도, 그와 아내 사라에게는 자녀가 태어나지 않았다. 절망에 빠진 사라는 방법을 강구한다. 남편 아브라함이 자신의 여종 하갈과 동침하는 방법이다. 그러면 하갈이 아이를 낳을 수 있을지 모른다. 사라는 하갈에게 대리모가 되어 줄 것을 제안한다. 당시나 지금이나 대리모는 갈등이 생길 위험이 있는 절차이다.

하갈이 임신하자, 두 여인 사이의 관계가 변한다. 하갈은 "자기의 여주인을 깔보았다"(창 16:4). 아브라함의 아이를 임신한 사람으로서 하갈은 더 이상 여종으로 대접받지 않으려 한다. 사라는 아브라함에게 말한다. "내가 받는 이 고통은, 당신이 책임을 지셔야 합니다. 나의 종을 당신

품에 안겨 주었더니, 그 종이, 자기가 임신한 것을 알고서, 나를 멸시합니다. 주께서 당신과 나 사이를 판단하여 주시면 좋겠습니다"(16:5).

아브라함은 상투적인 방법으로 딜레마에서 빠져나간다. "당신의 종이니 당신이 좋을 대로 하기 바라오"(16:6). 사라는 하갈을 학대했고, 하갈은 광야로 도망친다. 거기에서 만난 천사는 하갈에게 집으로 돌아가라고 말한다. 그리고 천사는 덧붙여서 하갈이 아들을 낳을 것이며, 그 이름은 이스마엘이라고 해야 한다고 했다. 하갈은 집으로 돌아왔고, 이스마엘이 태어났다.

그 다음 장에서는 하나님이 아브라함에게 나타나셔서, 그와의 언약(계약)을 확증하시면서 처음으로 계명을 주셨는데 그것이 할례였다. 아브라함은 이 수술을 해야만 했고, 이스마엘에게도 행했다. 할례는 언약 가족의 징표가 될 것이다.

그러나 일이 뒤틀리기 시작한다. 아브라함이 아들을 얻었음에도 불구하고, 하나님은 아브라함이 사라를 통해 또 다른 아들을 얻게 될 것이라고 말씀하신다. 이 말씀을 들고 아브라함은 "얼굴을 땅에 대고 엎드려, 웃으면서 혼잣말을 하였다. '나이 백 살 된 남자가 아들을 낳는다고? 또 아흔 살이나 되는 사라가 아이를 낳을 수 있을까?'"(17:17). 그럼에도 불구하고 하나님은 그렇게 될 거라고 주장하신다. 그들이 아들을 낳을 것이며, 그 아들의 이름은 이삭이 될 것이며, 또한 이스마엘 대신에 이삭이 그 미래를 위한 언약의 담지자가 될 것이다. 이것은 불길한 징조다. 이것은 갈등의 가능성이 넘치는 상황이다.

한 해 뒤에 이삭이 태어난다. 사라는 기쁨이 넘쳤지만, 알력이 싹트고 있었다. 사라는 이스마엘의 존재 때문에 근심하게 되었다. 이삭이 젖을 뗀 것을 축하하는 자리에서 그 긴장관계는 최고조에 달한다.

> 그런데 사라가 보니, 이집트 여인 하갈과 아브라함 사이에서 태어난 아들이 이삭을 놀리고 있었다. 사라가 아브라함에게 말하였다. "저 여종과 그 아들을 내보내십시오. 저 여종의 아들은 나의 아들 이삭과 유산을 나누어 가질 수 없습니다." (창 21:9-10)

아브라함은 "몹시 괴로웠다." 그러나 하나님은 아브라함에게 사라의 말을 들으라고 하셨고, 그는 그렇게 했다. 다음 날 그는 하갈과 이스마엘에게 식량과 물을 챙겨주고 내보낸다. 그들은 빈들을 헤매다 물이 떨어진다. 하갈은 광야의 지독한 태양 아래서 물을 마시지 못하면, 이스마엘이 죽을 수밖에 없다는 점을 깨닫는다. 아이를 그늘 아래 눕혀놓고 하갈은 운다. 다시 천사가 나타나, 아이가 살 거라고 하갈을 안심시킨다. 하갈이 눈을 뜨니 샘이 보인다. 아이에게 물을 마시게 한다. 그들은 여정을 계속한다. 이스마엘은 자라나 활을 쏘는 사람이 된다. 하갈은 이스마엘에게 이집트인 아내를 찾아주는 것으로 이야기가 끝난다고 우리는 알고 있다.

이 이야기는 우리가 분석하려는 몇 가지 이야기들의 첫 번째 핵심적 이야기다. 정체성은 이야기들, 즉 우리가 누구이며, 어디에서 왔으며, 타인들과의 관계는 무엇인지에 대해 들려주는 이야기들에 근거한다. 이 책의 진정한 신학적 작업은 성서 본문, 특히 형제자매 사이의 라이벌을 주제로 하는 본문들을 자세하게 읽는 데 있다. 이런 작업을 통해서, 유대인들, 기독교인들, 무슬림들이 서로 싸우게 된 이유를 찾고, 그 본문들 속에서 해결책을 찾아보려는 것이다.

우리는 방금 아브라함의 두 아들 이야기를 읽었으며, 그 메시지는 분명한 것처럼 보인다. 아브라함이 모든 인류 가운데 선택받은 것처럼,

그의 아들 이삭도 선택받았다는 것이다. 그러나 이 이야기는 그리 간단한 이야기가 아니다. 이삭이 장남이 아니라 이스마엘이 장남이기 때문이다. 따라서 이 이야기는 **뒤바뀜의 이야기**(a displacement narrative)처럼 보인다. 거의 모든 사회에서는 출생 순서가 위치를 결정하여, 보통 장남이 아버지의 역할을 계승한다. 그러나 여기서는 그 순서가 뒤바뀐다. 장남인 이스마엘 대신에 그의 이복동생인 이삭이 그 위치를 차지하기 때문이다. 그 결과는 사라와 이삭에게 행복이지만, 하갈과 이스마엘에게는 비극이다. 우리는 여기서 긴장이 시작되는 것을 볼 수 있다. 이것은 결국 원한과 복수로 끝나게 될 이야기의 시작처럼 들린다.

이런 긴장관계는 우리가 5장에서 살펴본 것처럼 역사적으로 치명적인 결과를 초래했다. 바울은 로마서에서 두 번째 뒤바뀜을 주장하여, 새로 생긴 종교인 기독교가 오래된 종교인 유대교를 대신하여 그 언약의 상속자가 되었다고 주장한다. 이슬람에서는 그 이야기가 또 다시 다른 방식으로 뒤바뀌어, 선택받은 사람은 이삭이 아니라 이스마엘이라고 주장한다. 즉 이스마엘이 아브라함의 장남으로서 할례를 받았으며, 언약의 징표를 지녔기 때문이다. 무슬림들은 유대인들이 이삭을 주인공으로 만들기 위해서 성서 본문을 조작했다고 비난했다. 아브라함의 세 종교들이 이처럼 자신이 아브라함의 언약의 상속자라고 결정한 다음에는, 성서 본문을 다시 읽을 수밖에 없었다. 이것은 **거절당한 자들의 복수**(the revenge of the rejected)라 할 수 있다.

그러나 이 모든 것은 단지 표면적인 해석이다. 우리가 이처럼 복잡하며 미묘한 본문의 껍질들을 벗겨내면, 전혀 다른 이야기를 발견하게 된다. 우리는 랍비들이 이 이야기에서 어떻게 앞뒤가 맞지 않는 점들을 발견했으며, 또한 이 이야기가 전혀 다른 놀라운 메시지를 전달하고 있음을 깨달았는지를 보게 될 것이다. 오직 피상적으로 읽을 때 내리는 결론이 이삭은 선택받은 반면에 이스마엘은 거절당했다는 결론이다. 사실상 이처럼 아브라함의 언약을 계승한 첫 번째 세대에 관한 전략적 요충지에서, 히브리성서는 하나의 내러티브(a narrative)만이 아니라 그와 반대되는 카운터 내러티브(a counter-narrative)도 담고 있다.

*

우선 주목할 점은 **이스마엘이 하나님의 축복을 받을 것**이라고 주장하는 본문이 특별히 길다는 점이다. 하나님의 이 말씀은 네 차례 진술되는데, 처음과 마지막은 하갈에게, 두 번째와 세 번째는 아브라함 자신에게 들려주신다.[1]

> 주의 천사가 그에게 말하였다. "너의 여주인에게로 돌아가서, 그에게 복종하면서 살아라." 주의 천사가 그에게 또 일렀다. "내가 너에게 많은 자손을 주겠다. 자손이 셀 수도 없을 만큼 불어나게 하겠다." (창 16:9-10)

이 본문 말씀은 **하나님께서 아브라함에게 약속하셨던 것을 하갈에게 반복하신 것**으로서, 아브라함의 자손들이 셀 수 없이 많게 될 것이라는 약속(창 15:5)이다. 하갈은 "믿음의 조상" 아브라함만큼 복을 받게 될 것이다.

두 번째는 하나님께서 아브라함에게 말씀하신다.

1) 창 16:9-12; 17:20; 21:13, 18.

내가 너의 말을 들었으니, 내가 반드시 이스마엘에게 복을 주어서, 그가 자식을 많이 낳게 하고, 그 자손이 크게 불어나게 할 것이다. 그에게서 열두 명의 영도자(rulers)가 나오게 하고, 그가 큰 민족(a great nation)을 이루게 하겠다. (창 17:20)

여기서도 하나님의 말씀은 많은 것을 시사한다. "열두 명의 영도자"에 대한 약속은 야곱의 열두 아들을 상기시켜주는데, 그들 각각은 하나의 부족(지파)을 이루게 된다. "큰 민족"은 하나님께서 아브라함에게 하신 약속(12:2)을 반영하며, 이중적으로 "크게, 크게"(17:2, 6)라고 약속하신 것도 마찬가지다. 하나님께서 아브라함에게 약속하시는 것은 비록 이삭이 언약을 계속 이어갈 것이지만, 이스마엘도 세상적인 관점에서 결코 덜 위대하지 않을 것이며, 아마도 더 위대하게 될 것이라는 약속이다. 분명히 이스마엘도 아브라함의 축복에서 차지할 몫이 있을 것이라는 약속이다.

세 번째는 사라가 하갈과 이스마엘을 쫓아내라고 주장할 때, 하나님께서 아브라함에게 하시는 말씀이다.

이삭에게서 태어나는 사람이 너의 이름을 지니게 될 것이니, 사라가 너에게 말한 대로 다 들어 주어라. 그러나 여종에게서 난 아들도 너의 씨니, 그 아들도 내가 한 민족이 되게 하겠다. (창 21:12-13)

하나님은 이스마엘이 아브라함의 아들로 남아 있을 것이며 따라서 복을 받게 될 것임을 인정하신다. 이 본문은 생물학적 정체성과 나중에 주어진 정체성 사이를 잘 구분해준다. 하나님께서는 아브라함에게 이스마엘이 "너의 **씨다**"(*is* your offspring)라고 말씀하신 반면에, 이삭은 "너의 씨라고 **불릴 것이다**"(*is called* your offspring)라고 말씀하신다. 앞의 것은 세상적인 위대함을 약속하지만, 뒤의 것은 언약의 **책임성**을 약속한다.

마지막 장면은 첫 번째 상황을 반복한다. 여기서 우리는 또 다시 광야에서 물이 떨어져 고통당하는 하갈과 함께 있다. 그녀의 아들 이스마엘은 지금 죽어가고 있다.

> 하나님이, 그 아이가 우는 소리를 들으셨다. 하늘에서 하나님의 천사가 하갈을 부르며 말하였다. "하갈아, 어찌 된 일이냐? 무서워하지 말아라. 아이가 저기에 누워서 우는 저 소리를 하나님이 들으셨다. 아이를 안아 일으키고, 달래어라. 내가 저 아이에게서 큰 민족이 나오게 하겠다." … 그 아이가 자라는 동안에, 하나님이 그 아이와 늘 함께 계시면서 돌보셨다. 그는 광야에 살면서, 활을 쏘는 사람이 되었다. (창 21:17-20)[2)]

우선 하나님이 하갈을 거절하지 않으신다는 점을 주목하라. 하나님은 하갈이 고통 속에 울부짖는 소리를 들으시고 주목하신다. 하갈과 이스마엘을 죽음으로부터 건져내신다. 둘째로, 하나님은 아브라함에게 이

---

2) 어떤 미드라쉬는 이 에피소드를 하나님과 천사들 사이의 의견 충돌이라고 설명한다. 이스마엘이 갈증으로 죽어가고 있을 때, 천사들이 거룩하신 하나님께 물었다. "그의 자손들이 나중에 이스라엘 백성이 갈증으로 죽어갈 때 물을 거절할 터인데, 그런 자를 위해 샘물을 만드실 겁니까?" 하나님이 천사들에게 대답하셨다. "지금 이 순간 이스마엘이 의로우냐, 아니면 악하냐?" 천사들이 대답했다. "의롭습니다." 하나님이 말씀하셨다. "나는 사람을 오직 지금의 상태로만 판단한다." 이 전체 이야기를 랍비들이 어떻게 재해석했는지는 다음을 보라.

미 말씀하셨던 것, 즉 이스마엘이 "큰 민족"이 될 것이라는 약속을 하갈에게 반복해서 들려주신다. 셋째로, 이스마엘이라는 이름의 뜻을 주목하라. 이스마엘은 "하나님이 들으셨다"는 뜻으로서, 천사들이 하갈에게 붙이도록 명령한 이름이다. "네가 고통 가운데서 부르짖는 소리를 주께서 들으셨기 때문이다"(16:11). 따라서 이 이야기는 선택과 거절이라는 단순한 이야기가 전혀 아니다. 이삭은 특수한 운명을 위해 선택되었지만, 이스마엘은 거절당하지 않았다. 적어도 하나님이 거절하시지는 않았다.

*

다음으로 우리는 핵심 인물들, 특히 아브라함과 사라의 성격에 주목한다. 사라가 하갈과 이스마엘에 대해 냉혹했음을 묘사한 것을 놓칠 독자는 아무도 없다. 하갈을 아브라함과 동침하도록 만든 다음에 사라는 아브라함을 비난한다. "내가 받는 이 고통은, 당신이 책임을 지셔야 합니다"(16:5). 아브라함의 책임이라는 것은 이야기 속에서 찾아볼 수 없다. 그와 반대로 아브라함은 두 여인 사이의 긴장관계에서 별다른 도리 없이 사로잡혀 있는 것처럼 보인다.

히브리어 본문은 사라가 하갈을 대한 태도를 묘사하기 위해 중요한 단어를 사용한다. 사라는 하갈을 "학대했다"(16:6). 이 히브리어 동사는 나중에 이집트인들이 이스라엘 백성을 "학대했다"는 구절에서 그대로 사용된다(출 1:11-12). 또한 신명기에서 이스라엘 백성이 첫 열매를 성전에 바치면서 과거를 회상할 때도 다시 사용된다("이집트 사람이 우리를 학대하며 괴롭게 하며, … 주께서 우리가 학대받는 것과 고역에 시달리는 것과 억압에 짓눌려 있는 것을 보셨다." 신 26:6-7). 하갈 자신은 이집트 사람이었다(창 16:3). 여기에는 이스라엘 백성이 이집트 사람들 손에 학대받는 경험을 한 것은 어느 정도 이집트 여인 하갈이 사라의 손에 학대받는 경험을 반영한 것이라는 묘한 암시가 드러나 있다. 이 구절이 놀라운 것은 이스라엘 백성은 선한 반면에 이집트인들은 악하다는 단순한 정형화를 바로잡기 때문이다.

나중에 사라가 아브라함에게 하갈과 이스마엘을 내쫓으라고 주장할 때, 사라는 경멸적인 태도로 바뀐다. "저 **여종과 그 아들**을 내보내십시오. 저 **여종의 아들**은 나의 아들 이삭과 유산을 나누어 가질 수 없습니다"(창 21:10). 사라가 그 엄마와 아이의 이름을 부르지 않은 것은 그들의 명예를 존중하지 않은 것이다. 그뿐 아니라, 예전과 전혀 다른 언어를 사용했다. 사라가 전에는 하갈을 '하녀'(*shifchah*)라고 불렀지만, 지금은 '노예'(*amah*)라고 부른다.

이 본문에서 가장 수수께끼 같은 대목은 이삭이 젖을 뗀 것을 축하하는 잔치에서 사라가 정확히 무엇 때문에 화가 치밀었는가 하는 점이다. 본문은 사라가 이스마엘이 '메짜헤크'(*metzachek*)하는 것을 보았다고 말하는데, 보통 "놀린다"로 번역되지만, 문자적인 의미는 "웃는다"는 뜻이다. 동사 *z-ch-k*는 아브라함과 사라 이야기에서 반복되는 모티프다. 이 동사는 아브라함과 사라 이야기에 일곱 번 나오며,[3] 또한 오경에서 한

3) 창 17:17; 18:12, 13, 15; 21:6(2회), 21:9. 이삭(*Yitzchak*, "그가 웃을 것이다")이라는 이름도 이 대목에서 일곱 번 나온다: 창 17:19, 21; 21:3, 4, 5, 8, 10. 그 이름과 똑같은 동사 *z-ch-k*는 다른 두 가지 중요한 위기에서 나온다. 첫 번째는 두 천사가 소돔의 롯을 방문하여 그에게 떠나라고 말할 때다. 롯은 그의 사위 두 명에게 그 경고를 전달하지만, 그러나 "그의 사윗감들은, **그가 농담을 한다고 생각하였다**"(19:14). 두 번째는 혼인한 이삭이 기근 때문에 블레셋 족속의 땅으로 갈 수밖에 없을 때였다. 그곳 사람들이 자기 아내 리브가를 빼앗기 위해 자기를 죽일 거라고 두려워한 이삭은 아내를 자기 누이라고 말한다. 하루는 아비멜렉이 창밖으로 이삭이 "그 아내 리브가를 애무하는 것"을 보고(26:8), 그들이 오빠와 누이동생이 아니라 남편과 아내라는 걸

단어가 일곱 번 반복되는 경우는 항상 의미심장하다. 그것은 하나의 핵심 단어를 중심으로 본문의 주제가 펼쳐지고 있음을 암시한다.[4] 아브라함은 자신과 사라가 아들을 얻게 될 것이라는 소식을 듣고 "웃는다"(17:17). 사라도 웃어서(18:12), 하나님께 꾸중을 듣는다. 이삭이라는 이름 자체는 "그가 웃을 것이다"라는 뜻이다. 그가 태어났을 때, 사라는 "하나님이 나에게 웃음을 주셨구나. 나와 같은 늙은이가 아들을 낳았다고 하면, 듣는 사람마다 나를 비웃겠지"(21:6)라고 말한다. 따라서 그 동사는 기쁨으로부터 불신과 경멸까지 폭넓은 의미로 사용된다. 나중에는 그 동사에 성적인 의미까지 덧붙여져 "애무한다"(26:8)를 뜻한다. 이삭이 젖을 뗀 것을 축하하는 잔치에서 사용된 이 단어는 의도적으로 애매하게 만들어, 사라가 정당하게 감정이 상한 것인지(이스마엘이 이삭을 놀렸다), 아니면 사라가 나빴던 것인지(이스마엘이 그 잔치에 참여하고 있었다)를 독자들 스스로 판단하도록 남겨놓고 있다.

이 장면에서 사라에 대한 묘사가 너무 몰인정하기 때문에, 13세기 스페인의 주석가 나마니데스(1194-1270)는 사라가 하갈을 학대함으로써 하갈이 도망치게 만든 것에 관해 이렇게 말한다.

> 우리들의 어머니[사라]는 이렇게 학대함으로써 죄를 지었고, 아브라함도 그녀의 행동을 허락함으로써 마찬가지로 죄를 지었다. 그래서 하나님은 그녀[하갈]의 학대를 들으셨고, 그녀에게 "인간 야생마"가

알아챘다. 이 동사의 의미는 이처럼 매우 폭넓게 사용되지만, 그 주된 의미는 명백하다.

4) 참조. Umberto Cassutto, *A Commentary on the Book of Genesis*, trans. from Hebrew by Israel Abrahams, Jerusalem, Magnes Press, 1964.

> 될 아들을 주심으로써, 아브라함과 사라의 씨가 온갖 학대를 당하게 하셨다.[5]

이것은 두 가지 측면에서 매우 이상한 논평이다. 첫째로, 나마니데스를 포함해서 중세 유대인 주석가들은 족장들과 여족장들을 비판하는 걸 몹시 싫어했으며, 거의 언제나 최고로 적극적으로 해석했다. 따라서 나마니데스의 이런 비판은 예외적이다. 더 이상한 것은 그가 도출한 함축적 의미다. 그는 사라가 하갈을 학대한 것이 나중에 사라의 자녀들이 하갈의 후손들, 즉 이슬람에 의해 박해를 받게 되는 이유 중 하나라고 말하고 있기 때문이다.

스페인의 유대인들은 이슬람의 박해를 받았는데, 특히 12세기에 알모하드(Almohads)가 등장한 이후였다. 이로 인해 나마니데스의 위대한 선배인 모세 마이모니데스(1135-1204)의 가족은 1148년에 코르도바를 탈출하여 몇 년 동안 방랑하다가 마침내 이집트의 후스타에 정착할 수밖에 없었다. 유대인들은 무슬림들과 마찬가지로, 이스마엘을 이슬람의 선구자라고 보았다. 따라서 나마니데스의 주석은 정확히 자기비판적인 논평이다. 그는 자신의 유대인 독자들을 향해, 우리가 전적으로 책임이 없다고는 믿지 말라고 말하는 것이다.

아브라함에 대한 묘사는 더욱 복잡하다. 하갈을 통해 아이를 낳자고 제안한 것은 아브라함이 아니라 사라였다. 그러나 일단 이스마엘이 태어나자, 아브라함은 그 아들에게 마음이 끌렸다. 하나님이 아브라함에게

---

5) Nahmanides, Commentary to Gen. 16:6. 영역은 *Ramban: Commentary on the Torah*, trans. and annotated by Rabbi Dr. Charles Chavel, New York, Shilo, 1971, vol. I, p. 213.

그의 사명이 이스마엘이 아니라 이삭을 통해 계속될 거라고 말씀하시자, 아브라함은 큰 고민에 빠졌다. "아브라함은 하나님께 아뢰었다. 이스마엘이 하나님의 임재 가운데 살기만을 원합니다"(창 17:18). 나중에 사라가 아브라함에게 이스마엘을 내쫓으라고 주장하자, "아브라함은, 그 아들도 자기 아들이므로, 이 일로 마음이 몹시 괴로웠다"(21:11). 아브라함은 사라의 요구에 응하는데, 첫 번째는 자발적으로 응하고, 두 번째는 하나님의 말씀, 즉 "사라가 너에게 말한 대로 다 들어 주어라"(21:12)는 말씀에 따라 응한다. 그러나 아버지와 아들 사이의 사랑은 분명하다. 우리가 곧 보게 되겠지만, 이 주제를 더 깊이 다룬 것은 랍비들의 미드라쉬였다.

*

하갈과 이스마엘 에피소드의 감정적 색조는 어떤가?[6] 하나의 특성이

---

6) 시와 소설에서 사라와 하갈, 이삭과 이스마엘을 다룬 문학작품 대부분에서는 저자들이 하갈과 이스마엘에 대한 연민을 보여준다. 솔 리프친이 표현한 것처럼, "현대의 시인들과 소설가들은 하갈에 대한 연민을 보여주는 데 거의 일치하며, 그녀의 주인(아브라함)과 안주인(사라)을 단죄한다. … 하갈 이야기에서 우리의 연민은 아브라함이 아니라 오히려 여자노예가 되었다가 첩이 되어 주인과 안주인에게 이용만 당하고 버려진 공주에게 향한다. 하갈이 우리의 관심의 중심이지, 족장 아브라함이 아니다"(Sol Liptzin, *Biblical Themes in World Literature*, Hoboken, NJ, KTAV, 1985, pp. 39, 52-3).

셰익스피어는 ≪베니스의 상인≫에서 샤일록-과 일반적인 유대인들-이 역설적인 역할 반전을 겪을 운명인 것으로 그린다. 지금은 "하갈의 자손들"의 세상에서 추방당한 사람들은 이삭과 야곱의 자녀들이다(2막, 5장, 44행).

"은밀하게 자라는 씨앗"(The Seed Growing Secretly)에서 Henry Vaughan은 이스마엘을 버림받은 이방인들의 상징으로 설정하지만, 마침내 하나님의 구원의 은총을 받는 사람들로 본다: "경건한 슬픔이 하늘의 기쁨을 일깨운다면 / 그의 잔을 채워라! 너의 도련님이 울고 있다!"

이스마엘이 문학적으로 가장 분명하게 등장하는 것은 허만 멜빌의 ≪모비딕≫에서 해설자(narrator)로 나와 "나를 이스마엘이라고 불러라"는 유명한

두드러진다. 일반적으로 히브리성서는 사람들의 감정 상태를 말하는 경우가 매우 드물다. 예를 들어, 우리는 노아가 홍수로 인해 모든 생명이 파멸될 것이라는 말을 들었을 때 그의 반응이 어떠했는지에 대해 알지 못한다. 또한 아브라함이 땅과 고향과 아비의 집을 떠나라는 말씀을 들었을 때 그의 감정이 어떠했는지에 대해서도 알지 못한다. 이와는 대조적으로 하갈이 관련된 두 장면에서는 선명하게 감정을 드러낸다. 첫째 장면은 하갈이 광야에서 혼자 절망에 빠지기 직전 상태에서 천사의 위로를 받는 장면을 생생하게 그리고 있다. 두 번째 장면은 그 감정적 격렬함에서 견줄 수 있는 게 없다.

이것의 중요성을 이해하기 위해서는 창세기 21장에서 이스마엘을 쫓아내는 장면이 창세기 22장에서 이삭을 번제물로 바치기 위해 결박하는 장면과 병행하는 구절이라는 것을 인식해야만 한다. 아브라함이 겪고 있는 시련은 아들을 잃을 수도 있는 시련이다. 이스마엘과 이삭은 모두 무슨 일이 벌어지고 있는지를 겨우 희미하게 알아차릴 따름이다. 두 사건 모두에서 그들은 하늘의 개입이 없었다면 죽게 될 참이었다. 이스마엘에게는 샘물을 마련해주었고, 이삭에게는 대신할 제물인 양을 마련해

첫 마디를 한다. James Baird는 *Ishmael: A Study of the Symbolic Mode in Primintivism* (Baltimore, John Hopkins University Press, 1956)에서 "이스마엘은 멜빌의 중요한 작품들에서 감독하는 사람으로 나온다"고 주장한다. 즉 *Typee*에서 톰, *Omoo*에서 폴, *Mardi*에서 타지, *Redburn*과 *White-Jacket*에서 젊은 선원 주인공들, 그가 초기에 쓴 *Pierre*에서는 비극적 주인공, *Billy Budd*에서는 잘 생긴 선원으로 나온다. "그는 추방자, 방랑하도록 저주받은 이스마엘이다"(pp. 92-3). Antony Westenbroek, 'Ismael', in *Genesis: The Book of Beginning*, Oxford, Lion Classic Bible Series, 1997, pp. 91-3을 보라.

이 작가들은 성서 이후 시대의 유대교 전통처럼 하갈과 그 아들의 고독한 존엄성을 감지했다. 이삭과 이스마엘 이야기는 비극이 아니며, 단순한 흑백, 선악, 선택받고 거절당한 도덕적 이야기도 아니다.

주었다. 이처럼 비슷한 점들은 그 차이점들을 뚜렷이 드러낸다.

이삭을 결박한 이야기에는 감정이 전혀 드러나지 않는다는 점에서 두드러진다. 하나님은 명령하시고, 아브라함은 순종하고, 이삭은 아브라함과 함께 길을 떠나고, 아브라함은 제단을 준비하고, 아들을 묶어 칼을 들어 올린 순간에 한 천사가 "멈춰라" 하고 말한다. 이 시련 전체를 통해 아브라함은 처음과 끝에서 '히네니'(*hineni*), 즉 "여기에 제가 있습니다"(22:1, 11)라는 말 한 마디만 할 따름이다.

이와는 대조적으로 하갈과 이스마엘 이야기는 감정으로 충만하다. 하갈은 운다. "'아이가 죽어 가는 꼴을 차마 볼 수가 없구나!' 하면서, 화살 한 바탕 거리만큼 떨어져서, 주저앉았다. 그 여인은 아이 쪽을 바라보고 앉아서, 소리를 내어 울었다"(21:16). 이스마엘도 운다. "하나님이, 그 아이가 우는 소리를 들으셨다"(21:17). 이런 비애감은 성서 이야기에서 드문 것이다. 이 이야기는 이삭의 이야기와 달리, 우리의 연민을 자아내기 위해 쓰여진 것이라는 점에는 의심의 여지가 없다. 우리는 하갈과 이스마엘과 **동일시한다**. 우리는 아브라함과 이삭을 보면서 **두려움**을 느낀다. 후자는 종교적 드라마이지만, 전자는 인간의 드라마로서, 그 인간적인 모습이 그 이야기에 힘을 실어준다.

이 두 이야기는 우리가 예상하는 것이 아니다. 표면상으로는 이 이야기의 주인공이 이삭이다. 이삭이 선택받았다. 그러나 우리는 이삭에게 연민을 느끼지 않으며, 사라에게는 더욱 더 아니다. 이삭은 언약의 운명을 수행하도록 선택되었다. 그러나 우리가 의심하지 않는 것은 아브라함이 이스마엘에게 애착심을 갖고 있다는 점, 우리는 이스마엘과 하갈에게 연민을 느끼게 된다는 점, 이스마엘은 축복을 받을 것이며, 하나님이 그의 눈물을 들으시고 그가 성장하는 동안 "그와 함께" 하신다는 점이다.

이스마엘이 언약의 상속자로서의 자격을 갖지 못하게 만드는 것은 그가 악하기 때문이 아니다. 이스마엘을 부정적으로 볼 수 있는 유일한 표현은 사라가 잔치를 벌이는 동안 그가 "웃었다"는 표현뿐인데, 우리가 살펴본 것처럼, 그 동사는 매우 폭넓은 뜻을 갖고 있어서 이 문맥에서는 애매하다.

그렇다면 도대체 왜 이스마엘은 선택받지 않았는가? 본문이 제시하는 대답은 많은 것을 가르쳐준다. 그 이유는, 다음 세대의 에서처럼, 이스마엘이 육체적으로 힘이 세고 능란하기 때문이다. 그는 "들나귀처럼 될 것이다. 그는 모든 사람과 싸울 것이고, 모든 사람 또한 그와 싸울 것이다"(16:12). 결국 그는 "활 쏘는 사람"이 된다(21:20).

우리는 이제야 비로소 성서 이야기의 파악하기 어려운 미묘함을 인식하기 시작한다. 성서 이야기는 단순한 이야기 구성과 두 차원의 등장인물들로 이루어진 신화의 세계가 아니다. 신화에서라면, 이스마엘은 비극적 영웅으로서, 강력하고 지략이 뛰어나고 전투적이지만 자신의 화해할 수 없는 운명에 패배하고 말 것이다. 아브라함은 이스마엘이 언젠가 자기를 위협할 것이 두려워 그를 쫓아냈을 것이다. 이스마엘은 뜻밖에 되돌아와 아브라함이 자신의 아버지라는 것을 모른 채 그를 죽일 것이다. 그러면 이스마엘 이야기는 ≪오이디푸스≫의 성서적 판본이 될 것이다.

그 대신에 우리가 보게 되는 것은 **신화의 전복**(a subversion of myth)이다. 이것은 창세기를 이해하는 데서 근본적인 것으로서, 이야기가 기대하는 것과는 계속 차질을 빚는다는 점이다. 하나님의 약속은 우리가 기대하는 방식으로 실현되지 **않는다**. 아브라함의 운명은 갑자기 바뀌지 않는다. 자녀들을 약속받았지만, 그는 여전히 자녀가 없다. 마침내 아들을 얻었지만, 하나님은 그 아들이 아니라고 말씀하신다. 아브라함은 오이디푸스의 아버지 라이우스와는 달리, 아들 이스마엘을 쫓아내기를 원하지 않는다. 그는 자신의 의지와는 반대로 아들을 쫓아낸다. 이스마엘에 대해 유일하게 주어진 생생한 이미지는 오이디푸스처럼 강한 남자가 아니라, 아이로서 내버려진 채 죽어가는 것이다.

더 중요한 점은 창세기 이야기의 갈등은 신화 속의 충돌이 아니다. 즉 신화 속의 충돌처럼 인간적인 것과 비인간적인 것 사이, 인간의 열망과 맹목적인 운명 사이, 교만과 인과응보 사이의 충돌이 아니다. 대신에 창세기의 충돌은 주인공들의 마음속에서 벌어진다. 사라는 아이에 대한 욕망과 임신한 하갈에 대한 시샘 사이에서 가슴이 찢어진다. 아브라함은 이스마엘에 대한 사랑과 하나님에 대한 순종 사이에서 가슴이 찢어진다. 잭 마일즈가 표현한 것처럼, "타낙[히브리성서]은 ≪오이디푸스 왕≫보다는 ≪햄릿≫에 가깝다."[7)]

신화가 속한 세계는 자연에 국한된 세계다. 신들은 자연 너머가 아니라 자연 안에 산다. 신화에서 중요한 것은 힘, 능력, 세력이다. 신화를 비극으로 만드는 것은 자연이 궁극적으로 제일 강한 자를 패배하도록 만든다는 점이다. 우리는 자연의 변덕에 지배되는 난쟁이들이다. 이스마엘 대신에 이삭이 선택받은 것에는 많은 차원들이 있지만, 그들이 공유하고 있는 하나의 특징은 자연이 최종적인 결정권을 갖도록 내버려두지 않는다는 점이다.

사라는 성서의 다른 여주인공들(리브가, 라헬, 한나 등)과 마찬가지로 자연적으로는 아이를 낳을 수 없다. 나이가 90살이고 월경도 멈춘

---

7) Jack Miles, *God: A Biography*, New York, Alfred A. Knopf, 1995, p. 406. ≪신의 전기≫, 김문호 역, 지호, 1997.

(18:11) 불임 여성이다. 또한 아이의 신분은 고대세계에서처럼 생부가 아니라 생모가 누구냐에 따라 결정된다. 이스마엘은 아브라함의 아들이지만 사라의 아들은 아니다. 이 점이 중요하며, 이것은 나중에 유대인의 법적인 정체성이 부계가 아니라 모계를 따르는 것을 예상하도록 만든다. 가장 근본적으로 이삭에게는 신화의 영웅이 갖고 있는 속성이 전혀 없다. 이스마엘과 달리, 이삭은 육체적으로 강하지 않고, 들판이나 숲에서 놀기를 좋아하지 않는다. 이스마엘과 이삭 사이에 이처럼 대조적인 점은 나중에 에서와 야곱 사이에도 다시 나타난다. 이야기 전체에서 이삭은 그림자와 같은 인물로서 능동적이라기보다는 수동적이며, 주체적인 행위자라기보다는 남들에게 맡겨두는 인물이다. 신화에서는 성격이 영웅적 행동으로 증명되기 때문에, 이삭은 전혀 주인공이 될 수 없는 성격이며, 조용히 순종하는 인물은 밀턴이 말한 "그냥 서서 기다리기만 하는 배역"[8]의 본보기다.

여기서 드러나는 것은 오경의 가장 뚜렷한 주제 가운데 하나다. 하나님께서 선택하시는 사람들은 **남들이 당연히 할 수 있는 것을 자연적으로 행할 수 없는 사람들이다**. 아브라함, 이삭, 야곱은 모두 가나안/이스라엘 땅을 약속받았지만, 그 땅을 한 평도 소유하지 못해서, 죽은 이를 매장하기 위해 빌거나 돈을 지불해야 하고, (집이 아니라) 천막을 쳐야 하고, 자기들이 판 우물에서 물을 길어야만 한다. 모세는 하나님의 말씀을 전하는 사람이지만, "저는 본래 말재주가 없는 사람입니다. … 저는 입이 둔하고 혀가 무딘 사람입니다"(출 4:10)라고 말한다. 이스라엘 백성이 성취한 것은 분명히 하나님이 주신 것들이다. 남들에게는 당연하고 자연적이

---

8) John Milton, 'Sonnet: On His Blindness' (1650s).

지만, 이스라엘에게는 하나님이 개입하신 결과다. 이스라엘이 강해지려면 약해져야만 한다. 왜냐하면 그 힘이 하늘에서 주어짐으로써 그 백성들이 결코 "이 재물은 내 능력과 내 손의 힘으로 모은 것이라"(신 8:17)라고 말하지 못하게 만들기 위해서다.

그러나 창세기는 이스마엘을 헐뜯지 않는다. 이것이 그 이야기의 탁월한 점이다. 비록 아브라함, 사라, 이삭이 전체 이야기의 주인공들이지만, 광야에서의 두 가지 중요한 장면에서, 우리는 하갈과 이스마엘에게 공감한다. 이것이 그 이야기에 직관과 반대되는 깊이를 준다.

여기에는 도덕적 이유가 있으며, 그것은 근본적이다. 우리가 2장에서 본 것처럼, 폭력은 내부 집단과 외부 집단으로 구분하는 데서 시작된다. 나는 내 편과 동일시하고, 다른 편은 의심한다. 긴장상태에서는 다른 집단에 공감하는 것이 일종의 배신처럼 간주된다. 바로 이것에 대해 이스마엘 이야기가 도전하는 것이다. 언약 가족의 첫 번째 중요한 분기점인 첫 자녀들의 출생에서, 우리는 사라와 이삭과 동일시하는 느낌을 갖는다. 사라는 첫 번째 유대인 어머니였고, 이삭은 첫 번째 유대인 아이였다. 그러나 우리는 하갈과 이스마엘에 대해서도 동일시하는 느낌을 받는다. 우리는 그들의 세계에 들어가, 그들의 눈을 통해 바라보며, 그들의 감정에 공감한다. 이것이 바로 그 이야기가 우리의 공감을 불러일으키도록 기록된 방식이다. 우리는 그들과 함께 울며, 그들이 쫓겨난 상태를 느낀다. 하나님께서도 그러신다. 하나님께서는 그들의 통곡 소리를 들으시고, 위로하시며, 죽음에서 구하시며, 축복하신다. 이스마엘은 "하나님께서 들으신 사람"을 뜻한다.

*

이야기는 여기서 끝나지 않는다. 성서의 정경을 마감한 후(1세기 말)에 이스라엘의 운명에 대한 성찰은 예언자들로부터 현자들의 과업으로, 계시에서 해석으로 넘어갔는데, 미드라쉬라는 장르를 통해서 현자들은 성서 이야기의 많은 공백들을 채워나갔다.[9] 그들은 아브라함에 대해서 몇 가지 단서들을 찾아냈는데, 이런 단서들을 연결해서 아브라함 이야기에 대한 놀라운 후속편을 만들게 되었다. 첫 번째 단서는 아브라함의 죽음에 대한 선언에 나온다.

> 아브라함은 자기가 받은 목숨대로 다 살고, 아주 늙은 나이에 기운이 다하여서, 숨을 거두고 세상을 떠나, 조상들이 간 길로 갔다. **그의 아들 이삭과 이스마엘**이 그를 막벨라 굴에 안장하였다. 그 굴은 마므레 근처, 헷 사람 소할의 아들 에브론의 밭에 있다. (창 25:8-9)

이스마엘은 지금 아버지의 무덤에서 이삭과 함께 무엇을 하고 있는

---

9) 미드라쉬에 대한 고전은 Issac Heineman, *Darkhei ha-Aggadah* [Hebrew], Jerusalem, Magenes Press, 1970이다. 영어 번역은 Michael Fishbane (ed.), *The Midrash Imagination: Jewish Exegesis, Thought, and History*, Albany, State University of New York Press, 1993; *The Exegetical Imagination: One Jewish Thought and Theology*, Cambridge, MA, Harvard University Press, 1998; Moshe Halbertal, *People of the Book: Canon, Meaning, and Authority*, Cambridge, MA, Harvard University Press, 1997; Geoffrey H. Hartman and Sanford Budick (eds.), *Midrash and Literature*, New Haven, Yale University Press, 1986; Jacob Neusner, *Judaism and the Interpretation of Scripture: Introduction to the Rabbinic Midrash*, New York, Hendrickson Publishers, 2004; *Midrash in Context: Exegesis in Formative Judaism*, Philadelphia, Fortress Press, 1983. 미드라쉬와 히브리성서 자체와의 연속성에 대해서는 새로운 돌파구를 뚫은 Michael Fishbane, *Biblical Interpretation in Ancient Israel*, Oxford, Clarendon Press, 1985을 보라.

가? 지금까지는 우리가 이스마엘과 이삭이 어려서부터 서로 다른 삶을 살았다고 추정했다. 이삭은 아브라함과 사라와 함께 살았고, 이스마엘은 하갈과 함께 살았다고 생각했다. 우리가 아는 한, 그 둘 사이에는 아무 연락도 없었다. 그렇다면 그 둘이 어떻게 아버지의 장례식에 함께 할 수 있었는가? 그들의 관계는 어떠했는가? 이스마엘은 내쫓긴 데 대해 앙심을 품고 있었는가? 이런 질문들은 이 이야기를 자세히 읽는 사람이면 피할 수 없는 질문들이다. 그러나 성서 본문은 아무 대답도 하지 않는다. 본문은 이런 질문들에 대해 관심도 없는 것처럼 보인다.

두 번째로 이상한 점은 아브라함의 오랜 여정을 함께 한 사람이 사라였다는 점이다. 본문은 두 사람이 서로에게 신실했으며 또한 하나님께도 신실했음을 강조한다. 사라가 죽자 아브라함은 그녀를 묻을 동굴이 있는 밭을 사는데, 이것이 약속의 땅에서 그가 처음으로 땅을 소유한 것이다. 다음 장에서 아브라함은 이삭의 아내를 찾도록 하인을 보낸다. 이야기는 결말에 이른 것처럼 보인다. 아브라함은 하나님의 약속이 완전히 성취된 것은 아닐지라도 적어도 성취가 시작된 것을 보았기 때문이다. 그는 아들을 얻었고, 그 아들이 혼인했으며, 또한 땅도 조금 얻게 되었기 때문이다. 우리는 다음 장면에서 아브라함이 평화롭게 죽는 걸 예상한다. 그러나 이 시점에서 성서 본문은 전혀 말이 안 되는 방향으로 이탈한다.

> 아브라함이 다시 아내를 맞아들였는데, 그의 이름은 그두라이다. 그와 아브라함 사이에서 시므란과 욕산과 므단과 미디안과 이스박과 수아가 태어났다. 욕산은 스바와 드단을 낳았다. 드단의 자손에게서 앗수르 사람과 르두시 사람과 르움미 사람이 갈라져 나왔다. 미디안의 아들은 에바와 에벨과 하녹과 아비다와 엘다아인데, 이들은

모두 그두라의 자손이다. (창 25:1-4)

이게 무슨 일인가? 아브라함이 오랫동안 아이를 기다려왔던 드라마가 끝난 후에 갑자기 죽을 나이가 거의 다 된 때에 새 아내에게서 여섯 아들을 더 얻은 이야기가 무슨 뜻인가? 이제까지 전혀 들어보지 못했을 뿐 아니라 앞으로도 아무것도 듣지 못할 그두라는 도대체 누구인가?

창세기는 매우 목적지향적인 이야기다. 창세기에는 단지 그 일이 벌어졌다고 해서 우리에게 들려주는 이야기는 전혀 없다. 창세기는 우리가 알고 있는 통상적 의미에서의 "역사"가 아니다. 그것은 언약의 역사로서, 진리가 시간을 통해 드러나는 역사다. 그것은 하나의 패턴을 드러내는데, 그 패턴과 관계가 없는 것이 나와서 우리의 시선을 다른 데로 돌리게 하지 않는다. 아브라함의 다른 자녀들 이야기가 나오는 것은 나중에, 예를 들어 미디안이나 앗수르처럼, 이스라엘 이야기에서 한 부분을 맡게 될 민족들의 배경을 마련해주려는 것일지 모른다. 아니면 아브라함이 어떻게 하나님께서 말씀하신 것처럼 "많은 민족들의 아버지"가 되었는지를 말해주는 것일지도 모른다. 그러나 내 생각에는 이런 두 가지 설명 모두 그 이유가 아닐 것 같다. 성서는 나중에 미디안 족속과 앗수르 족속이 아브라함의 자녀들이라는 것에 무게를 두지 않기 때문이다. 또한 성서는 이스마엘의 경우처럼, 미디안 족속과 앗수르 족속이 "큰 민족"이 되리라고 강조하지 않기 때문이다. 그렇다면 그두라는 누구이며, 왜 아브라함의 재혼과 자녀들 이야기가 아브라함 이야기가 끝나기 직전에 나오는가?

세 번째 이상한 점은 장소와 관련된다. 아브라함은 이삭을 결박했던 사건 뒤에 브엘세바로 되돌아갔다. 사라의 죽음과 매장은 헤브론에서 일어났다. 우리는 이삭을 헤브론이나 브엘세바 중 한 곳에서 발견할 것으로 예상한다. 그러나 두 에피소드는 이삭을 다른 곳에 위치시킨다. 즉 아브라함의 종이 이삭의 아내가 될 리브가를 데리고 돌아왔을 때, 본문은 "그때에 이삭은 이미 브엘라해로이에서 떠나서, 남쪽 네겝 지역에 가서 살고 있었다"(24:62)라고 말한다. 아브라함의 장례식 후에 본문은 또다시 "아브라함이 죽은 뒤에, 하나님은 아브라함의 아들 이삭에게 복을 주셨다. 그때에 이삭은 브엘라해로이 근처에서 살고 있었다"(25:11)라고 말한다. 도대체 브엘라해로이는 어디이며, 이삭은 거기서 무엇을 하고 있었는가?

이것이 랍비들로 하여금 모든 비밀을 풀 수 있는 열쇠를 주었다. 되돌아보면, 브엘라해로이는 창세기 16장에서 하갈이 처음 광야로 도망칠 때 나온다. 천사를 만나 축복을 받은 하갈은 그 장소의 이름을 붙인다.

> 하갈은 "내가 여기에서 나를 보시는 하나님을 뵙고도, 이렇게 살아서, 겪은 일을 말할 수 있다니!" 하면서, 자기에게 말씀하신 주를 "보시는 하나님"이라고 이름지어서 불렀다. 그래서 그 샘 이름도 브엘라해로이라고 지어서 부르게 되었다. 그 샘은 지금도 가데스와 베렛 사이에 그대로 있다. (창 16:13-14)

브엘라해로이는 **하갈의 장소**다. 이야기 줄거리에서 이처럼 예상 밖의 반전이 일어나는 의미를 찾아내면서, 현자들은 이렇게 말했다. "이삭은 아버지가 자기 아내를 찾으러 사람을 보내는 것을 보고, 아버지가 혼자 살고 계시는데 내가 어떻게 아내와 살 수 있겠는가? 내가 하갈에게 가서 아버지에게 돌아가시도록 만들 것이다."10) 이삭은 하갈과 아브라함을 재결합시키는 화해의 사명을 수행하고 있었던 것이다.

랍비들은 한 발 더 나아가 해석학적 도약을 했다. 미드라쉬의 지혜 가운데 하나는 알 수 없는 것을 성서의 알려진 인물들과 동일시하는 것이다.[11] 그렇다면 그두라는 누구인가. 랍비들은 하갈 자신이라고 말한다! 그렇다면 왜 하갈을 그두라(Keturah)라고 불렀는가? 현자들은 "그녀의 행동이 향(*ketoret*)처럼 향기로웠기 때문"이라고 말했다.[12]

완전히 반대되는 카운터 내러티브(counter-narrative)가 전개되고 있는 것이다. 아브라함이 자발적이었든지 아니면 이삭의 격려 때문이었든지 간에, 아브라함은 하갈과 다시 결합하였고, 자기의 집안에서 그녀가 명예로운 자리(새로 낳은 아들 여섯의 어머니)를 차지하도록 했다. 이 미드라쉬는 랍비들이 성서 본문을 어떻게 읽었는지에 관해 우리에게 무엇을 가르쳐주는가?[13] 랍비들은 성서 본문이 보여주는 이야기에는 도덕적으로 잘못된 것이 있다고 생각했음을 미드라쉬는 보여준다. 여주인의 요구에 마지못해 순종했던 하갈이 내쫓겼다. 또한 사라가 주문해서 태어난 아이 이스마엘도 내쫓겼다는 것은 도덕적으로 잘못된 것이라는 말이다.

따라서 이 이야기에서 이처럼 앞뒤가 맞지 않는 세 가지 세부 사항들

---

10) Midrash Hagadol, Gen. 24:62; 참조. Genesis Rabbah 60:14.

11) 하나의 사례는 젊은 모세가 다투던 사람들에게 개입할 때 반대한 익명의 이스라엘 사람 두 명에 관한 것이다. 미드라쉬는 그들을 다단과 아비람이라고 밝히는데, 그 둘은 나중에 고라의 반란 당시 모세의 지도력에 반대했던 사람들이다. 미드라쉬의 원리에 관해서는 Heineman, *Darkhei ha-Aggadah*, pp. 27-34를 보라.

12) Midrash Tanhuma, Hayyei Sarah, 8; Pirkei deRabbi Eliezer, 29.

13) Moshe Lichtenstein은 통찰력 있는 논평으로 미드라쉬는 진실의 **일치 이론**(그것이 사실과 부합하는가?)이 아니라 **일관성 이론**(내적으로 시종일관하는 이야기를 만들어주는가?)에 근거한다고 주장한다. M. Lichtenstein, *Tsir va-tson* [Hebrew], Alon Shvut, Israel, Yeshivat Har Etzion, 2002, p. 219.

이 암시하는 이야기 밑에 깔린 이야기는 아브라함이나 이삭이 여종 하갈과 그 아이 이스마엘을 내쫓은 채로 평화롭게 살 수 없었다는 것이다. 사라가 살아 있는 동안에는 아브라함과 이삭이 할 수 있는 것이 아무것도 없었다. 사라의 감정을 하나님이 아브라함에게 명령하신 것처럼 존중할 수밖에 없었다. 그러나 사라가 죽자, 그들은 화해의 행동을 시작할 수 있었다. 그래서 아브라함의 장례식에 이삭과 이스마엘이 함께 할 수 있었던 것이다.

이것을 배경으로 해서만 우리는 랍비 전통의 심리학적인 통찰과 그 놀라운 종교 상호간의 의미를 이해할 수 있다.

> 이스마엘은 바란 광야에서 살았다(창 21:21). 이스마엘은 모압 평원 출신의 아예사라는 여인과 혼인했다. 3년 뒤에 아브라함은 아들 이스마엘을 보러 갔다. 낮에 도착해보니 집에 그의 아내가 있었다. 그가 물었다. "이스마엘이 어디에 있나요?" 그녀가 대답했다. "광야에 나간 지 며칠 되었네요." 그가 말했다. "내게 빵과 물을 좀 주시오" 그녀가 대답했다. "아무것도 없는데요." "이스마엘이 돌아오면, 가나안 땅에서 한 노인이 만나러 왔었다고 전해주고, '집 문지방이 좋지 않다'고 말해주시오." 이스마엘이 돌아왔을 때, 그의 아내가 이 말을 전해주었고, 그는 그녀와 이혼했다.
>
> 그 후, 그의 어머니가 친정집에 사람을 보내, 아들에게 파티마라는 아내를 데려다주었다. 3년 뒤에 다시 아브라함은 아들을 보러 갔다. 낮에 도착해보니, 이스마엘의 아내가 집에 있었다. 그가 말했다. "내가 먼 길 오느라 지쳤으니, 내게 빵과 물을 좀 주시오." 그녀는 빵과 물을 가져다 그들에게 주었다. 아브라함은 일어서서 거룩하신

분, 복 받으실 분 앞에서 기도했다. 이스마엘의 집은 온갖 좋은 것들로 가득하게 되었다.

이스마엘이 돌아왔을 때, 아내가 그 일에 관해 말하자, 이스마엘은 자기 아버지가 여전히 자기를 사랑하는 걸 깨달았다.[14)]

이 얼마나 비범한 개작인가! 이제 분명히 밝혀진 것은 아브라함이 비록 오래 전에 이스마엘을 내쫓았지만, 그에 대한 사랑과 돌봄은 멈추지 않았다는 점이다. 아브라함은 그를 만나러 찾아갔다. 그의 아내가 쌀쌀맞다는 걸 발견하고 그가 남긴 메시지, 곧 "가나안 땅에서 한 노인이 만나러 왔었다고 전해 달라"는 말은 아브라함이 자신의 정체성을 밝히는 방식이었다. "집 문지방이 좋지 않다"는 말은 "이 여인은 네가 혼인해서는 안 될 여인이다"라는 암시였다. 3년 뒤에 다시 찾아갔을 때, 이스마엘이 재혼한 걸 알게 되었고, 이번 며느리는 낯선 이들에게 환대를 베푸는 여인이었다. 그는 그들의 가정을 축복해주었다.

미드라쉬의 이 구절은 놀라운 말로 끝난다. "이스마엘은 자기 아버지가 여전히 자기를 사랑하는 걸 깨달았다." 이스마엘이 쫓겨날 때 그는 너무 어려서 무슨 일이 벌어지는지 이해할 수 없었다. 그는 틀림없이 아버지가 자기와 연을 끊었다고 생각했었다. 이제 그는 그렇지 않다는 걸 알게 되었다. 그가 무슨 이유로 쫓겨났든지 간에, 그는 아버지의 사랑을 잃지 않았고, 또한 아버지의 축복도 받아서, "온갖 좋은 것들로 가득하게 된" 집에서 살았다.

이 미드라쉬가 유독 의미심장한 것은 이스마엘의 아내들에게 붙인

14) Pirkei deRabbi Eliezer, 30. 이 작품은 일반적으로 8세기에 속하는 것으로 보며, 이슬람의 우마야드 왕조를 언급하는 부분도 들어 있다.

이름들 때문이다. 그 두 여인의 이름은 모두 꾸란과 이슬람을 언급한다. 첫 번째 아내 아예샤는 예언자 모하메드의 소녀 신부의 이름이다. 파티마는 모하메드의 딸 이름이다. 그 두 이름 모두 히브리 이름이 아니다. 이것은 미드라쉬의 이 구절이 이슬람 역사에서 초기 시대, 아마도 우마야드 시대에 속한다는 것을 알려준다. 그러나 이스마엘은 이슬람에서 중심인물이다. 그는 아브라함의 사랑받는 아들이며, 또한 축복을 받은 아들이다. 파티마는 은혜롭고 친절한 여인이다. 이것은 단지 호교론이 아니다. 이슬람이 탄생하기 오래 전, 이미 1세기부터 미슈나 시대와 탈무드 시대의 많은 랍비들의 이름이 이스마엘이었다는 사실은, 만일 이스마엘이 유대교에서 배척된 인물이었다면, 있을 법하지 않았거나 사실상 불가능했다는 점이 그 증거다. 미드라쉬의 힘은 성서 본문의 뚜렷한 사실에 비추어 보아도 여전히 더욱 강력하다. 즉 성서에서 아브라함은 이삭을 축복하지 않는다. 아브라함이 죽은 후에 하나님이 이삭을 축복하시지만, 아브라함 자신은 이삭을 축복하지 않았다. 고대 유대인의 한 전통은 분명하게 말한다. "아브라함이 이삭을 축복하지 않은 이유는 이스마엘이 이삭에 대해 원한을 품게 되는 걸 원하지 않았기 때문이다."[15)]

이스마엘 이야기에서 덜 중요하지만, 이 책의 중심 주제인 것은 아브라함이 이스마엘의 아내들의 자격을 판단한 시험이다. 즉 그들이 낯선 사람들에게 친절한가 하는 것을 판단 기준으로 삼은 것은 성서에서 아브라함의 종이 이삭의 아내를 선택한 기준이기도 했다. 성서의 가치체계의 핵심에 놓여 있는 것은 개인들이나 문화에 대한 판단 기준이 그들이 가족, 부족, 민족, 국가의 경계선을 넘어 돌봄을 확장한 준비가 되어 있

15) Targum Jonathan to Gen. 25:11.

는가 하는 점이다.

*

표면적으로는 이삭과 이스마엘 이야기가 형제자매 사이의 라이벌 관계와 나이 어린 사람이 나이 많은 사람을 대체한다는 이야기다. 그러나 그 표면 아래에서 현자들은 그와 정반대되는 이야기를 들었다. 즉 이삭의 출생으로 인해 이스마엘이 장남 지위를 빼앗긴 것은 아니라는 이야기다. 물론 이스마엘은 다른 운명을 살게 될 것이다. 그러나 그 역시도 아브라함의 사랑받는 아들이며, 아버지와 하나님의 축복을 받았다. 그는 큰 민족이 되었다. 그가 성장하는 동안 하나님은 "그와 함께 하셨다." 하나님은 그와 함께 하셔서 그의 자녀들이 번창하여 "열두 명의 영도자들"이 되게 하셨다. 아브라함과 이삭은 모두 화해의 여정을 갔다. 두 사람의 이복형제는 아버지의 무덤에 함께 섰다. 그들 사이에 적대감은 없다. 그들의 미래는 서로 갈리지만, 그들 사이에 갈등은 없으며, 하나님의 사랑을 차지하기 위해 경쟁하지도 않는다. 하나님의 사랑은 그 둘 모두를 품어 안는다. 이렇게 읽는 것이 훨씬 더 힘을 갖게 되는 것은 미드라쉬에서 유대교와 이슬람 사이의 관계로 확대시켰기 때문이다.

이것은 우리가 앞으로 살펴볼 성서 본문의 체계적 특성으로 등장하게 될 것에 대한 첫 번째 사례다. 분명한 선택과 거절 이야기마다, 그 표면적 이야기를 뒤집어엎고, 하나님(과 인간)의 연민을 보여주는 보다 관대하며, 본문 자체의 뉘앙스를 간파하는 카운터 내러티브(a counter-narrative)가 있다. 그런 카운터 내러티브는 결코 쉽게 눈에 띄지 않는다. 결코 명료하게 자체를 선언하지 않기 때문이다. 그러나 본문 속에 틀림없이 들어 있다. 카운터 내러티브는 근대의 감수성이나 포스트모던 감수성이 억지로 만들어내는 해석이 아니다. 그 증거는, 그런 뉘앙스들이 본문을 명백하게 흑백, 선악의 관점에서 읽지 못하게 가로막는다는 사실에도 불구하고, 초기 랍비들의 미드라쉬가 그런 뉘앙스를 파악하고 주의를 기울였다는 점이다.

표면적인 이야기 자체도 혁명적이다. 고대세계의 위계질서는 나이 든 사람이 지배하고 보다 젊은 사람들은 섬길 운명이었지만, 표면적인 이야기는 그런 위계질서를 뒤집어엎으려 하기 때문이다. 그러나 카운터 내러티브가 더욱 급진적인 이유는 그것이 유일신론의 가장 급진적인 특성, 즉 하나님이 선택하실 수는 있지만, 거절하지는 않으신다는 특성을 암시하기 때문이다. 우두머리 수컷과 선택된 아들들에 관한 희소성의 논리는, "주님은 모든 만물을 은혜로 맞아 주시며, 지으신 모든 피조물에게 긍휼을 베푸시는"(시 145:9) 세상에서는 차지할 자리가 없다. 아마도 그런 논리가 필요한 것은 21세기, 그 인종적 갈등과 종교적 충돌의 시대에, (종교적 근본주의자들처럼) 성서 본문의 뒤틀림과 빈정거림에 우리의 귀를 예민하게 만들기 위해서일 것이다.

형제들은 함께 평화 가운데 살 수 있으며, 이것이 바로 그런 카운터 내러티브가 함축하는 것이다. 그러나 이것이 이삭과 이스마엘 이야기에서 진실이라면, 최고의 뒤바뀜의 이야기인 야곱과 에서의 이야기에서도 정말로 진실일 수 있는가?

7장

천사와의 씨름

내가 더 부자가 되기를 바라고,
그 사람처럼, 재산을 가진 친구들을 가진 그 사람처럼 되고,
이 사람의 예술, 저 사람의 시야를 갖고 싶어,
내가 가장 누리고 싶지만, 가장 불만스러워 하는 것을 지닌 …

— 셰익스피어, 소네트 29

야곱과 에서의 이야기보다 그 안에 내러티브와 카운터 내러티브가 더 미묘하게 서로 얽혀 있는 이야기는 없다. 그 이야기는 매우 탁월한 것으로서, 그 효과가 너무 놀랍기 때문에, 일단 우리가 그 감춰진 의미를 이해하면, 그 이야기의 의도는 성서 안의 형제자매 사이의 라이벌 관계를 **단적으로** 반박하려는 것임을 의심할 수 없다. 창세기의 중심에 자리잡고 있는 이 이야기의 중요성은 놓칠 수 없다. 일단 우리가 야곱의 비밀을 풀게 되면, 언약과 정체성에 대한 우리의 이해는 영원히 변할 것이다.

그 표면적 이야기는 뒤바뀜의 패러다임으로서 거의 희화적이다. 처음에 우리는 그 쌍둥이가 태어날 때, 먼저 나온 에서의 발꿈치를 야곱이 붙잡고 있음을 보게 된다. 그들은 서로 다른 인물 유형으로서, 에서는

사냥꾼이며, 야곱은 "성격이 차분한 사람이 되어서, 주로 집(텐트)에서 살았다"(창 25:27). 그들 사이의 긴장이 높아진 데는 부모의 탓도 있었다. 이삭은 에서를 사랑했고, 리브가는 야곱을 편애했다. 두 형제의 드라마에 관한 첫 장면에서, 에서는 사냥하다 지쳐 집에 돌아와, 야곱이 만들고 있던 죽(stew) 냄새를 맡고, 좀 달라고 한다. 이 순간, 야곱은 어려운 흥정을 한다. 죽을 줄 테니, 맏아들로서의 너의 권리(장자권)를 달라는 것이다. 에서는 이에 동의하고, 동사 다섯 개가 숨 가쁘게 이어져 나온다. "그는 먹고 마시고 일어나서 나갔다. 그는 맏아들의 권리를 가볍게 여겼다"(25:34). 이 문장은 그의 성격을 드러낸다. 그는 성급하고, 충동적이라서, 두뇌 회전이 빠른 야곱의 상대가 아니었다.

이야기가 급격히 고조되는 것은 속임수 장면에서다. 이제 나이가 많고 눈이 어두운 이삭은 에서에게 사냥해서 짐승 고기를 해달라고 요청한다. "내가 그것을 먹고, 죽기 전에 너에게 마음껏 축복하겠다"(27:2-4)는 것이다. 그 말을 들은 리브가는 야곱이 축복을 받게 하기로 작정한다. 야곱은 의심한다. 이삭이 자신의 정체를 눈치 채면 어찌할 건가? 에서는 털이 많고 야곱은 피부가 매끈했기 때문이다. 꾀가 많은 리브가는 에서의 염소털 옷을 야곱에게 입히고, 염소 가죽을 야곱의 손과 목덜미에 둘러주었다. 비록 이삭은 계속 의심과 불안을 표시했지만, 이런 변장술이 통했다. 이삭은 야곱을 축복했다. 이삭은 야곱에게 이렇게 말한다.

하나님은 하늘에서 이슬을 내려 주시고,
땅을 기름지게 하시고,
곡식과 새 포도주가 너에게 넉넉하게 하실 것이다.
여러 민족이 너를 섬기고,

백성들이 너에게 무릎을 꿇을 것이다.
너는 너의 형제들을 다스리고,
너의 어머니의 자손들이 너에게 무릎을 꿇을 것이다. (창 27:28-29)

야곱은 떠나고, 곧이어 에서가 마련한 음식을 갖고 들어온다. 아버지와 아들은 무슨 일이 벌어졌는지를 차츰 깨닫는다. 이삭은 몸서리친다. 에서는 "큰 소리로 울었고," "그 녀석의 이름이 왜 야곱인지, 이제야 알 것 같습니다. 그 녀석이 이번까지 두 번이나 저를 밀어냈습니다"(27:36)라고 말한다. 여기서 뒤바뀜이 분명히 드러난다. 어린 동생이 나이든 형의 위치를 탈취했다. 갈등은 비극을 낳았다. 눈이 먼 아버지를 속였고, 아들은 축복을 가로챘으며, 신뢰를 깨뜨렸으며, 가족은 분열된 채, 폭력이 펼쳐질 것을 기다리는 상황이 되었다. "에서는 혼자서 '아버지를 곡할 날이 머지않았으니, 그때가 되면, 동생 야곱을 죽이겠다' 하고 마음을 먹었다"(27:41).

이것은 예상할 수 없었던 것이 아니다. 이 형제는 태어나기도 전부터 라이벌 관계라는 것이 분명했기 때문이다. 그때까지 아이를 낳지 못하던 리브가는 임신한 후 극심한 통증에 시달린다. 그녀는 "이 일을 알아보려고 주님께 나아갔다"(25:22). 주님은 그녀가 쌍둥이를 배었는데, 이미 서로 지배하려고 싸우고 있다고 말씀하신다.

두 민족이 너의 태 안에 들어 있다.
너의 태 안에서 두 백성이 나뉠 것이다.
한 백성이 다른 백성보다 강할 것이다.
형이 동생을 섬길 것이다. (창 25:23)

두 형제의 운명은 서로 싸우고 충돌할 운명이다. 성서에서 여기보다 더 그리스 비극과 비슷한 대목은 없다. 이 장면은 ≪오이디푸스 왕≫에서 라이우스가 그의 아들 오이디푸스에 의해 살해될 거라고 말하는 델피의 신탁을 생각나게 만든다. 오이디푸스 이야기는 마지막 결말로 시작되며, 어떻게 그 일이 진행되는가를 기다리는 데에 긴장이 있다. 운명과 비극은 서로 속해 있는 것이기 때문에, 이 성서 본문을 너무나 예상 밖의 **비성서적인** 구절로 만든다. 히브리성서는 피할 수 없는 운명, 미리 예정된 미래 같은 생각을 배격한다. 그러나 리브가의 질문에 대한 하나님의 말씀은 쌍둥이의 운명을 예상할 수 있게 만들며, 그 이후에 나오는 모든 이야기를 해석할 방식을 설정해준다. 그 이야기는 "형이 동생을 섬길 것이다"라는 말씀으로 시작되며, "너는 너의 형제들을 다스리고, 너의 어머니의 자손들이 너에게 무릎을 꿇을 것이다"라는 말로 끝난다. 이 예측은 실현되었다. 야곱의 지배가 허락되었다. 그것은 그의 미리 예정된 운명이었다. 단순한 이야기다.

그러나 무엇인가 잘못되었다. 야곱이 축복을 받는 구절을 읽을 때, 이삭이 자기 앞에 있는 아들이 실제로 에서인지 아닌지 의심하는 장면을 주목하지 않게 되는 것은 불가능하다.

> 야곱이 아버지에게 가서 "아버지!" 하고 불렀다.
> 그러자 이삭이 "나 여기 있다. 아들아, 너는 누구냐?" 하고 물었다.
> 야곱이 아버지에게 말하였다. "저는 아버지의 맏아들 에서입니다. 아버지께서 말씀하신 그대로 하였습니다. 이제 일어나 앉으셔서, 제가 사냥하여 온 고기를 잡수시고, 저에게 마음껏 축복하여 주시기 바랍니다." …

이삭이 야곱에게 말하였다. "얘야, 내가 너를 좀 만져 볼 수 있게, 이리 가까이 오너라. 네가 정말로 나의 아들 에서인지, 좀 알아보아야겠다."

야곱이 아버지 이삭에게 가까이 가니, 이삭이 아들을 만져 보고서, 중얼거렸다. "목소리는 야곱의 목소리인데, 손은 에서의 손이로구나." 이삭은, 야곱의 두 손이 저의 형 에서의 손처럼 털이 나 있으므로, 그가 야곱인 줄을 모르고, 그에게 축복하여 주기로 하였다.

이삭은 다짐하였다. "네가 정말로 나의 아들 에서냐?"

야곱이 대답하였다. "예, 그렇습니다." (창 27:18-24)

이삭은 세 번에 걸쳐 의심을 표현한다. 야곱에게 진실을 받아들일 기회를 세 번이나 준 것이다. 야곱은 진실을 고백하지 않는다. 야곱의 행동이 갖고 있는 도덕적으로 애매한 성격을 화려하게 꾸미는 것과 거리가 멀게, 본문은 그 애매한 성격을 강조한 채로 계속 진행한다.

야곱이 떠나고 에서가 들어온다. 이 장면의 특별한 힘은 단지 벌어지는 사건뿐만이 아니라, 성서가 그 장면을 묘사한 방식에서 드러난다.

이삭은 이렇게 야곱에게 축복하여 주었다. 야곱이 아버지 앞에서 막 물러나오는데, 사냥하러 나갔던 그의 형 에서가 돌아왔다. 에서도 역시 별미를 만들어서, 그것을 들고 자기 아버지 앞에 가서 말하였다. "아버지, 일어나셔서, 이 아들이 사냥하여 온 고기를 잡수시고, 저에게 마음껏 축복하여 주시기 바랍니다."

그의 아버지 이삭이 그에게 물었다. "너는 누구냐?"

에서가 대답하였다. "저는 아버지의 아들, 아버지의 맏아들 에서입니다."

이삭이 크게 충격을 받고서, 부들부들 떨면서 말을 더듬거렸다. "그렇다면, 네가 오기 전에 나에게 사냥한 고기를 가져 온 게 누구란 말이냐? 네가 오기 전에, 내가 그것을 이미 다 먹고, 그에게 축복하였으니, 바로 그가 복을 받을 것이다."

아버지의 말을 들은 에서는 소리치며 울면서, 아버지에게 애원하였다. "저에게 축복하여 주십시오. 아버지, 저에게도 똑같이 복을 빌어 주십시오."

그러나 이삭이 말하였다. "너의 동생이 와서 나를 속이고, 네가 받을 복을 가로챘구나."

에서가 말하였다. "그 녀석의 이름이 왜 야곱인지, 이제야 알 것 같습니다. 그 녀석이 이번까지 두 번이나 저를 밀어냈습니다. 지난번에는 맏아들의 권리를 저에게서 빼앗았고, 이번에는 제가 받을 복까지 빼앗아갔습니다." 에서가 아버지에게 물었다. "저에게 주실 복을 하나도 남겨 두지 않으셨습니까?"

이삭이 에서에게 대답하였다. "나는, 그가 너를 다스리도록 하였고, 그의 모든 친척을 그에게 종으로 주었고, 곡식과 새 포도주가 그에게서 떨어지지 않도록 하였다. 그러니, 나의 아들아, 내가 너에게 무엇을 해줄 수 있겠느냐?"

에서가 그의 아버지에게 말하였다. "아버지, 아버지께서 비실 수 있는 복이 어디 그 하나뿐입니까? 저에게도 복을 빌어 주십시오, 아버지!" 이 말을 하면서, 에서는 큰소리로 울었다. (창 27:30-38)

이 구절을 읽으면서 우리는 야곱이 아니라, 이삭과 에서와 동일시할 수밖에 없다. 우리는 아버지 이삭이, 둘째 아들이 자기를 속였다는 사실을 깨달은 후 받은 충격—"부들부들 떨면서 말을 더듬거렸다"—을 느낀다. 우리는 에서에게 감정이 이입되는 것을 느낀다. 에서의 첫 반응은 동생에 대한 분노가 아니라 이삭에 대한 단순한 사랑이었다. 즉 "저에게 축복하여 주십시오. 아버지, 저에게도 똑같이 복을 빌어 주십시오." 그러나 이삭은 무력감을 느낀다. "그러니, 나의 아들아, 내가 너에게 무엇을 해줄 수 있겠느냐?" 그러자 에서는 크게 우는데, 이것이 더욱 통절한 이유는 우리가 아는 에서는 강한 사냥꾼이며 눈물을 보이는 사람이 아니기 때문이다. 이 장면은 이삭과 에서가, 아들은 아버지에게 맛난 음식을 대접하고, 아버지는 아들을 축복하는 친밀하고 화목한 순간을 빼앗긴 장면이기 때문에 더욱 깊이 심금을 울린다. 오경에서 이와 비슷한 유일한 장면은 하갈과 이스마엘이 광야의 더위 속에서 물이 없어 죽어가는 장면이다. 이런 비교는 의도적이다. 그때처럼 지금도 우리는 큰 아들에게 공감하게 된다.

또 하나 어긋나는 점이 있다. 뜻밖에도 이삭은 가까스로 에서를 축복한다.

너는 기름진 땅에서 살 수도 있고,
하늘의 이슬도 내릴 수 있을 것이다.
너는 칼을 의지하고 살 것이며,
너의 아우를 섬겨야 할지도 모른다.
그러나 네가 고발한 사람들이 하늘 높은 줄 모르게 되면,
너는, 그가 네 목에 씌운 멍에를 부술 것이다. (창 27:39-40)

"기름진 땅"과 "하늘의 이슬"은 충분히 많아서, 에서와 야곱 모두가 나누어 갖기에 충분히 넉넉하다는 것이 이삭의 말뜻이다. 더욱 중요한 것은 야곱의 패권에 대해 이삭이 자격을 정한 대목이다. 야곱이 패권을 누리는 것은 그가 패권을 남용하지 않는 동안뿐이라는 것이 이삭의 주장이다. 만일 야곱이 냉혹하게 행동하면, 에서는 그의 목에 "야곱이 씌운 멍에를 부술" 것이다. 처음으로 이 두 형제 각각의 운명에 대한 우리의 이해에 의심이 생긴다. 이제까지는 우리가 이 이야기가 결론에 도달했다고 믿어왔다. 형(에서)이 동생(야곱)을 섬길 것이라고 말이다. 리브가도 그렇게 들었고, 이삭도 첫 번째 축복에서 그렇게 말했기 때문이다. 그러나 지금은 갑자기 그런 이해가 불확실하게 되었다. 아마도 에서는 결국 야곱을 섬기지 않을지 모른다. 아마도 야곱이 자기의 힘을 남용할 것이며, 에서는 반역을 일으킬 것이다. 이것은 앞뒤가 일치하지 않는 것이지만 매우 중요한 것이다.

그러나 진짜 의심이 드는 것은 야곱의 행동에 대해 본문이 묘사하는 방식이다. 언약이 무엇이든지 간에, 속임수로 축복을 가로채고 변장을 해서 운명을 획득하는 것이 언약일 수는 없다. 하나님은 아브라함에게 "내가 아브라함을 선택한 것은, 그가 자식들과 자손을 잘 가르쳐서, 나에게 순종하게 하고, 옳고 바른 일을 하도록 가르치라는 뜻에서 한 것이다"(창 18:19)라고 이미 말씀하시지 않았는가? 의로움, 정의, 성실성, 진실함은 언약 윤리의 핵심 단어들이며, 또한 우리는 야곱이 그의 눈 먼 아버지에게 한 행동에 대해 그 핵심 단어들이 어떻게 적용되는지를 물을 수밖에 없다. 그뿐 아니라 야곱과 리브가가 이삭을 속일 수는 있었을지 모르지만, 하나님도 속일 수 있었는가? 그건 말도 안 된다. 하나님이 만일에 그 축복을 에서가 아니라 야곱에게 주기를 원하셨다면, 아브라함에게 이삭과 이스마엘에 대해 정직하게 말씀하셨던 것처럼, 이삭에게도 그렇게 말씀하셨을 것이다. 이런 불일치가 너무 많아서, 우리는 이제까지 이 이야기를 정확하게 읽어왔던 것인지에 대해 의문을 제기할 수밖에 없다. 마침내 우리는 우리의 불편한 마음이 올바른 것이며, 또한 이 이야기 속의 어떤 것도 표면적으로 그렇게 보이는 것이 진실이 아니며, 오직 결말에 이르러서만 그 진실이 드러난다는 점을 발견하게 될 것이다. 이런 서스펜스는 마지막 장면까지 계속된다. 심지어 마지막 장면에서도, 매우 치밀하게 본문을 살펴보아야만 예상 밖의 진실이 드러난다. 그 이유는 또 다른 탁월한 문학적 장치 때문이다. 마지막 장면을 거의 주목하지 못한 채 지나치는 이유는 그 앞에 나오는 드라마 때문이다. 이제 그 문제를 살펴볼 차례다.

*

야곱이 밤에 혼자서 이름을 알 수 없는 적대자와 씨름을 한 이야기는 성서에서 가장 어려운 수수께끼다.[1] 야곱은 에서가 자신을 죽이려 한다는 말을 리브가로부터 듣고 외삼촌 라반에게로 도망쳐, 20여 년을 그곳에서 지낸다. 야곱이 집으로 돌아올 때, 에서가 400명의 장정을 거느리고 자기를 맞이할 준비를 하고 있다는 소식을 듣는다. 그는 겁에 질린다. "야곱은 너무나 두렵고 걱정이 되었다"(창 32:7).[2] 그는 모든 대책을 강구

1) Roland Barthes, 'The Struggle with the Angel', in *Image, Music, Text*, London, Fontana, 1977, pp. 125-41. 롤랑 바르트는 이 이야기가 어떻게 민담의 인습들을 전복시키는지를 자세하게 보여주는데, 그것은 내가 주장하는 것처럼, 창세기의 모든 카운터 내러티브의 대표적인 사례다.

2) Rash는 미드라쉬를 인용하여 탁월하게 해석한다. "그가 **너무나 두려웠던** 것은 죽임을 당하지 않을까 하는 것 때문이었고, 그가 **걱정이 되었던** 것은 자기

한다. 그는 에서에게 많은 가축을 선물로 보낸다. 기도를 바친다. 일행을 두 무리로 나누어, 한 무리가 몰살당하면, 다른 무리라도 살아남게 한다. 그리고 창세기의 결정적인 사건에서 이스라엘이 언약 백성이라는 이름을 얻게 되는 장면이 나온다.

야곱은 밤에 혼자서 낯선 자와 씨름을 한다(32:22-32). 새벽이 밝아올 즈음, 그는 자기를 놓아달라고 요청한다. 야곱은 그가 자신을 축복하기 전에는 놓아줄 수 없다고 거절한다. 그는 야곱에게 새로운 이름을 줌으로써 그를 축복한다. "네가 하나님과도 겨루어 이겼고, 사람과도 겨루어 이겼으니, 이제 너의 이름은, 야곱이 아니라, 이스라엘이다"(32:28). 이 에피소드는 도무지 무슨 말인지 알 수 없을 정도로 이해하기 어렵다.

야곱과 씨름한, 이름을 알 수 없는 적대자는 누구였는가? 본문은 그를 "어떤 남자"(32:24)라고 부른다. 예언자 호세아에 따르면, 그는 천사였다(호 12:5). 유대교의 현자들에 따르면, 그는 에서의 수호천사였다.[3] 야곱은 그가 하나님 자신이라고 믿어 의심치 않았다. 야곱이 그 장소를 브니엘, "내가 하나님의 얼굴을 직접 뵈옵고도, 목숨이 이렇게 붙어 있구나"(창 32:30)라고 했기 때문이다. 이런 언급들은 여러 해석을 가능하게 만드는 것처럼 보이지만, 분명한 사실은 이 에피소드가 "이스라엘의 자녀들"이라는 백성의 정체성에 대한 열쇠라는 점이다. 성서에서 특히 하나님이 이름을 주실 경우에, 그 이름들은 단순한 호칭이 아니라 성격이

가 죽일 수밖에 없게 되지 않을까 하는 생각 때문이었다. 자기방어를 위해 살인하는 경우조차도 비록 도덕적으로 보장되는 것임에도 불구하고, 양심의 가책이 따른다. Everett Gendler, 'War in the Jewish Tradition', in Menachem Keller (ed.) *Contemporary Jewish Ethics*, New York, Sanhedrin Press, 1978, pp. 189-210에 나오는 훌륭한 분석을 보라.

3) Genesis Rabbah 77:3; 78:3.

나 소명을 알려주는 신호다. 이스라엘(나중에 유대인들로 알려지게 되었다)은, **하나님과도 겨루어 이겼고, 사람과도 겨루어 이긴 백성**이다. 이게 무슨 뜻인가? 그 실마리는 다음에 벌어지는 사건들 속에 있음이 분명하다. 그러나 여기서 우리는 연이어 놀라운 일들을 만나게 된다.

우리가 이제까지 읽어왔던 모든 것, 즉 야곱의 공포, 그가 필사적으로 대책을 강구한 것, 그가 한밤에 씨름한 것 등은 우리로 하여금 야곱이 에서와 만나는 긴장된 순간에 대비하도록 한다. 우리가 두 형제를 마지막으로 함께 본 것은 22년 전에, 에서가 야곱을 죽이겠다고 맹세한 때였다. 우리는 에서가 경솔하며, 성질이 급하며 폭력적이라는 걸 알고 있다. 그러나 마침내 에서가 등장하자, 그 모든 두려움은 근거가 없는 것이었음이 드러난다. 에서는 야곱에게 달려가 그의 목을 자신의 팔로 감싸고 입을 맞추며 함께 운다. 그는 아무런 분노나 적대감, 또는 복수의 위협을 보이지 않는다. 이 순간, 갑자기 우리는 에서의 성품을 이해하게 된다. 우리는 그가 충동적인 사람으로서 순간적 기분에 살고, 쉽게 성을 내지만, 쉽게 망각하는 사람이라는 것을 깨닫게 된다. 에서는 셰익스피어의 "줄리우스 시저의 비극"에 나오는 카시우스처럼 "깡마르고 굶주린 모습"도 아니었고, "오셀로"에 등장하는 이아고처럼 냉혹하게 계산하는 사람도 아니었다. 야곱이 에서를 만나는 장면은 순수한 안티 클라이맥스인 셈이다.

형 에서를 만나는 동생 야곱의 긴장감이 너무 팽팽했다가 갑자기 풀어져 버리기 때문에, 우리는 이 대목을 처음 읽을 때, **야곱의 행동**에 대해 묘사하는 두 가지 특이한 세부사항을 놓치기 쉽다. 첫째는 야곱이 "맨 앞으로 나가서 형에게로 가까이 가면서, 일곱 번이나 땅에 엎드려 절을 하였다"(33:3)는 구절인데, 이것은 야곱이 에서 앞에서 일곱 번 엎드려 절을 했다는 말이다. 그의 모든 가족들도 마찬가지 행동을 했다. "그러자 두 여종과 그들에게서 난 아이들이 앞으로 나와서, 엎드려 절을 하였다. 다음에는 레아와 그에게서 난 아이들이 앞으로 나와서, 엎드려 절을 하였다. 마지막으로 요셉과 라헬이 나와서, 그들도 엎드려 절을 하였다"(33:6-7). 이처럼 세 차례 반복하는 것은 강조하는 것이다. 야곱이 사용한 언어 역시 이상하다. 그는 다섯 번이나 에서를 "나의 주님"(*adoni*)이라고 부르고, 두 번이나 자신을 에서의 '하인'(*eved*)이라고 부른다. 이처럼 야곱이 일곱 번 땅에 엎으려 절을 하고, 형에 대해 "나의 주님"이라는 말을 다섯 번 사용하고, 자신을 "당신의 하인"이라고 두 번이나 말한 것은 철저한 자기비하의 동작이었다.

그러나 이것은 전날 밤, 씨름을 했던 맥락에서는 전혀 의미가 통하지 않는다. 야곱은 적대자와 싸워 이겼다. 최소한 그가 자신을 축복하기 전까지는 그를 놓아주지 않았다. 야곱이 받은 새로운 이름(이스라엘)은 앞으로 그가 어떤 충돌에서도 살아남을 능력을 갖고 있다는 점에 대해 의심의 여지가 없다는 의미였다. "하나님과 겨루어 이겼고 사람과도 겨루어 이겼다"는 이름을 받은 사람은 아무에게도 엎드려 절을 할 필요가 없으며, 아무에게도 "나의 주님"이라고 부를 필요가 없다. 우리가 야곱에게 기대한 것은 새로운 확신을 보여주는 것이지, 완전히 놀라운 굴종이 아니었다.

또한 이것은 이제까지 우리가 믿게 된 다른 모든 것들과도 맞지 않는다. 리브가는 두 쌍둥이가 아직 태(포궁/자궁) 속에 있을 때, "형이 동생을 섬길 것이다"라는 하나님의 말씀을 들었다. 이삭 역시 야곱을 축복하면서, "너는 너의 형제들을 다스리고, 너의 어머니의 자손들이 너에게 무릎을 꿇을 것이다"(27:29)라고 했기 때문이다. 따라서 만일 하나님의 그 예언이나 이삭의 축복이 참된 것이라면, 오히려 에서가 마땅히 야곱에게 엎드려 절을 했어야 하며, 에서가 마땅히 야곱에게 "나의 주님"이라고 불렀어야 하며, 자신을 "당신의 하인"이라고 불렀어야만 한다. 그러나 실제 만남이 일어났을 때, 그 역할이 뒤바뀐다.

이것이 전부가 아니다. 에서는 처음에 야곱이 전날 보낸 많은 가축 선물들을 거절한다. "아우야, 나는 넉넉하다. 너의 것은 네가 가져라." 그러자 야곱은 다음과 같이 의미심장한 말로 대답한다.

> 아닙니다, 형님, 형님께서 저를 좋게 보시면, 제가 드리는 이 선물(*minchah*)을 받아 주십시오. 형님께서 저를 이렇게 너그럽게 맞아 주시니, 형님의 얼굴을 뵙는 것이 하나님의 얼굴을 뵙는 듯합니다. 하나님이 저에게 은혜를 베푸시므로, 저는 모든 것을 갖고 있습니다. 그러니 제가 형님께 가지고 온 나의 축복(*birkhati*)을 기꺼이 받아 주시기 바랍니다. (창 33:10-11)

이 말에는 세 가지 수수께끼 같은 것이 있다. 왜 야곱은 처음에 "선물"이라고 했다가 나중에는 "축복"이라고 말을 바꾸었는가?[4] 에서의 얼굴을 보는 것이 어떻게 "하나님의 얼굴"을 보는 것 같다고 할 수 있는가? 그리고 에서가 "나는 넉넉하다"고 말했을 때, 야곱은 왜 "저는 모든 것을 갖고 있습니다"라고 말하는가?[5]

---

4) 영어 번역 성서들(NIV, NET, RSV)은 두 단어를 모두 "gift"로 번역함으로써 이 요점을 놓치는 경향이 있는데, 이 요점은 카운터 내러티브에서 필수적인 것이다. KJV만 두 번째 단어를 "blessing"으로 번역했다. 개역한글과 개역개정은 두 단어 모두 "예물"로, 새번역과 표준새번역, 공동번역과 공동번역 개정판은 모두 "선물"로 번역했다.

이 구절에서 가장 두드러진 특징은 "얼굴"(*panim*)이라는 단어를 반복해서 사용한 점이다. 야곱은 에서에게, "형님의 **얼굴**을 뵙는 것이 하나님의 **얼굴**을 뵙는 듯합니다"라고 말함으로써, 밤새 씨름한 후에 그가 한 말, 즉 "'내가 하나님의 **얼굴을 직접 뵈옵고도**, 목숨이 이렇게 붙어 있구나' 하면서, 그곳 이름을 브니엘이라고 하였다"(32:30)는 말을 상기시켜준다. 창세기 32장과 33장 전체(형을 만날 준비, 한밤의 씨름, 만남 자체)는 계속해서 "얼굴"이라는 단어의 변형을 보여준다. 이것은 번역본에서 완전히 놓치고 있는데, 그 이유는 "얼굴"을 뜻하는 히브리어 '파님'(*panim*)이 갖고 있는 많은 형태는 영어에서 명확하지 않기 때문이다. 한 예로 32:20을 보자.

> [야곱이 하인들에게 말했다] "주인의 종 야곱은 우리 뒤에 옵니다" 하고 말하는 것을 잊지 않도록 하여라. 야곱이 이렇게 지시한 데는, 자기가 미리 여러 차례 보낸 선물들이 그 형 에서의 분노를 서서히 풀어 주고, 마침내 서로 만날 때에는, 형이 자기를 반가이 맞아 주리라는 생각을 하였다. (창 32:20)

이 번역에는 "얼굴"이라는 단어가 한 번도 나오지 않지만, 히브리성서에는 **네 번** 나온다. 히브리어 본문을 문자적으로 읽으면, 다음과 같다.

---

5) 여기서도 영어 성서번역본들은 그 요점을 놓치는 경향이 있다. KJV는 "because I have enough"로, NIV는 "I have all I need"로, NAB은 "I have an abundance"로 번역했다. 그러나 히브리어 원문에서는 에서가 "나는 많이 갖고 있다"(*yesh li rav*)고 말한 반면에, 야곱은 "나는 모든 걸 갖고 있다"(*yesh li khol*)고 말함으로써 구별된다. 개역한글과 개역개정에는 "내게 있는 것이 족하다" "나의 소유도 족하다"로, 새번역과 표준새번역, 공동번역과 공동번역 개정판에는 모두 "넉넉하다"로 번역되어 있다.

"주인의 종 야곱은 우리 뒤에 옵니다" 하고 말하는 것을 잊지 않도록 하여라. 야곱이 이렇게 지시한 데는, 자기의 **얼굴**보다 앞서 여러 차례 보낸 선물들이 형의 **얼굴**[에서 분노]을 닦아줌으로써, 나중에 그의 **얼굴**을 볼 때, 그가 자기의 **얼굴**을 들어 올려 주리라 생각을 하였다.

이 드라마는 얼굴과 관련된 드라마로서, 에서의 얼굴, 야곱의 얼굴, 그리고 하나님 자신의 얼굴이 관련된다.[6] 그것은 무엇인가?

과거에 야곱이 에서의 축복을 가로챌 때, 이삭의 눈이 멀었다는 것은 우연일 수 없다. 그 속임수가 통할 수 있었던 것은 이삭이 볼 수 없었기 때문이다. 이 지점에서 본문은 거의 수필과 같다. 시력을 잃은 이삭은 다른 네 가지 감각을 사용한다. 그는 **맛보고**, 야곱의 손(리브가가 염소

---

6) "얼굴"은 물론 Emmanneul Levinas의 "타자"의 철학의 근본 요소다. 많은 책들 중에 *Alterity and Transcendence*, trans. Michael B. Smith, New York, Columbia University Press, 1999; *Humanism of the Other*, trans. Nidra Poller, Urbana, Chicago, University of Illinois Press, 2003; *Of God Who Comes to Mind*, trans. Bettina Bergo, Stanford, Stanford University Press, 1998; *Otherwise than Being, Or, Beyond Essence*, trans. Alphonso Lingis, The Hague, M. Nijhoff, 1981; *Proper Names*, trans. Michael B. Smith, Stanford, Stanford University Press, 1996; *Totality and Infinity: An Essay on Exteriority*, trans. Alphonso Lingis, The Hague, M, Nijhoff, 1979; 좋은 소개서는 Sean Hand (ed.) *The Levinas Reader*, Oxford, Blackwell, 1989가 있다. Alan Finkelkraut, *The Wisdom of Love*, trans. Kevin O'Neil and David Suchoff, Lincoln, University of Nebraska Press, 1997은 레비나스의 "얼굴"의 철학에 기초한 평이한 저작이다. 타자에 대한 레비나스의 입장에 관한 논의는 Jeffrey Bloechl (ed.), *The Face of the Other and the Trace of God: Essays on the Philosophy of Emmanuel Levinas*, New York, Fordham University Press, 2000; and Simon Critchley and Robert Bernasconi (eds.), *The Cambridge Companion to Levnias*, Cambridge, Cambridge University Press, 2002를 보라.

털로 감싸준)을 **만지고**, 그의 옷 **냄새를 맡는다**("나의 아들에게서 나는 냄새는 주께 복받은 밭의 냄새로구나"). 그는 아들의 목소리를 **듣는다**("목소리는 야곱의 목소리인데, 손은 에서의 손이로구나"). 마침내 이삭은 음식 맛, 손의 촉감, 목소리의 증거를 신뢰하고 야곱을 축복한다. 이삭이 야곱을 축복할 수 있었던 것은 **그가 야곱의 얼굴을 볼 수 없었기** 때문이다. 어떤 방식으로든, **얼굴**은 처음 장면과 나중 장면을 연결시켜준다.

우리 앞에 놓여 있는 것은 비상한 문학적 현상이다. 표면적으로는 이것이 동생이 형을 밀어내는 형제자매 사이의 라이벌 관계라는 단순한 이야기다. 그 쌍둥이가 태어나기 전의 예언에서부터 속임수 자체까지 모든 것이 이런 단순한 라이벌 관계를 가리킨다. 강한 에서가 민첩한 야곱에게 진 것이며, 동생이 이긴 것이다. 그러나 이런 단순한 이야기에서 어긋나는 것들이 쌓인다. 우리는 야곱이 아니라 에서와 동일시한다. 이삭은 축복을 한정하여, 야곱이 항상 다스리지는 못할 수도 있다고 말한다. 그리고 한밤에 씨름한 후에, 야곱은 뜻밖에도 역할을 뒤집는다. 땅에 엎드려 절하는 사람은 에서가 아니라 야곱이며, 야곱은 자신을 "하인"이라고 부르고 "에서"를 "나의 주님"이라고 부른다. 우리가 이런 사실을 놓치기 쉬운 이유는 이 이야기 안의 모든 것이 우리의 주의를 **에서의 행동**에 맞추도록 하기 때문이다. 즉 그가 야곱을 공격할 것인가? 만일 공격한다면, 누가 이길 것인가? 그러나 에서의 행동(포옹하고 입 맞추고 함께 우는 행동)은 너무나 놀라운 것이기 때문에, 우리는 야곱의 행동이 보다 더 이상하다는 것을 거의 눈치채지 못한다. 오직 우리가 이런 어긋남을 알아차린 다음에야 비로소 우리는 되돌아가, 우리가 그 후에 발견한 모든 사실들에 비추어, 다시 이야기를 읽게 된다. 그때 비로소 우리는 모든 것을 바꾸어놓는 발견을 하게 된다.

*

두 번째 축복이 있었다. 처음 읽을 때는 우리가 이 세부 사항의 중요성을 눈치채지 못한다. 그 속임수 후에, 리브가는 에서가 야곱을 죽일 작정인 것을 알고 야곱이 위험에 빠진 것을 깨닫는다. 리브가는 야곱이 도망칠 방법을 마련한다. 리브가의 핑계는 에서가 두 명의 헷 여인과 혼인했다는 점이다. "이 두 여자가 나중에 이삭과 리브가의 근심거리가 된다" (창 26:35). 이것이 리브가의 기회였다. 리브가는 이삭에게, 야곱을 자기 오빠 라반에게 보내서, 이교도가 아닌 아내를 얻도록 해야만 한다고 말한다. 이삭이 동의하고, 야곱이 떠나려 할 때, 이삭은 그를 이렇게 축복한다.

> 전능하신 하나님이 너에게 복을 주셔서, 너로 생육하고 번성하게 하시고, 마침내 네가 여러 민족을 낳게 하실 것이다. 하나님이 아브라함에게 허락하신 복을 너와 네 자손에게도 주셔서, 네가 지금 나그네살이를 하고 있는 이 땅, 하나님이 아브라함에게 주신 이 땅을, 네가 유산으로 받을 수 있도록 해주시기를 바란다. (창 28:3-4)

이 (두 번째) 축복은 이삭이, 야곱을 에서인 줄 생각하고 축복했던 (첫 번째) 것과는 완전히 다른 축복이다. 처음 축복할 때는 재물("하늘에서 이슬, 기름진 땅")과 권력("너의 형제들을 다스릴 것")을 말하지만, 두 번째 축복에서는 자손들("너로 생육하고 번성하게 하시고")과 땅("하나님이 아브라함에게 주신 이 땅")을 말한다. 이것이 바로 이 이야기 전체를 바꾸어놓는 것이다.

자손들과 땅은 언약의 축복이다. 그것은 하나님이 아브라함에게 약속하셨던 것이다. 자손들과 땅 문제가 창세기의 지배적인 주제다.[7] 하나님이 계속 족장들에게 축복하시지만, 항상 자손들과 땅에 대해서만 축복하신다. 하나님은 결코 족장들에게 "땅의 비옥함"이나 그들이 "형제들을 다스릴 것"을 약속하지 않으셨다. 재물과 권력은 언약과 상관이 없다. 그런 것은 이스라엘의 운명의 일부가 아니다. 이삭이 두 번째 축복에서 말한 것은 야곱에게 아브라함의 유산을 넘겨주는 것으로서, 결과적으로 미래에 언약을 이어갈 사람은 바로 너라고 말한 것이다.

이삭이 야곱에게 두 번째로 축복할 때는 그가 야곱인 줄 알고 축복했다. 이제는 속일 필요가 없었다. 이삭은 야곱의 상속권을 박탈할 의도가 없었으며, 또한 언약을 에서에게 넘겨줄 의도도 없었다. 이삭이 장남을 위해 남겨둔 축복은 그에게 적합한 것이라고 이삭은 알고 있었다. 에서는 육체적으로 강건한 사냥꾼이었고, 이삭은 그를 사랑했다. 그 사랑은 이야기 전체를 통해서 조금도 흔들리지 않았고, 부자지간의 상호적인 사랑이었다. 랍비들은 이것을 알았다. 랍비들은 "에서가 이삭을 공경했던 것보다 더 자기 아버지를 공경한 사람은 없다"[8]고 말했다. 이삭도 에서를 사랑했다. 비록 언약은 야곱을 통해서 계속될 것임을 알았지만 말이다. 왜 그랬는가? 그것이 아버지라는 뜻이기 때문이다. 이삭은 에서의 모습 그대로 사랑한 것이지, 그가 아닌 모습을 사랑한 것이 아니다. 이삭은 에서에게 적절한 축복, 즉 재물과 권력의 축복을 주고 싶어했다. 그런

---

7) 하나님은 아브라함에게 땅은 다섯 차례(창 12:7; 13:14-18; 15:7, 18-21; 17:1-8), 자손들도 다섯 차례(12:2; 13:16; 15:5; 17:2, 5-6) 약속하신다. 참조, David J. A. Clines, *The Themes of the Pentateuch*, Sheffield, Dept. of Biblical Studies, University of Sheffield, 1978.

8) Zohar 146b; Deuteronomy Rabbah 1:15.

것들은 영적인 것이 아니라 물질적인 것이다. 이삭은 자기 자식들이 서로 다르다는 걸 알았다. 그들의 길은 서로 갈라질 것이다. 그들은 다른 축복을 받을 필요가 있다. 야곱이 가로챈 (에서의) 축복은 결코 야곱에게 적절한 축복이 아니었다. 이삭은 야곱에서 다른 축복을 남겨놓고 있었고, 그 축복은 나중에 (두 번째로) 그에게 주어졌는데, 그것은 야곱이 아브라함의 언약을 이어갈 것이라는 축복이었다. 그 (두 번째) 축복을 받기 위해 야곱은 변장할 필요가 없었다.

*

앞의 5장에서 살펴본 르네 지라르의 논제, 즉 폭력의 근본 원인은 **모방 욕망**으로서, 다른 사람이 가진 것을 갖고 싶어 하는 욕망이 궁극적으로는 다른 사람이 되고 싶어 하는 욕망이라는 논제를 기억해보자. 세계 어느 문학보다 이런 점을 분명하게 보여주는 것이 창세기의 야곱일 것이다.

야곱의 인생 전반기에서 두드러진 사실 하나는 **그가 에서가 되고 싶어 했다는 점**이다. 그는 에서의 자리를 차지하고 싶어 했다. 그는 태 안에서부터 에서와 싸운다. 그는 에서의 발뒤꿈치를 붙잡고 태어난다(여기서 **야곱**, "발뒤꿈치를 붙잡은 자"라는 이름이 주어졌다). 그는 에서의 장자권을 산다. 에서의 옷을 입는다. 그리고 에서의 축복을 가로챈다. 눈이 먼 이삭이 야곱에게 누구인지를 묻자, 그는 "저는 당신의 맏아들 에서입니다"라고 대답한다.

왜 그랬는가? 에서는 만사에 형통했지만 야곱은 아니었기 때문이다. 에서는 맏아들이었다. 에서는 태어날 때부터 살결이 붉고 온몸이 털투성이었다(에서라는 이름의 뜻은 "완전히 만들어졌다"[9])이다). 그는 강했고,

에너지가 넘쳤으며, 날쌘 사냥꾼으로서 들판의 사나이였다. 더 중요한 것은 그가 아버지가 사랑한 아들이었다는 사실이다. 에서는 자연의 힘이었다. 그는 "인간은 인간에게 늑대"(*homini lupus est*)라는 걸 알고 있었다. 그는 힘이 셌으며, 다윈의 생존경쟁에서 싸워 이길 능력이 있었다. 이런 점들이 그의 자연적인 싸움터였고, 그는 그런 싸움을 즐겼다.

에서는 수많은 신화들과 전설들에 나오는 전형적인 영웅이다. 그에게는 위엄도 있었고, 인간적 감정도 있었다. 아버지 이삭에 대한 그의 사랑은 진실했으며, 이삭 역시 그를 진정으로 사랑했다. 랍비들의 미드라쉬는 교육적인 이유에서 에서를 악당으로 둔갑시켰다.[10] 그러나 성서에서 에서는 그런 식으로 묘사되지 않았다. 그는 자연적인 인간으로서, 호메로스의 미덕들과 니체의 권력 의지를 경축하는 인간이다.

야곱의 첫 번째 욕망이 에서처럼 되는 것이라는 점은 놀랍지 않다.[11]

---

9) Rash, Commentary to Gen. 25:25.

10) R. Zvi Hirsch Chajes는 미드라쉬가 성서를 윤리 교과서로 사용하기 때문에, 그 등장인물들을 영웅과 악당으로 분명하게 구분할 수밖에 없었다고 설명한다. 성서의 내러티브는 뉘앙스로 가득차 있다. 미덕이 없는 악당이 없으며, 단점이 없는 영웅도 없다. 그러나 이런 미묘함 때문에 성서를 교과서로 사용하는 것이 쉽지 않다. *Ein Yaakov* 표준판 시작에 인쇄된 Maharatz Chajes, *Mavo ha-Aggadot*를 보라. Chajes의 문제를 잘 보여주는 책은 John Barton, *Ethics and the Old Testament*, Harrisburg, PA, Trinity Press International, 1998이다.

11) 내가 본문에서 설명한 것처럼, 르네 지라르는 그것을 "모방 욕망," 즉 타인처럼 되고 싶고, 그의 자리를 차지하고 싶은 것이라고 부른다. "이 체제에서는 당사자들이 라이벌 관계에서 엄청난 차이로 서로 분리되어 있다고 느끼지 않는 순간이 한 순간도 없다. 형제들 가운데 하나가 아버지와 왕의 역할을 떠맡으면, 다른 형제는 버림받았다고 느낄 수밖에 없다. 그 때문에 적대자들은 자신들의 형제관계가 호혜적인 관계라고 거의 느끼지 못하는 것이다" (*Violence and Sacred*, trans. Patrick Gregory, Baltimore, John Hopkins University Press, 1977, pp. 143-68).

야곱 이야기의 핵심 단어들, 즉 **얼굴**, **이름**, **축복**은 모두 정체성에 관한 것이다. 야곱은 에서가 되고 싶어 했다. 그는, 프로이트가 모든 형제자매 사이의 관계에 대해 생각했던 것처럼, 모방 욕구를 경험했다. 야곱이 상상의 거울을 통해서 본 것은 에서의 얼굴이었다. 눈 먼 아버지의 축복을 가로챈 것은 에서로서 가로챈 것이었다. 그러나 야곱은 에서가 아니었으며, 그가 가로챈 축복 역시 자신에게 주어질 것이 아니었다. 야곱이 받은 참된 축복은 나중에 **이삭이 야곱을 축복하는 것임을 알고 축복한 것**이지, 처음에 그가 에서인 줄 알고 축복한 것이 아니었다.

야곱의 축복은 재물이나 권력과는 아무 상관이 없었다. 그 축복은 자손들과 관련된 축복으로서 그들을 가르쳐 언약의 상속자가 되도록 하는 것이었으며, 또한 땅과 관련된 축복으로서 그 자손들이 율법과 사랑의 언약에 기초한 사회를 창조할 축복이었다. 이 축복을 받기 위해서는 야곱이 에서의 옷을 입어야 할 필요가 없었다. 대신에 **야곱은 자기 자신이어야만 했다**. 자연의 사람이 아니라, 자신의 귀가 자연 너머에서 들려오는 소리에 맞춰진 사람, 재물이나 권력과는 다른 것을 위해 살아야 한다는 하나님의 부르심에 맞춰진 사람, 다시 말해서, 하나님의 호흡으로서 인간의 영을 살아내고, 또한 하나님의 형상으로서 인간의 존엄성을 위해 살아야 하는 사람이어야만 했다.

이제 야곱이 22년 만에 형 에서를 만나, 정확히 무엇을 하고 있는지가 분명히 드러난다. **야곱은 그때까지 오랜 세월 동안 자기가 받았던 축복을 되돌려주고 있었던 것이다**.[12] 야곱이 에서에게 보낸 많은 가축 떼는 **재물**("하늘의 이슬과 땅의 비옥함")을 상징했다. 야곱이 일곱 번 절하고

---

12) A midrash, Pesikta Rabbati 13은 똑같은 점을 주장한다. 참조. Menahem Kasher, Torah Shelemah to Gen. 33:11.

또한 자신을 "당신의 종"이며, 에서를 "나의 주님"이라고 말한 것은 **권력**("너희 형제들을 다스릴 것이며, 너의 어머니의 자손들이 너에게 무릎을 꿇을 것이다")을 상징했다. 야곱은 더 이상 그런 것들을 원하거나 필요로 하지 않았다. 야곱이 "나는 **모든 것**을 가졌습니다"라고 말한 것은 "나는 완전하기 위해 더 이상 재물이나 권력을 필요로 하지 않습니다"라는 뜻이다. 야곱은 분명하게 자신이 무슨 일을 하고 있는지를 말한다. 그는 "[단지 나의 **선물**만이 아니라] 나의 **축복**도 가져 가십시오"라고 말한다. 야곱은 이제 자신이 가로챈 에서의 축복은 결코 자기가 받을 것이 아니었다는 것을 알고 있으며, 그래서 그는 에서에게 되돌려주는 것이다.

그 전날 밤 씨름 경기에서 무슨 일이 벌어졌는지도 분명해졌다. 그것은 야곱이 실존적 진실과 싸운 것이었다. 그는 누구였는가? 에서가 되고 싶어 했던 사람인가? 아니면 다른 운명으로, 사람들이 잘 걷지 않는 길로 가도록 부름받은 사람인가? 야곱은 그 적대자에게 "자기를 축복해 주지 않으면 보내지 않겠다"고 말했다. 그 이름을 알 수 없는 낯선 자가 대답한 방식은 우리의 예상을 무산시키는 것이었다. 그는 야곱에게 인습적인 축복("네가 부자가 될 거다, 또는 네가 강한 사람이 될 거다, 또는 안전할 거다")을 하지 않았다. 그는 야곱에게 충돌이 없는 삶을 약속하지도 않았다. **야곱**이라는 이름 자체는 싸움을 의미했다. 이스라엘이라는 이름 역시 싸움을 뜻했지만, 그것은 다른 방식의 싸움이었다.

결과적으로 밤새 씨름한 그 낯선 자는 야곱에게 "과거에는 네가 에서가 되고자 싸웠다. 미래에는 네가 에서가 되는 것이 아니라 너 자신이 되기 위해 싸울 것이다. 과거에는 네가 에서의 발뒤꿈치를 붙잡았다. 미래에는 네가 하나님을 의지할 것이다. 너는 하나님의 손을 놓지 않을 것이며, 하나님도 너의 손을 놓지 않을 것이다. 이제 에서로부터 벗어나

자유롭게 하나님을 의지해라" 하고 말한 것이다. 그 다음날 야곱은 그렇게 했다. 그는 에서에게 자신의 축복을 되돌려 줌으로써 에서로부터 벗어났다. 그리고 비록 야곱이 이제 재물과 권력을 포기했으며, 또한 전날 밤의 싸움으로 인해 여전히 절뚝거리고 있었지만, 그 구절의 마지막은 "야곱이 **완전하게** 등장했다"(창 33:18)라는 말로 끝난다. 그는 더 이상 에서의 축복을 원하지 않았다. 과거에 그가 모방 욕망을 갖고 있었을 때는 자신이 분열되어, 불안과 염려의 먹이가 되었다. 야곱이 마침내 도달하게 된 진실은 **이스라엘**이라는 이름이 증언하는 것처럼, 완전하기 위해 우리는 타인의 축복을 필요로 하는 것이 아니라 단지 우리 자신의 축복만을 필요로 한다는 진실이다. 진정으로 우리의 얼굴은 하나님이 우리에게 반영시켜 보게 하시는 얼굴이다. 이것이 바로 제사장의 축복에 나오는 "주께서 **너를 향해 당신의 얼굴을 돌리시어**, 너에게 평화를 주시기를 빈다"(민 6:26)는 뜻이다. 평화는 우리가 하나님의 얼굴 안에서 우리의 비춰진 모습을 보고, 또한 다른 사람이 되고 싶어 하는 욕망을 내려놓을 때, 우리에게 찾아온다.

*

그렇다면 이 쌍둥이 형제 이야기가 시작될 때 나온 "형이 동생을 섬길 것이다"(히브리어로, *ve-rav ya'avod tsa'ir*)라는 말씀(창 25:23)은 어떻게 되는가? 여기서 성서는 탁월한 솜씨를 보여준다. 처음 보아서는, 그 말씀이 액면 그대로를 뜻한다. 그러나 뒤돌아볼 때만, 그리고 히브리어 본문에서만, 우리는 그 말씀에 애매한 점들이 여럿 있다는 걸 발견한다.

첫째로, 중세기의 여러 유대인 주석가들이 지적했던 것처럼,[13] 동사의 목적어를 표시하는 '에트'(*et*)라는 단어가 없는 게 두드러진다. 보통

성서 히브리어에서는 주어가 앞에 나오고, 목적어가 동사를 뒤따르지만, 항상 그런 것은 아니다. 특히 히브리 시(그리고 리브가가 낳을 아이들에 관한 예언은 4행의 시로 되어 있다)에서는 그 어순이 뒤바뀌어, 목적어—동사—주어 순으로 나올 수 있다. 이 애매함을 해결하는 방법은 두 가지뿐인데, 그 맥락을 보거나(예를 들어, 욥기 14:19에서, stone-wear-water는 "바위가 물을 깎아내고"라는 뜻이 아니라, "물이 바위를 깎아내고"라는 뜻이다), 아니면 구문을 표시해주는 '에트'(*et*)를 통해서다. 리브가의 쌍둥이에 대한 예언에서는 맥락도 없고, 구문을 표시하는 '에트'도 없다. 따라서 그 구절은 "형이 동생을 섬길 것이다"를 뜻할 수 있지만, 정확히 반대로 "동생이 형을 섬길 것이다"라는 뜻일 수도 있다.

두 번째 문제는 히브리어 '라브'(*rav*)와 '짜이르'(*tsa'ir*)는 반대어가 아니라는 점이다. '짜이르'는 "더 어린"(younger)을 뜻하지만, 그 반대어는 '베코르'(*bechir*, older, firstborn)다.[14] '라브'는 "더 나이든"(older)이라는 뜻이 아니라, "위대한"(great) 또는 "숫자가 많은"(numerous), 또는 "우두머리"(chief)를 뜻할 수도 있다. 이처럼 서로 반대어가 아닌 그 두 단어를 마치 정반대되는 단어인 것처럼 서로 연결시킨 것 때문에 그 의미를 더 애매하게 만든다. '라브'는 누구였는가? 형인가, 아니면 지도자였는가, 아니면 (부하들이) 더 숫자가 많은 사람이었는가? 이 단어는 이런 여러 의미 중 하나를 의미할 것이다.

세 번째 애매한 것은 그 성서 본문 자체에 있는 것이 아니라 후대의 전통이 덧붙인 것이다. 오경은 회당에서 읽는 것이 아니라 노래로 부르

---

13) R. David Kimche (Radak) and R. Yosef ibn Kaspi, Commentaries to Gen. 25:23.

14) 예를 들어, 창 29:26; 43:33; 48:14을 보라.

는 것이며, 또한 정확한 음악 기호가 붙어 있어서 그것이 구두점 역할을 한다(성서 히브리어에는 모음이 없으며, 구두점 표시도 없다). 우리는 그 세 단어가 하나의 순서로 진행되는 구절로서 표기된 것으로 예상했을 것이다. 그러나 사실상 그 구절을 노래로 부르면서, 첫 단어 뒤에 쉼표와 같은 음악 부호가 표기된 방식으로, "형, 동생이 섬길 것이다"라고 노래하여, 우리가 보통 읽어왔던 방식과는 정반대로 불렀던 것이다.

이 본문을 다시 읽어보면, 야곱과 에서의 이야기가 시작되는 그 말씀이 의도적으로 애매한 문장임을 발견하게 된다. 그 말씀은 "형이 동생을 섬길 것이다"이든지, 아니면 "동생이 형을 섬길 것이다"이든지, 둘 중 하나일 것이다. 이것은 그 자체로 주목할 만한 것이지만, 그 진정한 중요성을 파악할 수 있는 것은 우리가 그 메시지의 형태에 관해 이 말씀이 무엇을 뜻하는지를 성찰할 때다. 애매한 초자연적 메시지는 예언이 아니라 신탁이다. 이것이 모세에 관해 하나님이 하신 말씀, 즉 "그와는 내가 얼굴을 마주 바라보고 말한다. 명백하게 말하고, 모호하게 말하지 않는다"(민 12:8)는 말씀의 의미다. 다시 말해서, 하나님은 모세에게 신탁으로, 즉 애매하고 모호한 메시지로 말씀하시지 않는다는 뜻이다.

중세기 주석가들은 리브가가 "이 일을 알아보려고 주께로 나아갔다"(창 25:22)는 말에 어리둥절해 했다.[15] 리브가는 도대체 누구에게 갔다는 말인가? 예언자에게? 당시에 아브라함과 이삭 이외에, 예언자들이 있었는가? 또한 "알아보려고 주께로 나아갔다"는 말은 성서에서 기도한다는 뜻이지, 질문한다는 뜻이 아니다.[16] 창세기에서 하나님은 단순하고 분

---

15) Rash, Rashbam, Ibn Ezra, Chizkuni to Gen. 25:22을 보라; Nahmanides, Commentary to Gen. 27:4.

16) Nahmanides, Commentary to Gen. 25:22.

명한 말씀이나 비전이나 꿈으로 소통하시지, 결코 신탁으로—이 경우에만 예외다—소통하시지 않는다. 신탁은 이스라엘 백성의 종교에 속한 것이 아니다. 신탁은 신화의 세계에 속한 것으로서, 히브리성서는 그런 세계를 배격한다.

이것은 결코 작은 문제가 아니라 근본적인 문제다. 신탁과 예언은 서로 다른 두 가지 유형의 문명에 속한다. 신탁은 고전적 그리스에서 비극을 낳은 생각들—운명, 교만, 인과응보—에 속한다. 비극에서는 그 결과가 미리 징조로 나타나며, 또한 그 주인공이 자신의 운명에 맞서 싸울수록, 그는 운명의 덫에 더욱 더 깊이 걸리게 된다. 이와는 반대로 예언은 개방적이며, 미리 결정되지 않은 역사적 시간에 속하는데, 그런 시간은 히브리성서에 처음 등장하며, 인간의 사상에 독창적인 공헌을 했다. 예언자는 **경고하지**, **예측하지** 않는다. 내일은 우리가 오늘 선택하는 것으로 만들어진다. 예언자들에게 시간은 운명의 냉혹한 전개가 아니라, 하나님의 부르심에 응답하는 인간의 자유의 영역이다.

우리는 이제 야곱과 에서 이야기의 전체 지평과 정교함을 이해할 수 있는 위치에 서게 되었다.[17] 그 하나의 이야기 속에는 두 개의 내러티브가 들어 있다. 표면적인 내러티브는 마치 그리스 비극처럼, 형제자매 사이의 라이벌 관계(로물루스와 레무스)를 보여주는데, 이것은 모든 신화적 문화에서 볼 수 있는 것이다. 교활한 동생이 선수를 쳐서, 보다 더

17) 이 장과 다음 장들에서 내가 성서를 읽는 방식은 유대인들의 고전적 주석들에서 반드시 찾을 수 있는 것은 아니지만, 나의 요점은 성서 본문의 표면적 의미와는 다른 의미가 밑에 깔려 있다는 점이다. 이런 접근방식은 랍비 사무엘 벤 메이르(Rashbam, 1085–1158년경)가 말한 "성서의 깊은 평이한 의미"(*omek peshuto shel mikra*) 찾기 방식과 비슷하다. 창 37:2에 대한 그의 주석을 보라.

강한 형을 밀어내고 그 자리를 차지하지만, 결국 복수의 위협 속에 살아간다. 이것이 신화의 기본 형식이다. 아버지는 보통 왕으로서 죽게 되고, 그 아들들이 권력을 계승하기 위해 싸운다. 하나가 이기지만, 나중에는 패배하게 된다. 이것이 인과응보로서, 르네 지라르가 말한 폭력의 원천이다.[18] 야곱과 에서 이야기 전체는 신탁으로 시작해서 복수에 대한 공포로부터 벗어나는(승리하는) 것까지, 처음 읽을 때는 신화처럼 보이도록 작성된 이야기다.

그러나 마지막에 갑자기 드러나는 카운터 내러티브(counter-narrative)는 전혀 예상하지 못했던 것으로서 신화를 전복시키고 배격한다. 인과응보, 라이벌 관계, 자리의 뒤바뀜, 분노, 폭력, 복수와 같은 것들은 성서가 그 뿌리들 자체에 도전하는 것들이다. 야곱이 에서의 축복을 가로채고 싶어 한 것은 잘못이었다. 한밤중의 씨름에서 야곱은 에서와 싸운 것이 아니라 하나님의 현존 안에 있는 자신(himself-in-the-presence-of-God)과 싸웠다.[19] 그 때문에 야곱은 자신이 하나님과 얼굴을 맞대면했다고 말한 것이다. 야곱은 이제 자신이 누구인지를 알게 되었는데, 형의 발뒤꿈치를 붙잡는 사람이 아니라, 하나님과의 씨름과 사람과의 씨름을 더 이상 두려워하지 않는 사람인 것이다. 왜냐하면 그는 자기 자신과의 씨름에서 성공했기 때문이다. 다음날 아침, 그는 22년 전에 형에게서 가로챈 것을 되돌려준다. 그는 이제 자신의 참된 축복은 매우 다른 축복이며, 그 축복

---

18) Girard, *Violence and the Sacred*, p. 169.

19) 마이모니데스는 그 씨름 경기가 환상 속에 일어났다고 본다(*The Guide for the Perplexed*, II:42). 나마니데스는 강하게 반대한다. 그 만남이 환상이었다면, 왜 그 후에 야곱이 절뚝거리게 되었단 말인가?(Nahmanides, Commentary to Gen. 18:1). 게르소니데스와 아브라바넬은 마이모니데스의 해석을 지지하여, 강렬한 심리체험은 정신신체적 영향을 끼칠 수 있다고 보았다.

을 얻기 위해 변장할 필요가 없다는 것을 알고 있다.

형제자매 사이의 라이벌 관계가 극복되는 순간은 하나님이 우리를 현재의 모습대로 사랑하시지, 다른 어느 누구이기 때문에 사랑하시는 것이 아님을 깨닫는 순간이다. 우리들은 각자 나름의 축복을 받았다. 형제들은 충돌할 필요가 없다. 형제자매 사이의 라이벌 관계는 운명이 아니라 비극적인 잘못이다. 과거에 젊은 야곱은 "이 사람의 기술과 저 사람의 위치를 갈망하는" 삶을 살았기 때문에, 자기가 아닌 다른 사람이 되고 싶어 했다. 밤에 혼자서 그는 천사와 씨름하면서, 라이벌 관계를 해소하는 것은 우리가 사랑받는 것이 우리의 독특한 모습 때문이라는 진실을 깨달았다.

바로 이 에피소드에서 언약 백성이 그 이름을 얻게 되었다는 것은 우연이 아니었다. 왜냐하면 이스라엘은 재물과 권력을 추구하는 것과는 다른 운명을 위해 부름 받았기 때문이다. 이스라엘은 고대 그리스나 로마, 르네상스 시대의 이탈리아나 귀족주의 프랑스의 재물을 결코 알지 못할 것이다. 또한 제국의 권력도 결코 얻지 못할 것이다. 이스라엘이 솔로몬 시대처럼 그런 것들을 갈망하면, 그 길에서 벗어난 것이다. 이스라엘의 강함은 그 권력에 있는 것이 아니라 모든 지상의 권력을 초월하는 능력, 그리고 물리적인 재물이 아니라 영적인 보화에 있으며, 이것은 정신과 마음의 문제이다.

성서가 에서와 그 자손들에 대해 취하는 태도 역시 흥미롭다. 모세는 "너희는 에돔 사람을 미워해서는 안 된다. 그들은 너희의 형제다"(신 23:7)라고 명령한다. 하나님은 이스라엘 백성에게 이렇게 지시하신다.

너희가 세일에 사는 에서의 자손, 곧 너희 형제들의 땅 경계를 지나

갈 때에는, 그들이 너희를 두려워할 터이니, 매우 조심하여라. 그들의 땅은 한 치도 너희에게 주지 않았으니, 그들과 다투지 말아라. 세일 산은 내가 에서에게 유산으로 주었다. (신 2:4-5)

하나님은 여기서 엄청난 결과를 초래할 것을 공표하신다. **야곱을 선택했다는 것이 에서를 거절했다는 뜻이 아니라는 말씀이다**.[20] 에서는 선택받지 못했지만, 거절된 것도 아니다. 에서 역시 그의 축복, 유산, 땅을 받을 것이다. 에서 역시 자녀들을 얻고 그들이 왕이 되어 지배할 것이지, 지배당할 것이 아니다. 우리가 에서에게 연민을 느끼는 것은 우연이 아니며, 이것은 마치 "모두가 아브라함의 언약의 영적이며 실존적인 엄격

20) 물론 이것과 모순되는 것처럼 보이는 유명한 구절이 있다. "에서는 야곱의 형이 아니냐? 나 주가 말한다. 그런데도 내가 야곱은 사랑하고, 에서는 미워하였다"(말 1:2-3). 그러나 이것은 이스라엘의 후대 역사에서 특수한 상황을 가리키는 것으로서, 당시는 이스라엘 백성과 에돔 족속 사이에 충돌하던 때였다. 어쨌건 간에 나마니데스와 의인 데이비드 킴체(창 29:31에 대한 주석)는 '세누아'(*senuah*)라는 단어가 "사랑했다"는 뜻의 '아후바'(*ahuvah*)와 대조될 때는 "미워했다"는 뜻이 아니라 오히려 "사랑했지만, 덜 강렬하게 사랑했다"는 뜻임을 지적했다. 신 21:15에서도 이런 의미다.

빌나의 의인 엘리야(the Vilna Gaon)는 *Sa'arat Eliyahu* 마지막의 각주에서 말라기의 본문을 "나는 에서의 **부차적인 부분**을 미워하지만, 그 중심 부분(그의 머리)은 하늘에 계신 우리 아버지 옆에 감추어져 있으며, 그래서 야곱이 '나는 형님의 얼굴을 보는 것이 하나님의 얼굴을 뵙는 것 같습니다'라고 말한 것이다"라고 번역했다. 이 구절을 길게 설명한 사람은 R. Abraham Isaac Kook (Iggerot Rayah, vol. I, letter 112)으로서, 그는 야곱과 에서 사이, 즉 유대인들과 기독교인, 그리고 유대인들과 무슬림 사이에는 마침내 화해가 이루어진다는 것을 증명하려 했다. "에서와 야곱, 이삭과 이스마엘 사이의 형제간 사랑은 우리의 육체적 본성이 초래한 모든 악의 혼돈보다 강력할 것이다." 영어 번역은 Zion Bokser, *Abraham Isaac Kook: The Lights of Penitence, The Moral Principles, Lights of Holiness, Essays, Letters, and Poems*, New York, Paulist Press, 1978, pp. 338-9를 보라.

함을 위해 선택받는 것은 아니지만, 각자는 하나님의 섭리 가운데 자신의 위치가 있으며, 각자는 나름의 미덕, 재능, 선물을 갖고 있어서, 각자는 하나님 보시기에 귀한 존재들이다"라고 말하는 것과 같다.

하나님과 나의 관계를 안전하게 확보하는 일은 다른 사람들 역시 하나님과 관계를 맺을 수 있다는 가능성을 부정하는 데 달려 있지 않다. 야곱을 사랑한 사람은 어머니 리브가였지만, 에서를 사랑한 사람은 아버지 이삭이었다. 그러나 하나님은 어떠하신가? 하나님은 아버지도 아니고 어머니도 아니지만, 부모 모두이며, 부모보다 더 사랑하시는 분이 아닌가? 우리는 단지 우리의 관계만을 알 수 있을 뿐이다. 우리는 다른 사람의 관계를 결코 알 수 없다. 내가 나의 형제자매들보다 더 사랑을 받고 있는가? 아니면 덜 사랑받고 있는가? 일단 이런 질문을 하게 되면, 형제자매 사이의 라이벌 관계가 시작될 수밖에 없다. 그러나 **그런 질문은 잘못된 질문이며, 물어서는 안 될 질문이다**. 사랑은 계량할 수 있는 게 아니다. 더하고 덜하고의 문제가 아니다. 야곱은 야곱이며, 언약의 상속자다. 에서는 에서이며, 그 나름의 유산과 축복을 받았다. 언약 백성은 야곱처럼 영혼의 깊은 곳에서 씨름하며, 자신의 얼굴, 이름, 축복을 발견해야 한다. 야곱은 에서와 평화를 찾고, 또한 자신과 평화를 찾기 전에, 자신의 모방 욕망을 극복해야만 했고, 형제자매 사이의 라이벌 의식을 버리고, 자신이 에서가 아니라 이스라엘이라는 사실, 즉 하나님과 씨름하여 결코 그분이 떠나가도록 허락하지 않은 존재라는 사실을 배워야만 했다.

8장

역할 바꾸기

네가 동료의 자리에 서기까지는, 그를 심판하지 말라.

— ≪미슈나≫[1]

요셉과 그 형제들 이야기를 통해, 형제자매 사이의 라이벌 관계는 극적인 드라마가 된다. 오경의 어느 이야기도 요셉과 그 형제들 이야기—창세기의 거의 1/3을 차지한다—보다 더 긴 이야기는 없으며, 또한 이보다 더 촘촘하게 짜여진 이야기도 없다. 위대한 교향곡의 마지막 악장처럼, 이 이야기는 그 앞에 나왔던 모든 긴장에 초점을 맞추고, 그 긴장과 씨름하다가, 결말에 도달한다.[2]

요셉이 마지막 장면에서 형제들을 용서했다고 확신시키는 모습, 즉

1) Mishnah, Avot 2:5.

2) 요셉 이야기에 대한 문학적 분석은 Eric L. Lowenthal, *The Joseph Narrative in Genesis*, New York, KTAV, 1973; Uriel Simon, *Joseph and his Brothers: A Story of Change*, trans. David Louvish, Ramat Gan, Isreal, Lookstein Center, 2002; James L. Kugel, *In Potiphar's House: The Interpretive Life of Biblical Texts*, Cambridge, MA, Harvard University Press, 1994를 보라.

“두려워하지 마십시오. 내가 하나님을 대신하기라도 하겠습니까? 형님들은 나를 해치려고 하였지만, 하나님은 오히려 그것을 선하게 바꾸셨습니다”(창 50:19-20)라고 말하는 장면은 창세기의 예상치 못했던 평온한 결말이다. 되돌아보면, 가인이 아벨을 죽인 이야기로 시작하는 창세기 전체가 이 결말에 이르러, 형제들이 갈등을 해소하고 화해하는 것이 무엇인지, 서로 용서할 공간을 만드는 것이 어떤 것인지를 배우게 되는 것처럼 보인다. 이제야 비로소 창세기 이야기는 출애굽기를 향해 나아갈 수 있게 되었다. 창세기는 언약을 맺은 **가족**의 탄생에 관한 것이었다. 출애굽기는 언약을 맺은 **민족**의 탄생에 관한 것이다. 창세기에서 분명히 밝히지는 않지만 암묵적인 메시지는, 가족이 평화롭게 살기 전까지는 민족이 태어날 수 없다는 것이다.

요셉 이야기는 다른 이야기들보다 더 긴 이야기일 뿐 아니라, 중요한 의미에서 다른 이야기이기도 하다. 이삭과 이스마엘의 경우에는, 하나님과 사라가 선택했다. 야곱과 에서의 경우에는 리브가가 선택했다. 두 경우 모두에서 아버지는 맏아들에게 애착심을 가졌다. 즉 아브라함은 이스마엘에게, 이삭은 에서에게 더 마음을 쏟았다. 그러나 요셉 이야기에서는 그 역할이 뒤바뀐다. 이번에는 야곱이 막내아들을 사랑한다. 실제로 야곱은 세 차례나 동생을 편애한다. 즉 언니 레아보다 라헬을, 형들보다 요셉을, 요셉의 자녀들 가운데 므낫세보다 어린 에브라임을 편애한다. 야곱의 인생 전체는 편애하는 위험성 위에서 줄타기를 하며, 그로 인해 슬픔을 겪는 인생이다.

요셉 이야기는 창세기에서 형제자매 사이의 라이벌 관계와 그 결과에 관해 가장 진지하게 살피는 이야기다. 그런 이유는 그 이야기 전개 기술 때문이다. 하나님은 이제까지 행동의 전면에 계셨지만, 여기서는 뒤로 물러나심으로써 우리로 하여금 그 인간적 드라마가 펼쳐지는 것에 초점을 맞추도록 허락하신다. 요셉 이야기는 긴장감이 넘치며, 우리의 마음을 사로잡는다. 즉 맹목적으로 사랑하는 아버지, 응석받이 아들, 부러워하는 형들, 질투심이 어디로 튈지 알 수 없는 결말 등이 그렇게 만든다. 오경의 어떤 구절도 그처럼 문학적으로 구성된 것이 없으며, 소설처럼 읽히는 것도 없다. 그것은 우연이 아니다. 성서에서는 형식이 기능을 뒤따르기 때문이다. 이제까지 형제자매 사이의 라이벌 관계에 대한 드라마를 여러 개 들려준 다음에, 이제는 우리를 초대하여 그 주제를 더 깊이 이해하도록 초대한다. 그 초대하는 방식은 그 등장인물들과 동일시하도록 만들고, 그들의 감정을 강조하며, 한 아이를 다른 형제들보다 더 편애할 때 어떻게 잘못되는지를 이해하도록 만드는 방식이다. 하나님은 부재하시지 않는다. 그와는 반대로, 이 이야기에서처럼 하나님이 행동을 빈틈없이 통제하시는 이야기가 없지만, 항상 에두르는 방식이다. 즉 여기서는 꿈을 통해서, 저기서는 편리하게 낯선 사람을 배치하심으로써, 요셉이 그 모든 행동에서 성공하도록 만드시고, 그에게 타인들의 꿈을 해석할 능력을 주신다. 그 감정들은 너무나 인간적이지만, 그 결과는 하나님이 하신 일이다.

그리고 그런 일이 벌어지는 것은 사랑 때문이다. 우리는 창세기 어디에서도 아브라함이 사라를 사랑했다는 말을 듣지 못한다. 이삭이 리브가를 사랑했다는 말은 딱 한 번 나온다.[3] 야곱이 라헬을 사랑했다는 말은 **세 번** 나오며,[4] 또한 야곱이 요셉을 사랑했다는 말도 세 번 나온다.[5]

---

3) 창 24:67.

4) 창 29:18, 20, 30.

5) 창 37:3, 4; 44:20.

히브리성서는 사랑의 책이다. 즉 "너희는 마음을 다하고 뜻을 다하고 힘을 다하여, 주 너희의 하나님을 사랑하여라"(신 6:5), "너는 너의 이웃을 네 몸처럼 사랑하여라"(레 19:18), 그리고 "너희와 함께 사는 그 외국인 나그네를 … 너희의 몸과 같이 사랑하여라"(레 19:34)는 말씀이 그 사실을 증언한다. 그러나 사랑에 문제가 없는 것은 아니다. 한 사람을 사랑하고 다른 사람을 사랑하지 않거나, 다른 사람보다 한 사람을 더 사랑하면, 긴장관계를 초래하여 폭력으로 치달을 수 있다. 창세기의 어느 등장인물보다 더 야곱은 사랑하지만, 그 결과는 레아와 라헬 사이의 갈등이었고, 또한 요셉과 그 형들 사이의 갈등이었다. 창세기의 메시지는 사랑이 필요하지만 충분한 것은 아니라는 점이다. 사랑을 받지 못한다고 느끼는 사람들에 대한 민감성이 필요하다.

*

요셉 이야기는 불길한 말로 시작되는데, 번역본에서는 그 불길함이 잘 드러나지 않는다. "야곱은 자기 아버지가 유랑했던[*megurei aviv*] 땅에서 거주했다[*vayeshev*]"(창 37:1). "거주한다"(to dwell)는 동사와 "유랑한다"(to sojourn)는 동사 사이의 대조, 즉 안전하게 사는 것과 불안전하게 사는 것 사이에 대조되는 것은, 야곱이 원했던 것이 아브라함과 이삭이 갖지 못했던 평온함이었음을 암시한다. 야곱은 두 번 도망쳤었다. 한 번은 형 에서로부터, 또 한 번은 장인 라반으로부터 도망쳤었기 때문에, 그는 조용한 삶을 원했다. 그러나 그는 그런 삶을 누리지 못할 것이다. 현자들이 말한 것처럼 "야곱은 평화롭게 살고 싶어 했지만, 곧바로 그에게 닥친 일은 요셉이라는 폭풍이었다."6)

성서는 불과 몇 번의 능란한 붓질로 그 가족 안의 긴장상태를 그려낸다. 야곱은 열두 아들 가운데 막내인 요셉을 사랑한다. 본문에 나오는 그 이유는 요셉이 "늘그막에 얻은 아들"(37:3)이기 때문이다. 더 중요한 것으로서 본문에 나오지 않는 이유는 요셉이야말로 야곱이 사랑하는 아내 라헬의 아들이기 때문이다. 우리가 요셉을 처음 보게 되는 장면은 야곱의 첩들인 빌하와 실바가 낳은 아들들과 함께 양을 치는 장면이다. 이미 그 장면에는 레아의 아들들과 요셉 사이의 긴장이 느껴진다. 그들은 서로 거리를 두고 있다.

세 가지 사건들이 그 갈등을 더욱 키웠다. 첫째는 요셉이 형들의 "허물"을 아버지에게 일러바치곤 했다(37:2). 그는 이야기를 꼬치꼬치 말했다. 두 번째는 아버지가 편애하는 가시적 표시로서 "그에게 화려한 색동옷"을 지어 입힌 것이다(37:3). 이것은 요셉의 형들에게 지속적인 자극제로 작용했다. 세 번째는 요셉이 꿈을 꾼 것이다. 처음 꿈은 형들이 쌓은 곡식단이 요셉의 곡식단에게 절을 하는 꿈이었고, 그 다음의 꿈은 해와 달과 별들이 요셉에게 절을 하는 꿈이었다. 설상가상으로 요셉은 형들에게 자기의 꿈 이야기를 들려주었다. 이 단계에서 우리는 아직 그 꿈들이 미래에 대한 조짐인지, 아니면 단지 아이의 겁 없는 야심에 불과한 것인지 알지 못한다. 이 지점에서 성서는 그 애매함을 해결할 어떤 정보도 주지 않는다. 훨씬 뒤에 가서야(41:32) 비로소 우리는 그처럼 반복된 꿈이 하나님의 예언이었음을 깨닫게 된다. 우리가 처음부터 이것을 알았다면, 요셉 이야기에는 긴장이 없을 것이며, 우리로 하여금 그 갈등의 양편 모두와 동일시하지도 않을 것이다. 이 단계에서 우리는 요셉을 어떻게 평가해야 할지 전혀 알지 못한다. 우리가 아는 것이라곤 그의 형들이

---

6) Rashi, Commentary to Gen. 37:2, on the basis of Genesis Rabbah 84:3.

그를 어떻게 바라보고 있는지에 대한 것뿐이다.

요셉의 아버지는 그를 사랑했지만, 그의 형들은 그를 미워했다. 우리는 이런 사실을 반복해서 들음으로써 점차 더욱 강한 인상이 박히게 된다. 첫째로 "형들은 요셉을 미워하며, 그에게 말 한 마디도 다정스럽게 하는 법이 없었다"(37:4). 서로간의 소통이 끊겼고, 성서에서는 말이 통하지 않을 때 폭력이 뒤따른다. 둘째로, 첫 꿈 이후에 "형들은 그를 더욱더 미워하였다"(37:5). 그리고 두 번째 꿈 이후에는 "그의 형들은 그를 시기하였다"(37:11). 적대감이 매우 뚜렷해졌고, 폭발하기 일보직전이었다.

성서 본문은 사랑과 증오 사이의 뚜렷한 대조를 설정한다. 두 번이나 우리는 야곱이 요셉을 사랑했다는 말, 그리고 두 번이나 그의 형들이 그를 미워했다는 말을 듣게 된다. 형들이 요셉을 미워한 이유는 자신들의 아버지가 요셉을 사랑했기 때문이다. 우리가 다음 장에서 보게 될 것이지만, 한 쌍을 이루는 동사인 "사랑하다"와 "미워하다"가 이미 야곱의 아내들 이야기, 즉 라헬과 레아 자매의 이야기(창 29:30-31) 속에 나왔다. 이것은 매우 중요한 점으로서, 창세기가 탐구하려는 문제의 핵심이다. 창세기가 함축하는 것은 세상을 창조하는 것은 쉽다는 점이다. 창조 이야기는 한 장(창 1:1-2:3)이면 충분하다. 그러나 인간관계를 창조하는 것은 매우 어렵다. 요셉을 향한 야곱의 사랑은 순박하고 인간적이며 자애로운 것이지만, 시기심과 증오를 불러일으키기 때문이다. 이처럼 복잡한 문제와 정직하게 대결하는 것이야말로 창세기를 매우 심원한 종교적 문서로 만드는 것이다. 창세기는 인간의 조건을 단순화시키는 것을 거부한다.

그 클라이맥스는 야곱이, 세겜 근처에서 양떼를 돌보는 형들에게 요셉을 보냄으로써 이루어진다. 처음으로 형제가 집에서 멀리 떨어진 곳에서 함께 어울릴 참이었다. 형들은 요셉이 다가오는 것을 그의 옷을 통해 알아차린다. 본문은 여기서 매우 아이러니하다. "그의 형들은 **멀리서 그를 알아보고서**, 그를 죽여 버리려고, 그가 그들에게 가까이 오기 전에 음모를 꾸몄다"(37:18). 이 문장은 요셉 이야기의 다른 많은 문장들처럼 두 가지 의미를 갖고 있다. 표면적으로는, 말 그대로, 그가 다가오는 것을 보고, 그를 죽일 계획을 세웠다는 뜻이다. 그러나 또 다른 차원에서는 이 문장이 사랑과 증오에 관한 철학적 선언이다. 그들이 형제살해를 모의할 수 있었던 것은 그의 형들이 "멀리서 그를 알아본" 때문이다.[7] 그들은 그가 가까이 다가오는 걸 허락하지 않았다. 그는 사람이라기보다는 위협이었다. 그들은 요셉의 옷을 알아볼 수 있었지만, 엠마누엘 레비나스의 용어로 말하자면, 그들은 아직 그의 "얼굴"을 볼 수 없었을 뿐 아니라, 그가 한 사람으로서 별개의 인격체라는 것을 볼 수 없었다.[8] 물리적으로 거리를 둔 상태에서 그들은 그가 감정적으로 가까이 다가오는 걸 허락하지 않았다는 말이다.

실제로 본문에 이런 두 가지 의미가 있는지 의심이 들 때, 다음 절은 그 의심을 없애준다. 형들은 "자, 저 녀석을 죽여서, 아무 구덩이에나 던져 넣고, … **그리고 그 녀석의 꿈이 어떻게 되나 보자**"(37:20)라고 말한다. 여기서 그 아이러니는 더없이 명백하다. 형들이 한 말은 자기들에게는 하나의 뜻을 갖고 있지만, 우리 독자들에게는 반대의 뜻을 갖고 있다.[9] 일단 요셉 이야기의 끝까지 읽고 난 다음, 처음부터 다시 읽게 되

7) R. Hayyim of Kossov, Torah Hayyim to Gen. 37:18.

8) 앞장의 각주 6번을 보라.

9) Rash, Commentary to Gen. 37:20. Rash는 형들의 이 말은 "거룩한 영"이 한 말로 본다. 고전적 유대인 주석가들은 아이러니라는 개념에 익숙하지 않았다. 성서에서 아이러니의 사용에 관한 책은 Edwin M. Good, *Irony in the*

면, 꿈꾸는 사람을 죽여버림으로써 그 꿈을 좌절시키려 했던 행동 자체가 결국에는 그 꿈을 성취하게 만든 사건의 시작이라는 사실을 깨닫게 된다. 우리는 여기서 오이디푸스 이야기에 상응하는 히브리적 이야기, 즉 오이디푸스의 아버지 라이우스가 델피 신탁을 통해서 자기 아들에게 살해당할 거라는 말을 듣는 것과 같은 장면을 본다. 그걸 막기 위해 라이우스는 아기 오이디푸스를 죽이려고 그를 바위에 못 박았다. 이 행동 역시 그 신탁이 성취되도록 이끄는 사건들의 순서에서 첫 번째 사건이었다. 이런 아이러니는 두 경우 모두에서 똑같다. 차이점은 그리스의 오이디푸스 이야기는 비극인 데 반해, 성서의 요셉 이야기는 비극이 아니라는 점이다.

이 시점부터 이야기는 빠르게 전개되어 몇 차례 운명이 전혀 예상하지 못한 방식으로 뒤바뀐다. 맏형 르우벤이 설득하여, 요셉을 죽이지는 않고, 대신에 우물 구덩이에 던져 죽게 내버려둔다. (르우벤은 나중에 그를 구출할 의도였지만, 결국 그럴 기회를 잃어버린다). 유다가 요셉을 노예로 팔아버리자고 제안하여, 요셉은 이집트로 끌려간다. 거기서 그는 파라오의 경호대장이었던 보디발의 집에서 최고 관리자가 된다. 보디발의 아내는 요셉에게 흑심을 품지만, 그는 주인을 배신하지 않는다. 대신에 그가 배신을 당한다. 그가 강간하려 했다고 보디발의 아내가 고발한 것이다. 그는 감옥에 던져졌고, 또다시 행정가로서의 능력을 보여준다.

그는 또한 꿈을 해몽하는 사람이 되어, 동료 죄수들 두 사람인 파라오의 술잔 책임자와 빵 굽는 책임자의 꿈을 해몽해주는 데 성공한다. 2년 후에 파라오 자신이 두 차례 이상한 꿈을 꾼다. 꿈 때문에 뒤숭숭해

Old Testament, Philadelphia, Westminster Press, 1965를 보라.

진 파라오는 궁정의 마술사들에게 그 꿈의 의미를 설명하라고 요구하지만, 그들의 설명에 만족하지 못한다. 이 시점에서 왕의 술잔 책임자가 다시 직책에 회복된 상태에서, 요셉을 기억해낸다. 요셉은 감옥에서 나와 파라오에게 이치에 닿는 해몽을 들려준다. 그 해몽은 7년 동안 풍년이 든 다음에 7년 동안 기근이 들 거라는 것이었다. 요셉은 계속해서 그 해결책을 제시한다. 풍년이 든 동안 수확물의 1/5을 걷어 창고에 보관했다가, 가뭄이 들 때 식량으로 사용하면 된다는 것이다.

큰 인상을 받은 파라오는 요셉을 총리로 임명하고, 왕궁의 옷을 입히고, 그에게 "사브낫바네아"라는 이름을 지어준다. 요셉은 이집트 제사장의 딸 아스낫과 결혼한다. 풍년이 들고 이어서 가뭄이 시작된다. 한편, 야곱은 가나안 땅에 기근이 들자, 아들 열 명을 이집트에 보내 식량을 사오도록 한다. 그들은 거기서 이집트의 경제를 책임지고 있는 사람 앞에 나아가 절을 한다. 그는 그들에게 자기가 오랜 세월 헤어졌던 요셉임을 밝히고, 나머지 식구들을 이집트에 데려오도록 요청한다. 그들이 도착하여 야곱은 사랑하는 아들 요셉과 재회한다. 그 가족은 요셉의 보호 아래 이집트에 정착한다.

여기서 이야기는 끝난다. 요셉의 꿈은 이루어졌다. 그는 높은 자리에 올랐다. 그가 꿈에서 미리 보았던 것처럼, 그의 가족은 그에게 절을 했다. 아버지의 사랑에서만이 아니라 세상적인 신분에서도 동생은 성공했지만, 형들은 성공하지 못했다. 우리는 이것을 통해 또 하나의 전형적인 밀어내기 이야기를 본다. 단지 예외인 것은 이것이 전혀 그런 이야기가 아니라는 점이다. 만일 성서가 이야기의 인습을 따랐다면, 그처럼 동생이 형을 밀어내는 이야기였을 것이다. 그러나 성서는 그런 인습을 따르지 않는다. 대신에 성서는 심원한 도덕적 이유에서 그런 밀어내기 이야기를 전복시킨다. 이것을 요셉 이야기, 즉 형제자매 사이의 라이벌 관계를 가장 마지막으로 또한 가장 명백하게 다룬 요셉 이야기보다 더 교묘하게 전개한 이야기는 없다.

*

요셉의 형들이 이집트에 도착했을 때 실제로 벌어진 일은 전혀 우리의 생각과는 반대로 전개된다.

> 그때에 요셉은 나라의 총리가 되어서, 세상의 모든 백성에게 곡식을 파는 책임을 맡고 있었다. 요셉의 형들은 거기에 이르러서, 얼굴을 땅에 대고 엎드려, 요셉에게 절을 하였다. 요셉은 그들을 보자마자, 곧바로 그들이 형들임을 알았다[*vayakirem*]. 그러나 짐짓 모르는 체하고[*vayitnaker*], 그들에게 엄하게 물었다. "너희는 어디에서 왔느냐?" 그들이 대답하였다. "먹을거리를 사려고, 가나안 땅에서 왔습니다." 요셉은 형들을 알아보았으나[*hikir*], 형들은 요셉을 알아보지 못하였다[*hikiruhu*]. (창 42:6-8)

이것은 예상하지 못했던 것이다. 이야기는 거의 끝나가고 있다. 요셉은 통치자가 되었다. 그의 형제들은 그에게 절을 했다. 남은 문제는 요셉의 아버지 야곱과 요셉의 막내 동생 베냐민을 이집트로 데려오는 것이었다. 그들이 이집트에서 요셉에게 절을 하면, 요셉 이야기의 처음에서 미리 선언되었던 것이 완결될 것이다. 이제까지 이야기가 전개된 것으로 볼 때, 우리는 이런 일이 벌어질 거라고 예상할 수밖에 없다.

그러나 그런 일은 벌어지지 않는다. 대신에 요셉은 자기 형들이 간첩이라고 죄를 뒤집어씌운다. 요셉은 형들을 사흘 동안 감옥에 가둔다. 그리고 형들이 식량을 사러 왔다는 것을 증명하기 위해 막내아우(베냐민)를 데려오도록 만든다. 이것은 비논리적이다. 다른 형제가 있는지 없는지 하는 문제는 간첩과 아무 관계가 없기 때문이다. 실제로 그들이 막내아우를 데려온다고 해서, 이집트 통치자가 그가 그들의 동생인지 아닌지를 확인할 수는 없을 것이다. 그래서 그런 요청이 이상하다고 생각한 형들은 의심을 품게 된다. 그들은 자기들이 곤경에 처했음을 알게 된다. 형제들 중에 시므온이 인질로 감옥에 남게 된다. 돌아가는 길에 그들은 자신들이 곡식을 사려고 지불했던 은전이 자루 속에 남아 있는 걸 발견한다. 그들은 두려워 떨면서, "하나님이 어찌하여 우리에게 이런 일을 하셨는가!"(42:28)라고 한탄한다.

그들은 야곱에게 돌아가 무슨 일이 있었는지를 말한다. 불길한 예감이 든다. 야곱은 이제 아들 둘을 잃었고, 더 이상 그 형제들을 신뢰하지 않게 된다. 베냐민을 이집트로 데려오라는 요구는 야곱의 가장 예민한 신경을 건드리는 것이었다. 베냐민은 야곱이 사랑했던 라헬의 유복자였기 때문이다. 라헬은 그를 낳다가 죽었다. 어떻게 그를 데려가 그마저 잃어버릴 위험을 무릅쓰겠는가? 그러나 기근 때문에 굶어죽게 생겼는데, 어떻게 그를 못 가게 한단 말인가? 르우벤은 자기 아들 두 명을 인질로 아버지에게 남겨놓고 떠나겠다고 제안하지만, 야곱은 쓸데없는 제안으로 보아 거절한다. 결국 유다가 베냐민의 안전한 귀향을 책임지겠다고 말해서, 야곱이 동의하고, 그들은 식량을 구하러 이집트로 떠난다.

그들이 이집트에 도착한다. 그들을 본 요셉은 관리인을 시켜 그들을 자신의 집으로 모시게 한다. 그들은 어떤 불행이 기다리는 것으로 의심하고 겁에 질린다. 그러나 요셉은 그들을 특별히 대접한다. 시므온도 감옥에서 나와 다시 함께 한다. 그들은 식사를 하고 곡식을 산 후에 떠난다. 그러나 그들이 그 도시를 떠나자마자, 그들이 은잔을 훔쳤다는 이유로 요셉의 관리인이 그들을 붙잡는다. (그 은잔은 요셉의 지시로 그들의 자루 속에 넣었던 것이다). 그는 그들의 자루를 하나씩 뒤져서 마침내 베냐민의 자루 속에서 은잔을 찾아낸다. 그들은 수치스럽게 다시 왕궁으로 끌려가게 되고, 그들 모두가 이제 요셉의 종이 되겠다고 말한다. 그러나 요셉은 "그렇게까지 할 것은 없다. 이 잔을 가지고 있다가 들킨 그 사람만 나의 종이 되고, 나머지는 평안히 너희 아버지께로 돌아가거라" (44:17) 하고 말한다. 이것은 위기의 순간이다. 유다는 열정적이며 유창한 말로써, 베냐민을 두고는 고향에 돌아갈 수 없다고 말한다. 자신이 그의 안전한 귀향을 보장했으며, 또한 아버지 야곱이 베냐민을 너무 사랑해서, 그를 데려가지 못한다면, 아버지가 죽게 될 거라고 말한다. "그러니, 저 아이 대신에 소인을 주인 어른의 종으로 삼아 여기에 머물러 있게 해주시고, 저 아이는 그의 형들과 함께 돌려보내 주시기를 바랍니다" (44:33). 이 순간에 요셉은 마침내 자신의 정체를 밝힌다. 형들은 놀라움에 할 말을 잃었지만, 요셉은 형들이 죄의식을 느낄 필요가 없다고 주장한다.

> "내가 형님들이 이집트로 팔아넘긴 그 아우입니다. 그러나 이제는 걱정하지 마십시오. 자책하지도 마십시오. 형님들이 나를 이곳에 팔아넘기긴 하였습니다만, 그것은 하나님이, 형님들보다 앞서서 나를 여기에 보내셔서, 우리의 목숨을 살려 주시려고 그렇게 하신 것입니다. 이 땅에 흉년이 든 지 이태가 됩니다. 앞으로도 다섯 해 동안은, 밭을 갈지도 못하고, 거두지도 못합니다. 하나님이 나를 형님들보다

앞서서 보내신 것은, 하나님이 크나큰 구원을 베푸셔서 형님들의 목숨을 지켜 주시는 것이고, 또 형님들의 자손을 이 세상에 살아남게 하시려는 것입니다. 그러므로 실제로 나를 이리로 보낸 것은, 형님들이 아니라, 하나님이십니다. 하나님이 나를 이리로 보내셔서, 파라오의 아버지가 되게 하시고, 파라오의 온 집안의 최고의 어른이 되게 하시고, 이집트 온 땅의 통치자로 세우신 것입니다." (45:4-8)

이처럼 이야기가 갑자기 이상하게 반전을 일으키는 것은 무슨 뜻인가? 왜 요셉은 자신의 은잔을 베냐민의 자루 속에 넣게 만든 후, 형들에게 그 죄를 뒤집어씌웠는가? 그런 속임수와 계략은 왜 꾸몄는가? 왜 요셉은 형들에게 강제로 베냐민을 데려오도록 만들었는가? 그것은 이야기에서 어떤 의미가 있으며, 우리가 알 필요가 있는 무엇을 말해주는가? 그런 계략은 요셉의 꿈이 더 빨리 이루어지게 만들기보다는 더 늦어지도록 만들고 있기 때문이다.

우선 떠오르는 생각은 요셉의 복수극이라는 생각이다. 그러나 본문은 그런 생각을 완전히 배제한다. 그 계략의 모든 단계에서 요셉이 울기 때문이다. 그는 첫 만남에서(42:24), 두 번째 만남에서(43:30), 그리고 세 번째로, 유다의 말이 끝나자 운다(45:2). 복수를 감행하는 사람은 울지 않는다. 요셉이 하고 있는 일은 개인적으로 고통스럽지만 도덕적으로 필수적인 일이었다. 그가 형들에게 자신의 정체를 밝히는 순간에 드러나듯이, 요셉은 형들에 대해 어떠한 원한도 없다. 그는 형들을 용서했기 때문이다. 그렇다면 도대체 왜 요셉은 형들로 하여금 그런 공포와 시련을 거치도록 만들었는가?

*

나는 2장에서 폭력의 원천은 우리가 집단으로 존재할 필요성 때문이라고, 그래서 내부 집단에 대한 이타주의와 외부 집단에 대한 적대감이 생긴다고 주장했다. 이것의 병적인 형태는, 우리가 3장에서 살펴본 것처럼, 인간을 빛의 자녀들과 어둠의 자식들, 즉 한 편은 완전히 선하고, 다른 편은 완전히 악한 자들로 나누는 이원론이다. 따라서 이런 이원론을 무너뜨릴 수 있는 유일한 도덕은 역할을 뒤바꾸는 것이다. 당신이 중세시대의 십자군이거나 1939년의 독일인으로서, 유대인 한 사람을 보았다고 상상해보라. 삶을 변화시키는 가장 좋은 방법은 당신이 다른 편의 입장이 되어보는 것이다.

요셉이 형들로 하여금 겪도록 만든 것은 본질적으로 이런 역할 바꾸기(role reversal)였다. 요셉은 형들이, 매우 고통스럽지만 도덕적으로 변화시키는 역할 바꾸기를 겪도록 만든 것이다. 형들은 요셉의 야심을 의심했다. 이제 형들은 의심을 받는다는 것이 어떤 것인지를 배웠다. 형들은 요셉을 노예로 팔아버릴 계획을 세웠다. 형들은 이제 종살이에 직면한다는 것이 어떤 것인지를 배웠다. 형들은 아버지 야곱으로 하여금 아들을 잃은 슬픔을 겪도록 만들었다. 이제 형들은 또 다시 아버지의 그런 슬픔을 목격해야만 하는데, 이번에는 자신들이 잘못한 때문이 아니었다. 무엇보다도 형들은 자기 동생을 낯선 자로 취급했다. 이제 그들은 그 낯선 자(사브낫바네아라는 이집트 총리)가 실제로는 자기의 동생이라는 것을 배워야만 한다.

이렇게 역할을 바꾸는 데서 관건은 무엇인가? 그 관건이 되는 개념은 성서 전체에 내포되어 있으며, 예언자들의 메시지에서 본질적인 것으로서 요나서에서는 명백하게 드러나 있다. 그러나 그 개념은 제2 성전이 파괴된 후 랍비 시대에 들어와서 비로소 조직적인 성찰 주제가 되었다.

그 개념이 바로 '테슈바'(*teshvah*)인데, 흔히 "회개"라고 번역된다.[10] 그 말의 문자적인 의미는 "돌아서다"는 뜻으로서, 기독교에서는 '메타노이아'(*metanoia*), 이슬람에서는 '타브와'(*tabwa*)이며, 세속적 언어로는 도덕적 변화와 성장이다.

우리는 바울의 편지들, 특히 로마인들에게 보낸 편지에서, 그가 죄의식 현상에 대해 매우 오랫동안 힘들게 씨름했다는 사실을 알고 있다.[11] 바울은 우리가 마땅히 해야 하는 일로 알고 있는 것을 우리가 종종 하지 못한다고 말했다. 몸은 영혼이 원하는 것에 순종하지 않는다. 그 결과는 죄의식으로서, 온통 계명들로 가득한 유대교와 같은 종교에서는 더욱 심하다. 그는 계명이 있다는 사실 자체가 그에 대한 저항을 불러일으킨다고 주장한다. 누군가에게 무엇을 하지 말라고 하면, 그는 즉시 그 일을 하고 싶은 유혹을 받는다는 말이다. 그런 양심의 부담을 지고 어떻게 살 수 있는가?

바울이 내놓은 해결책은 본질적으로 계명 없는 유대교를 구성하는 방법이었다. 즉 몸보다는 영혼의 종교, 행위보다는 믿음의 종교를 구성하는 방법이다. 그러나 유대인 현자들이 내놓았던 해결책은 그와는 다른 것이었다. 분명히 우리는 죄를 짓는다. 우리들 각자는 악에 대한 충동(*yetser*)을 갖고 있다.[12] 그러나 하나님이 가인에게 말씀하셨듯이, "죄가 너의 문에 도사리고 앉아서, 너를 지배하려고 하니, 너는 그 죄를 잘

---

10) Ephraim E. Urbach, *The Sages, their Concepts and Beliefs*, trans. Israel Abrahams, Cambridge, MA, Harvard University Press, 1987, pp. 462-71.

11) 롬 7:7-24을 보라.

12) Urbach, *The Sages*, pp. 47-83; Solomon Schechter, *Aspects of Rabbinic Theology: Major Concepts of the Talmud*, New York, Schocken, 1961, pp. 219-343.

다스려야 한다"(창 4:7). 하나님은 완전함을 요구하지 않으신다. 창세기의 전체 요점은 하나님께서 인간에게 요구하시는 것을 점차 낮추어서, 성자들을 위한 규정이라기보다는 사람들이 살 만한 세상을 요구하시게 되었다는 점이다. 우리가 죄를 지으면, 우리가 할 일은 우리가 죄를 지었다는 사실을 인정하고 양심의 가책을 표현하고, 미래에는 좀 더 나은 행동을 하려고 결심하는 것이다. 한 마디로 말해서 우리가 회개하는 것이다. 이것이 바로 마이모니데스가 회개를 정의한 방식이다.

> 회개란 무엇인가? 죄인이 죄를 포기하고 그 죄를 생각에서 없애버리고, 마음으로 다시는 죄를 짓지 않기로 결심하는 것으로서, "악한 자는 그 길을 버리고, 불의한 자는 그 생각을 버려라"(사 55:7)는 말씀과 같다. … 또한 그가 입으로 고백하고 자기 마음으로 한 결심을 표현하는 것도 필요하다.[13]

회개는 과거에 대한 태도이며 미래를 위한 결심이다. 양심의 가책을 진정으로 보여주는 것은 무엇인가? 그 대답은 "완전한 회개"(*teschuvah gemurah*)라는 개념에 있는데, 그것은 마음의 정결함이 아니라 행동의 변화를 단순히 보여줄 수 있는 것이다. 마이모니데스는 이렇게 설명한다.

> 완전한 회개는 무엇인가? 한 번 저지른 잘못을 반복할 기회가 주어졌을 때, 그 죄를 다시 저지를 수 있음에도 불구하고, 그 행동을 하지 않는 것이다. 왜냐하면 두려움 때문이거나 그 죄를 다시 저지를

13) Maimonides, Mishnah Torah, Teshuvah, 2:2.

힘이 없어서가 아니라, 그가 회개하는 마음이기 때문이다.[14]

완전한 회개는 우리가 똑같은 상황에 처할 때, 다르게 행동하는 것으로 나타난다. 그것이 마음의 변화를 행동으로 나타내는 증거다.

요셉이 형들에게 그런 일들을 겪게 만든 것은 결과적으로 그의 형들이 회개의 경험, 마음의 변화를 거치도록 만드는 것이었다. 그래서 그들의 첫 만남에서 그들을 간첩이라고 고발한 이후에, 형들은 회개의 첫 번째 단계를 거쳐야 했다.

> 그들이 서로 말하였다. "그렇다! 아우의 일로 벌을 받는 것이 분명하다! 아우가 우리에게 살려 달라고 애원할 때에, 그가 그렇게 괴로워하는 것을 보면서도, 우리가 아우의 애원을 들어 주지 않은 것 때문에, 우리가 이제 이런 괴로움을 당하는구나." (창 42:21)

이것은 후회이며 양심의 가책이고 잘못을 고백하는 단계다. 본문은 이 시점에서 요셉이 뒤돌아서서 울었다는 것과 그 형들은 무슨 일이 벌어지는지를 알지 못했다고 덧붙인다. 형들은 이집트 총리가 자기 동생인 줄 몰랐을 뿐 아니라, 그가 자기들의 말을 이해한다는 것도 알지 못했다.

이 장면은 이 드라마의 두 번째 막을 위해 설정된 것이다. 과거에 형들은 자기 동생을 노예로 팔았다. 이제 형들이 다시 똑같은 상황에 처한다면, 어떻게 행동할 것인가? 요셉은 이 장면을 매우 용의주도하게 계획한다. 요셉은 형들이 자기 형제들 중 한 명을 노예로 남겨놓아야만

---

14) Ibid., 2:1.

자유를 살 수 있도록 상황을 만들어야 한다. 그 노예로 남을 자는 형들이 임의로 선택할 수 없다. 그는 형들이 요셉을 질투했듯이, 질투를 받는 사람이어야만 한다. 그래서 요셉은 베냐민, 즉 아버지 야곱이 편애했던 아내 라헬이 낳은 또 다른 아들 베냐민의 자루 속에 은잔을 숨겨놓았던 것이다. 요셉은 또 다른 요소를 덧붙여야만 한다. 오래 전에 형들을 부아가 치밀도록 만든 것은 아버지가 편애한다는 물리적 상징인 화려한 색동옷이었다. 그렇기 때문에, 형들이 베냐민과 이집트로 돌아와 함께 식사할 때, "각 사람이 먹을 것은, 요셉의 상에서 날라다 주었는데, 베냐민에게는 다른 사람보다 다섯 몫이나 더 주었다"(43:34)고 한 것이다.

결과적으로 요셉은 "완전한 회개"를 실험하기 위한 통제 장치를 마련했던 것이다. 베냐민의 자루에서 은잔이 발견되자, 형들은 "우리가 모두 당신의 종이 되겠습니다"라고 말한다. 요셉은 "그렇게까지 할 것은 없다. 이 잔을 가지고 있다가 들킨 그 사람만 나의 종이 되고, 나머지는 평안히 너희 아버지께로 돌아가거라"(44:17) 하고 말한다. 요셉은 만일 형들이 베냐민을 종으로 남겨둘 의지가 있다면 자유롭게 갈 수 있는 기회를 준 것이다. 이것은 시험의 순간이다. 이 순간에 유다가 나서서 자기를 종으로 삼아달라고 간청한 것이 중요한 이유는 애당초 요셉을 (죽이지 말고) 노예로 팔자고 제안했던 것이 유다였기 때문이다(37:26-27). 그의 감동적인 긴 연설이 클라이맥스에 도달하는 것은 그가 "저 아이 대신에 소인을 주인 어른의 종으로 삼아 여기에 머물러 있게 해주시고, 저 아이는 그의 형들과 함께 돌려보내 주시기를 바랍니다"(44:33)라고 말할 때다. 이처럼 똑같은 상황에 처하자 유다가 변했음을, 즉 이제는 자기 동생을 노예로 만들기보다 자기 자신의 자유를 기꺼이 희생할 준비가 되어 있음을 보여주자, 그 시험은 끝나고, 또한 요셉은 자신의 정체를 밝힌다. 유다는 완전한 회개에 필요한 것들을 정확히 완수했기 때문이다.

그래서 요셉은 형들의 죄가 용서받았다고 말할 수 있었다. 요셉은 아버지 야곱이 죽자 두 번째로 그들의 죄가 용서되었다고 말한다. 형들이 두려워했던 것은 요셉이 단지 아버지가 살아 있는 동안까지만 복수를 미루고 있는 것일지도 모른다는 것이었다.[15] 그 때문에 요셉은 장엄한 은총으로 형들에게 이렇게 확신시킨다.

> 두려워하지 마십시오. 내가 하나님을 대신하기라도 하겠습니까? 형님들은 나를 해치려고 하였지만, 하나님은 오히려 그것을 선하게 바꾸셔서, 오늘과 같이, 수많은 사람의 생명을 구원하셨습니다. 그러니 형님들은 두려워하지 마십시오. 내가 형님들을 모시고, 형님들의 자식들을 돌보겠습니다. (50:19-21)

이처럼 화기애애한 말로 창세기는 끝난다.

*

형제자매 사이의 라이벌 관계를 다룬 세 개의 드라마는 모두 화해하는 것으로 끝나는데, 점차 더 깊은 차원에서 화해가 이루어진다. 이삭과 이스마엘의 관계에서 화해는 함축적으로 표현되어 있다. 본문은 단지 그들이 아브라함의 장례식에 함께 했다고만 말한다. 랍비들은 본문의 단서들을 통해 그 이야기의 나머지를 짜맞추어야 했다. 한편 에서와 야

---

15) 과거에 아버지 이삭의 축복을 야곱에게 빼앗긴 에서는 "아버지를 곡할 날이 머지않았으니, 그때가 되면, 동생 야곱을 죽이겠다"(창 27:41)고 말했다. 형제간의 복수는 아버지가 생존해 있는 동안에는 허락되지 않았기 때문이다.

곱의 이야기에서는 두 형제가 만나 서로 친구로 포옹하지만, 그들은 서로 제 갈 길을 간다. 그러나 요셉과 형들의 이야기에서는 전체 화해 과정을 매우 치밀하게 자세히 들려준다. 문제는 **용서**(forgiveness)가 아니다. 형들이 용서를 구하지 않았고 사과하지 않았어도, 요셉은 자신의 정체를 밝히기 오래 전에 이미 형들을 용서했기 때문이다. 문제는 **회개**(repentance)다. 용서는 쉽지만, 성격이 진정으로 바뀌는 회개는 어렵다. 그러나 성서의 비전은 회개를 통한 도덕적 성장에 관한 것이다.

하나님은 인간을 "당신의 형상"으로 만드심으로써 우리에게 자유를 주셨다. 우리가 선을 행할 수 있는 자유는 악을 행할 수 있는 자유도 수반할 수밖에 없다. 창세기 앞부분에서 우리는 하나님의 고통과 실망을 느끼게 된다. 처음에는 아담과 하와, 그 다음에는 가인, 그리고 홍수를 당한 세대는 자신들의 자유를 통해 하나님의 질서를 혼돈으로 만들기 때문이다. 그러나 하나님이 호모사피엔스에게 자유를 주지 않고 창조하실 수도 있었다는 암시는 결코 찾아볼 수 없다. 자유의 하나님은 자유로운 인간의 자유로운 예배를 원하시기 때문이다. 하나님이 자신을 찬양하도록 수십억 개의 컴퓨터를 만드실 수도 있었을 것이라는 생각은 터무니없다. 오직 자유를 지닌 존재만이 참된 "타자"이며, 타자의 자유와 존엄성은 하나님의 프로젝트에서 핵심이다.

인간의 자유보다 더 자주, 더 다양하게 부정되는 것은 없다. 운명과 팔자, 즉 그리스인들이 말하는 '아난케'(*ananke*)라는 것이 신들의 손이나 별들에게 달려 있다는 생각은 태초부터 사람들이 주장해왔던 것이다. 나중에는 인간의 운명을 하나님의 예정 탓이라거나(칼뱅), 물리적 결정론(스피노자), 아니면 경제적 힘(마르크스), 아동 초기의 경험(프로이트), 유전적 요소들(네오다위니즘) 탓으로 돌렸다. 이와는 반대로 히브리성서는 만일 우리의 행동이 우리가 통제할 수 없는 원인들의 결과에 불과한 것이라면, 우리는 비극적으로 만들어진 세상에 살고 있는 것이며, 또한 시간이란 영원히 반복되는 순환에 불과한 것이 된다고 주장한다. 그런 결정론에 맞서서 성서는 자유에 대한 믿음, 곧 하나님에 대한 믿음을 단언한다. 우리가 변할 수 있다면, 미래는 과거의 행동이 반복될 것으로 결정된 것이 아니다. 회개는 우리가 변할 수 있다는 증거다. 베냐민이 집으로 돌아갈 수 있도록 자신의 자유를 희생하겠다고 한 유다는 22년 전의 유다가 아니었다. 우리가 스스로 변할 수 있다면, 우리는 함께 세상을 변화시킬 수 있다. 히브리성서는 인간의 자유에 대한 인류의 열쇠로서, 하나님에 대한 인간의 믿음 이야기를 전해주는 것을 넘어서, 인류에 대한 하나님의 믿음 이야기를 전해준다.

요셉 이야기는, 형제자매 사이의 라이벌 관계가 인간의 대본 속에 영원히 지울 수 없는 것으로 결정된 것이 아니라는 점을 보여주는 것으로 끝난다. 우리는 변할 수 있으며, 회개하고 성장할 수 있다. 요셉의 형들은 또 다시 베냐민을 (과거에 요셉을 팔았던 것처럼) 노예로 만들지 않겠다는 것을 보여줌으로써 자신들이 변했음을 입증했다. 요셉은 화해의 행동으로써, 자신이 더 이상 과거의 노예가 아니며 형들에 대한 원한이 없음을 보여주었다. 요셉이 "형님들은 나를 해치려고 하였지만, 하나님은 오히려 그것을 선하게 바꾸셨습니다"라고 말한 것은 역사를 새로운 틀 속에서 바라보는 종교적 비전의 능력을 보여준다. 그 비전은 복수와 보복의 폭력으로부터 우리를 해방시키는 비전이다. 그렇다면 진정한 의미에서 자유는 서로 다른 미래 사이에서 선택할 수 있는 우리의 능력 너머로 확장시킨다. 자유는 과거에 대한 우리의 이해를 새롭게 구성함으로써 고통의 유산을 치유하는 자유를 포함한다. 이런 점이 매우 중요한 이유는 유대교, 기독교, 이슬람 사이의 형제자매간 라이벌 관계 때문이다. 과거가 미래를 지시하지 않는다. 그와는 반대로, 미래에 화해를 이루는 것은 적어도 어느 정도까지는 소급해서 과거를 구원할 수 있다.

창세기의 매우 체계적인 구조 안에서 요셉 이야기가 차지하는 길이와 무게는 단지 그 세대만의 갈등이 아니라, 그 이전의 모든 갈등을 해소하고 있음을 증언한다. 창세기는 실수에 관한 이야기이며, 또한 실수로부터 배워 우리가 변할 수 있음을 발견하는 것에 관한 이야기다. 야곱이 이것을 발견한 것은 천사와 밤새 씨름한 이후였다. 야곱의 아들들이 이것을 발견한 것은 오랜 긴장과 두려움 이후였다. 그런 배움을 통해, 그 형제들은 성서의 가장 위대한 주제, 즉 희망의 이름으로 비극을 극복하는 주제를 행동으로 보여준다.

그런 일이 벌어지는 것은 역할 바꾸기 때문이다. 인간의 의식에서 가장 근본적인 사실은 내가 타인의 고통을 느낄 수 없다는 점이다. 나는 오직 나의 고통만 느낄 수 있다. 이 때문에 인간은 세상을 형제들과 타인들, 친족과 비친족, 친구와 이방인, 내가 속한 "우리"와 내가 속하지 않은 "그들"과 타자로 나누는 경향이 있다. 이 때문에 언약의 가족인 이스라엘의 자녀들은 이집트에서 하나의 노예 민족으로서의 집단생활로 시작함으로써, 내면으로부터 다른 편이 된다는 것이 어떤 것인지를 배우게 된 것이다.

이것이 바로 요셉이 그의 형들이 겪도록 만든 것이다. 요셉은 역할 바꾸기를 통해 그들에게 타자됨을 교육시키고 있다. 요셉 자신이 노예로 팔려 고향에서부터 멀리 떨어진 낯선 땅에서 겪었던 것을 형들도 겪도록 만든 것이다. 이것은 복수가 아니다. 왜냐하면 요셉은 복수를 원하지도 않았고, 필요로 하지도 않았기 때문이다. 그것은 오히려 형들이 가해자가 아니라 희생자로서, 다른 편에 속한다는 것이 어떤 억울함이었는지를 이해할 수 있는 유일한 길이었다. 그것은 회개에 반드시 필요한 서막이며, 그 자체는 우리가 자유하다는 가장 분명한 증거였다. 가인이 살인을 자행할 수 있었던 이유는 “제가 아우를 지키는 사람입니까?”라고 말했기 때문이다. 그는 아벨의 고통을 느끼지 못한다. 그는 단지 자신의 예물이 거절됨으로써 받게 된 고통만을 느낄 따름이다. **우리가 악을 자행하지 않을 수 있는 방법을 배우는 것은 희생자의 관점에서 사건을 경험할 때다.** 유다가 자기 아우 베냐민을 지키는 사람이라는 것을 보여준 그의 회개는 자신이 과거에 지은 죄뿐 아니라 가인의 죄도 용서받게 만든다.

*

요셉 이야기에서는 탁월한 문학적 솜씨를 볼 수 있는데, 번역된 성서 본문을 통해서는 전혀 파악할 수 없다. 그것은 앞에 인용한 중요한 장면, 즉 형들이 처음으로 요셉 앞에 나아와, 그가 누구인 줄 모른 채 그냥 이집트인인 줄로 알았을 때 나온다. 거기에는 **모순어**(contronym)라는 희귀한 언어적 현상이 나오는데, 그것은 한 단어가 두 가지 서로 모순되는 의미를 갖는 것이다. 영어로 ‘sanction’이라는 말은 ‘허락’과 ‘금지’라는 두 가지 의미를 뜻한다. ‘fast’라는 말은 ‘움직일 수 없게 고정되었다’는 뜻이거나 ‘재빨리 움직인다’는 뜻이다. ‘cleave’라는 말은 ‘둘로 쪼개다’는 뜻이거나 ‘하나로 결합시킨다’는 뜻일 수 있다.[16] 히브리어에서는 어근 *n-k-r*이 모순어다. 이 단어는 ‘알아차리다’는 뜻이거나 그와 반대로 알아볼 수 없는 ‘낯선 자’를 뜻할 수 있다.

---

16) 나는 이런 사례들을 Bill Bryson, *Mother Tongue*, London, Penguin, 1991, p. 63에서 배웠다.

우리가 위에 인용한 본문을 다시 읽어보면, 그 두 절에 *n-k-r*이라는 어근이 네 번 사용된 것을 알 수 있는데, 세 번은 알아차렸다는 의미로, 또 한 번은 알아보지 못한다는 뜻으로 사용되었다. "요셉은 형들을 **알아보았으나** 형들은 그를 **알아보지 못했다**"와 "요셉은 그들을 **알아보았지만 낯선 사람처럼 행동했다**."

이 모순어의 힘은 매우 강렬하다. 창세기의 중심 질문은 "인간은 친구들인가 아니면 낯선 자들인가, 형제들인가 아니면 타자들인가?"이다. 이 질문은 인간의 첫 자녀들인 가인과 아벨 이후, 우리의 의식을 계속 두드리는 질문이다. 유다는 요셉을 팔아버리자고 제안하면서 끔찍하게 아이러니한 말을 한다. "자, 우리는 그 아이에게 손을 대지는 말고, 차라리 그 아이를 이스마엘 사람들에게 팔아넘기자. **아무래도 그 아이는 우리의 형제요**, 우리의 피붙이이다"(37:27). 이것은 가인이 "제가 아우를 지키는 사람입니까?"라고 말한 것과 비슷하다. 창세기는 가장 깊은 의미에서 알아차림과 알아차리지 못함에 관한 것, 즉 타인을 위협으로 볼 것이 아니라 타인의 존엄성을 기꺼이 인정할 마음에 관한 것이다.

요셉의 아이러니는 그의 형들이 이집트에서 요셉을 자기 동생으로 알아차리지 못한 것이다. **형들은 요셉을 단지 낯선 자로만 보았다**. 이집트의 관직 의복을 입은 총리로만 보았으며, 그가 자기들의 언어를 말할 수는 없을 것으로 생각했다. 마침내 요셉은 형들로 하여금 형제가 낯선 자가 될 수 있는 것처럼("멀리 떨어져" 거리를 유지할 때), 낯선 자도 형제가 될 수 있음을 인정할 수밖에 없도록 만들었다.

이처럼 동사 *n-k-r*의 이중적 의미는 창세기 전체의 극적인 갈등이 결국 알아차림과 알아차리지 못함, 가까움과 거리에 대한 지속적 탐구였음을 드러낸다. 그것은 우리가 타인의 목소리에 귀를 기울일 수만 있다면, 피부색과 상관없이 우리가 형제자매들이라는 사실, 부모이신 하나님 아래 가족을 이루고 있는 구성원들이라는 사실을 발견할 것임을 말해준다. 타인들이 형제가 되고 갈등이 화해로 변화될 때, 우리는 가족으로서의 사회로 가는 여정을 시작한 것이며, 또한 구원의 드라마가 시작된다.

9장

배척을 배척하다

주님은, 주님을 부르는 모든 사람에게 가까이 계시고,
진심으로 부르는 사람에게 가까이 계신다.

— 시편 145:18

히브리성서는 읽는 책이라기보다 듣도록 만들어진 문서였다. 성서는 구전전승이 문서화되던 중대한 분기점에서 만들어졌다. 성서가 처음 기록된 것은 알파벳이 만들어진 지 얼마 지나지 않아서였다. 세계 최초의 알파벳은 셈족어 알파벳이었다.[1)] '알파벳'이라는 말 자체도 히브리어의

1) David Diringer, *Writing*, New York, Praeger, 1962; *The Alphabet: A Key to the History of Mankind*, New York, Funk & Wagnalls, 1968; *The Story of the Aleph Beth*, New York, Yoseloff, 1958; Robert K. Logan, *The Alphabet Effect: A Media Ecology Understanding of the Making of Western Civilization*, Cresskill, NJ, Hampton Press, 2004; John Man, *Alpha Beta: How our Alphabet Changed the Western World*, London, Headline, 2000; David Sacks, *The Alphabet: Unravelling the Mystery of the Alphabet from A to Z*, London, Hutchinson, 2003. 히브리어 철자에 대해서는 MarcAlain Quaknin, *Mysteries of the Alphabet: The Origins of Writing*, trans. Josephine Bacon, New York, Abbeville Press, 1999를 보라. 문자가 의식에 끼친 영향에 대해서는 Walter J. Ong, *The Presence of the Word: Some Prolegomena for Cultural and Religious History*, New

처음 두 철자인 '알레프'(*aleph*)와 '베트'(*beth*)에서 나온 말로서 그리스어를 거쳐 알파벳(alphabet)이라고 부르게 되었다. 성서에 나오는 동사 '리크로'(*likro*)는 나중에 '읽다'는 뜻이 되었는데, 처음에는 '부르다'는 뜻이었다. 성서를 가리키는 히브리어 '미크라'(*Mikra*)는 소환한다, 선포한다는 뜻이다.[2] 오늘날까지 매주 안식일마다, 그리고 한 주에 세 번 간단한 형태로, 회당 안에 보관된 손으로 쓴 오경 두루마리의 한 부분을 큰 소리로 읽는다. 성서를 이해하기 위해서는 우리가 때로 성서를 읽기보다는 귀를 기울여 들어야 할 필요가 있다.

읽는 것과 듣는 것 사이에는 우리가 정보를 처리하는 방식에서 근본적 차이가 있다. 읽는 방식을 통해서는 우리가 전체 본문(그 문장, 문단)을 한 번에 알 수 있다. 듣는 방식을 통해서는 그럴 수 없다. 우리는 한 번에 한 단어만 들을 수 있기 때문에, 그 문장이나 문단이 어떻게

Haven, CT, Yale University Press, 1967; *Orality and Literacy: The Technologizing of the Word*, London, Routledge, 1991; Jack Goody, *The Domestication of the Savage Mind*, Cambridge, Cambridge University Press, 1977; *The Logic of Writing and the Organization of Society*, Cambridge, Cambridge University Press, 1986; *The Interface between the Written and the Oral*, Cambridge, Cambridge University Press, 1987을 보라.

2) 성서에는 많은 사례들이 있다. 7년마다 왕은 백성을 소집하여 "이 율법을 온 이스라엘 백성 앞에서 읽어서, 그들의 귀에 들려주어라"(신 31:10-13). 요시아 왕 때 "율법서"를 다시 발견했을 때, "왕이 주의 성전에 올라갈 때에, 유다의 모든 백성과 예루살렘의 모든 주민과 제사장들과 예언자들과, 어른으로부터 아이에 이르기까지, 모든 백성이 그와 함께 성전으로 올라갔다. 그때에 왕은, 주의 성전에서 발견된 언약책에 적힌 모든 말씀을, 크게 읽어서 사람들에게 들려주도록 하였다"(왕하 23:2). 바빌론에서 귀환한 백성들이 역사적으로 모였을 때, "그는 남자든 여자든, 알아들을 만한 모든 사람에게 새벽부터 정오까지, 큰소리로 율법책을 읽어 주었다. 백성은 모두 율법책 읽는 소리에 귀를 기울였다"(느 8:3).

끝나는지를 미리 알 수 없다. 성서의 가장 강력한 문학적 효과가 생기는 것은 한 문장의 첫 단어가 그 문장의 마지막 단어를 예상하게 만들지만, 그 예상과는 달리 다른 방식으로 끝날 때다.

창세기에는 놀라운 사례가 나오는데, 그 사례는 우리가 지금 살펴보고 있는 형제자매 사이의 라이벌 관계라는 전체 주제에 대해 강력한 빛을 비춰준다. 그러나 이 경우에 그 갈등은 형제들 사이의 갈등이 아니라 자매들 사이의 갈등, 즉 라반의 두 딸인 라헬과 레아 사이의 갈등이다.

형 에서의 분노를 피해 도망치던 야곱은 라반의 집에 도착했다. 그리고 라반의 둘째 딸 라헬을 만나 사랑에 빠진다. 라반이 제안한 혼인 조건은 자기를 위해 7년 동안 일하면 라헬과 혼인하도록 허락하겠다는 것이다(창 29:18-19). 야곱은 그렇게 일했지만, 혼인날 밤에 라반은 라헬 대신 레아로 바꿔치기를 한다. 다음날 아침 자신이 속은 줄 알게 된 야곱은 "왜 저를 속이셨습니까?"라고 항의한다. 라반은 "큰 딸을 두고서 작은 딸부터 시집보내는 것은, **이 고장의 법**이 아닐세"(29:26)라고 대답한다. 이것은 과거에 야곱이 이삭을 속이고, 형 에서의 축복을 가로챈 것을 가리킨다.

라반은 다시 야곱에게 7년 더 일하면 라헬과 혼인시키겠다고 약속한다. 야곱은 7년을 기다릴 필요는 없었지만, 적어도 레아와의 혼인 축하 기간이 끝나기까지 7일을 기다려야 했다. 7일이 지나 야곱은 라헬과 혼인한다. 그리고 본문은 다음과 같이 이어진다.

> 야곱은 라헬과도[*gam*] 혼인했고, 그는 라헬 역시도[*gam*] 사랑했다. … (창 29:30)

여기서 본문은 냉정한 말로, 야곱의 눈에는 두 자매가 동등한 것처럼 믿게 만든다. 역시도(also)를 뜻하는 히브리어 '감'(*gam*)이 두 번 반복된 때문이다. 따라서 이 시점에서 우리는 라반의 속임수가 결국 해피엔딩으로 끝날 것으로 예상하게 된다. 야곱은 두 자매 모두와 혼인했다. 그는 두 자매 모두를 사랑한다. 처음으로 형제자매 사이의 라이벌 관계가 없는 것처럼 보인다. 두 여인을 동등하게 사랑하는 것은 가능하기 때문이다. 그러나 그 다음 단어는 우리의 기대를 박살낸다.

… 레아보다 **더** (라헬을 사랑했다).

이것은 해피엔딩에 대해 웃지 못하게 만드는 부정적 대목이다. 그것은 우리를 울게 만들기 위한 것이다. 기습적인 대목임이 분명하다. 야곱은 형과의 라이벌 관계로부터 도망쳤다가, 의도하지는 않았지만 새로운 라이벌 관계를 만든 셈이다. 이 문장은 의도적으로 문법에 맞지 않는다. 한 문장 안에 '역시나'(also)와 '보다 더'(more than)가 함께 나올 수는 없기 때문이다. 우리가 A를 사랑하고 B **역시도** 사랑하거나, 아니면 A를 B**보다 더** 사랑하거나, 둘 중 하나가 맞는 문법이기 때문이다. 이런 불협화음은 삐걱거리며, 우리의 마음을 사로잡는다. 야곱은 두 자매를 동등하게 사랑하지 않았다. 그는 두 자매 모두를 사랑했을지는 모르지만, 진심으로 마음을 준 것은 라헬이었기 때문이다. 그 다음 문장은 더 날카롭게 그 불협화음을 보여준다.

주께서는, 레아가 미움받는 것[*senuah*]을 보시고 … (창 29:31)

이 구절은 문자적으로 이해할 수 없는 구절이다. 바로 앞 절에서 방금 레아는 미움받지 않고, 사랑받았다고 말했기 때문이다. 주석가들은 이 문제와 씨름하여, '쎄누아'(*senuah*)라는 단어를 "미움받다"(hated)가 아니라 "덜 사랑받다"(less loved)로 읽었다.[3] 그러나 본문이 의미론적으로는 불가능하지만, 심리적으로는 말이 된다. 레아는 덜 사랑받았기에, **배척당한다고 느꼈다**. "하나님이 보셨다"는 말은 하나님이 레아의 수치와 동일시하셨다는 뜻이다. 라반의 속임수는 비극적인 결과를 가져왔다. 레아는 아버지의 농간으로 얻은 남편 때문에 속으로 울어야만 했다. 남편의 사랑은 자기가 아니라 동생을 향하고 있었기 때문이다.

우리가 뒤돌아볼 때만, 레아에 대해 오경이 처음 묘사한 말의 의미를 이해할 수 있게 된다.

> 라반에게는, 두 딸이 있었다. 맏딸의 이름은 레아이고, 둘째 딸의 이름은 라헬이다. 레아는 눈매가 부드러웠으며[*rakot*], 라헬은 몸매가 아름답고, 용모도 예뻤다. (창 29:16-17)

이 본문에서 '라코트'(*rakot*)는 아름답다,[4] 연약하다,[5] 예민하다[6] 등 많은 의미를 가질 수 있다. 그러나 그 단어는 그런 의미보다 더 의미심장하다. 라쉬, 킴체, 그리고 미드라쉬 전통[7]이 설명하는 것처럼, "레아는

---

3) Nahmanides and R. David Kimche, 창 29:31에 대한 주석.

4) Targum Onkelos and Rashbam, 창 29:17에 대한 주석.

5) Ibn Ezra, 창 29:17에 대한 주석.

6) R. Naftali Berlin, Ha'amek Davar의 창 29:17에 대한 주석은 레아가 양떼를 몰고 밖에 나갈 수 없었던 이유는 밝은 햇빛이 그녀의 눈을 상하게 했기 때문이라고 주장한다.

쉽게 감동해 눈물을 흘렸다." 레아는 감정적으로 취약했다. 자기 남편이 자기 여동생에게 마음을 주고 있기 때문에 갖고 살았을 마음의 탄력성 같은 것이 전혀 없었다. 피부가 얇고 예민하며 쉽게 상처를 받는 레아는 자신이 덜 사랑받는다는 걸 알았기 때문에 고통스러워했다. 이것을 전달하는 미묘함이 두드러진다. 본문은 레아의 상황과 성격을 능숙한 솜씨로 그려내는데, 우리가 주의해서 귀를 기울여야만 알아차릴 수 있다.

이야기는 거기에서 끝나지 않는다. 다음 몇 구절을 지나, 성서는 레아가 낳은 아이들 이름 속에서 그녀의 고통을 듣게 만든다. 첫 아들을 르우벤이라고 이름을 지으면서, "주께서 나의 고통을 살피셨구나. 이제는 남편도 나를 사랑하겠지"라고 말한다. 둘째 아들은 시므온이라고 이름을 지으면서, "주께서, 내가 남편의 사랑을 받지 못하여 하소연하는 소리를 들으셨구나"라고 말한다. 셋째 아들은 레위라고 이름 지으면서 "이제는 마침내 남편도 별 수 없이 나에게 단단히 매이겠지"(창 29:32-34)라고 말한다. 이런 말 속에는 그녀의 가슴에 사무친 고통이 드러나 있다.

이와 똑같은 어조는, 레아가 낳은 첫 아들 르우벤이 들에서 자귀나무를 발견했을 때도 나타난다. 자귀나무는 성욕을 촉진하는 물질이 있는 것으로 간주되었다. 그래서 르우벤은 어머니 레아에게 자귀나무를 주면서, 그것이 아버지를 어머니에게 다가가도록 만들면 좋겠다는 희망을 가졌다. 한편 라헬은 아이를 낳지 못하는 고통을 겪고 있었기 때문에, 자귀나무를 보자 자기에게 달라고 한다. 그러자 레아는 "내 남편을 차지한 것만으로는 부족하냐? 그래서 내 아들이 가져온 자귀나무까지 가져가려는 것이냐?"(창 30:15)라고 호통 친다. 비참함이 뚜렷하게 드러난다.

---

7) Genesis Rabbah 70:16; Midrash Sekhel Tov (Buber), 29:17; 30:7.

이 이야기의 마지막 결말은 몇 세기 후 모세 시대에, 신명기에서 법적인 맥락에서 이루어진다.

> 어떤 사람에게 두 아내가 있는데, 하나는 사랑을 받고 다른 하나는 미움을 받다가(*senuah*), 사랑받는 아내와 미움받는 아내가 다 같이 아들을 낳았는데, 맏아들이 미움받는 아내의 아들일 경우에, 남편이 자기의 재산을 아들에게 물려주는 날에, 미움받는 아내에게서 난 맏아들을 제쳐놓고, 사랑받는 아내의 아들에게 장자권을 줄 수는 없다. 반드시 미움받는 아내의 아들을 맏아들로 인정하고, 자기의 모든 재산에서 **두 몫**을 그에게 주어야 한다. 그 아들은 **정력의 첫 열매**이기 때문에, 맏아들의 권리가 그에게 있는 것이다. (신 21:15- 17)

히브리어 본문에서는 이 구절이 창세기, 그리고 레아와 라헬, 그 각각이 낳은 아들들 사이의 라이벌 관계에 대한 기억을 불러일으키는 것들로 가득하다. 이 신명기 본문과 창세기 본문 모두에 똑같은 단어 "쎄누아"(*senuah*), 즉 "미움받다/사랑받지 못하다"라는 말이 나오는데, 이 단어는 오경에서 이 두 곳에서만 나온다. "아버지의 정력의 첫 열매"라는 말도 야곱이 죽기 직전, 레아가 낳은 (야곱의) 맏아들 르우벤을 가리킬 때 사용된 말이다(창 49:3-4). "두 몫"이라는 말도 야곱이, 사랑한 라헬의 첫 아들 요셉에게 한 말, 즉 "나는 너에게 형제들보다 한 몫을 더 주겠다"(48:22)는 말을 상기시킨다. 야곱이 요셉에게 형제들보다 한 몫을 더 준 방법은 요셉의 두 아들인 므낫세와 에브라임(마저 자기 아들로 간주하여 손자들)에게도 각자 지파(부족)의 지위를 준 것이다(48:5). 이처럼 창세기와 신명기 본문 사이의 상호연관성은 분명하다.

따라서 이 신명기 율법이 선포하는 것은 야곱의 행동이 그 자손들에게 규범적인 것이 되어서는 안 된다는 것이다. 당시에 야곱이 했던 행동은 이제 금지된다.[8] 선택받은 아들들과 배척당한 아들들의 드라마, 우선적으로 대접받는 편애의 드라마, 그리고 형제자매 사이의 라이벌 관계라는 심리 드라마는 더 이상 없어야만 한다. 신명기는 이처럼 창세기의 라이벌 이야기들에 대해 뒤늦게 종지부를 찍는다. 더 이상 동생이 형의 자리를 빼앗는 일은 없을 것이다.

*

이처럼 레아와 라헬의 드라마는 창세기에서 이제까지 여러 번 조금씩 다르게 전개된 형제자매 사이의 라이벌 관계에 대한 전체 이야기를 요약해서 보여준다. 그 모든 이야기는 사랑에서 시작된다. 앞에서 지적했던 것처럼, 아브라함의 종교는 무엇보다 사랑에 기초한 종교로서, 그것은 세 가지 사랑이다. 즉 "너희는 마음을 다하고 뜻을 다하고 힘을 다하여, 주 너희의 하나님을 사랑하여라"(신 6:5), "너는 너의 이웃을 네 몸처럼 사랑하여라"(레 19:18), 그리고 "낯선 자를 사랑하여라. 너희도 한때는 낯선 땅에서 낯선 자로 살았다"(참조. 레 19:34).

그러나 사랑은 충분하지 않으며, 레아의 이야기는 그 이유를 말해준다. 야곱은 라헬을 사랑했다. 그는 첫 눈에 라헬에 반했다. 오경에 이와 비슷한 이야기는 없다. 아브라함과 사라는 처음 등장할 때부터 이미 혼

---

8) 모세 언약이 시나이 산에서 이스라엘 백성에게 주어지기 전에도 족장들은 그 계명들을 지켰다는 랍비 전통이 있다. 그러나 나마니데스는 족장들이 그렇게 언약을 지킨 것은 이스라엘 땅에 있을 때뿐이었다고 설명한다. 야곱이 죽기 전에 축복한 것은 이집트에서였다는 말이다. Nahmanides, Commentary to Gen. 26:5.

인한 사이였다. 이삭의 아내감을 고른 것은 아버지의 하인이었다. 그러나 야곱은 사랑한다. 그는 다른 족장들보다 훨씬 감정적이다. 그것이 문제였다. 사랑은 결합시키지만 분열시키기도 한다. 사랑을 받지 못하거나 덜 사랑받는 사람은 자신이 거절당하거나, 배척당하거나, 홀로 버려진 느낌을 갖게 된다. 바로 이런 이유 때문에 사회, 공동체, 심지어 가족조차도 사랑만으로 건설할 수는 없는 것이다.

창세기에서 '사랑'을 뜻하는 히브리어 '아하바'(*ahavah*)가 사용된 열한 번을 살펴보면, 놀라운 것을 발견할 수 있다. **사랑을 언급할 때마다, 사랑은 갈등을 유발한다**. 이삭은 에서를 사랑했지만, 리브가는 야곱을 사랑했다. 야곱은 라헬이 처음 낳은 아들 요셉을 다른 아들들보다 더 사랑했다. 이것으로 인해 유대인 역사에서 형제자매 사이의 가장 치명적인 라이벌 관계가 두 차례 벌어졌다.

그러나 이런 치명적인 라이벌 관계조차 무색하게 만드는 것은 우리가 성서에서 처음으로 '사랑'이라는 단어가 등장하는 순간을 생각해볼 때다. 즉 이삭을 결박하여 바치라는 시험 이야기의 첫 마디인 "너의 아들, 네가 **사랑하는** 외아들 이삭을 … 번제물로 바쳐라"(창 22:2)는 구절을 생각해볼 때다. 미드라쉬는 이삭을 결박한 것과 욥기 사이의 분명한 비교에 착안했는데, 라쉬(1040-1105)는 미드라쉬를 따라, 아브라함이 그의 아들이 젖을 뗀 것을 축하하는 잔치를 벌일 때, 사탄(고발하는 천사)이 하나님께 "보세요, 그는 자기 아들을 당신보다 더 사랑합니다"[9]라고 말했다고 설명한다. 미드라쉬에 따르면, 그것 때문에 이삭을 바치라는 시험을 받게 된 것이며, 그 이유는 사탄의 고발이 사실이 아님을 보여주기

9) Rashi to Gen. 22:1.

위한 것이었다.

아브라함의 유일신론이 사랑에 근거한 것은 심원한 신학적 이유 때문이다. 신화의 세계에서는 신들이 기껏해야 인간에게 무관심하며, 최악의 경우는 인간에게 적대적이다. 오늘날의 무신론에서도 우주와 인생은 아무런 이유가 없이 존재한다. 우리는 물질의 우연성이며, 맹목적인 우연과 자연도태의 결과일 따름이다. 이와는 대조적으로 히브리성서는 우리가 여기에 있는 것이 하나님께서 우리를 사랑으로 창조하신 때문이다.

그러나 사랑은 충분하지 않다. 우리는 사회는 차치하고라도 가족조차 사랑만으로 세울 수 없다. 정의도 필요하기 때문이다. 사랑은 편파적이지만, 정의는 공평하다. 사랑은 특수하지만, 정의는 보편적이다. 사랑은 A를 사랑하고 B는 사랑하지 않지만, 정의는 모두를 위한 것이다. 도덕적 삶의 상당부분은 이처럼 사랑과 정의 사이의 긴장관계에서 생겨난다. 사랑 없는 정의는 냉혹하다. 정의 없는 사랑은 불공정하거나, 아니면 덜 사랑받는다고 느끼는 사람에게는 불공정하게 보인다. 이 때문에 성서는 "그리고 레아가 미움받는 것을 하나님께서 보셨다"는 말씀을 통해 우리로 하여금 그 불공정을 목도하도록 만든다.

"그리고 하나님께서 보셨다." 레아가 굴욕을 당하는 것을 인정하신 하나님께서는 대신에 레아에게 아들들을 주셨는데, 그 중 하나가 레위로서, 레위는 마침내 이스라엘의 위대한 세 명의 지도자, 즉 모세, 아론, 미리암을 낳았고, 미래의 제사장들을 낳았다. 또 다른 아들 유다는 이스라엘의 왕들의 조상이 되었다.

*

우리는 이제야 비로소 창세기가 왜 요셉과 그 형들 사이에 화해하는 것으로 끝나는지를 이해하게 된다. 요셉 이야기는 야곱이 두 자매(레아와 라헬)와 혼인하고, 맏딸 레아보다 동생 라헬을 더 사랑함으로써 시작된 드라마의 클라이맥스에 이르게 한다. 그 두 자매 사이에 벌어진 일들은 그들의 자녀들 사이에서도 반복되었다. 사랑에 선택이 관련되어 한 사람을 다른 사람보다 더 사랑할 때, 사랑받지 못하는 사람은 배척당함을 경험한다.

> 이스라엘은 늘그막에 요셉을 얻었으므로, 다른 아들들보다 요셉을 더 **사랑하여서** … 형들은, 아버지가 그를 자기들보다 더 **사랑하는** 것을 보고서 요셉을 **미워하며**, 그에게 말 한 마디도 다정스럽게 하는 법이 없었다. (창 37:3-4)

덜 사랑받는 사람은 미움받는다고 느끼며, 따라서 미워한다. 요셉과 그 형들의 이야기는 우리를 가인과 아벨 이야기로 거의 되돌아가도록 만들어, 형들이 요셉을 죽일 음모를 꾸미고 결국 그를 노예로 팔아버린다. 이것이 형제자매 사이의 라이벌 관계로 시작한 길이 끝나는 지점이다. **이제부터는 더 이상 선택이 없을 것이며**, 형과 동생 사이의 드라마도 더 이상 없을 것이다. 출애굽기가 시작할 때에 이르러서는 이스라엘의 **자녀들이 집단적으로** "하나님의 맏아들"(출 4:22)이라고 불린다. 요셉의 형제들이 화해하고 함께 평화롭게 사는 것으로 끝나는 창세기의 마지막 장면은 **배척을 배척하는** 장면이다. 앞으로는 언약 가족의 모든 자녀들이 선택될 것이다. 나중에 금송아지 사건 당시, 하나님께서 모세에게 "이제 너는 나를 말리지 말아라. 내가 노하였다. 내가 그들을 쳐서 완전히 없애 버리겠다. 그러나 너는, 내가 큰 민족으로 만들어 주겠다"(출 32:10)라고 말씀하실 때, 모세는 하나님께 아브라함, 이삭, 야곱과 맺은 언약을 상기시킨다. 이제부터는 언약 백성 가운데 아무도 선택받지 못하는 사람이 없기 때문이다.

이것은 과거에 아담과 하와 이야기에서 시작하여, 하나님께서 노아와 언약을 맺으신 것으로 절정에 달했던 이야기들이 끝났음을 반영한다. 하나님은 두 번 선택하셨다. 가인 대신에 아벨을, 그리고 인류 전체보다는 노아를 선택하셨다. 그러나 홍수 이후에 결정적인 변화가 나타난다.

> 주께서 그 향기를 맡으시고서, 마음 속으로 다짐하셨다. "다시는, 사람이 악하다고 하여서, 땅을 저주하지는 않겠다. 사람은 어릴 때부터 그 마음의 생각이 악하기 마련이다. 다시는 이번에 한 것 같이, 모든 생물을 없애지는 않겠다. 땅이 있는 한, 뿌리는 때와 거두는 때, 추위와 더위, 여름과 겨울, 낮과 밤이 그치지 아니할 것이다."
> (창 8:21-22)

하나님과 인간 사이에 새로운 원칙이 생긴 것이다. 과거에는 인간의 마음이 악한 것이 땅을 파괴한 이유가 되었지만, 지금은 그것이 땅을 파괴하지 **않는** 이유가 된 것이다. 하나님께서 선제적으로 용서하신다는 말이다. 하나님의 정의는 하나님의 자비로 대체되었다. 노아와 언약을 맺으시면서, **하나님께서는 배척을 배척하신다**.

사랑은 인간의 유대감을 형성하는 감정으로서 세상에 새로운 생명을 가져오지만, 그 영향에서는 결코 단순하지도 않고 보편적으로 무해한 것도 아니다. 우리가 A를 사랑하는 것과 B를 사랑하는 것이 다를 수밖에 없는 단순한 이유는 A와 B가 똑같지 않기 때문이다. 분명히 우리는 모든 사람을 동등하게 보살피는 정신적 사랑을 할 수 있을 것이다. 그러나 그것은 더 이상 인간적인 사랑이 아닐 것이며, 남편과 아내, 부모와 자녀의 사랑이 아닐 것이다. 우리가 낯선 사람들을 친구들만큼 사랑하고, 친족이 아닌 사람을 친족만큼, 타인의 자녀들을 우리 자신의 자녀들만큼 사랑하는 세상은 전혀 인간 세상으로 인식될 수 없을 것이다. 그런 세상이 다른 어떤 세상이든 간에, 히브리성서는 "인간이라는 구부러진 목재"에 관한 것이다. 히브리성서가 제기하는 질문은 "우리가 열정, 기쁨, 욕망, 사랑을 가진 인간으로서, 취약성을 지닌 인간으로서, 어떻게 살아갈 것인가?" 하는 것이다. 차별이 없는 사랑은 요원하고 멀리 떨어져 있으며 구별하지 않는 사랑으로서, 특수성을 지닌 타인을 단순히 사랑하는 것이 아닐 것이다.

그러나 이것은 큰 결과를 초래한다. A를 사랑하는 것과 다르게 B를 사랑하는 것은 A로 하여금, 즉 이스마엘, 에서, 레아, 요셉의 형들로 하여금 배척당하고 있음을 느끼게 만든다. 우리가 이제까지 분석한 이야기들에서 분명해진 하나의 사실은 하나님께서 배척당한 사람들의 고통을 느끼신다는 점이다. 창세기의 이야기의 천재성은 바로 그 이야기가 우리로 하여금 역할 바꾸기를 강요한다는 점이다. 우리는 단지 세상을 선택받은 자의 눈으로 보지 않는다. 우리는 이스마엘, 에서, 레아 등 반대편에 있는 사람들과 동일시하며, 또한 우리가 마음을 열고 본문에 귀를 기울이면, 우리가 그들 배척당한 사람들과 동일시할 수밖에 없다. 우리는 그들의 배척당함을 느낀다. 창세기는 이야기의 길이가 길어지는 한이 있더라도 우리로 하여금 그들의 세상, 고통, 버림받은 느낌에 이끌리도록 만든다.

바로 이런 이유 때문에 창세기는 두 언약의 이야기인 것이다(두 언약인 이유는 11장에서 살펴볼 것이다). 즉 한편으로는 하나님과 인간 사이의 언약이며, 다른 한편으로는 하나님과 야곱의 자녀들 사이의 언약이다. 하나님께서는 그 두 언약을 무조건적으로 확증하시는데, 앞의 것은 하나님의 "형상"에서, 뒤의 것은 그분의 "자녀들"로서 확증하신다. 창세기 전체가 이끌어가는 결론은 **배척을 배척하는** 것이다.

*

창세기는 아브라함의 유일신론의 기초 문서로서, 우리가 제1부에서 다룬 병적인 이원론의 뿌리에 놓여 있는 많은 주제들을 직접 다루고 있다. 첫째로, 창세기는 비인간화, 악마화, 인간을 완전히 선한 사람들과 완전히 악한 사람들, 빛의 자녀들과 어둠의 자식들로 나누는 것을 정면으로 배척한다. 창세기 드라마의 어느 주인공도 완전히 선하거나 완전히 악하지 않다. 최상의 사람들도 결함을 갖고 있으며, 최악의 사람들도 미덕을 갖고 있다. 우리가 3장에서 살펴본 것처럼, 아브라함과 이삭은 자기 아내를 누이라고 속여서 목숨을 보전한다. 야곱은 그의 눈 먼 아버지를 속인다. 그 이야기의 핵심적인 대목에서 우리의 연민은 이스마엘과 에서에게 이끌린다. 요셉은 처음에 자신만만한 젊은이로 나오지만, 마침내는 전 지역을 굶주림에서 구한 사람으로 나온다. 유다는 요셉을 노예로 팔자고 제안했던 사람이지만, 자신의 나머지 인생 전체를 노예로 살 각오를 함으로써 그의 동생 베냐민이 자유롭게 갈 수 있게 만든 도덕적 영웅이 된다. 이런 주인공들에게는 예측할 수 있거나 일차원적인 측면이 없다. 그들은 도덕적 복잡성에 대해 연구할 가치가 있는 인물들이다. 우리는 이제 그 이유를 이해한다. 세상을 성자들과 죄인들, 구원받은 사람과 저주받은 사람, 하나님의 자녀들과 악마의 자식들로 나누는 것은 하나님 이름으로 폭력을 자행하게 되는 첫 걸음이다.

또한 창세기에는 그 두 번째 걸음, 즉 우리 자신을 희생자로 보는 것에 대해 강력하게 반대하는 주장이 들어 있다. 그것이 바로 첫 인간들이 한 짓이다. 아담과 하와가 죄를 짓고, 하나님이 물으시자, 두 사람 모두 책임을 부인한다. 아담은 "하나님께서 저와 함께 살라고 짝지어 주신 여자, 그 여자가 그 나무의 열매를 저에게 주기에, 제가 그것을 먹었습니다"(창 3:12)라고 말한다. 여자는 "뱀이 저를 꾀어서 먹었습니다"(3:13)라고 말한다. 두 사람 모두 자신들을 희생자로 정의한다. 그러나 창세기 마지막에서 요셉은 실제로 희생자였지만, 자신을 희생자로 정의하기를 거부한다. 그는 "형님들은 나를 해치려고 하였지만, 하나님은 오히려 그것을 선하게 바꾸셔서, 오늘과 같이, 수많은 사람의 생명을 구원하셨습니다. 그러니 형님들은 두려워하지 마십시오. 내가 형님들을 모시고, 형님들의 자식들을 돌보겠습니다"(창 50:20-21)라고 말한다. 이것은 엄청난 변화다. 요셉은 "누가 나에게 이런 짓을 했느냐?"라고 묻는 대신에 자신의 고난의 의미를 묻는다. "이것이 나로 하여금 어떤 구원 행동을 수행할 위치에 앉게 했는가?" 그는 앞을 내다보고 있는 것이지, 뒤를 돌아보고 있는 것이 아니다. 타인들을 비난하는 대신에, 그는 자신의 책임을 실행한다. 요셉은 성서에서 희생자 문화, 즉 첫 인간들로 하여금 낙원에서 쫓겨나도록 만든 행동을 최초로 배격한 것을 표상한다.

마지막으로, 창세기는 형제자매 사이의 라이벌 관계가 인간의 조건으로 주어진 것이 아님을 말해준다. 창세기가 말해주는 것이 단지 형제들 사이의 네 가지 갈등 이야기만이 아니기 때문이다. 그 이야기들 자체는 더 큰 이야기를 말해준다. 더 큰 이야기는 그 각각의 이야기의 마지막 장면을 보면 알 수 있다. 첫 번째로 가인과 아벨 이야기의 마지막에서,

아벨은 죽고 가인은 살인자의 표지를 지니고 있다. 두 번째 이야기의 마지막에서, 이삭과 이스마엘은 아버지 아브라함의 무덤에 함께 서 있다. 세 번째 이야기의 마지막에서는 야곱과 에서가 만나 서로 포옹하고 각자의 길을 간다. 네 번째 이야기의 마지막에서는 요셉과 그의 형들이 용서와 화해의 과정을 거친다. 이것은 매우 탁월한 구조를 갖춘 문학적 순서로서, 그 분명한 메시지는 형제자매 사이의 라이벌 관계가 자연적일 수는 있지만, 불가피한 것은 아니라는 점이다. 그런 라이벌 관계를 극복할 수 있는 것은 관대한 정신, 화해를 위한 적극적 노력, 그리고 야곱이 밤중에 천사와 씨름한 이야기로 극화된 것처럼, 모방 욕망은 잘못된 생각이라는 깨달음이다. 다른 사람의 축복을 원할 필요가 없는 것이다. 우리들 각자는 나름의 축복을 갖고 있기 때문이다.

이 모든 것은 성서에서 다섯 번째 형제자매 이야기로 나아가도록 그 길을 준비해주는데, 그 이야기는 다른 모든 이야기를 영광스럽게 초월할 것이다. 그것은 모세, 아론, 미리암 사이의 관계로서, 라이벌 의식이 없는 관계다. 라이벌 관계와는 반대로, 동생 모세를 지켜보고, 모세에게 그의 부모와 그의 백성이 누구인지 분명히 알게 만든 것은 미리암이었다. 이집트에서 모세의 대변인으로 활동한 사람은 아론이었으며, 그는 나중에 가장 위대한 예언자 곁에 섰던 첫 제사장이 되었다. 그 의미는 사람들이 그 내부적 라이벌 관계를 극복할 때만, 노예로부터 자유로 나아가는 여정을 출발할 준비를 갖추게 된다는 뜻이다.

그래서 가인과 아벨은 인간의 조건에 대한 첫 번째 말이었지 마지막 말이 아니다. "그 얼마나 아름답고 즐거운가! 형제자매가 어울려서 함께 사는 일!"(시 133:1)이라는 구절에 뒤이어, 우리는 창세기에 비추어, "그런 일은 얼마나 드문가!"라고 덧붙여야 할지도 모른다. 그러나 그것은 가능하며, 또한 그것이 가능하다는 것이 **보여지기** 전까지는, 인간의 이야기가 계속될 수 없다. 인간관계의 이야기를 다룬 창세기는, 민족과 정치체제를 다룬 출애굽기에 반드시 필요한 전주곡이다. 야곱의 자녀들 각각은, 창세기 10장에 나오는 70개 민족과 언어들 각각처럼, 그 나름의 성격을 지니고 있으며, 그 나름의 공헌을 한다. 그 각각은 지파(부족)가 될 것이며, 또한 오직 지파동맹으로서만 이스라엘은 존재할 수 있다. 오직 민족들의 동맹으로서만 세상은 존재할 수 있다.

*

창세기는 단순히 역사나 우주론 책이 아니다. 창세기는 이야기 방식으로 구성된, 미묘하며 다층적인 철학적 보고서다. 창세기는 체계로서의 진리(truth-as-system)라기보다는 이야기로서의 진리(truth-as-story)를 보여주며, 그 이유는 매우 철학적이다. 즉 창세기는 **의미**에 관한 책이며, 의미는 이야기로서만 전달될 수 있기 때문이다. 시간을 거치면서 펼쳐지는 줄거리는 우리로 하여금 그 주인공들의 다양한 관점들 속에 들어갈 수 있게 하며, 또한 그 이야기가 불러일으키는 다양한 해석들(내러티브와 카운터 내러티브)을 파악할 수 있게 해준다. 철학 체계는 우리가 이해하거나 이해하지 못하지만, 성서의 이야기는 우리로 하여금 서로 다른 차원들에서 이해할 수 있게 해준다. 우리가 성장할수록 그 이야기에 대한 우리의 이해가 깊어진다. 성서적인 의식은 **논리적인** 것이 아니라 **연대기적**이다. 창세기의 이야기와 우리들의 연관성은 추상적이거나 개념적인 것이 아니라, 실질적인 도전과 반응을 만나는 것으로서, 그러는 중에 지혜가 성숙해지고 우리의 관계가 더 예민해지고 정련된다.

하나님은 창세기 1장에서 자연 질서의 세계를 창조하시고 난 후, 2장에서는 우리로 하여금 사회 질서의 세상을 창조하도록 초청하시는데, 그 질서 안에서는 모든 존재가 섭리 안에서 그 본래의 모습을 갖고 있다. 어느 누구도 타인을 밀어내거나 대체할 수 없다. 이것은 매우 높은 이상이지만, 불가능한 이상이 아니다. 창세기는 사랑에 관한 여러 이야기들을 통해서, 즉 낭만화된 사랑이거나 이상화된 사랑이 아니라, 실제 사랑에 대한 이야기들을 통해서, 그 이상이 어떻게 인간적으로 실현될 수 있는지를 보여준다. 갈등을 초래하는 것은 혐오만이 아니다. 사랑도 갈등을 초래한다. 그래서 이삭과 이스마엘, 야곱과 에서, 레아와 라헬, 요셉과 그의 형들의 드라마가 그런 현실을 보여주는 것이다. 창세기는 계속해서 우리로 하여금 역할 바꾸기를 감행하도록 요구한다. 선택된 자들의 관점만이 아니라 선택받지 못한 사람의 관점을 보도록 요구한다. 하갈과 이스마엘, 에서와 레아의 눈물을 보도록 만든다. 요셉은 형들로 하여금 형들이 자신에게 겪도록 만든 것이 어떤 것인지를 직접 경험하도록 만든다. 왜냐하면 희생자가 무엇을 느끼는지를 아는 사람만이 마음의 변화(*teshuvah, metanoia, tabwa*)를 경험할 수 있기 때문이다. 마음의 변화가 일어나야만 남을 희생시키는 자가 되지 않을 수 있다.

마지막으로, 창세기는 인간과 또한 서로 다른 문명을 같은 표준으로 잴 수 없다는 사실을 확증해준다. 우리는 모두 서로 다르지만, 우리들 각자는 우리의 존재 속에 한 분 하나님의 흔적을 지니고 살아간다. 하나님은 당신이 창조하신 모든 것을 돌보신다. 앞의 5장에서 나는 형제자매 사이의 라이벌 관계가 유대교, 기독교, 이슬람 사이의 적대관계의 중심에 자리잡고 있어서, 종교적인 동기로 촉발된 증오의 비극적 역사로 이끌고 있다고 주장했다. 앞의 네 장을 통해서 나는 왜 그런 생각이 생겨났고, 왜 그것이 잘못인지를 살폈다. 표면적으로 보면, 창세기는 동생이 형을 밀어내는 이야기들이다. 그러나 그 표면 아래에는 카운터 내러티브(counter-narrative)가 있어서, 정반대되는 이야기를 통해, "너 아니면 나로서, 네가 이기면 내가 잃고, 내가 이기면 네가 잃는다"는 정신구조를 뒤집어엎는다. 그것은 재물이나 권력처럼 부족한 것들에 대해서는 사실일지도 모른다. 그러나 하나님의 사랑처럼 풍성한 것에 대해서는 사실이 아니다.

형제자매 사이의 라이벌 관점에서 생각하는 경향은 인간의 정신 속에 매우 깊이 뿌리내리고 있으며, 유전적으로 박혀 있다. 그런 사고 경향은 선하고 종교적인 사람들 중에도 있을 수 있다. 그 때문에 그런 사고 경향은 반박될 수 없으며, 도덕적 성장이라는 긴 과정을 거친 사람들에게만 그 완전한 의미가 드러나는 이야기 형태를 통해서 단지 뒤엎어질 수 있을 뿐이다. 내가 이제까지 제시한 해석들이 그 본문을 읽는 대다수 독자들이 놓치고 있었던 해석이라는 점은 전혀 놀랍지 않다. 그러나 그런 해석을 할 수 있으며, 그런 해석이 본문 속에 억지로 집어넣은 해석은 아니다. 그렇다면 우리의 신앙공동체 바깥에 있는 사람들은 완전한 인간보다 덜한 사람이라고 주장하는 정신 구조를 성서 자체가 신학적으로 반박하는 것을 살펴본 것이다. 이것은 하나님 이름으로 폭력을 자행하는 사람들에 대한 하나님의 대답이다. 하나님은 다른 사람들을 혐오함으로써 누군가에 대한 당신의 사랑을 증명하지 않으신다. 만일 우리가 그분을 따른다면, 우리도 그럴 수 없다.

제3부

열린 가슴

10장

낯선 나그네

나는 땅 위를 잠시 동안 떠도는 낯선 나그네(stranger)입니다.
주의 계명을 나에게서 감추지 마십시오.

— 시편 119:19

"더 나은 헝가리를 위한 운동"으로도 알려진 요비크(Jobbik)는 극우 민족주의 정당으로서, 사람들로부터 파시스트, 네오나치, 인종차별적이며 반유대주의자들이라고 비난받았지만, 자신들은 그런 비난에 반대한다. 그들은 유대인들이 세계 제패를 도모하는 "서구 경제의 이해관계에서 음모를 꾸미는" 자들이라고 비난해왔다. 그들의 중상모략은 ≪시온 장로 의정서≫(*The Protocols of the Elders of Zion*)라는 문서로 알려졌다. 그들은 2014년 4월의 헝가리 의회선거에서 20% 넘는 득표를 통해, 세 번째로 큰 정당이 되었다.

2012년까지 그 정당의 지도자 중 한 사람은 20대 후반의 차나드 세게디였다. 세게디는 그 운동의 떠오르는 별이었으며, 미래의 당 지도자가 될 것으로 널리 인정받았다. 그러나 2012년 어느 날, 그가 유대인이라는 사실이 드러났다.

그 정당의 당원들 가운데 일부는 그의 앞길을 막으려고, 그에게 피해를 줄 수 있는 것을 찾기 위해 그의 배경을 조사했다. 그들이 발견한 것은 세게디의 외할머니와 외할아버지가 아우슈비츠의 유대인 생존자라는 사실이었다. 세게디의 가족 절반이 홀로코스트에서 살해당했다.

세게디의 반대파는 그의 조상에 관한 소문을 인터넷에 퍼뜨리기 시작했다. 곧이어 세게디 자신이 그 소문의 진실을 확인하기로 결정했다. 사실이었다. 아우슈비츠 이후, 한때 정통파 유대인이었던 그의 외조부모는 자신들의 정체성을 완전히 숨기기로 결정했다. 그의 어머니가 열네 살이었을 때, 외할아버지는 그 비밀을 알려주면서 누구에게도 드러내지 말라고 명령했다. 세게디는 마침내 자신에 관한 진실을 알게 되었다.

그는 당에 사표를 내고 유대교에 관해 더 공부하기로 결정했다. 그는 지역의 카바드 랍비인 슬로모 쾨베시를 찾아갔는데, 그 랍비는 처음에 그가 농담하는 줄로 생각했다. 그럼에도 불구하고 그 랍비는 그가 유대교에 대한 강의에 출석하고 또한 회당에도 올 수 있게 했다. 처음에는 사람들이 충격을 받았다고 세게디는 말한다. 그는 "문둥병자"처럼 취급받기도 했지만, 꺾이지 않았다. 오늘날 그는 회당에 출석하며 안식일을 지키고 히브리어를 배웠고, 자신을 도비드라 부를 뿐 아니라, 2013년에는 할례도 받았다. 그가 처음 자신의 유대인 조상에 관한 진실을 인정했을 때, 요비크 당원 친구들은 "최선의 길은 우리가 너를 총살하여 네가 순수한 헝가리 사람으로 묻힐 수 있는 것"이라고 말했다. 또 다른 친구들은 그가 공개 사과를 하도록 촉구했다. 이런 말들이 그로 하여금 당을 떠나도록 만들었다. "나의 가족이 아우슈비츠에서 살해된 사실에 대해 내가 사과를 해야 한다는 말이냐?"

그는 자신이 유대인이라는 사실을 깨닫고 자신의 인생을 바꾸기 시작했을 뿐 아니라 세계에 대한 그의 이해도 완전히 바뀌었다. 오늘날 그는 정치인으로서 모든 사람의 인권을 옹호하는 일에 초점을 맞추고 있다고 말한다. "나는 내 책임을 알고 있으며, 미래에는 올바르게 만들어야 한다는 걸 알고 있다."

세게디는 자신이 유대인이었다는 사실을 발견한 반유대주의자였다.

*

세게디의 이야기는 단지 호기심의 이야기만이 아니다. 그 이야기는 우리로 하여금 인간의 조건에 속해 있는 어둠의 중심을 보게 하며, 또한 우리가 공부하고 있는 성서 이야기들이 왜 그런지를 깨닫도록 만든다.

우리는 집단적으로 폭력의 성향을 갖고 있다. 역사가 윌 듀란트는 인류 역사가 시작된 이래, 전쟁이 없었던 기간은 단 29년뿐이었다고 계산했다. 1989년, 베를린 장벽이 붕괴되자 소련이 붕괴되었고, 냉전도 끝나자, 프랜시스 후쿠야마를 비롯한 몇몇 분석가들은 심각한 국가 전쟁이나 이데올로기 전쟁이 끝났다는 의미에서 우리가 "역사의 종말"에 이르렀다고 주장했다. 시장경제와 자유민주주의가 승리했으며, 결국 전 세계에 걸쳐 확산될 것이라는 주장이었다. 그러나 25년이 지난 후, 서구세계는 밀물처럼 밀려드는 테러에 직면하고 있다. 중동지방의 몇몇 국가는 혼돈에 빠져들었다. 서구의 가치들에 매우 적대적인 종교적 극단주의가 성장하고 있다.

우리의 주장은 우리들 속에서 최선인 것과 최악인 것 모두가 똑같은 원천, 즉 우리가 집단을 구성하는 경향이 있으며, 우리 자신에 대해서는 매우 좋게 생각하는 반면에 타인들에 대해서는 매우 부정적으로 생각하는 경향이 있다는 똑같은 원천에서 나온다는 주장이다. 조너선 하이트의 말처럼, 도덕은 우리를 묶어주며 또한 눈을 멀게 만든다.[1] 도덕은 우리를 상호 이타주의의 유대를 통해 타인들과 묶어준다. 그러나 도덕은 또한 그 유대 바깥에 있는 사람들의 인간성에 대해 눈이 멀도록 만든다. 도덕은 자기 이해관계의 "나"를 공동선의 "우리"로 만든다. 그러나 "우리"를 만드는 바로 그 행동은 동시에 우리와 같지 않은 사람들을 "그들"로 만든다. 심지어 사랑과 자비의 원리에 기초한 종교들의 가장 보편주의적인 특성들조차도 자기들의 신앙 바깥에 있는 사람들을 사탄, 불신자, 적그리스도, 어둠의 자식들, 구원받지 못한 자들로 간주하도록 만들 수 있었다. 종교들은 하나님 이름으로, 말로 다 표현할 수 없는 잔학행위들을 자행했다.

이원론과 세상을 둘로 나누는 것을 극복할 수 있는 유일한 것, 즉 역할 바꾸기가 힘을 발휘하는 때가 있다. **타자에 대한 잠재적 폭력을 치유받기 위해서는 나 자신을 타자로 상상할 수 있어야만 한다**. 르완다의 후투족은 투치족이 된다는 것이 어떤 것인지를 경험해야만 한다. 세르비아인들은 자신을 크로아티아인이나 무슬림으로 상상할 수 있어야만 한다. 반유대주의자들은 자신이 유대인이라는 걸 발견해야만 한다.

이것은 도덕철학이 적절하게 대결하지 못했던 문제다. 플라톤 이래로 사상가들은 우리를 도덕적으로 만드는 많은 요인, 즉 지식, 습관, 미덕, 공감, 연민, 합리성, 직관 등을 탐구했다. 그러나 우리는 이런 것들이 1930년대 독일에서 어떻게 실패했으며, 단지 대중들 사이에서만이 아니라 당시 위대한 사상가들 중에서도 어떻게 실패했는지를 보았다. 그것이 도덕적 감수성을 마비시키는 이원론의 힘이다. 우리가 세상을 빛의 자녀

---

1) Jonathan Haidt, *The Righteous Mind: Why Good People Are Divided by Politics and Religion*, New York, Pantheon Books, 2012.

들과 어둠의 자식들로 나누면, 우리는 타자를 비인간화하며 악마화할 수 있게 되며, 우리 자신을 희생자로 간주하여 이타주의적 악을 자행할 수 있게 된다. 이원론은 오늘날 세상에서 한 부분을 이룰 정도로 살아 있으며, 종교적 자원을 갖고 있을 뿐 아니라 종교적 언어를 사용함으로써, 더 큰 규모로 발생하는 폭력, 잔학행위, 내전, 혼돈으로 이끈다.

히브리성서는 우리가 공부한 이야기들에서 이런 사실의 뿌리와 대결하며, 타자들(곧 이스마엘, 하갈, 에서, 요셉과 그 형들, 레아와 그 자녀들)의 인간성 속으로 들어가도록 만든다. 우리는 사라와 이삭이 언약의 한 부분임을 알고 있다. 하갈과 이스마엘은 아니다. 그러나 우리의 연민은 성서 안의 가장 강력한 연민의 정을 불러일으키는 장면들에서 그들에게 이끌리고 있다. 즉 광야로 쫓겨난 하갈과, 더위와 갈증으로 죽어가는 이스마엘에 관한 장면들이 그렇다.

우리는 야곱이 눈 먼 아버지를 속여 형의 축복을 가로채는 장면에서도 이삭과 에서에 대해 똑같은 연민을 느낀다. 요셉과 그 형들이 어떻게 서로 간의 원한을 극복해야 했는지를 보았으며, 또한 레아가 어떻게 남편의 사랑을 얻기 위해 부르짖었으며, 어떻게 하나님께서 들으셨는지도 보았다. 이런 이야기들이 비범한 이유는 우리로 하여금 선택받지 못한 사람들, 버려진 사람들, 쫓겨난 사람들의 마음속으로 들어가도록 만들기 때문이다. 그 이야기들은 세게디가 자신이 유대인이라는 사실을 발견하고 변한 것처럼 우리도 변하게 만든다. 우리로 하여금 역할을 바꾸는 행동을 상상하게 만든다. 그 이야기들은 인간성, 빛, 미덕이 우리 편에게만 국한된 것이 아님을 보여준다. 그런 것들이 다른 편에게도 있다는 것을 깨닫게 해준다. 그 이야기들은 타자를 인간화시킨다.

그리고 그 이야기들은 이원론을 무너뜨린다. 성서를 읽는 사람들이 흔히 당황해하는 것은 그 주인공들에게 결점들이 있으며, 악당들이 미덕을 지녔다는 사실 때문이다. 에서가 야곱보다 더 도덕적으로 행동하는 것처럼 보이는 때가 있다. 요셉은 형들에 관한 이야기를 하며, 자신의 꿈 이야기를 함으로써 가족 모두를 당황하게 만든다. 이야기 마지막에 영웅으로 등장하는 유다는 애당초 요셉을 노예로 팔아버리자고 제안했던 사람이다. 비록 그것은 이 책에서 다루기에는 너무 큰 주제이며, 이 책의 범위를 벗어나는 것이지만, 이것이 성서 이야기의 일반적 특성이다. 이런 특성은 창세기에만 국한되지 않는다.

유대교에 대해 호감을 갖지 않은 독자들은 이것이 히브리성서가 도덕적으로 애매한 징조라고 간주한다. 정확히 그 반대다. 히브리성서는 도덕을 가장 근본적인 차원에서 문제 삼는다. 성서는 우리로 하여금 타자, 외부자, 구원받은 집단 바깥에 있는 사람들도 인간이라는 사실, 인간은 선과 악의 혼합체라는 사실을 깨닫게 만들며, 야곱이 천사와 씨름했듯이 우리들도 그 사실과 씨름하도록 만든다. 우리가 이것을 이해할 때 비로소 우리는 이원론에서 벗어나게 되며, 또한 종교적인 동기나 이데올로기 때문에 혐오하는 것에서 벗어날 수 있다.

*

도덕은 우리와 유전적으로 연결된 친족에게서 시작된다. 그리고 도덕은 서로 맞대응하는(Tit-for-Tat) 상호 이타주의에 기초한 집단으로 확장되며, 또한 반복되는 상호작용에 기초하여 타인들에 대해 신뢰를 쌓게 된다. 끝으로 도덕은 도시와 국가로 확장되는데, 원래 도덕은 종교에 기초한 것이었다. 진화론적 관점에서 보면, 종교는 인간과 여타 사회적 동물들 사이의 가장 큰 차이를 가능하게 만들었다. 종교는 맞대응하는 것을 넘어 신앙공동체로 확장되는 대규모 신뢰 문제를 해결했다. 그 가장 고상한 표현이 유대-기독교 윤리에서 중심적인 것으로서, "네 이웃을 너 자신처럼 사랑하라"는 계명이다.

그러나 히브리성서는 한 발 더 나아간다. 우리의 이웃을 우리 자신처럼 사랑하는 것이 어렵지 않은 이유는 우리의 이웃이 많은 점에서 우리와 비슷하기 때문이다. 우리의 이웃은 같은 국가, 같은 문화, 같은 경제, 같은 정치체제, 평화든 전쟁이든 똑같은 운명에 속하기 때문이다. 우리는 똑같은 운명 공동체의 한 부분이며, 똑같은 공동선에 참여한다. 어려운 것은 낯선 사람을 사랑하는 일이다.

우리가 집단 바깥의 우리와 같지 않은 사람, 집단의 정체성과 상호성의 규약에 매이지 않은 사람을 직면할 때, 우리는 유전적으로 방어적-공격적 행동을 할 준비를 하게 된다. 낯선 사람은 항상 잠재적인 위협이다. 그가 위협하는 것은 시간과 장소에 달려 있다. 때로는 우리의 목숨을 위협하며, 때로는 우리의 영토나 생계를 위협하며, 아마도 이민자들과 난민들의 경우에는 우리가 편하게 느끼는 얼굴들, 목소리들, 냄새들처럼 우리에게 익숙한 감각을 위협할 것이다.

이것이 바로 고전적 도덕 이론들을 부적합하게 만드는 것이다. 그런 이론들은 친족과 비친족, 형제와 아닌 사람, 이웃과 낯선 사람을 구별하지 않기 때문이다. 그 이론들은 집단 내부의 이타주의적 행위를 설명한다. 마찬가지로 행동하라는 것이다. 그 이론들이 대결하지 않는 문제는 집단 너머의 이타주의적 행위 문제다. 즉 "나와 같지 않은 사람에게 어떻게 행동해야만 도덕적인가?"라는 문제는 다루지 않는다. 그는 인간이기 때문에, 원칙의 문제로서 우리는 사람들을 수단이 아니라 목적으로 대해야만 한다. 이 모든 것은 참되며 건강하며 고상하다. 그러나 우리가 타자는 인간 이하이며, 우리와 매우 다르며, 악한 세력이며 위협이라고 결정하면, 타자에 대해 그런 고상한 감정을 느끼지 못한다. 그래서 자기 민족을 사랑하는 합리적 인간들이 자기 민족을 위해 "인도에 반하는 범죄"(crimes against humanity)를 저지를 수 있는 것이다. 이 때문에 하나님의 백성들이 때때로 정복하고, 개종시키고, 산 채로 불태우면서, 자신들은 하나님의 더욱 큰 영광을 위해 하는 것이며 또한 그 희생자들의 영혼을 구원하기 위해 하는 것이라고 주장하는 것이다.

'종교'(religion)라는 말은 **결합한다**, 또는 **묶는다**를 뜻하는 라틴어 '리가레'(*ligare*)에서 온 말이다. 종교는 집단 내의 사람들을 묶어준다. 기독교인들과 기독교인들을, 무슬림들과 무슬림들을, 유대인들과 유대인들을 묶어준다. 보다 구체적으로는, 가장 가혹한 충돌이 하나의 신앙 안에서 벌어지기 때문에, 종교는 같은 종파, 교회, 또는 교단의 구성원들을 묶어준다. 종교는 집단의 연대성에 신성함을 부여한다. 종교가 하지 않는 것은 사람들이 집단 바깥의 사람들에게 은혜를 베풀어야 하는 이유, 또는 심지어 관대해야 하는 이유를 제공하는 일이다.

분명히 위대한 유일신론은 인간에 대한 그런 믿음을 갖고 있지만, 흔히 중요한 제한 조항을 갖고 있다. 즉 **너는 완전히 인간이 되기 위해 우리의 믿음을 믿어야만 한다**는 제한 조항이다. 그렇지 않다면, 우리는 최소한 너를 정복해야만 하며, 너를 하등시민(*dhimmi*)으로 대하고, 천민으로 간주해야만 한다. 이제 우리는 그 이유를 안다. 왜냐하면 한 사람의 유대인, 기독교인, 또는 무슬림이 타자를 위한 공간을 만들기 위해서는 그가 가장 근본적이며 혼란스럽게 만드는 역할 바꾸기의 과정을 거쳐야만 하기 때문이다. 기독교인은 십자군 당시에 프랑스나 독일에 살던 유대인이 어떠했을지를 상상할 수 있어야 한다. 무슬림은 8세기 바그다드에 살던 유대인이 가슴에 수치의 노란 배지를 달고, 눈을 내리깔고 거리를 걸어야 했으며, 무슬림 앞에서는 침묵을 지켜야만 했던 심정이 어떠했을 것인지를 상상할 수 있어야 한다. 유대인은 오늘날 시리아나 이라크에서 자신들의 신앙 때문에 목숨이 위협받고 있는 기독교인이나 무슬림이 어떠할지를 상상할 수 있어야 한다.

집단 윤리에 반대되는 인도주의 윤리는 모든 상상력 훈련에서 가장 어려운 것을 요구한다. 그것은 역할 바꾸기로서, 우리 자신이 우리가 경멸하거나 가엽게 여기거나, 단순히 이해하지 못하는 사람들이 되어보는 것이다. 대부분의 종교는 이런 일을 하지 않을 뿐 아니라, 이런 일을 하는 것 자체를 불가능하게 만든다.[2] 세속적 관점에서 생각하는 사람들은 국가, 민족, 언어, 문화, 행동 규약이 하나 이상이라는 사실을 알고 있다. 영국인이 프랑스인, 이탈리아인, 아프리카인, 인도인이 어떠할지를 상상하는 것은 불가능하지 않다. 그러나 유일신 종교를 믿는 사람들에게는 거룩한 길, 참 하나님께 나아가는 길, 구원받는 길이 하나뿐이기 때문이다.

타자를 타자로서 공감하는 것은 처음부터 배제된다. 우리가 근본적으로 틀렸다고 믿는 사람과 동일시하기는 어렵다. 그를 개종시킬 의도일

---

2) 그러나 역할 바꾸기의 모든 이야기들 중에서 가장 강력한 것 하나는 종교적 이야기다. 다윗 왕이 헷 족속 우리야의 아내 바세바와 사랑에 빠진 후, 그는 그녀의 남편을 전쟁터에 보내 죽게 만든다. 그리고 바세바와 결혼한다. 예언자 나단이 왕 앞에 나아와 조언을 구하는 척한다. 그는 다음과 같은 이야기를 왕에게 들려준다. 어느 성읍에 두 사람이 있는데, 한 사람은 부자이며, 다른 사람은 가난하다. 부자는 양과 소가 많았고, 가난한 사람은 양 한 마리뿐이라 자기 자식처럼 아낀다. 어느 여행자가 도착하자, 부자는 그 방문객을 위해 잔치를 준비하면서 자기의 가축 가운데 한 마리를 죽이기 싫어, 그 가난한 사람의 양을 빼앗는다. 이야기가 진행되자, 왕은 점점 더 화를 내며, 마침내 "그런 일을 한 사람은 죽어야 마땅하다"고 말한다. 그러자 나단은 다윗에게, "임금님이 바로 그 사람입니다"라고 말했다. 사무엘하 11-12장에 나오는 이 이야기는 내가 알고 있는 역할 바꾸기의 가장 효과적인 사례다.

경우에만 예외가 된다. 경계선을 넘는 공감은 때로 종교를 그 뿌리에서부터 위협하는데, 종교의 거룩한 과업 중 하나는 경계선을 유지하는 것이기 때문이다. 유일신론은 상대주의가 아니다. 그 때문에 역사적으로 위대한 유일신 종교들은 관용의 선구자가 아니었다. 심지어 관용의 아버지라 불리는 존 로크조차도 가톨릭신자들이나 무신론자들에게는 시민권을 주지 않으려 했다.

이런 배경에 비추어볼 때 비로소 우리는 창세기 이야기들의 극단적인 급진주의를 이해할 수 있다. 그 이야기들은 우리에게 추상적 이론으로써가 아니라 우리의 상상력을 통한 동일시와 씨름하도록 하기 위한 충분한 이야기들을 사용해서, 언약 바깥에 있는 사람들, 즉 하갈, 이스마엘, 에서 역시 인간이며, 역시 사랑받고 있으며, 역시 하나님의 축복을 받았다는 사실을 말해준다.

이 모든 것은 그 전체 언약 가족이 이집트에서 노예로 살기 시작할 때에 관한 위대한 역사적 드라마의 서곡이다. 그 서곡을 통해서 그 민족의 모든 구성원이 도덕교육을 받게 될 것이며, 세월이 지나도 그 교육을 기억한다면, 인간과 도덕에 관한 그들의 관점을 변화시킬 것이다.

> 너희는 낯선 사람을 학대하거나 억압해서는 안 된다. 너희들 자신도 한때 이집트 땅에서 낯선 사람들이었다. (출 22:21)

> 낯선 사람을 억압해서는 안 된다. 너희도 이집트 땅에서 낯선 나그네로 살았으니, 낯선 나그네의 서러움을 잘 알 것이다. (출 23:9)

이런 계명들이 출애굽 직후에 주어졌다는 사실을 주목하라. 그 계명들 속에 들어 있는 급진적 사상은 낯선 사람을 돌보는 것이 바로 이스라엘 백성이 약속의 땅에 들어가 자신들의 사회와 국가를 건설하기 전에 유랑과 노예생활을 경험해야만 했던 이유라는 점이다. 하나님께서 말씀하시는 것은 너희가 낯선 떠돌이가 어떤 형편인지를 뼛속 깊이 알기 전에는 낯선 떠돌이를 돌보는 일에 성공하지 못할 거라는 말씀이다. 또한 너희가 잊지 않도록 나는 매년 유월절마다 고통의 쓴 맛을 너희와 너희 자손들이 상기하도록 이미 계명을 주었다. 낯선 떠돌이가 어떤 형편인지를 망각하는 자들은 결국 낯선 떠돌이들을 억압하게 되며, 만일 아브라함의 자녀들이 낯선 떠돌이들을 억압하면, 내가 왜 굳이 그들을 나의 언약 파트너로 삼겠는가?

또한 히브리성서가 어떻게 일차적으로 지식, 이성이나 감정을 말하지 않고 기억을 말하는지도 주목하라. "너희가 이집트에서 노예였다는 걸 기억하라." 기억을 명령하는 것은 성서의 산문 전체를 통해서 중심 주제와 같은 것으로서, "기억하라"(*zakhor*)는 동사가 169번이나 나온다.[3] 이런 점에서 기억은 역할 바꾸기다. 즉 낯선 떠돌이에게 해를 끼치지 말아야 하는 이유는 너희가 한때 낯선 떠돌이였기 때문이다. 그의 관점에서 세상을 보아야 하는 이유는 그것이 너희 조상들의 형편이었으며, 또한 그 조상들의 이야기를 기억하고 재연하는 일을 멈추지 않았기 때문이다. 성서 윤리는 역할 바꾸기에 대한 오래된 가르침이다.

*

히브리성서 전체에는 두드러진 문학적 특징이 있는데, 줄리아 크리

3) Yosef Hayim Yerushalmi, *Zakhor: Jewish History and Jewish Memory*, Seattle, University of Washington Press, 1982.

스테바가 상호텍스트성(intertextuality)이라 부른 것으로서, 한 본문이 "다른 본문을 흡수하고 변화시킨" 것일 수 있다는 말이다. 상호텍스트성을 마이클 피시베인은 "성서 내적 주석"(inner-biblical exegesis)[4]이라고 부르는데, 이것은 성서의 작성 구조의 한 부분이다. 현자들은 "오경의 단어들이 한 곳에서는 빈약하지만, 다른 곳에서는 풍부하다"[5]고 말함으로써, 한 단어나 어구의 충분한 의미는 그 전체 안에서만 파악할 수 있다고 했다. **여기서** 사용된 단어의 의미가, 그 주제나 시간에서 멀리 떨어진 **저기에서** 사용된 그 단어 속에 들어 있을 수 있다는 말이다.

우리가 "낯선 나그네와 임시 거주자"(*ger ve-toshav*)라는 말을 처음 만나는 것은 창세기 23장에서다. 사라는 죽었고 아브라함은 그녀를 매장해야 한다. 그것은 아이러니한 상황이다. 아브라함은 여러 차례 땅에 대한 약속을 받았지만, 지금 아내의 매장지가 필요할 때, 그에게는 땅이 없었으며, 또한 유목민이자 외부인으로서, 땅을 획득할 권리도 없었다. 아브라함은 헤브론에서 헷 족속 사람들과 협상에 들어가면서, 이런 말로 시작한다(창 23:4).

나는 여러분 가운데서 **나그네로, 임시 거주자**로 살고 있습니다.

이 말은 그냥 한 말이 아니다. 아브라함이 자기는 법적인 권리가 없음을 인정한 것이다. 그는 낯선 나그네와 임시 거주자로서 땅을 소유할

---

4) Julia Kristeva, *Desire in Language: A Semiotic Approach to Literature and Art*, New York, Columbia University Press, 1980; Michael Fishbane, *Biblical Interpretation in Ancient Israel*, Oxford, Clarendon Press, 1985.

5) Talmud Yerushalmi, Rosh Hashanah 3:5.

권리가 없다. 심지어 그 막벨라 동굴의 주인 에브론과 대화를 시작하기 위해서조차 그는 헷 족속의 선의에 의지해야 했다.

이것은 우리 독자들에게 혼란을 일으키는데, 그것을 해결할 수 있는 방법은 이 본문이 이스라엘의 왕국 건설 이전 역사(prehistory)를 나타낸다고 생각하는 것이다. 즉 창세기는 약속에 관한 것이지 성취에 관한 것이 아니다. 언젠가 이것이 바뀔 것이다. 이스라엘은 그 자신의 땅을 가진 민족이 될 것이다. 아브라함의 자녀들은 집을 갖게 될 것이다. 시간이 지나고, 이스라엘은 이집트 땅에서 유배생활을 시작한다. 그리고 노예생활에서 구출된다. 모세가 백성들을 이집트에서 구출하여 그 땅으로 인도한다. 우리는 그 땅에서 이스라엘 백성들이 집을 얻을 것이라고 기대할 수밖에 없다. 마침내 그들은 땅을 소유하게 될 것이다. 그들은 더 이상 아브라함과 같은 임시 거주자로서의 떠돌이 신세가 아닐 것이다. 그러나 성서에서 패러다임이 크게 바뀌는 순간 중 하나에서, 레위기 25장은 그런 기대를 박살낸다.

> 땅을 아주 팔지는 못한다. 땅은 나의 것이다. 너희는 다만 **낯선 나그네**이며, 나에게 와서 사는 **임시 거주자**일 뿐이다. (레 25:23)

우리가 여기서 발견한 것은 아브라함 가족의 운명이 일시적인 것이 아니라 영구적이지만, **영구적으로 임시 거주자**가 될 운명이라는 점이다. 그들은 심지어 약속의 땅에서조차 확실한 것이 없으며, 고정되고 무조건적으로 살 집을 갖지 못할 것이다. 아브라함은 유랑하던 어두운 시절에, 그의 자손들이 "그들의 땅이 아닌 곳에서 낯선 나그네"가 될 것이라는 말씀을 들었다. 우리는 그것이 이집트를 뜻한 것이라고 생각했다. 그러나 지금은 그것이 이스라엘에서도 마찬가지 형편임을 뜻하는 것으로 드러났다. 이것은 오경에서 중심적이며 계속 출몰하는 아이러니다.

또 다시 시간이 흘러, 이스라엘은 그 땅에 진입한다. 이스라엘은 지파 동맹이라는 부족들의 느슨한 연합체로 시작하여, 위기가 닥치면 사사(판관)로 알려진 카리스마적인 인물들이 이끌었다. 그러다가 사무엘 시대에 이스라엘은 왕국이 된다. 한 세대가 지난 후 다윗의 통치 기간 중에, 그 왕조는 왕위를 세습하게 되고("영원한 언약"), 예루살렘을 수도로 삼는다. 마지막 남은 건축은 성전이다. 다윗은 성전 건축을 계획하지만, 그 건축은 그의 아들이 완성할 것이라는 말씀을 듣는다. 이스라엘 역사에서 깃발을 날리게 된 순간에, 다윗은 백성들을 소집하여 기도한다.

> 주 우리 조상 이스라엘의 하나님, 길이길이 찬양을 받아 주십시오! … 주 앞에서 우리는, 우리의 모든 조상처럼, **나그네와 임시 거주민**에 불과하며, 우리가 세상에 사는 날이 마치 그림자와 같아서, 의지할 곳이 없습니다. 주 우리 하나님, 우리가 주의 거룩한 이름을 위하여 주의 성전을 건축하려고 준비한 이 모든 물건은, 다 주의 손에서 받은 것이니, 모두 다 주의 것입니다. (대상 29:10-16)

이처럼 이스라엘 백성은 역사의 가장 위대한 순간에서조차도 자신들의 땅이 아닌 땅에서 낯선 나그네들이라는 점을 잘 알고 있다. 이처럼 비상한 상호텍스트성을 통해서, 즉 아브라함으로부터 모세를 거쳐 다윗 왕에 이르기까지, 이스라엘 왕국 건설 이전부터 그 주권이 정상에 이른 때까지, 우리는 똑같이 변하지 않는 메시지를 듣게 된다. 그것은 언약 백성이 고향에서도 낯선 떠돌이가 됨으로써, 그들이 낯선 떠돌이들로 하여금 고향처럼 느끼게 만들 수 있다는 메시지다. 오직 그래야만 그들은 가장 강력한 악의 충동, 즉 나와 같지 않은 타자에 의해 위협을 받고 있다는 의식을 비로소 극복할 수 있기 때문이다.

*

오경의 핵심 인물인 아브라함과 모세는 낯선 떠돌이가 된다는 것이 무엇인지를 정확히 알고 있다. 아브라함의 여정은 "네가 살고 있는 땅과, 네가 난 곳과, 너의 아버지의 집을 떠나라"(창 12:1)는 명령으로 시작된다. 어디에서도 낯선 떠돌이가 아닌 고향을 떠나라는 명령이다. 이스라엘 백성의 지도자 모세는 이스라엘 백성들과 함께 성장하지 않았다. 모세는 이중적으로 낯선 떠돌이였다. 이집트인들에게는 그가 이스라엘 사람이었기 때문에, 그리고 이스라엘 백성에게는 그가 이집트 사람처럼 보였기 때문이다. 그는 미디안 광야로 도망치는데, 이것은 백성들로부터 또 다시 멀어지게 된 사건이며, 미디안 제사장의 딸 십보라와 혼인하여 아들을 낳는다. 그는 그 아들에게 통렬한 이름을 지어 게르솜이라 부르는데, 그 이름은 "내가 낯선 땅에서 낯선 나그네였다"(출 2:22)는 뜻이다.

이런 메시지를 전할 책임을 맡은 이스라엘 백성은 하나님의 경륜 속에서 수행할 특수한 역할을 맡고 있다. 그들은 낯선 떠돌이를 온몸으로 구현해야만 한다. 이스라엘이 낯선 떠돌이들과의 관계에서 어떻게 행동하며, 또한 민족들이 이스라엘이라는 낯선 떠돌이 민족에게 어떻게 행동하는가 하는 점은 한 문명의 도덕적 수용성을 계속해서 증명할 리트머스 시험(litmus test of the moral acceptability of a civilization)이 될 것이다.

우리가 타인들과 평화롭게 살기 위해서는 보통 공감, 연민, 지식, 합리성이면 충분하다. 그러나 어려운 시기에는 그런 것들로 충분하지 않다. 보스니아에서 세르비아계, 크로아트계, 그리고 무슬림들은 한동안 함께 평화롭게 살았다. 르완다에서 후투족과 투치족도 마찬가지였다. 문제가 생기는 것은 변화와 붕괴의 시대에 사람들이 불안하고 두려워할 때다. 그래서 특별한 방어가 필요하며, 그 때문에 성서가 기억과 역사를 말하는 것인데, 그 이유는 그것이 우리 정체성의 핵심을 찌르는 것이어야 하기 때문이다. 우리가 기억해야만 하는 것은 우리가 한때 반대 형편에 있었다는 사실이다. 즉 우리는 한때 낯선 떠돌이들로서, 억압당하는 희생자들이었다. 유대인의 과거를 기억하는 것은 우리로 하여금 역할 바꾸기를 거치도록 만든다. 자유를 누리는 한복판에서 우리는 노예로 산다는 것이 어떤 것인지를 반드시 기억해야만 한다.

차나드 세게디(지금은 도비드 세게디)에게 벌어진 일은 정확히 그런 역할 바꾸기였다. 그는 혐오하는 자였지만, 자신이 그 혐오받는 사람들에게 속한다는 사실을 발견했다. 그의 반유대주의를 치유한 것은 그 자신이 유대인이라는 사실을 발견한 역할 바꾸기였다. 그것은 그의 인생을 바꾼 계시였다. 히브리성서는 이스라엘 백성이 이집트에서 경험한 것이 사람들의 인생을 바꾸기 위한 것이었다고 말해준다. 낯선 떠돌이들로 살았고 그 고통을 겪음으로써, 그들은 낯선 사람들을 돌보라는 명령을 받은 사람들이 되었다.

반유대주의를 치유하는 최선의 방법은 사람들로 하여금 유대인으로 산다는 것이 어떤 것인지를 경험하게 만드는 것이다. 낯선 사람들에 대한 적대감을 치유하는 최선의 방법은 우리들 역시 다른 사람의 관점에서 볼 때는 낯선 사람들이라는 사실을 기억하는 것이다. 때때로 인간의 영혼을 완전히 마비시켜버릴 수 있는 어둠을 치유하기 위해 우리가 갖고 있는 가장 강력한 자원이 바로 기억과 역할 바꾸기이기 때문이다.

11장

정의의 보편성, 사랑의 특수성

> 민족 갈등과 문명 충돌이 벌어지기 시작하는 세계에서 서양 문화의 보편성에 대한 서양인들의 믿음은 세 가지 문제에 봉착했다: 그것은 틀렸으며, 비도덕적이며, 위험하다. … 제국주의는 보편주의의 필연적인 논리적 귀결이다.
>
> — 새뮤얼 헌팅턴[1)]

이 책의 모든 분석 배후에 있는 분명한 질문은 "도대체 왜 하나님은 애당초 선택하실 필요가 있으셨는가?" 하는 것이다. 왜 선택받은 아들과 선택받지 못한 아들의 이런 드라마가 만들어져야만 했는가? 왜 이스마엘이 아니라, 이삭인가? 왜 에서가 아니라 야곱인가? 왜 모두가 아니라 아브라함인가? 왜 모든 인류가 아니라 이스라엘인가?

이런 현상은 서양 영성의 역사에서 다른 어느 것보다 더 큰 분노, 혹평, 당혹감과 오해를 불러일으켰다. 도대체 왜 하나님은 선택하시는

1) Samuel Huntington, *The Clash of Civilization and the Remaking of World Order*, New York, Simon & Schuster, 1996, p. 310. 이희재 역, ≪문명의 충돌≫, 김영사, 2017.

가? 유대교는 이방인 세계의 특수성—각각의 민족은 그 나름의 신을 믿고 있다—과 기독교와 이슬람의 보편성—한 분 하나님, 하나의 진리, 하나의 길, 구원에 이르는 하나의 길, 천국에 이르는 하나의 문—사이의 중간에 끼여 있는 것처럼 보인다.

아브라함의 유일신론을 믿는 기독교와 이슬람은 많은 것을 유대교로부터 빌려왔다. 즉 기독교는 한 분 하나님에 대한 믿음과 그 거룩한 성서를 빌려왔고, 이슬람은 성서의 이야기들과 예언자들을 빌려왔다. 그러나 기독교와 이슬람은 유대교의 가장 독특한 특징 하나를 빌려오지 않았는데, 그것은 창조주와 우주의 주권자로서의 하나님의 보편성과 언약의 특수성, 곧 처음에는 아브라함과 맺고 그 다음에는 모세, 그리고 이스라엘 백성과 맺은 언약의 특수성 사이를 구별하는 특징이다. 그렇게 구별하는 이유를 찾는 것은 쉽다. 만일 하나님이 모든 인류의 하나님이라면, 그분을 섬기는 방법은 모든 인류에게 똑같아야만 할 것이기 때문이다.

히브리성서의 근본 관심사 중 하나가 하나님의 이름으로 자행하는 폭력이라면, 어찌할 것인가? 성서가 이 문제와 직접 대결하고 있다면, 어찌할 것인가? 이것이 우리가 성서 본문을 읽는 안내자가 되어야 한다면 어찌할 것인가? 성서가 폭력 문제에 열중하고 있다는 것은 처음부터 명백하다. 예배에 대해 기록한 처음 행동인 가인과 아벨의 예물이 곧바로 첫 번째 살인으로 이어졌다. 이처럼 종교와 폭력 사이의 연결성은 처음부터 뚜렷하다. 홍수에 대해 성서가 제시한 이유는 "하나님이 보시니, 세상이 썩었고, 땅이 폭력으로 넘쳐났다"(창 6:11)는 점이다. 폭력은 창세기에서 사소한 주제가 아니다. 폭력은 중심 주제다. 폭력 때문에 하나님은 "땅 위에 사람 지으셨음을 후회하시며 마음 아파하셨다"(창 6:6).

우리는 앞의 2장에서 왜 인간이 폭력적인지를 살펴보았다. 그것은 우리가 사회적 동물이라는 사실과 관련된다. 우리는 집단을 형성한다. 우리는 부족적 존재들이다. 우리는 서로 다른 민족, 언어, 문화, 규약으로 나누어지며, 이런 것들은 정체성의 기초다. 추상적인 언어, 문학, 사랑이 없는 것처럼, 추상적인 인간은 없다. 정체성은 단수가 아니라 불가피하게 복수로 나타난다. 이 때문에 정체성은 폭력으로 이끈다. 정체성은 세상을 "우리"와 "그들"로 나눈다. 이것이 전쟁의 원천이다. 지금과 같은 극단적인 시대에는 정체성이 병적인 이원론으로 이끌어, 때로 하나님 이름으로 인간을 야만인으로 둔갑시킨다.

우리는 또 2장에서, 역사상 정체성으로부터 탈출하려는 세 가지 중요한 시도가 있었으며 그 모두가 실패했다는 사실도 살펴보았다. 기독교와 이슬람은 모두 결과적으로 "한 분 하나님이기 때문에, 따라서 하나의 궁극적인 정체성만 있다"고 말했다. 그 때문에 기독교와 이슬람이 중세 시대에 충돌했으며, 오늘날에도 여전히 중동지방, 아프리카, 아시아 일부 지역에서 충돌한다. 한 분 하나님, 하나의 진리, 하나의 길이라는 원리는, 다른 사람들이 다른 방식을 갖고 있는 세상에서 평화를 이루지 못한다. 아마도 언젠가는 우리가 세상, 우리 자신, 하나님을 똑같은 방식으로 보게 될 것이다. 그것이 예언자들이 보았던 것이다. 그러나 지금은 아직 아니다.

두 번째 위대한 시도는 우리가 살펴보았던 것처럼 계몽주의로서, 세속적인 유럽인들이 하나님이 아니라 이성이라는 보편성에 기초하여 기독교를 대체하려 했던 것이다. 과학과 철학은 종교와 계시가 실패했던 것을 성공할 수 있을 것이라고 사람들은 생각했다. 과학과 철학은 칸트가 "영구적 평화"라고 부른 것으로 인류를 통합할 수 있을 것이라고 보았다. 이것에 대한 반작용으로 한 세기 후에 나타난 것이 바로 민족주의,

인종차별주의, 공산주의, 두 차례의 세계대전, 홀로코스트와 강제수용소였다. 억압된 것이 다시 돌아온 것이었다.

세 번째 시도는 오늘날에도 서구세계가 추진하는 것으로서 개인을 위해 집단의 지배권을 빼앗는 것이었다. 그 결과는 사회의 원자화, 전통 가족의 붕괴, 공동체의 해체와 민족적 정체성의 상실이며, 그에 대한 반작용으로 나타나는 것이 종교적 극단주의인데, 이런 극단주의는 오늘날 여전히 정체성과 공동체를 추구하는 사람들 사이에서 나타난다. 서양이 시도한 방식들을 계속할수록, 부족들은 계속 나타나며, 그때마다 더욱 분노한 모습으로 나타난다.

이 장에서 내가 주장하는 것은 성서가 이 문제를 직접 다루며, 또한 매우 독창적으로 다룬다는 점이다. 특히 창세기 6-11장에 나오는 홍수 이야기와 바벨탑 이야기에서 다룬다.

*

성서는 홍수 세대의 악한 모습을 분명하게 말한다. 사람들은 악했고 폭력적이었으며 "마음에 생각하는 모든 계획이 언제나 악한 것뿐이었다"(창 6:5). 이것은 체계적인 도덕적 실패를 표현한 말이다.

이와는 대조적으로 바벨 이야기가 시작될 때 분위기는 매우 한가롭다. "세상에는 언어가 하나뿐이어서, 모두가 같은 말을 썼다"(11:1). 통일성이 우세한 것처럼 보인다. 그 도시와 탑을 건설한 사람들은 파괴가 아니라 건설할 계획이었다. 그들의 죄가 무엇이었는지는 전혀 분명하지 않다. 그러나 성서의 관점에서 볼 때, 바벨은 또 다른 심각한 잘못을 나타낸다. 왜냐하면 그 직후에 하나님께서는 아브라함을 부르셔서 인류의 종교 역사에서 완전히 새로운 장을 시작하도록 만드시기 때문이다.

사실상 홍수와 바벨 이야기들은 두 가지 전혀 다른 대안, 즉 보편성 없는 정체성과 정체성 없는 보편성이라는 전혀 다른 대안을 보여주는 이야기들이다. 홍수에 대해 최선의 설명을 한 사람은 ≪리바이어던≫(*Leviathan*, 1651)에서 현대 정치학의 기초를 놓은 토마스 홉스였다. (비록 그는 홍수를 직접 언급하지는 않았다). 홉스는 정치제도가 생기기 전에 인간은 "자연 상태"였다고 말했다. 그들은 개인들이거나 작은 집단들이었다. 안정적인 통치자, 효율적인 정부, 강력한 법률이 없이, 사람들은 영구적이며 폭력적인 혼돈 상태에 있어서, 희소한 자원을 놓고 경쟁하면서 "모두가 모두에 맞서 전쟁하던 상태"였다. 그래서 "지속적인 두려움, 폭력적인 죽음의 위협" 가운데 살았다. 이것이 바로 홍수 이전 상태의 삶에 대한 성서의 묘사이다. 모두를 다스리는 법의 지배가 없을 때, 세상은 폭력으로 넘친다.

바벨탑 이야기는 이와 반대되는 현실을 탐구한다. 그 이야기는 보통 오해받아왔다. 인습적으로 읽는 것은 어떻게 원래 "언어가 하나뿐이어서, 모두가 같은 말을 썼던" 인류가 많은 언어들로 나뉘어졌는지를 설명해주는 원인론적 이야기라는 것이다. 그렇게 읽을 수도 있지만, 잘못된 해석이다. 이미 창세기 10장에서, 인류가 70개 민족으로 나뉘었고 "각자 나름의 언어를 가진"(창 10:5) 것을 설명했기 때문이다. 그런 인습적 읽기가 말이 되는 경우는 창세기 10장과 11장이 연대기적 순서상 잘못되었다고 볼 경우다.[2] 그러나 그 순서가 잘못되었다고 생각할 이유는 없다.

---

2) The Talmud Yerushalmi, Megillah 1:11, 71b에는 이 질문에 대한 R. Eliezer와 R. Johanan 사이의 논쟁이 나온다. 한 사람은 창세기 10장이 창세기 11장 이후의 상황을 묘사한다고 주장한다. 다른 사람은 그 두 장이 연대기적 순서상 바르다고 주장한다.

그와는 반대로, 창세기 11장의 시작에서 말하는 언어의 통일성은 자연적인 것이 아니라 강요된 것이었다. 그것은 세계 최초의 제국의 관행을 묘사하는 것이다. 네오앗시리아 제국의 정복자들이 그 정복한 지역의 백성들에게 자신들의 언어를 강요했다는 역사적 증거가 있다. 당시 아수르바니팔 2세는 "모든 사람들이 똑같은 말을 사용하도록 만들었다"는 비문이 있다. 사르곤 2세의 원통 기둥에 새겨진 비문에는 "천지사방의 사람들이 서로 다른 낯선 말을 사용해서 … 나의 주님 앗수르 신의 명령에 따라, 하나의 언어만 받아들이도록 만들었다"[3]는 말이 나온다. 네오앗시리아 제국은 자신이 정복한 나라들과 그 백성들이 오직 자신들의 한 언어만을 사용하도록 만들어 자신들의 패권을 드러내고자 했다. 따라서 바벨은 제국주의에 대한 비판이다.

이것에 대해 어렴풋한 힌트를 보여주는 것은 바벨의 건설자들의 말과 이스라엘을 노예로 삼은 파라오의 말 사이에 병행되는 점이다. 바벨의 이야기에서 사람들은 "자, [*hava*] 도시를 세우고, 그 안에 탑을 쌓자. … 우리가 온 땅 위에 흩어지지 않도록 하자[*pen*]"(창 11:4)라고 말한다. 이집트에서 파라오는 "자, [*hava*] 우리는 그들에게 신중히 대처하자. 그들의 수가 더욱 불어나지 않도록 하자[*pen*]"(출 1:10)라고 말한다. 성서 전체에서, "자, ~하자, ~않도록 하자"는 어법이 사용된 곳은 이 두 곳뿐이다. 이 두 문장의 연결성은 결코 우연이라고 볼 수 없을 정도로 너무 뚜렷하다. 바벨은 이집트와 마찬가지로 정복을 통해 사람들의 정체성과 자유를 빼앗는 제국을 표상한다. 홍수가 질서 없는 자유에 관한 이야기라면, 바벨과 이집트는 자유 없는 질서에 관한 이야기다.

---

3) J. Richard Middleton, *The Liberating Image: The Imago Dei in Genesis 1*, Grand Rapids, MI, Brazos, 2005, p. 224.

성서의 이야기가 말해주는 것은 이것이다. 즉 창세기 10장은 인류가 70개 민족과 70개 언어로 나누어진 것을 묘사한다. 창세기 11장은 어떻게 하나의 제국이 작은 나라들을 정복해서 그들에게 자신들의 언어와 문화를 강요함으로써, 사람들이 각 민족과 개인의 본래 모습을 존중해야만 한다는 하나님의 소망을 깨뜨렸는지를 말해준다. 바벨탑 이야기 마지막에서 하나님이 그 건설자들의 "언어를 혼란하게" 만드실 때, 하나님은 새로운 현실을 만드시는 것이 아니라 옛 현실을 회복하시는 것이다.

이처럼 해석하면, 홍수와 바벨탑 이야기는 단순히 역사적 내러티브들만이 아니다. 그 두 이야기는 정체성과 폭력에 관한 철학적 진술이다. 홍수는 "우리"와 "그들"을 나누고, 평화를 유지하기 위한 법률이 없을 때 벌어지는 일이다. 그 결과는 무정부상태와 폭력이다. 바벨은 사람들이 보편적인 질서를 강요하여 "그들"로 하여금 "우리"가 되도록 만들 때 벌어지는 일이다. 그 결과는 제국주의와 자유의 상실이다. 이 장을 시작할 때 인용했던 새뮤얼 헌팅턴의 말, 즉 "서양 문화의 보편성에 대한 서양인들의 믿음은 세 가지 문제에 봉착했다: 그것은 틀렸으며, 비도덕적이며, 위험하다. … 제국주의는 보편주의의 필연적인 논리적 귀결이다"라는 말을 기억하라. **하나의 문화를 모두에게 강요하고, 언어와 전통의 다양성을 억압할 때, 이것은 하나님이 주신 우리의 차이점들에 대한 공격이다.** 꾸란(49:13)이 표현하듯이, "오, 인류여! 우리는 너희를 남자와 여자라는 한 쌍으로부터 창조했으며, 너희를 민족들과 부족들로 만든 것은 너희가 서로를 알도록 (서로를 경멸하지 않도록) 하기 위함이었다."

따라서 홍수와 바벨탑 사이에는 인간의 근본적인 딜레마가 드러난다. 우리는 서로 다르다. 우리는 부족적이다. 부족들은 서로 충돌한다. 그 결과는 폭력으로서, 그 폭력은 홍수에서 인류를 거의 멸망시켰다. 그러나 하나의 문화(종교적이든 세속적이든)를 모두에게 강요하여 차이를 없애면, 결과는 폭정과 억압이다. 히브리성서는 이 딜레마에서 벗어나기 위한 독특한 시도인데, 그 방법은 하나님의 단일성이 어떻게 인류의 다양성과 공존할 수 있는지를 보여주는 방법이다.

*

다양성은 세상에 사는 우리의 삶에 색조와 구조를 주는 것이다. 예술, 건축, 음악, 이야기, 축제, 음식, 음료, 댄스는 모두 특수하다. 어느 것도 추상적인 보편이 아니다. 작고한 시드니 모간베서는 컬럼비아대학교 철학교수로서 놀라운 유머감각을 지녔던 사람이었다. (죽기 직전에 그는 다른 철학자에게 "하나님은 왜 나에게 이처럼 많은 고통을 겪게 하시는가? 단지 내가 그분을 믿지 않기 때문인가?" 하고 물었다). 그가 한 번은 학생들을 데리고 식당에 가서 수프를 주문했다. 웨이터가 물었다. "어떤 수프요? 닭 수프, 홍당무 수프, 아니면 브로시치(러시아) 수프인가요?" 그는 대답했다 "그런 거 말고, 그냥 수프요!" 철학자가 아니었던 웨이터는 포기하고 말았다. 모간베서의 요점은 우리가 추상적인 수프를 먹을 수 없으며, 보편적인 언어를 말할 수 없으며, 또한 "나는 그저 인간이다"라고 우리의 정체성을 말할 수 없다는 점이다. 고대 그리스인들 중에 그렇게 생각한 사람들이 있었는데, 그들은 그리스인이 아닌 사람들을 완전한 인간이라고 생각하지 않았기 때문이다. 정체성은 단수가 아니라 복수다. 이것이 인류의 불가피한 다양성을 구성한다.

그렇다면 우리는 서로 다른 집단이 만나고 충돌할 때 생기는 폭력을 어떻게 피할 수 있는가? 성서가 제시하는 대답은 우리의 차이점을 초월하는 무엇이다. 그 무엇이 하나님이며, 또한 그분은 우리들 각자를 당신의 형상으로 만드셨다는 점이다. 하나님의 단일성은 우리에게 낯선 사람, 외부인, 외국인을 존중하도록 요청하는데, 그 이유는 그가 비록 우리와 같은 모습이 아닐지라도, 그의 민족, 신앙, 문화가 우리와 같지 않을지라도, 그들은 하나님의 형상으로 지음 받았기 때문이다.

따라서 하나님은 보편적이시다. 그러나 그분과 우리의 관계는 특수하다. 히브리성서는 이것을 하나님을 가리키는 두 개의 중요한 단어로 표현한다. '엘로힘'(*Elokim*, 성서학자들은 E라고 부른다)과 '하쉠'(*Hashem*, 성서학자들은 J라고 부른다)이다. 엘로힘은 보편성의 하나님이다. 창세기에서 엘로힘은 (이스라엘 백성이 아닌) 그랄 왕 아비멜렉에게도 말씀하신다(창 20:3). 요셉은 보디발의 아내가 유혹하는 것을 거절하면서 "내가 어찌 엘로힘을 거역하는 죄를 지을 수 있겠습니까?"(39:9)라고 말한다. 이집트의 파라오는 요셉을 총리에 임명하면서, "엘로힘의 영이 함께 하는 사람을, 이 사람 말고, 어디에서 또 찾을 수 있겠느냐?"(41:38)라고 말한다. 일반적인 도덕은 "엘로힘을 두려워하는 것"(20:11)으로 설명된다. 엘로힘은 사람들이 아브라함과 맺은 언약 안에 있든, 바깥에 있든 간에, 하나님과 관계를 맺는 데 적용되는 순전히 보편적인 용어다.

이와는 반대로 하쉠은 특수하다. 하쉠은 아브라함의 언약, 그리고 나중에는 모세의 언약이라는 특수한 맥락에서 사용되는 하나님 이름이다. 하쉠은 고유명사이지, 일반명사가 아니다. 하쉠은 친밀성과 관계성의 언어다. 마틴 부버가 말한 "나와 당신"의 관계를 성서가 묘사할 때 사용한 단어가 하쉠이다.

이런 이유 때문에 창세기는 두 가지 언약을 말하는데, 첫 번째는 노아와 모든 인류와 맺은 언약이며, 두 번째는 아브라함과 그 자녀들과 맺은 언약, 즉 모든 인류가 아니라 단 하나의 특수한 백성과 맺은 언약이다. 노아와 맺은 언약(창 9장)에서는 항상 엘로힘을 사용한 반면에, 아브라함과 맺은 언약에서는 하쉠을 사용한다(15:18; 17:1-2). 노아 언약은 하나님의 단일성뿐 아니라 인류 모두가 공유하고 있는 존엄성과 책임성을 표현한다. 아브라함 언약은 우리가 하나님과 맺은 특수성을 표현하는데, 그것은 우리의 특수한 정체성, 역사, 언어, 문학과 관련된다. 그 결과는 성서 안에, 내부인과 외부인 모두에게 적용되는 **도덕**(morality)과 그 집단 내부의 관계를 규정하는 특수한 행동 규약인 **윤리**(ethics), 둘 모두 들어 있는 것이다. 오늘날의 철학 용어를 사용하자면, 도덕은 얇은(추상적, 일반적) 반면에, 윤리는 두껍다(지역 구조와 특수성으로 넘친다).

히브리성서에 따르면, 모든 사람에게 적용되는 도덕은 정의, 공정, 그리고 피해를 주는 일을 피하는 것이다. 이것이 일차적이다. 아브라함은 그의 자손들에게 "옳고 정의로운 것을 행함으로써 하나님의 길을 지키라"고 가르쳐야 했다. 정의, 공정, 그리고 피해를 주는 일을 피하는 것은 우리가 모든 사람에게, 즉 유대인과 이방인, 신자와 무신론자, 친구와 낯선 사람, 같은 국민과 외국인 모두에게 행해야 할 의무이다.

언약 공동체 **내부에** 적용되는 윤리는 신성함, 공경, 충성, 존중과 같은 두꺼운 개념들과 관련된다. 그것은 단지 선한 사람만이 아니라 거룩한 사람의 윤리다. 그것은 프랑스 혁명가들이 형제애라고 불렀던 윤리이기도 하다. 성서는 흔히 "만일 너희 형제가 빈궁하면 …"이라고 말한다. 그것은 친족의 언어를 집단에 적용한다. 아브라함 언약은 단지 친족 집단만이 아니다. 그것은 혈연적 자손만의 문제가 아니다. 개종하는 사람들이 있기 때문이다. 룻기의 여주인공 룻은 유대인이 아니라 모압 사람이었지만, 언약 공동체의 한 사람이 되어, 이스라엘의 위대한 왕 다윗의 증조할머니가 되었다. 이처럼 성서가 가족의 언어를 사용할 때는 은유적으로 사용한다. 그러나 그것은 강력한 은유다. 유대인들은 서로에 대해 마치 하나의 대가족인 것처럼 책임을 느낀다.

따라서 히브리성서는 두 가지 근본적으로 다른 도덕적 삶과 윤리적 삶의 요소들을 결합시킨다. 정의가 있으며 사랑이 있다. 정의는 보편적이며, 사랑은 특수하다. 정의는 거리를 두고, 공평하며, 모두에게 적용되어야 한다. 사랑은 그 안에 아무런 역할을 하지 않는다. 만일 내가 고소인이 나의 가족이거나 친구라서 고소인이 유리하도록 판결하면, 그것은 정의가 아니라 정의를 파괴하는 것이다. 반면에 사랑은 철저하게 특수하다. 아가서에 나오는 놀라운 이중창을 읽어보면, 어떻게 사랑하는 연인들이 상대방의 머리칼, 목, 이마, 발 등에서 끝도 없이 아름다움을 발견하고 노래하는지를 볼 수 있다. 여기에는 보편적인 거라곤 전혀 없다. 그것이 윌리스 스티븐스가 "환희의 특수성"이라고 부른 것인다. 보편적 하나님이신 엘로힘은 정의의 하나님이시다. 특수한 하나님이신 하솀은 사랑의 하나님이시다.

*

우리는 이제 바벨을 건설하고 다양한 사람들에게 단 하나의 언어만 강요하려 했던 이야기 다음에, 도대체 왜 하나님이 아브라함을 선택하셔서 그에게 고향을 떠나, 그가 낯선 떠돌이며 외부인으로 살아갈 곳으로 가라고 명령하셨는지를 이해할 수 있다. 노아와 그의 언약은 보편성과 정의를 나타낸다. 아브라함과 그의 자손들은 특수성과 사랑을 나타낸다.

노아 언약은 성서의 보편적 규약으로서, 정의로운 사회 질서의 기본 구조다. 유대교 현자들이 이해한 노아의 율법은 건강한 사회의 폭넓은 기본을 제시한 것으로서, 그것은 하나님, 인간의 생명, 가족, 재산, 동물의 복지, 법의 지배에 대한 존중 등이다.[4] 이런 원리들은 일반적인 것이지 특수한 것이 아니며, 얇은 것이지 두꺼운 것이 아니다. 그런 원리들이 모두에게 적용되는 것은 모두가 하나님의 형상으로 지음받았기 때문에, 존엄성과 존경을 받을 가치가 있다는 사실 덕택이다. 그 원리들은 오늘날 우리가 책임과 권리라고 부르는 보편적 법칙들이다.

그러나 그런 원리들은 우리가 공통적으로 지닌 것에 적용되는 것이지, 우리를 서로 다르게 만드는 것에 적용되는 것이 아니다. 그래서 성서는 보편적인 것으로부터 특수한 것으로 옮겨간다. 즉 아브라함과 사라, 그리고 이스라엘의 자녀들이 시간과 공간을 거쳐 약속의 땅으로 가는 이야기인 것이다. 이 이야기는 하나님의 주권과 보호 아래에서 긴밀하고 계속적으로 살아가는 것이 무엇인지를 들려주는 이야기다. 그것은 정의만의 이야기가 아니라 본질적으로 사랑의 이야기이기도 하다.

아브라함 이야기나 이스라엘 이야기만 유일한 이야기라는 것을 함축하는 본문은 성서에 없다. 그와 반대로, 하나님은 아모스 9:7에서 "이스라엘 자손아, 나에게는 너희가 에티오피아 사람들과 똑같지 않느냐? 내가 이스라엘을 이집트 땅에서, 블레셋 족속을 갑돌에서, 시리아 족속을 기르에서, 이끌어 내지 않았느냐?"라고 말씀하신다. 하나님은 다른 민족들의 역사에서도 능동적이시다. 하나님은 예언자 요나를 이스라엘의 원수인 앗시리아에 보내셔서 그들을 회개하게 만들고 재앙으로부터 구출받도록 설득하신다. 이사야는 심지어 하나님이, 과거에 이스라엘 백성을

4) Maimonides, Mishneh Torah, Melakhim 9:1. 참조, David Novak, *The Image of the Non-Jew in Judaism: An Historical and Constructive Study of the Noahide Laws*, New York, E. Mellen Press, 1983; *Natural Law in Judaism*, Cambridge, Cambridge University Press, 1998.

이집트의 억압으로부터 구출하기 위해 하셨던 것처럼, 이스라엘의 또 다른 원수인 이집트를 억압으로부터 구출하실 날이 올 것을 예상한다.

> 그날이 오면, 이집트 땅 한가운데 주를 섬기는 제단 하나가 세워지겠고 … 그래서 그곳 백성이 압박을 받을 때에, 주께 부르짖어서 살려 주실 것을 간구하면, 주께서 한 구원자를 보내시고, 억압하는 자들과 싸우게 하셔서 백성을 구원하실 것이다. 주께서는 이렇게 자신을 이집트 사람에게 알리실 것이며 … 그날이 오면, 이집트에서 앗시리아로 통하는 큰길이 생겨, 앗시리아 사람은 이집트로 가고 이집트 사람은 앗시리아로 갈 것이며, 이집트 사람이 앗시리아 사람과 함께 주님을 경배할 것이다. 그날이 오면, 이스라엘이 세 번째가 되어 이집트와 앗시리아가 이 세상 모든 나라에 복을 주게 될 것이다. 만군의 주께서 이 세 나라에 복을 주며 이르시기를 "나의 백성 이집트야, 나의 손으로 지은 앗시리아야, 나의 소유 이스라엘아, 복을 받아라" 하실 것이다. (사 19:19-25)

성서에는 아브라함의 가족이 덕성을 독점한다는 어떤 암시도 없다. 출애굽기의 여주인공 가운데 하나로서 그녀가 없었다면 모세도 없었을 사람은 바로 파라오의 딸이었다. 여호수아의 간첩들을 숨겨주었던 라합은 여리고의 창녀였다(수 2장). 야엘은 이스라엘을 시스라로부터 구한 여주인공으로서 겐족 여인이었다(삿 4). 우리아는 다윗에게 끝까지 충성함으로써 자신에 대한 다윗의 배신과 날카롭게 대조를 이루는데, 그는 헷족 사람이었다(삼하 11장). 성서에서 완전히 의로운 사람의 대표적인 본보기인 욥은 이스라엘 사람이 아니었다.

모세는 반복적으로 이스라엘 백성을 비판하면서, 그들에게 "너희가 마음이 착하고 바르기 때문에 너희가 들어가서 그들의 땅을 차지하도록 하신 것이 아니라"(신 9:5)고 말했다. 이런 가르침은 예언자들의 시대가 끝날 때까지 계속 유지되었다. 마지막 예언자였던 말라기는 "해가 뜨는 곳으로부터 해가 지는 곳까지, 내 이름이 이방 민족들 가운데서 높임을 받을 것이다. … 그러나 너희는 지금 내 이름을 더럽히고 있다"(말 1:11-12)라고 선포했다.

이것은 엄청나게 중요한 요점이다. **선택된 백성**(a chosen people)은 **우두머리 종족**(a master race)**과 반대된다**. 첫째로, 선택된 백성은 종족이 아니라 언약이기 때문이다. 둘째로, 선택된 백성이 존재하는 것은 하나님을 섬기기 위한 것이지, 다른 민족을 지배하기 위한 것이 아니기 때문이다.[5] 우두머리 종족은 자신을 예배한다. 선택된 백성은 자기 너머의 무엇을 예배한다. 우두머리 종족은 권력에 가치를 둔다. 선택된 백성은 힘없는 사람들을 돌본다. 우두머리 종족은 자신들에게 권리가 있다고 믿는다. 선택된 백성은 자신들에게 책임이 있다는 사실만 안다. 우두머리 종족의 핵심적 미덕은 교만, 명예, 명성이다. 선택된 백성의 핵심적 미덕은 겸손이다. 우두머리 종족은 기념비적인 건축물, 승리의 비문들, 자기 영광을 드러내는 문학을 만든다. 이스라엘은 역사상 독특하게 거의 끊어진 적이 없는 자기비판의 문학을 만들어냈다.

그렇다면 왜 이스마엘이 아니라 이삭인가? 왜 에서가 아니라 야곱인가? 이스마엘과 에서는 강하기 때문에 자신들의 기술과 힘으로 살아남

5) 내가 이 말을 하는 것은 선민사상에 대한 오랜 비판을 잊지 않기 위해서다. 최근의 사례는 Clifford Longley, *Chosen People: The Big Idea that Shaped England and America*, London, Hodder & Stoughton, 2002를 보라.

는 백성이기 때문이다. 언약 백성은 자신들 **너머에** 있는 무엇에 대해 **스스로** 자신들의 삶을 통해 증인이 되어야 할 사람들이다. 이삭과 야곱은 강하지 않았다. 그들은 그들의 아버지가 편애한 사람들이 아니라, 어머니가 편애한 사람들이었다. 그들은 맏아들이 아니라 동생이었다. 하나님께서 족장들에게 두 가지 축복을 주셨는데, 그들이 많은 자손을 얻게 될 것이며, 또한 땅을 얻게 될 것이라는 축복이었다. 그러나 사라, 리브가, 라헬은 모두 아이를 낳지 못했다. 족장들은 결코 땅을 획득하지 못했다. 아브라함은 자기 아내를 매장할 동굴을 사기 위해 허락을 구해야만 했다. 이삭은 자기 아버지의 우물을 다시 열려고 할 때, 지역 사람들로부터 위협을 받았다. 야곱은 자기 천막을 칠 땅을 사기 위해 은전 백 냥을 지불해야만 했다.

하나님의 말씀의 사람 모세는 "저는 본래 말재주가 없는 사람입니다. … 저는 입이 둔하고 혀가 무딘 사람입니다"(출 4:10)라고 말한 사람이다. 모세가 자기 말을 한 사람이 아니었던 것처럼, 이스라엘 백성의 힘은 그 자신의 힘이 아닌 백성이 되어야 할 운명에 있었다. 그들의 존재는 자연과 반대되는 백성이 되어야 했다. 그 백성은 작았다. 그 땅은 제국들 사이의 전략적 위치에 있어서 항상 정복당할 위협에 놓여 있었다. 나일강 삼각주나 티그리스-유프라테스 계곡과 달리, 그 땅은 자연적 물 공급원이 없어서 항상 비에 의존했다. 그 백성은 땅을 내려다보기보다는 하늘을 올려다보게 마련이었다. 그 백성이 집단적 기억 속에 보전한 것은 권리에 대한 익숙한 감각이 아니었다("너희는 다만 나그네이며, 나에게 와서 사는 임시 거주자일 뿐이다." 레 25:23). 이스라엘의 자녀들은 항상 자신들 너머의 힘에 의존하게 마련이었다. 선택된 백성은 우두머리 종족이 아니라 그 반대로서, 종들의 공동체(a servant community)다. 이런 이유 때문에 유대인들은 항상 우두머리 종족, 제국의 권력, 또는 하나님의 진리의 유일한 수호자들이라고 생각하는 자들로부터 공격을 받았던 것인데, 그런 종들의 공동체의 존재 자체가 그런 강자들에게는 하나의 모욕이었기 때문이다.

*

우리는 이제 창세기 내러티브의 구조 속에 들어 있는 강력한 사상을 이해할 수 있게 되었다. 창세기 내러티브가 보편적인 원형들—아담, 하와, 가인, 아벨, 홍수, 노아와 맺은 언약과 바벨탑에 대한 비판—로 시작한 다음에 아브라함의 언약이라는 특수성으로 바뀐 것은 **우리의 공통적 인간성이 우리의 종교적 차이성보다 앞선다**는 사실을 말해주기 위한 것이다. 타인들의 종교가 자신들의 종교와 다르다는 이유로 타인들을 비인간화시키는 종교는 모두 아브라함의 하나님을 오해한 것이다.

유대인들은 이 진리의 시험 케이스가 되었다. 그들은 달랐다. 이교도들의 시대에는 유일신론자들이었으며, 기독교적 유럽에서는 비기독교인들이었다. 오늘날 이슬람의 중동지방에서 가장 눈에 띄는 비무슬림들이다. 역사를 통해 유대인들의 운명은 하나의 문화, 신앙, 제국이 자신들과 같지 않은 사람들에게 존엄성이나 권리를 인정할 의지가 있는지를 보여주는 가장 분명한 지표였다. 하나님이 어떻게 약자들, 소수자들, 취약한 사람들과 다른 사람들에게 당신의 사랑을 보여주셨는지를 말해주는 유대인들의 이야기는 오늘날 히브리성서를 서양문명의 위대한 희망의 내러티브로 만든 것이다.

다루기 힘들고 때때로 불순종하는 백성인 이스라엘에 대해 예언자들이 말했던 하나님의 사랑은, 사람들이 서로 다르기 때문에 다른 사람들을 위한 사랑이지, 같기 때문에 같은 사람들을 위한 사랑이 아니다. **사랑은 특별하다**. 그 때문에 노아 언약을 통해서 도덕적 사회의 일반적인 규칙을 인류에게 주신 다음에, 하나님은 아브라함을 부르셔서 그와 그 자손들이 하나님을 사랑하고 하나님의 사랑을 받는 삶이 무엇인지를 보여주는 살아 있는 본보기가 되라고 명령하신 것이다.

우리의 공통성과 우리의 차이성 모두를 존중하는 하나의 단순한 체제는 없다. 부족주의는 보편성 없는 정체성으로서, 폭력으로 이끈다. 제국주의는 정체성 없는 보편성으로서, 자유의 상실과 우리를 인간으로 만드는 바로 그 다양성을 억압하는 것으로 이끈다. 그 때문에 성서는 하나의 언약이 아니라 두 가지 언약으로 출발한 것이다. 즉 하나는 우리 공동의 인간성을 존중하는 언약이며, 다른 하나는 다양성과 사랑의 특수성을 존중하는 언약이다. 그리고 보편적인 것이 먼저 나온다. 우리는 먼저 보편적 하나님의 형상으로서의 인간의 보편적 존엄성을 존중하지 않고는 하나님을 사랑할 수 없다.

또한 "하나님의 형상"이라는 말은, 성서에 나오는 것처럼, 하나의 역설이며 거의 모순에 가깝다는 점을 주목하라. **하나님은 형상이 없으시다**는 것이 성서에서 자명하다. 다른 주장을 하는 것, 즉 하나님의 형상을 만들거나 예배하는 것은 우상숭배의 대표적 본보기다. 모세가 하나님께 누구신지를 물었을 때, 하나님은 "나는 내가 되고자 하는 자다"(출 3:14)라고 대답하신다. 하나님은 범주화를 초월하신다. 하나님이 형상을 가지셔야 했다면, 저것이 아니라 이런 형상, 저곳이 아니라 이곳에 있는 형상, 저런 색깔, 신조, 규약이 아니라 이런 색깔, 신조, 규약의 형상을 가지셨을 것이다. 유대교 현자들은 그 의미를 완전히 이해했다.

> 이런 이유 때문에 사람이 혼자 창조된 것인데, 그것은 한 생명을 파괴하는 자는 마치 완벽한 우주를 파괴한 것과 같다는 것을 가르치기 위해서이며, … 또한 사람들 사이의 평화를 위해, 아무도 다른 사람에게 "나의 아버지는 너의 아버지보다 위대하다"고 말할 수 없도록 가르치기 위해서이며, … 또한 한 사람이 같은 틀에서 많은 동전들을 만들 때는 그 동전 모두가 똑같지만, 왕 중의 왕이신 분이 모든 사람을 똑같은 형상으로 만드시지만 모두가 서로 다르게 만드심으로써 거룩하신 한 분, 복 받으실 분의 위대하심을 선포하도록 만들기 위해서다.[6]

하나님이 범주화에 저항하시는 것처럼, 인간도 저항한다.

성서는 우리를 두 번째로 놀라게 만든다. 그 똑같은 구절이 여덟 장 뒤에서 홍수 이후에, 하나님이 노아와 맺은 언약의 일부로 나온다.

> 누구든지 사람을 죽인 자는 죽임을 당할 것이다.
> 사람은 하나님의 형상대로 지음을 받았기 때문이다. (창 9:6)

이것은 창세기 1장을 다시 진술하는 것처럼 보인다. 그러나 사실상 그 반대다. 창세기 1장은 **우리가** 하나님의 형상으로 지음을 받았다고 말한다. 창세기 9장은 **다른 사람**이 하나님의 형상으로 지음을 받았다고 말한다. 창세기 1장은 인간의 탁월함("땅에 충만하고 땅을 정복하라")을 말한다. 그러나 창세기 9장은 살인 금지를 선포한다. 그 둘 사이에 비극

---

6) Mishnah, Sanhedrin 4:5.

이 있다. 자연에 대한 정복을 허락받은 인간은 그 힘을 사용해서 다른 사람들을 정복하려고 했고, 그 결과는, 가인에서부터 홍수에 이르기까지, 폭력과 살인이었다. 지금도 그렇다. 바로 이런 이유 때문에 창세기 9장은 창세기 1장을 **반복한 것이 아니라 뒤집는 것**이다.

창세기 1장은 자기에 관한 것이지만, 9장은 타인에 관한 것이다. **나의 모습(형상)과 같지 않은 사람도 하나님의 형상으로 지음받은 사람이다.** 이것이 하나님과 노아 사이의 언약의 기초로서, 우리에게 생명을 주신 분을 공경하기 위해서 모든 문화에게 보편적으로 요구되는 것이다. 무고한 사람들을 죽이는 테러와 정치적 목적을 위해 인간을 희생시키는 것은 단순히 범죄가 아니라, 하나님을 모독하는 것이다. 하나님 이름으로 하나님의 형상을 죽이는 자는 이중적으로 하나님을 모독하는 것이다.

*

성서의 영성을 보여주는 독특한 구조—정의의 보편성과 사랑의 특수성 사이에서 무게 중심을 어디에 놓느냐에 따르는 긴장관계—는 우리의 공통적 인간성과 우리의 종교적 차이성 **모두**를 종교적으로 표현하는 가장 설득력 있는 방법이라고 나는 생각한다. 이것이 실제로는 어떻게 작동하는가?

아브라함의 생애를 생각해보자. 성서의 독자들은 그의 이야기에 너무 익숙해서 그 이야기가 얼마나 이상한지를 흔히 주목하지 못한다. 그는 유일신론의 아버지이지만, 성서 본문 어디에서도 그는 우상을 깨뜨리지 않고, 다신론자들에게 도전하지도 않고, 제자들을 모으지도 않고,[7]

7) 랍비 전통은 아브라함이 제자들을 만들었다고 말하지만, 그것은 구전전승이지 명시적인 문서전승이 아니다.

새로운 종교운동을 시작하지도 않았다. 그가 살던 땅의 사람들은 그에게 낯선 믿음과 종교적 관행을 가졌던 사람들이었다. 그러나 그는 그들을 비난하지 않았다. 예외는 그가 조약을 체결한 왕 아비멜렉의 종들이 그가 판 우물을 빼앗은 경우였다(창 21:25). 아브라함은 그들을 도덕의 기준에 따라 대했지, 윤리나 거룩함의 기준을 요구하지 않았다.

조카 롯이 소돔 사람들—성서는 "소돔 사람들은 악하였으며, 주를 거슬러서, 온갖 죄를 짓고 있었다"(13:13)라고 말한다—중에서 살기로 결정했을 때도 아브라함은 그를 비난하지 않았다. 소돔 사람들을 정죄하지도 않았다. 그와는 반대로 그들을 위해 싸웠으며(창 14장), 하나님께서 그들을 벌주실 계획이라는 말을 듣자, 그들을 위해 매우 담대하게 간구했다. "의인을 악인과 똑같이 보시는 것도, 주께서 하실 일이 아닌 줄 압니다. 세상을 심판하시는 분께서는 공정하게 판단하셔야 하지 않겠습니까?"(18:25).

아브라함은 자신의 견해를 다른 사람들에게 강요하지 않았다. 그러나 그의 동시대 사람들은 그에게서 특별한 신앙적 모습을 보았다. 살렘의 왕 멜기세덱은 "천지의 주재, 가장 높으신 하나님, 아브람에게 복을 내려 주십시오"(14:19)라고 말하며 그를 맞이했다. 헷족 사람들은 그에게 "어른은, 하나님이 우리 가운데 세우신 지도자이십니다"(23:6)라고 말했다. 아브라함은 자신이 사는 방법을 통해서 사람들에게 영향을 끼쳤던 것이지, 다른 사람들을 강제하거나 촉구하지 않았다. 그는 **자신의 믿음에 충실하려고 애쓰면서 동시에 다른 사람들의 믿음과 상관없이 그들에게 복이 되려고 노력했다**. 이것이 21세기에 필요한 길이라고 나는 믿는다.

아브라함과 하나님 사이에는 분명히 깊은 사랑이 있었으며, 바로 이 사실이 마침내 유대인들뿐 아니라 기독교인들과 무슬림들도 각기 다른 방식으로 자신들이 아브라함의 상속자라고 보도록 영감을 불어넣은 것이다. 그러나 아브라함을 자신의 믿음의 조상으로 믿는 모든 사람은 아브라함처럼 살려고 갈망해야만 한다. 오늘날 지하드라는 이름으로 벌어지는 일보다 더 아브라함의 유일신론 정신에서 벗어난 것은 없다. 야만주의와 잔인성, 무고한 사람들에 대한 테러와 살인, 자신들에 동의하지 않는 사람들에 대한 냉혹한 살인, 제국의 이름으로 권력을 추구하는 것, 그리고 힘으로 진리를 강요할 수 있다는 생각은 아브라함의 세계에서나 아브라함의 하나님 안에서 어떤 자리도 찾을 수 없는 이교도들의 생각이다. 그런 것들은 정의도 아니고 사랑도 아니다. 신성모독일 뿐이다.

아브라함의 자녀가 된다는 것은 하나님의 현존이 어디에서 나타나든 그 현존에 개방적인 사람이 되는 것이다. 아브라함의 자녀들의 믿음이 어떠한 것인가는, 어떻게 낯선 사람들이 그 겉보기와는 전혀 다른 사람들로 판명되었는가 하는 여러 이야기들을 통해 전해진다. 예를 들어, 다말은 창녀가 아니었다. 룻은 외국인이 아니었다. 모세는 이집트인이 아니었다. 아브라함을 방문한 낯선 세 인물은 단지 인간들이 아니라, 천사들로 판명되었다. 파라오의 딸은 여주인공일 수 있었다. 대수롭지 않던 소년 다윗은 이스라엘의 가장 위대한 왕이 되었다. 그런 믿음에서 생겨나는 윤리적 명령은 타자의 얼굴에서 하나님의 흔적을 찾으라는 명령이다. 하나님은 우리와 같은 사람들이 정의하며 또한 우리와 같은 사람들에게만 국한된다고 절대 믿지 말라. 하나님은 어느 민족, 언어, 문화, 또는 신조보다 더 크신 분이다. 그분은 우리 집단 안에 살고 계시지만, 우리 집단 너머에도 살고 계신다.

*

"인간의 생각과 감정을, 하나님의 무한하며 모든 것을 능가하는 빛과 연결시키는 것은 여러 색깔들로 굴절되어야만 하기 때문에, 모든 민족과 사회는 서로 다른 영적인 생명의 길을 가져야만 한다"라고 랍비 아브라함 쿡(1865-1935, 이스라엘이 건국되기 이전 첫 번째 최고 랍비)은 말했다.[8] "모든 민족의 의로운 사람들은 앞으로 올 세상에서 그 차지할 몫이 있다"고 2세기의 랍비는 말했다.[9] 1세기의 현자였던 랍비 아키바는 이렇게 말했다. "모든 사람이 사랑받는 것은 그가 하나님의 형상으로 지음받았기 때문이다. 이스라엘(즉 각각의 유대인)이 사랑받는 것은 우리들 각자가 하나님의 자녀들 중 하나이기 때문이다."[10] 이것이 유대인들이 과거와 오늘날에도 스스로를 정의하는 방법이다. 우리는 우리 자신이 하나님과 가깝다고 느끼지만, 노아 언약에 나타난 것처럼 하나님은 모든 인류와도 관계를 맺으신다고 믿는다.

성서에는 이방인들이 유대인들보다 더 종교적이라고 분명하게 묘사한 경우들도 있다. 유대인 달력에서 가장 거룩한 날 중 하나인 대속죄일에 우리는 요나서를 읽는다. 예언자 요나는 이스라엘의 원수인 니느웨의 앗시리아인들에게 회개를 설교하도록 파견된다. 요나는 도망치려 한다. 자기 원수들이 용서받는 것을 바랄 사람이 누가 있겠는가? 그러나 하나님은 그가 도망치도록 허락하지 않으신다. 요나가 히브리어로 단지 다섯 단어로 된 메시지를 전하자, 니느웨의 온 백성이 회개한다. 히브리성서 전체에서 이스라엘 백성이 그처럼 예언자의 요청에 민첩하게 반응했던 적은 없었다. 일 년 중 가장 거룩한 대속죄일에 이 이야기를 읽음으로써

---

8) R. Abraham Isaac Kook, *Orot haKodesh*, vol. 3, 15.

9) Tosefta, Sanhedrin 13:2.

10) Mishnah, Avot 3:14.

우리는 겸손해질 수밖에 없다. 우리가 언약 백성이며 거룩한 민족이라는 자부심은 이처럼 다른 민족이 때로는 우리들보다 더 하나님의 말씀에 순종했다는 사실 앞에서 무색하게 된다.

이것이 바로 히브리 영성의 이중적 구조가 일으키는 일이다. 그것은 지금 여기에서의 불가피한 정체성을 받아들인다. 우리는 모두 똑같지 않다. "우리"가 있고 "그들"이 있다. 그러나 하나님은 특수하실 뿐 아니라 보편적이라서, 그분은 "우리들" 안에서 발견할 수 있는 분일 뿐 아니라 "그들" 안에서도 발견할 수 있는 분이다. 하나님은 우리의 특수성을 초월하신다. 그래서 하나님은 흔히 우리가 전혀 기대하지 않는 곳에서 나타나신다. 때때로 하나님은 야곱이 밤에 씨름했던 사람처럼, 또는 들판에서 배회하던 요셉을 발견한 사람처럼, 낯선 사람의 목소리로 말씀하시거나, 심지어 이방인 예언자 발람의 목소리로 말씀하신다. 히브리성서에 나오는 보편성과 특수성 사이의 독특한 변증법은, 거의 이해되지 못하고 있으며 흔히 욕을 먹고 있지만, 우리가 폭력 없는 정체성을 가지려면 반드시 필요한 것이다.

왜냐하면 하나님은 비록 우리의 하나님이시지만, 그분은 또한 모두의 하나님이시며 모두에게 다가가시는 하나님이시기 때문이다. 즉 하나님은 이스마엘을 축복하시며, 야곱의 자손들에게 에서의 자손들을 미워하지 말도록 명령하시며, 낯선 사람들의 기도를 들으시며, 또한 그분이 보내시는 메신저들은 낯선 사람들로 등장한다. 이처럼 보편적인 언약과 특수한 언약이라는 두 가지 언약 형태 모두를 인식하는 믿음만이, 우리와 다른 믿음을 가진 사람들, 그들이 하나님과 맺은 관계가 우리가 맺은 관계와 다른 사람들에게도 하나님의 형상이 현존할 수 있음을 이해할 수 있다.

인간은 공통성과 차이성이라는 두 가지 사실 사이에서 살아간다. 우리가 완전히 다르다면, 우리는 서로 소통할 수 없을 것이다. 우리가 완전히 닮았다면, 서로 할 말이 없을 것이다. 노아 언약은 우리의 공통성에게 말하며, 아브라함 언약과 시내산 언약은 우리의 차이성에게 말한다. 이것이 바로 아브라함의 유일신론이, 한편으로는 부족주의(각 민족은 그 나름의 하나님을 갖고 있다)와 다르며, 다른 한편으로는 보편주의(한 하나님, 따라서 하나의 길)와 다른 이유다. 부족주의나 보편주의는 인간의 상황에 적합하지 않다. 부족주의가 당면하는 세상은 항구적으로 전쟁하는 세상이다(나의 신이 너의 신보다 강하다). 보편주의는 세상을 구원받은 자들과 저주받은 자들로 나눌 위험이 있기 때문에(나는 진리를 갖고 있고, 너는 틀렸다),[11] 거룩한 전쟁, 십자군과 지하드가 생겨난다.

만일 십자군, 테러리스트, 종교재판관, 마녀 화형자, 지하드의 하나님이 또한 그 희생자들의 하나님이기도 하시다면, 어찌할 것인가? 만일 우리가 그 가능성을 완전히 배제할 수 없다면 어찌할 것인가? 인간은 그 "만일" 속에서 살아가며, 그것 없이는 생존할 수 없다. 왜냐하면 우리는 유한하지만, 하나님은 무한하시기 때문이다. 우리는 제한되어 있지만, 하나님은 무제한이시기 때문이다. 우리의 믿음이 아무리 완전하더라도, 그것 너머에 계신 하나님의 무엇이 있으며, 그 무엇은 하나님만 아실 뿐이지, 이 땅에서 살아가는 덧없고 실수할 수 있는 인간에게는 알려질 수 있는 것이 아니기 때문이다.

---

11) B. S. Lewis가 쓴 글 제목이 "나는 옳고, 너는 틀렸으니까, 지옥에 가라!" 였다. *The Atlantic Monthly*, May 2003.

12장

어려운 본문들

두 사람 모두 밤낮으로 성서를 읽었지만,

당신이 검정(黑)이라고 읽은 것을 나는 하양(白)이라고 읽었다.

— 윌리엄 블레이크[1]

절대로 내 종교가 그렇게 하라고 해서 내가 혐오한다고, 내가 죽인다고 말하지 말라. 모든 본문은 해석을 필요로 한다. 모든 해석은 지혜를 필요로 한다. 모든 지혜는 영원한 것과 시간적인 것 사이에 신중한 협상을 필요로 한다. 근본주의는 마치 하나님이 우리들처럼 단순한 분인 것처럼 본문을 읽는다. 그것은 진실이 아닐 가능성이 크다.

종교들, 특히 책의 종교들은 어려운 본문들을 갖고 있다. 그 구절들, 계명들, 에피소드들, 내러티브들을 만일 문자적으로 이해하고 직접 적용하면, 단지 우리의 도덕적 감각을 거슬리게 만드는 것만이 아니라, 종교 자체에 대해 우리가 좋게 생각했던 것을 무너뜨릴 것이다. 그런 많은 사례들이 히브리성서에 있다. 즉 미디안 족속에 대한 복수 전쟁이 있으

1) William Blake, 'The Everlasting Gospel' (c. 1818).

며, 가나안 땅의 일곱 나라들에 대한 전쟁 명령도 있다. 여호수아서는 정복 전쟁의 이야기며, 사무엘서에는 아말렉 족속에 대한 피비린내 나는 복수 이야기가 나온다. 성서의 이런 기록들은 우리가 야만적이며, 자비의 윤리와 맞지 않고, 심지어 유대교 전통과 기독교 전통 모두에 나오는 정당한 전쟁(just war) 교리와도 맞지 않는다.

또한 율법에는 랍비들이 곤혹스러워했으며 도덕적으로 문제가 되는 것들이 있다. 예를 들어, 신명기에는 고집이 세며 반항하는 아들을 죽이라는 명령(신 21:18-21)이 나오는데, 그것은 우리가 보기에 심각한 비행 청소년의 경우보다 별로 더 악하지 않은 것처럼 보인다. 이것은 정의의 원리와 너무 맞지 않는 것처럼 보이기 때문에, 탈무드에는 그 율법이 한 번도 실행된 적이 없었고, 오직 교육적 목적으로만 존재하며 실행하지는 말도록 한 율법이라는 견해를 담고 있다.[2)]

히브리성서의 이런 본문들과 또한 신약성서, 꾸란과 하디스(무함마드의 어록)에도 있는 악명 높은 본문들은 매우 주의하여 해석해야만 큰 해를 끼치지 않는다. 그래서 경전에 근거한 모든 종교는 그 자체의 해석 전통을 발전시켰다. 랍비 유대교는 성서주의, 즉 구전전통을 배격하며 기록된 문자의 권위만 받아들이는 성서주의를 이단이라고 선언했다. 랍비들은 "한 구절을 문자적으로 해석하는 자는 거짓말쟁이다"[3)]라고 말했다. 요점은 분명하다. 해석 없이는 본문도 없다. 전통 없이는 해석도 없다. 또는 고린도후서의 말씀처럼, "문자는 사람을 죽이지만, 영은 사람을 살린다"(고후 3:6).

유대인들, 기독교인들, 무슬림들은 그들의 역사를 거의 통틀어서, 자

---

2) Sanhedrin 71a.

3) Babylonian Talmud, Kiddushin 49a.

신들의 경전의 의미를 이해하기 위해 씨름해왔으며, 그 과정에서 정교한 해석학과 법률 체계를 발전시켰다. 중세 기독교는 해석의 네 단계, 즉 문자적, 알레고리적, 도덕적, 종말론적 해석의 단계를 갖고 있었다. 이슬람에도 피크흐(*fiqh*, 이슬람의 법률)가 있고, 수니파와 시아파에도 네 개의 법률학파가 있으며, 그 나름의 원칙들(*taqleed, itjihad, qiyas*)이 있다. 어려운 본문들은 해석을 필요로 하며, 해석하지 않으면 그런 본문들은 폭력으로 이끈다. 하나님은 우리에게 그런 해석을 하라는 명령과 책임 모두를 주셨다. 우리는 세상을 위해 하나님의 말씀을 수호하는 사람들이다.

이런 이유 때문에 근본주의는 그처럼 위험하며 비전통적인 것이다. 근본주의는 서로 다른 맥락에서 많은 것들을 가리키지만, 그 중 하나는 본문을 문자적으로 읽고 직접 적용하는 것이다. 즉 해석 없이 계시로부터 직접 적용으로 돌진하는 것이다. 유대교를 포함해서 많은 종교들에서 이런 근본주의는 이단으로 간주된다. 대부분의 경우에, 근본주의는 종파를 분리시키는 작업이다. 많은 종교들에서 이런 문제들 때문에 내부 싸움이 계속되었다. 그러나 대부분의 종교가 도달한 일반적 결론은 말씀을 세상에 적용하는 방법을 알기 위해서는 전통에 깊이 뿌리를 내린 큰 지혜를 필요로 한다는 점이다.

하나의 이유는 물론 그런 본문들이 흔히 매우 오래된 본문들로서, 본래 우리의 시대와는 전혀 다른 시대와 조건들에 대한 본문들이기 때문이다. 예를 들어, 신명기와 여호수아서의 전쟁 명령들은 고대에 전쟁이 잔혹하고 조직적이었던 시대에 속하는 본문이다. 백성 전체를 학살하는 것이 흔했다. 또 다른 이유는 우리가 다루는 거룩한 문서가 하나님 자신의 궁극적 권위를 부여한 본문이라는 점 때문이다. 우리는 어떻게 그 영원한 말씀을 지금 여기에 적용할 것인가? 이 문제는 결코 단순하지 않으며 자명하지도 않다. 그래서 성서 시대의 상당 기간 동안, 모세처럼 **모든** 시대를 위한 하나님의 말씀이 아니라, **지금** 시대를 위한 하나님의 말씀을 전한 예언자들이 있었던 것이다. 예언의 시대에 정당했던 것이 다른 시대에는 전혀 정당하지 않은 것들이 있을 수 있다는 말이다.

일반적인 규칙으로서, 비록 모든 고대의 본문을 다른 시대에 적용하는 데는 해석 작업이 관련되지만, 이 작업은 종교만 하는 작업이 아니다. 세속 법률에서도 마찬가지로 해석은 핵심 문제이며, 대법원마다 이런 법 해석을 심의한다. 과거에 만들어진 법을 지금 어떻게 이해할 것인가? 이것은 연극 연출가마다, 예를 들어 ≪베니스의 상인≫을 당대의 관객들에게 어떻게 공연할 것인지를 결정할 때마다 부닥치는 문제다. 각각의 경우에서 문제는 과거의 말을 지금의 말로 어떻게 적용함으로써, 시간과 변화라는 해석학적 심연에 다리를 놓는가 하는 문제다. 종교는 해석의 규칙들과 권위의 구조들을 발전시킨다. 그런 것이 없으면, 어느 집단이든 특정 본문을 그 맥락에서 뽑아내어 문자적으로 읽고 나머지는 무시함으로써, 종교의 이름으로 거의 무슨 짓이든 할 수 있다. 규칙, 원리, 권위가 없으면, 거룩한 본문은 너무나 인간적인 목적을 위해 하나님의 권위처럼 보이는 카리스마를 제공한다. 셰익스피어가 말한 것처럼, "악마는 자기 목적을 위해 성서를 인용할 수 있다."[4]

근본주의자들은 이 전체 과정에 대해 견딜 수 없어 하는 사람들이다. 급진적 사상가는 제도종교가 타락했다고 판단할 수 있다. 그의 눈에는 제도종교가 세상과 타협하고, 그 신앙적 이상을 내버리고, 그 신앙이 본래 요구하는 순수함을 살아내지 못한다. 따라서 그 거룩한 말씀, 즉 해석

---

4) Shakespeare, *The Merchant of Venice*, 1막, 3장.

되고 적응되고 쉬운 말씀이 되기 이전의 거룩한 말씀대로 살자고 주장한다. 심지어 예수조차 그 제자들에게 "너희는 내가 땅 위에 평화를 주러 온 줄로 생각하지 말아라. 평화가 아니라 칼을 주러 왔다"(마 10:34)라고 말했다. 어느 전통이든 대결하는 읽기 방식뿐 아니라 적응하는 읽기 방식도 있다.

물론 제도종교 안에서의 급진적 종교운동은 종파적이며 작은 규모인 경우가 보통이다. 그러나 현재의 급진적인 종교운동이 과거와 다른 것은 정확히 기독교 안에서 종교개혁을 다르게 만들었던 것과 같다. 즉 초창기의 본문으로 되돌아가자는 영성이 등장한 것과 거의 동시에, 정보기술의 혁명을 통해 급진주의자들이 전통적 소통 수단들(인쇄술 시대의 교회 설교들, 인터넷 시대의 지역 교사들과 공동체 지도자들)을 앞지를 수 있게 된 것이다. 갑자기 급진주의자들이 고지를 점령하여 대중들에게 말하게 된 반면에, 제도종교들은 구닥다리처럼 보이고 뒤처지게 된 것이다.

또 다른 요인은 아브라함의 유일신을 믿는 세 종교의 배경에 존재했던 요인으로서, 전통의 세계와 세속적 영역 사이의 명백한 불화였다. 종교와 사회를 함께 결합시키는 것은 불가능해 보이기 시작했다. 신앙이 더 이상 사회질서나 문화를 뒷받침하는 것이 아니라 철저하게 반대하게 되는 임계점에 도달했다. 예를 들어, "근본주의"라는 용어는 원래 미국의 개신교회 안에서 전통주의자들 입장에서 볼 때 현대과학과 성서비평 때문에 신앙이 계속 무너져 내리는 현실에 대한 그들의 반작용을 설명하기 위해 만들어진 용어다. 정통 유대교에서도 이와 비슷한 운동, 즉 계몽주의의 지적인 교리들이나 해방과 관련된 사회적 압력에 대한 적응에 반대하는 비슷한 운동이 있었다.

이슬람에서는 제1차 세계대전과 오스만 제국의 멸망 이후 전통 사회의 세속화와 서구화가 초래한 깊은 환멸에서부터 새로운 급진주의를 낳은 에너지가 상당 부분 생겨났다. 각각의 경우에, 급진적인 신(neo)전통주의자들은 "사람이 온 세상을 얻고도 제 영혼을 잃으면, 무엇이 유익하겠느냐?"(막 8:36)라는 계속적인 질문의 힘을 느꼈다. 근본주의는 세상이 그 경전의 말씀을 무찌르고 승리한다고 느낄 때 등장한다. 그래서 근본주의자들은 반대로, 말씀으로 세상을 무찌르고 승리할 결심을 한다.

*

전통이 어떻게 전통적으로 작동해왔는지를 이해하기 위해서, 유대교의 전쟁 전승(war traditions)을 사례로 살펴보자. 전쟁 전승은 종교와 폭력의 관계에 대해 가장 직접적으로 관심을 갖는 것이기 때문이다.

우선 주목할 것은 유대교 초기 본문들에 나오는 명백한 군사주의에도 불구하고, 그 아래 깔려 있는 가치는 항상 평화였다. 이미 레위기에서 "내가 땅을 평화롭게 하겠다. 너희는 두 다리를 쭉 뻗고 잘 것이며, 아무도 너희를 위협하지 못할 것이다"(26:6)라는 축복을 볼 수 있다. 제사장의 축복도 평화의 기도로 끝난다(민 6:26). 기원전 8세기에 이르러 이스라엘의 예언자들은 역사상 처음으로 평화 세상을 상상한 사람들이 되었다. 그 대표적 예언자가 이사야였는데, 그는 민족들이 "칼을 쳐서 보습을 만들고 창을 쳐서 낫을 만들 것이며, 나라와 나라가 칼을 들고 서로를 치지 않을 것이며, 다시는 군사훈련도 하지 않을"(사 2:4) 때를 예견했다. 세상에 대한 그의 비전, 곧 "나의 거룩한 산 모든 곳에서, 서로 해치거나 파괴하는 일이 없다. 물이 바다를 채우듯, 주님을 아는 지식이 땅에 가득하기 때문이다"(사 11:9)라는 비전은, 고대세계를 지배했던 군사주의 윤리에서부터 히브리성서가 결정적으로 단절하게 된 한 계기였다. 유대-기독교 전통 바깥에서 군사주의 윤리는 부활하지 않았다. 칸트가 1795년에 "항구적인 평화"라는 글을 발표하기까지는 말이다.

이처럼 이스라엘 민족이 (고대의 군사주의로부터 평화주의로) 바뀌게 된 것을 볼 수 있는 하나의 방법은 성서에서 같은 순간을 묘사한 두 본문을 비교해보는 것이다. 그것은 하나님이 다윗 왕에게 성전을 건축하지 말라고 하시면서, 성전 건축은 그의 아들 솔로몬이 할 것임을 확신시키는 순간이다. 사무엘기하 7:6-7에서 하나님은 이렇게 설명하신다.

> 그러나 나는, 이스라엘 자손을 이집트에서 데리고 올라온 날로부터 오늘에 이르기까지, 어떤 집에서도 살지 않고, 오직 장막이나 성막에 있으면서, 옮겨 다니며 지냈다. 내가 이스라엘 온 자손과 함께 옮겨 다닌 모든 곳에서, 내가 나의 백성 이스라엘을 돌보라고 명한 이스라엘 그 어느 지파에게라도, "왜 너희는 나에게 백향목 집을 지어 주지 않느냐?"고 말한 적이 있느냐?

이 말씀이 뜻하는 것은 하나님에게는 고대 신들을 위해 지었던 것과 같은 기념비적인 집이 필요하지 않다는 것이다. 하나님은 백향목으로 지은 집이 아니라 인간의 가슴 속에 사신다. 그러나 나중에 쓰여진 역대지상 22:8에는 더 자세한 설명이 나오는데, 이것은 다윗 왕의 말이다.

> 그러나 주께서 나에게 말씀하셨다. "너는 많은 피를 흘려 가며 큰 전쟁을 치렀으니, 나의 이름을 위하여 성전을 건축할 수 없다. 너는 내 앞에서 많은 피를 땅에 흘렸기 때문이다."

이 두 구절은 모순되는 것이 아니다. 주석가들은 두 구절을 조화시키는 데 어려움이 없었다. 그러나 새로운 강조점은 매우 뚜렷하다. 전쟁이 필요할 때가 있을 수 있지만, 거룩하신 분의 영역에서는 전쟁이 차지할 자리가 없다는 사실이다. "많은 피를 흘린" 자는 하나님의 집을 건축할 수 없다.

몇 세기가 지난 다음에 랍비들은 훨씬 더 나아갔으며, 우리는 랍비들이 그렇게 나아간 순간을 밝힐 수 있다. 그 순간은 기원전 1세기 말이나 2세기 초로서, 라반 가말리엘 2세(기원후 70년에 성전이 파괴된 후 산헤드린을 이끈 첫 번째 지도자)가 그의 동료 한 명에게 독재적인 행동을 한 것 때문에 이스라엘의 유대인 공동체의 영적 지도자에서 쫓겨나고, 그 자리에 엘라자르 벤 아자리야가 임명되었을 때였다. 당시에 많은 논쟁적 문제들이 해소되었다. 그 문제들 중 하나를 탈무드는 이렇게 묘사한다.

> 하루는 암몬 족에서 개종한 사람 유다가 공부하는 집에서 그들 앞에 나와 물었다. "나도 총회에 들어가는 게 허락됩니까?" 랍비 요수아가 대답했다. "당신은 회중에 들어가는 게 허락됩니다." 라반 가말리엘이 말했다. "암몬 사람이나 모압 사람이 주님의 총회에 들어가지 못한다는 것이 법이 아닌가?"(신 23:3). 랍비 요수아가 대답했다. "암몬 족과 모압 족이 지금도 자기들의 원래 고향에서 살고 있습니까? 오래 전에 앗시리아의 왕 세나게립이 와서 모든 민족을 뒤섞었는데, 그것은 **'내가 민족들의 경계선을 옮겼고, 그들의 재물도 탈취하였으며, 나는 강력한 자처럼 그들의 왕을 진압하였다'**(사 10:13)는 말씀 그대로입니다. 그리고 [한 집단에서] 분리된 사람들은 그 집단의 대다수에 속하게 되었습니다. … 따라서 그들[암몬 사람 유다]은 회중에 들어

가도록 허락받았습니다."[5]

이 한 마디로 인해 이스라엘의 이웃과 원수들에 관한 성서 전체의 율법들은 무효라고 선포되는데, 그 근거는 세나게립 왕의 정복과 인구 이동(기원전 722-705년) 이후에, "민족들"이란 더 이상 확정할 수 없게 되었기 때문이다. 이스라엘이 전쟁을 하도록 명령받은 일곱 민족에 관해서 마이모니데스는 "그들의 기억이 이미 사라졌다"[6]고 썼다. 우리는 더 이상 그들이 누구인지 알지 못한다. 유대인 역사에서 그 챕터는 끝났다.

여호수아가 그 땅을 정복하기 위해 전쟁한 것은 어쩔 것인가? 여기에서도 탈무드는 급진적인 해석을 제시하는데, 그 해석을 마이모니데스는 이렇게 요약한다.

> 먼저 평화의 조건들을 제시하지 않으면, 어떤 전쟁도 용인되거나 의무적[자기방어]이지 않다. … 여호수아는 그 땅에 들어가기 전에 세 가지 메시지를 전했다. 첫째는 "누구든 도망가고 싶은 사람은 도망가라!" 둘째는 "누구든 평화를 원하는 사람은 평화를 이루도록 하라!" 셋째는 "누구든 싸우길 원하면, 싸우도록 해라"였다.[7]

마이모니데스에게 전쟁은 **결코** 하나님으로부터 위임받은 것이 아니다. 단지 평화를 위한 노력을 시도했지만 실패한 경우에만 예외로 전쟁을 인정한다.

---

5) Babylonian Talmud, Berakhot 28a.

6) Maimonides, Mishneh Torah, Melakhim 5:4.

7) Maimonides, Mishneh Torah, Melakhim 6:5.

성서가 이스라엘 백성에게 "하늘 아래 아무도 그들을 기억하지 못하게 지워버려라"(출 17:14)고 명령했던 아말렉 족속과의 전쟁은 어찌할 것인가? 마이모니데스는 심지어 처음부터 그 명령을 적용할 수 있는 것은 만일에 아말렉 족속이 평화를 위한 노력을 거부하고 또한 노아의 일곱 가지 법을 거부할 때뿐이라고 말했다. 그들을 파멸시키라는 절대적 명령은 없었다. 그와는 반대로, 심지어 여기에서도 평화를 찾아야만 한다. 마이모니데스는 덧붙여서, 일곱 국가에 적용했던 것을 아말렉 족속에게도 적용했기 때문에 그것을 더 이상 적용할 수 없다고 말했다. 세나게립 왕이 그 일곱 국가 백성들을 이동시켜 다른 곳에 정착시켰기 때문에, 이스라엘 백성들이 그들과 싸우라고 명령을 받았던 원래 백성들의 종족을 더 이상 구별할 수 없게 된 것이다. 그는 ≪방황하는 자들을 위한 안내서≫에서, 그 명령은 오직 구체적인 생물학적 후손들에게만 적용된다고 말했다. 즉 그 명령은 유대인들의 적들이나 미워하는 사람들에게 일반적으로 적용할 수 없는 명령이다. 따라서 아말렉 족속과 전쟁하라는 명령은 더 이상 적용할 수 없다.[8]

그 이후 유대교에서 아말렉은 실제 민족이 아니라, 하나의 은유로서 불필요한 악을 상징하는 것이 되었다. 예를 들어, 베르디체프의 랍비 이차크는 아말렉을 우리들 각자 속의 악한 성향으로서 우리가 무찔러야만 하는 것이라고 말한다.[9] 자기방어를 위한 전쟁 이외의 모든 전쟁은 더 이상 전쟁터에서 벌어지지 않고, 영혼 속에서 벌어지는 싸움이 되었다.

---

8) Rabbi N. L. Rabinovitch, *Responsa Melomdei Milchamah*, Maaleh Adumim, Maaliyot, 1993, pp. 22-5.

9) Levi Yitzhak of Berditchev, Kedushat Levi, Jerusalem, 2001, section on Purim' Gerald Cromer, 'Amalek as Other, Other as Amalek: Interpreting a Violent Narrative', *Qualitative Sociology*, 24. 2, 2001, pp. 191-202.

(이슬람도 지하드라는 말에 대해 이와 비슷한 재해석을 했다.[10])) 이 하나의 해석으로 단번에 이스라엘의 원수들과 관련된 성서 본문들은 더 이상 작동하지 않게 되었다. 그 본문들은 과거 당시를 말하는 것이지, 지금을 말하는 것이 아니다. 고대 민족들을 말하는 것이지, 지금의 민족들을 말하는 것이 아니다.

*

성서 시대와 랍비들의 시대 사이에 일어난 실제적인 변화를 이해하려면, 탈무드에 기록된 1세기 말엽 유대인 현자들 사이의 놀라운 대화에 귀를 기울일 필요가 있다. 토론의 주제는 전쟁이 아니라, 안식일에 관한 율법들의 세부사항에 관한 것이었다. 유대인 율법에서는 안식일에 아무도 짐을 사적인 공간에서 길거리로, 또는 길거리에서, 나를 수 없다. 이것은 금지된 "노동"의 하나였다. 질문은 여기서 짐은 무엇이며, 나른다는 것은 정확히 무슨 뜻인가 하는 문제였다. 옷을 입는 것은 분명히 나르는 것이 아니다. 그러나 어떤 물건을 집에서 길거리로 가져가는 것은 나르는 것이다. 현자들이 여기서 논쟁하는 것은 그 경계선에 있는 경우, 즉 칼을 차거나 아니면 다른 무기를 지니는 것에 관한 것이다. 칼을 차는 것으로 보아 허락할 것이냐, 아니면 나르는 것으로 보아 금지할 것인가?

여기서 관건이 되는 것은 작은 문제가 아니다. 그것은 역사상 위기의 시대에, 즉 1세기와 2세기의 두 차례에 걸친 로마에 대한 반역 사이에서, 유대인들의 가치 체계의 핵심에 관한 문제였다. 무기는 장식품으로서 옷 입을 때 차는 한 부분인가, 아니면 무력 충돌과 평화가 없음에

---

10) David Cook, *Understanding Jihad*, Berkeley, University of California Press, 2005.

대한 부정적 증거로서 짐에 해당하는가? 관건은 그 현자들이 로마에 맞서는 전쟁을 어떻게 이해하며, 더 깊게는 그들이 군사적 용맹의 문화를 어떻게 보았는가 하는 점이다. 미슈나에는 다음과 같은 의견 불일치가 기록되어 있다.

> 남자는 칼, 활, 방패, 창을 갖고 나가서는 안 되며, 만일 그런 걸 갖고 나가면 그는 속죄예물을 바쳐야 한다. 그러나 랍비 엘리에젤은 남자에게 그런 것들은 장식품들이라고 말했다. 그러나 현자들은 그런 것들이 수치스러운 이유는 "그들이 칼을 쳐서 보습을 만들고 창을 쳐서 낫을 만들 것이며, 나라와 나라가 칼을 들고 서로를 치지 않을 것이며, 다시는 군사훈련도 하지 않을 것이다"(사 2:4)라는 말씀 때문이라고 주장했다.[11]

의견이 서로 다른 것이 분명하다. 랍비 엘리에젤에게는 무기가 "장식품들"이었다. 자유를 위해 싸우고 제국의 권력에 저항하는 일은 명예로운 일이다. 그러나 대다수 현자들은 반대한다. 그들의 증거 본문은 예언자 이사야의 유명한 구절로서, 전쟁 없는 세상을 꿈꾸는 본문이다. 현자들은 이 본문이 뜻하는 것은 군사적 대결이 자기방어를 위해서는 때로 필요할 수 있지만, 그것이 유대교에서는 적극적인 가치가 아니라는 점이라고 보았다. 메시아 시대에는 더 이상 무기가 없을 것이다. 현재 있는 무기는 평화롭게 사용되도록 바뀔 것이다. 따라서 지금도 그런 무기들은 "수치스러운" 것이며, 안식일에는 소지하지 말아야 한다. 무기들은 명예

11) Mishnah, Shabbat 6:4.

의 배지가 아니라 짐인 것이다.

이것은 1세기에 벌어진 논쟁이다. 그러나 미슈나 본문에는 명백한 공백이 있다. 현자들은 자기 견해를 뒷받침하기 위해 성서 구절을 인용했다. 랍비 엘리에젤은 그러지 않았다. 분명히 그 역시 마음에 둔 성서 구절이 있었음에 틀림없다. 그는 성서를 잘 알고 있었기 때문에, 자신의 견해를 뒷받침하기 위해 이사야서나 다른 본문을 들이댈 수 있었을 것이다. 탈무드[12]는 그 공백을 채워준다.

> 아바예가 랍비 디미에게 물었다. "랍비 엘리에젤이 [무기들을] 장식품이라고 주장한 이유는 무엇인가요?"
>
> [그는 대답했다] "왜냐하면 '용사이신 임금님, 칼을 허리에 차고, 위엄과 영광을 보여주십시오'(시 45:3)라고 기록되었기 때문이다.
>
> 랍비 카하나는 랍비 후나의 아들 마르에게 반대했다. "그러나 이것은 오경의 말씀을 가리키는 것입니다."
>
> 그가 답했다. "한 구절은 그 단순한 의미에서 떨어질 수 없다."
>
> 랍비 카하나는 말했다. "나는 열여덟 살 때, [미슈나의] 전체 여섯 순서들을 알았지만, 오늘까지 한 구절이 그 단순한 의미에서 떨어질 수 없다는 건 몰랐습니다."

이런 대화와 원래의 미슈나 가르침 사이에는 200년 정도 지났지만, 시간만 바뀐 것이 아니었다. 랍비 카하나는 시편이 칼을 가리킬 때 그것이 실제로 칼을 뜻한다는 것을 더 이상 이해할 수 없었다. 그에게는 그것

---

12) Babylonian Talmud, Shabbat 63a.

이 "말씀"이며 가르침이며 본문이라는 것은 자명했다. 유대인들이 종교적 학습에 헌신하여 성취한 거룩한 공적이 아니라면, 다른 무엇으로 자신들을 방어한다는 말인가?

유대인들이 전투를 벌일 수 있으며, 전쟁을 수행하고 승리해서 영광을 누린다는 생각은 부조리하며 터무니없는 것이다. 유대인들은 전쟁터에서 명예를 추구하지 않는다. 그들은 공부하는 집에서 시간을 보낸다. 랍비 카하나의 시대에 이르러서는, 칼의 민족이 책의 백성이 되었다. 단지 2~3세기 전의 랍비 엘리에젤의 견해를 이해하기 위해서, 랍비 카하나는 전혀 생각해본 적이 없던 원리, 즉 성서 본문의 문자적 의미를 무시할 수 없다는 원리에 봉착해야만 했다. 한 구절에 다른 어떤 의미가 있더라도 그 구절 자체가 말하는 의미도 있는 것이다.

몇 세기를 거치면서 확대된 이 대화에서, 우리는 종교 역사에서 가장 근원적인 변화 가운데 하나를 목격하게 된다. 로마제국에 대한 반란으로 큰 재앙을 겪은 후에, 유대인들의 전체적인 존재의 틀 자체가 변화를 겪었다. 왕과 대제사장, 마카비 혁명과 하스몬 왕가, 군사적 승리와 그 혼란의 세계는 끝났다. 랍비들의 세계가 대신에 그 자리를 차지했으며, 공부와 학문의 문화가 시작되어, 말이 칼을 대체했고, 가장 중요한 싸움은 지적인 싸움이 되었다.

여기서 하나의 유쾌한 사례를 보자. 민수기에는 비밀스러운 구절이 나온다. "그래서 '주의 전쟁기'(Book of the Wars of the Lord)는 수바의 와헙(Waheb in Suphah)에 대해 말한다"(민 21:14). 말장난을 통해 현자들은 마지막 말을 "마지막에는 사랑한다"(*ahavah ba-sof*)로 읽고, 이렇게 설명한다.

같은 문[=아카데미]에서 오경을 공부하는 아버지와 아들, 또는 선생과 제자조차도 서로 원수가 되는데, "수바의 와헙," 곧 "마지막에는 사랑한다"로 읽어야 할 것으로 기록된 것처럼, 그들이 서로 사랑하게 되기까지는 거기에서 분란을 일으키지 않는다.[13)]

랍비 카하나가 "칼"을 "말"로 읽은 것처럼 여기에서도, "주님의 전쟁"은 물리적 전쟁이 아니라 탈무드 논쟁의 찌르고 베는 것이 되었다. 공부하는 것과 현자들이 "하늘을 위한 논쟁"이라고 부른 것은 전쟁의 대용물이 되었다. 더 이상 폭력은 갈등 해소를 위해 받아들일 수 있는 형태가 아니었다. 폭력 대신 차지한 것이 이성적인 논쟁과 평화 찾기였다.

더욱 중요한 것은 성서 이후 시대의 유대교가 유대인들로 하여금 이스라엘 자신의 승리로 인해 희생된 사람들과 동일시하고 그들의 감정 속으로 들어가도록 격려한 것이다. 탈무드에는 놀라운 구절이 나오는데, 홍해가 갈라졌을 때 천사들이 승리의 노래를 부르고 싶어 했다는 것이다. 그러자 하나님은 "나의 피조물들이 익사당하고 있는데, 너희가 지금 노래를 부르고 싶다는 거냐?"[14)]라는 말씀으로 천사들을 침묵시키신다. 이스라엘의 원수들조차 "나의 피조물들"이 되었다. (이것이 바로 나중에 요나서 마지막에 나오는 요점이다).

14세기의 주석가 데이비드 벤 요셉 아부다함은 유월절 밤에 열 가지 이집트인들에 대한 재앙을 낭송할 때 포도주를 흘리는 관습에 대한 이유를 설명하면서, 파라오의 마음이 완악해졌기 때문에 이집트인들이 겪은 고통을 상징하는 눈물로 뿌리는 것이라고 했다.

---

13) Babylonian Talmud, Kiddushin 30b.

14) Bamidbar Rabbah 13:15.

근대가 시작되기 오래 전의 이런 재해석들은 이미 2세기나 3세기의 랍비 유대교가 종교적인 동기에서 시작되는 파괴적인 폭력, 심지어 변덕스럽고 억압적인 로마제국에 맞서서 종교자유를 지키기 위한 폭력조차도 내면화했음을 보여준다.

우리는 유대교의 맥락에서 모세, 여호수아, 기드온, 다윗과 같은 종교적 영웅들을 흔히 전쟁의 영웅들로 생각하는데, 어떤 점에서는 사실이다. 그러나 후대에 이르러 실제적인 비전을 제시한 인물들은 영적이며 문화적인 전쟁이 흔히 군사적 전쟁보다 훨씬 더 중요하다는 것을 깨달은 사람들이었다. 기원전 6세기에 예레미야는 끊임없이 바빌로니아인들과 화해할 것을 주장했다. 그들에 맞서 전쟁을 벌이는 것은 민족적 재앙을 초래할 것이라고 그는 말했다. 그가 옳았지만, 권력자들은 주의를 기울이지 않았고, 백성들조차 그의 주장을 어리석은 것으로 보았다. 결과는 첫 번째 성전이 파괴된 것이며, 바빌로니아에 포로로 끌려간 것이다.

1세기에 이와 똑같은 역할을 한 사람이 라반 요하난 벤 자카이였는데, 그는 로마인들과 평화의 조건을 찾고자 했지만, 마찬가지로 무시당했다. 그 결과로 제2 성전이 파괴되었다. 남은 것이라곤 야브네에 있던 랍비 아카데미뿐이었다. 그래서 유대교는 군인들이 아니라 학자들을 통해 살아남았다. 예언자들과 랍비들 사이에는 600년의 시간이 떨어져 있었지만, 그들이 공통적으로 주장한 것은 영적인 최대주의와 군사적 최소주의(spiritual maximalism and military minimalism)였다. 그들은 평화주의자가 아니라 현실주의자들이었다. 그들은 진짜 전쟁이란 마음과 영혼 안에서 벌어지는 전쟁이라는 것을 알았다. 그들이 세상을 바꾸는 것은 그들이 우리를 변화시키기 때문이다. 이것은 열심당원들이 결코 이해하지 못하는 지혜다. 그들은 과거에도 그랬고, 지금도 그렇다.

하나님의 말씀을 어떻게 인간의 세상에 번역할 것인지를 알기 위해서는 지혜가 필요하다. 이 책에서 나는 성서 이야기를 읽는 방법을 제시하면서, 그 한결같은 주제는 하나님의 사랑을 차지하기 위해 경쟁하는 형제자매 사이의 라이벌 관계가 아니라, 오히려 우리 각자가 하나님의 정의와 사랑의 세계 안에서 차지할 자리가 있음을 이해하는 것이라고 주장했다. 이런 종교적 본문을 바르게 읽는 방법이 하나뿐인가? 분명히 아니다. 랍비들은 성서에 "70개의 얼굴"이 있다고 말했다.[15] 랍비 사무엘 에델스는 시내 산의 계시가 60만 명의 이스라엘 백성이 모인 가운데서 주어진 이유는 오경을 60만 가지의 서로 다른 방법으로 해석할 수 있기 때문이라고 말했다.[16] 각 개인은 본문의 잠재적 의미의 한 부분을 지니고 있다.

살아 있는 전통은 자신들의 정경 본문을 계속해서 재해석한다. 이것이 근본주의—해석 **없는** 본문—를 전통에 맞서는 폭력 행위로 만드는 것이다. 사실상 근본주의자들과 오늘날의 무신론자들은 본문에 대해 똑같은 방식으로 접근한다. 그들은 본문을 직접적으로 또한 문자적으로 읽음으로써 거룩한 문서에 관한 가장 중요한 사실을 무시하는데, 그것은 그 의미가 결코 자명하지 않다는 사실이다. 경전은 그 자체의 역사와 권위를 갖고 있다. 모든 종교가 역사로부터 배운 것이 아무것도 없다는 것을 보여주는 것이 아니라면, 그 어려운 본문들에 대한 문자적 읽기에 반대하는 대책을 찾아야만 한다.

유대교, 기독교, 이슬람의 거룩한 문헌에는 모두 문자적으로 읽을 경우 폭력과 혐오로 이끄는 구절들이 있다. 우리는 그런 구절들을 재해석

15) Bamidbar Rabbah 13:15.

16) Maharsha, Chiddushei Aggadot to Berakhot 58a.

해야만 한다. 유대교 신비주의의 위대한 작품인 조할(Zohar)은 하나님의 말씀을 사랑하는 사람은 그 겉옷 아래를 뚫고 들어가 그 영혼에 도달한다고 말한다. 이것이 오래 전에 현자들이 성서 본문에서, 표면적으로는 그 본문이 전쟁을 말하지만, 또 다른 의미도 함께 들었던 방법이다. "주님의 전쟁들"은 랍비들이 논쟁하게 된 주제가 되었다. 그들은 권력이라는 개념이 원시적인 것이며, 우리를 인간이게 만드는 것은 사상의 힘이라는 깊은 영적인 진실을 이해하게 되었다. 그 결과는 그들이 오랜 세월 동안의 유배생활과 박해를 거치면서, 자신을 지탱할 수 있는 평화의 믿음을 형성할 수 있게 된 것이다. 어려운 본문들은 종교적 상상력을 불러일으키도록 도전하며, 또한 우리가 과거의 거룩한 유산을 명예롭게 생각할 미래를 건설할 때 하나님의 말씀에 대해 언약의 관점에서 귀를 기울이는 능력을 키우도록 도전한다.

사랑 가운데 주어진 말씀은 그 말씀을 사랑 가운데 해석하도록 초대한다.

13장

권력의 포기

권력은 그것을 휘두르는 사람을 매장한다.

— 탈무드[1)]

망치를 가진 사람에게는 모든 문제가 못처럼 보인다고 에이브러햄 매슬로는 말했다. 정치는 권력에 관한 것이지만, 모든 정치 문제가 권력과 관련된 해결책을 갖는 것은 아니다. 이 점을 이해하지 못하면, 문명이 큰 대가를 치르게 된다. 이 문제로 인해 유대교는 거의 생명을 잃을 뻔했다.

1세기의 이스라엘에서 유대인들은 오랜 세월 로마의 지배 아래 평화를 잃었고, 그 부조리와 무거운 세금, 유대인들의 종교적 감수성에 대한 무관심 때문에 분노하게 되었다. 마침내 66년에 카이사리아에서, 그리스인 이웃들이 유대인들을 학살하는 것을 행정장관 게시우스 플로루스가 막지 못하자, 유대인들의 분노가 공개적인 반란으로 폭발했다.

2세기 전에 그리스인들에 대항하여 마카비 형제들이 승리한 것을 되

1) Babylonian Talmud, Yoma 86b.

풀이할 수 있다는 희망을 품고 유대인들은 자신들의 독립과 종교적 자유를 되찾기 위해 싸웠다. 처음에는 반란이 순조로웠다. 예루살렘의 로마 수비대를 무찔렀으며, 아크레에 있던 로마군대는 철수할 수밖에 없었다. 중대한 전쟁에 직면했음을 인식한 로마는 반란군을 진압하기 위해 가장 탁월한 장군 베스파시아누스를 그의 아들 티투스와 함께 파견했다.

당시 목격자였던 요세푸스는 이 충돌에 대한 매우 생생한 기록을 남겨주었다. 갈릴리 지역의 유대인들을 조직하기 위해 파견된 요세푸스는 곧 그 과제가 절망적임을 깨달았다. 주민들 가운데 일부는 무장반란에 찬성했지만, 일부는 반대하여, 양분되어 있었기 때문이다. 67년에 로마군이 요토파타를 포위했을 때, 요세푸스는 그 성읍에 있었다. 그 주민들은 두 달을 버티다가 마침내 포로가 되느니 자결하고 말았다. (6년 뒤, 마사다에서 마지막까지 저항하던 무리가 자결한 것과 마찬가지였다.) 유일하게 생존한[2] 요세푸스는 베스파시아누스 장군에게 항복했고, 그 이후에는 로마의 관점에서 전쟁을 관찰했다.

그가 묘사한 전쟁 모습은 절망적인 파벌주의였다.[3] 제2 성전 시대 말기의 유대인들은 깊이 분열되었다. 크게 세 집단으로 나뉘었는데, 우선 사두개파는 성전 및 정치권력과 연관된 상류층이었으며, 에세네파는 경건주의 집단으로서 쿰란 종파가 이들과 관계되었을 것이며, 바리새파는 율법의 구전전승과 엄격한 율법 준수를 고수한 집단이다. 바리새파 자체도 분열되어 있어서, 탈무드는 심지어 힐렐의 제자들과 샴마이의

---

2) 요세푸스의 생존에 관한 흥미로운 글은 Elias Canetti, *Crowds and Power*, Harmondsworth, Penguin, 1973, pp. 274-82를 보라.

3) Josephus, *The Jewish War*, trans. G. A. Williamson, Harmondsworth, Penguin, 1959, chs. 9-23.

제자들 사이의 분열이 너무 심해서 유대교가 "두 가지 오경," 즉 하나의 종교가 아니라 두 개의 종교가 될 지경이라고 말할 정도였다.[4] 이런 (종교적) 갈등을 가로질러, 정치적 온건주의자들과 극단주의자들, 즉 전쟁을 선호한 사람들과 로마와 화해해야만 한다고 확신했던 사람들 사이의 정치적 충돌이 극심했다.

특별히 소름끼치는 것은 예루살렘이 포위당했을 때를 묘사한 요세푸스의 기록이다. 유대인들은 수적으로 크게 뒤졌다. 예루살렘 안에 있던 25,000명의 유대인들은, 티투스 장군 휘하의 잘 무장하고 훈련된 6만 명의 로마군대와 맞서야 했다. 유대인들 자체가 분열되지 않았다면, 아마도 버틸 수 있었을지 모르지만, 엘라자르 벤 시몬이 주도한 열심당원들, 시몬 벤 기오라가 지휘한 극단주의 분파, 그리고 기스칼라의 요한이 이끈 이두매인들과 여타의 제3 세력으로 분열되어 있었다. 요세푸스는 이 집단들이 성벽 바깥의 적을 공격하기보다는 오히려 서로를 공격하는 데 더 많은 시간을 보냈다고 말한다. 그들은 서로를 죽였으며, 서로의 식량 보급을 파괴하고, 요세푸스가 "끊임없는 자살적 투쟁"이라고 부른 것에 몰두했다. 요세푸스는 이렇게 탄식했다. "불행한 도시여! 이것에 견줄 만한 고난을 로마인들로부터 겪은 적이 있었단 말인가?"[5]

예루살렘의 함락이 21세기 정치와 연관성을 갖는 것은 그 함락을 통해 역사상 처음으로 종교적인 동기에서 비롯되는 테러를 목격하게 되었다는 점이다. 그 테러리스트들은 "시카리파"(*Sicarii*)로 불렸는데, 그들이 선호했던 무기가 짧은 단검이었기 때문이다. 요세푸스는 그들을 이렇게 묘사한다.

---

4) Tosefta, Chagigah 2:9.

5) *Jewish War*, p. 264.

그들은 백주대낮에 도시 한복판에서 살인을 자행했다. 그들이 선호한 책략은 축제에 참가한 군중들 속에 섞여들어, 자신들의 옷 속에 작은 단검을 감추고 있다가 그것으로 자신들의 반대파들을 찔러 죽이는 방법이었다. … 그들이 제일 먼저 목을 베어버린 사람은 대제사장 요나단이었으며, 그 이후 매일 많은 사람들이 살해당했다. 그 범죄 자체보다 더 끔찍한 것은 그들이 불러일으킨 공포였다. 모두가 전쟁터에서처럼 죽음을 예상하는 시간이었다.[6)]

그들의 목표는, 오늘날 그들을 계승한 자들의 목표와 마찬가지로, 지역 주민들과 점령세력 사이의 관계에 불을 지르고, 공포 분위기를 만들고, 양편 모두에게 서로 보복하도록 선동함으로써 충돌의 불길에 기름을 끼얹는 일이었다.

그 반란이 실패하고 끔찍한 결과를 남겼는데,[7)] 또 다시 (65년 후에) 바르 코크바의 반란(132-5년)으로 인해 유대인의 삶은 폐허가 되었다. 성전은 파괴되었고, 예루살렘은 완전히 무너졌으며, 로마인들의 도시 "앨리아 카피톨리나"(Aelia Capitolina)로 재건되었다. 유대인들은 바빌론, 이집트, 지중해 연안 등 다른 지역으로 흩어지기 시작했다. 이렇게 시작된 유배생활이 거의 2천 년 동안 지속되었다. 그 비극이 더욱 컸던 이유는 그것이 자충수였기 때문이다. 성서 시대에 이스라엘 백성과 유대인들의

---

6) Ibid., p. 135.

7) 역자주: 요세푸스의 상당히 과장된 기록에 따르면, 기원후 66-70년의 반란에서 110만 명이 살해되었다. Lee I. A. Levine, "Judaism from Destruction to the End of the Second Jewish Revolt: 70-135 C.E." in *Christianity and Rabbinic Judaism*, ed. by Hershel Shanks, Biblical Archaeology Society and Person, 2nd ed., 2011, p. 5.

삶을 구성했던 기관들은 사라졌다. 이제 그들에게는 함께 모여 살던 민족도 없고, 집단의 고향도 없고, 주권도 없었다. 제사장들, 예언자들, 왕들의 시대는 사라졌다. 성전과 희생제사도 더 이상 없었다. 19세기 말에 유럽 전역에서 반유대주의가 등장하기 전까지, 유대인들은 다시 정치적으로 조직할 운명이 아니었다.[8)]

어둠에서부터 때로는 빛이 나온다. 유대인들이 거의 모든 것을 잃어버렸을 때 발견한 것은 **종교가 권력 없이 살아남을 수 있다**는 사실이었다. 성전 대신에 그들은 회당을 가졌다.[9)] 희생제사를 바치는 대신에 기도와 자선활동을 했다. 속죄일에 대제사장이 하던 일 대신에 회개를 통해 마음을 직접 하나님께 향하게 했다. 민족국가 대신에 유대인들은 전 세계에 흩어진 채, 상호 책임의 언약 관계로 연합된 공동체들을 이루었다. 유대인들은 세계 최초의 전 지구적 백성이 되었다.

랍비들은, 천 년 동안의 성서 역사에서 왕, 제사장, 예언자들이 성취하지 못했던 것들을 성취했다. 성서에서 이스라엘 백성들은 자주 이웃 민족들의 우상숭배 문화에 유혹당해서 다루기 힘들고, 길을 벗어나는 백성으로 묘사되었다. 그러나 이제 유대인들은 자신들의 신앙을 버리기

---

8) 이 주제에 관한 균형 잡힌 연구는 David Biale, *Power and Powerlessness in Jewish History*, New York, Schocken Books, 1986을 보라.

9) 역자주: 고고학자들은 1세기에 예루살렘의 인구는 아마도 10만 명 미만이었을 것으로 본다. 예루살렘 탈무드에는 성전이 파괴될 당시 예루살렘 안에 회당이 480개 있었다고 말하는 반면에, 바빌로니아 탈무드는 394개 있었다고 말한다. 70년에 제2 성전이 파괴되었을 때, 기원전 586년에 제1 성전이 파괴되었을 때보다 영적인 공백상태가 덜 심했던 이유는 이처럼 수많은 회당들 덕분이었다. Louis H. Feldman, "Palestine and Diaspora Judaism in the First Century," in *Christianity and Rabbinic Judaism: A Parallel History of Their Origins and Early Development*, ed. by Hershel Shanks, (Biblical Archaeology Society and Pearson, 2nd ed. 2011), 11-12, 24.

보다는 기꺼이 죽기를 자처하는, 하나님에게 중독된 민족(a God-intoxicated nation)이 되었다. 유대인들은 어디에서나 소수자들로서 자신들의 정체성을 그대로 유지했으며, 지배문화에 동화되거나 대다수의 신앙에 개종하지 않은 채 살아남은, 역사상 유일한 소수민족이 되었다.

이것은 힘이 없는 존재가 되라는 주장이 아니다. 홀로코스트에서 절정에 도달한 천 년 동안의 박해는 유대인들이든 아니면 다른 민족이든 스스로를 방어할 능력 없이도 살아남을 수 있다는 주장을 반박하기에 충분하다. 그러나 유대인들이 국가와 정치적 자결 능력 없이도 영적으로 높은 수준에 도달한 것은, 비록 종교와 권력이 각각 나름의 방식과 의미에서 모두 정치적이라 할지라도, 결국 종교와 권력은 전혀 다른 두 가지 문제라는 사실을 말해주기에 충분하다.

*

1500년 후에 기독교인들도 똑같은 것을 발견했다. 1517년에 젊은 사제 마틴 루터는 비텐베르크의 올 세인트 처치 대문에 95개조를 붙임으로써, 유럽 역사에서 하나의 큰 격변을 시작했다. 제2 성전 시대의 열심당원들이 헬레니즘에 물든 유대인들을 반대했던 것처럼, 루터는 르네상스 교황청의 부패와 타락, 그 세속적인 모습과 권력 남용에 분노했다. 기원전 2세기의 마카비 형제들과 1세기의 그 계승자들처럼, 루터 역시 신앙의 본래 메시지, 그 단순함과 열정으로 되돌아가고자 했으며, 마카비 형제들처럼 루터 자신의 메시지에 많은 사람들이 호응하는 것을 보았다.

종교개혁은 유럽의 정치적 지형에 큰 변화를 가져오는 운동을 시작하여, 로마 교황청의 권위와 권력에 도전했다. 1세기가 지난 후, 유럽은 전쟁터가 되었고, 그 많은 전쟁이 끝난 것은 1648년 베스트팔렌 조약을 통해서였다. 그 전쟁의 영향으로 17세기 유럽에서 근대가 탄생했다. 새로운 과학(베이컨, 갈릴레오, 뉴턴)이 등장하고, 새로운 철학 방법론(데카르트)이 나타났으며, 정치에 대한 새로운 사고방식에 앞장선 사람은 토머스 홉스와 존 로크였다. 이 모든 운동이 함께 공유한 것은, 교조적인 종교적 기초에 근거하지 않은 기본 원리들을 찾는 것이었다.

당시까지 르네상스를 품어 안을 만큼 충분히 여유가 있었던 기독교는 이제 더 이상 의지할 수 없는 종교가 되었다. 기독교 자체가 다툼의 가장 크고 유일한 원천인 마당에, 기독교가 어떻게 다툼을 해결할 수 있겠는가? 에이브러햄 링컨이 남북전쟁 당시 말했던 것처럼, "양편 모두가 똑같은 성서를 읽고, 똑같은 하나님께 기도하며, 각 편마다 상대방을 무찌르도록 하나님의 도우심을 간구한다."[10] 만일 두 사람의 기독교인 중, 한 사람은 개신교인이고 다른 사람은 가톨릭으로서 자신들의 의견 불일치를 해결하지 못한 채 저주와 출교와 폭력으로 치닫는다면, 종교는 더 이상 지속 가능한 사회질서의 기초가 될 수 없다.

스티븐 툴민은 새로운 길을 찾는 사람들에게 동기를 부여한 것이 무엇인지를 가장 잘 설명해주었다. "종파들이 서로를 죽이지 못하도록 만드는 효과적인 정치적 방법을 찾지 못한다면, 달리 앞으로 나아갈 방법이 있는가? 예를 들어, 회의론자들이 불가능하다고 생각했던 합의된 확실성을 얻을 수 있는 개념과 믿음의 구조를 확립할 새롭고 보다 합리적인 기초를 철학자들이 발견할 수 있지 않겠는가?"[11]

---

10) Abraham Lincoln, 'Second Inaugural Address', in Andrew Delbanco (ed.), *The Portable Abraham Lincoln*, New York, Viking, 1992, p. 321.

11) Stephen Toulmin, *Cosmopolis: The Hidden Agenda of Modernity*,

보다 점진적으로, 그러나 또한 보다 폭넓게, 서양 기독교는 유대인들이 고대에 발견할 수밖에 없었던 것을 배워야만 했는데, 그것은 권력 없이 생존하는 방법이었다. 이 두 과정은 시간상 매우 멀리 떨어져 있지만, 그 두 과정 사이의 유사성은 두 가지 가설을 제시한다. 첫째로, 어느 종교도 자발적으로 권력을 포기하지는 않는다는 점이다. 둘째로, 종교가 권력을 자발적으로 포기하는 경우는 오직 그 신앙의 신봉자들이 다른 종교의 신봉자들과 싸울 때가 아니라 자신들의 동료 신봉자들과 싸울 때뿐이라는 점이다. 기독교인들이 무슬림에 맞서 싸웠던 십자군 전쟁은, 유대인들이 바빌로니아인들과 맞서 싸웠던 당시와 똑같은 반작용을 불러일으키지 않았으며, 첫 번째 성전을 잃지도 않았다. 변화를 가져온 것은 유대인이 유대인과 맞서 싸우고, 기독교인이 기독교인과 맞서 싸우는 비참한 광경이었다. 우리들은 적과 싸울 때, 심지어 그 싸움에서 패배할 때조차도, 권력에 대해 불신하는 것을 배우지 않는다. 우리가 동족에 맞서, 우리들 자신이 폭넓게 정의한 신조에 맞서, 권력을 사용하는 것을 볼 때, 그 인식의 충격을 통해, 우리는 권력에 대한 불신을 배우게 된다.

이런 일이 오늘날 이슬람 안에서 벌어지고 있다. 이슬람주의자들의 폭력의 일차적 희생자들은 무슬림들 자신들로서, 수니파와 시아파, 근대주의자와 신전통주의자, 온건파 대 급진주의자, 때로는 단순히 라이벌을 이루는 종파들 사이에서 벌어지는 싸움의 희생자들이다.

폭력이 발생하는 것은 종교적 논쟁을 힘으로 해결하려 할 때다. 그런 방식으로는 해결할 수 없다. 신앙, 진리와 같은 궁극적 문제들을 힘으로 해결하려는 것은 가장 근본적인 개념상의 오류이다. 힘이 정의를 확립할

Chicago, University of Chicago Press, 1992, p. 55.

수 없는 것처럼, 승리는 진리를 확립하지 못한다. 양편이 모두 동등한 열정과 확신을 갖고 싸울 수는 있지만, 수천 명 또는 수백만 명이 죽은 다음에는 많은 국가들이 재난지역들이 되어버리고, 인구는 가난을 대물림할 수밖에 없게 되며, 희망 없는 세대들로 전락하고 만다. 이처럼 신앙의 기획 자체가 타락하고 불명예스럽게 된 다음에는, 어느 누구도 하나님이나 구원에 1밀리미터도 더 가까이 다가가지 못한다. **진리를 힘으로 강요할 수는 없다**. 바로 이런 이유 때문에 종교와 권력은 두 가지 서로 분리된 기획으로서 절대 혼돈하지 말아야 하는 것이다.

*

1세기에 유대교를 구출했으며, 또한 17세기에 기독교를 (종교전쟁에서부터) 구출한 것은 성공이 아니라 실패였으며, 승리가 아니라 패배였다. 로마제국에 대한 반란들이 초래한 재앙에서부터 초기 랍비 유대교의 풍부한 유산—미슈나, 미드라쉬, 탈무드—이 생겨났는데, 이것은 모든 종교 문헌들 가운데 가장 미묘하고 복잡한 것들 중 하나다. 당시에 "주님의 전쟁들"이 벌어진 것은 전쟁터에서가 아니라 공부하는 집에서였다. 유대교는 논증과 논쟁의 문화가 되었으며, 무기가 아니라 말씀의 종교가 되었다. 칼의 민족이 책의 민족이 된 것이다. 재난은 유대교의 메시지를 갈고 닦았다. 권력을 상실함으로써 유대교는 그 자신을 재발견했다.

(17세기 이후) 기독교의 변화를 가장 잘 설명한 것은 알렉시스 토크빌이 1830년대 초, 미국을 방문한 후에 쓴 글이다. 그는 당시까지 당연한 것으로 받아들였던 것을 무시하는 것처럼 보였던 현상에 충격을 받았다.

프랑스에서 나는 거의 언제나 종교의 정신과 자유의 정신이 서로

> 반대 방향으로 행진하는 것을 목격했었다. 그러나 미국에서 내가 발견한 것은 그것들이 친밀하게 연합해서, 함께 똑같은 국가를 통치한다는 점이었다.[12]

그가 발견한 설명은 교회와 국가의 분리에 있었다. 교회 지도자들에 대해 말하면서, 그는 "그 사람들 대부분은 권력의 행사로부터 자발적으로 물러난 것처럼 보였으며, 또한 정치를 하지 않는 것을 자신들의 직업적 자부심으로 여겼다"는 점을 발견했다. 그 결과는 비록 종교가 정부에 참여하지는 않지만, 종교는 "그들의 정치제도의 첫 번째"로서, 시민사회의 도덕적 기초를 마련해주는 것은 그가 "마음의 습관"이라고 부른 것이었다. 그것이 공동체를 창조하고, 가족을 강하게 만들며, 박애활동의 동기를 부여했다. 그가 민주주의의 가장 큰 위험이라고 본 것, 즉 개인주의와 사람들이 공적인 생활에서부터 물러나 사적인 만족 추구에 몰두하는 위험으로부터, 사람들을 건져 올린 것 역시 종교였다. 종교는 "연합의 기술"을 강화시켰으며, 미국 사회를 떠받치는 힘이었다. 권력을 포기함으로써 종교는, 정치의 옷을 입은 사람들이 피할 수 없었던 위험을 피할 수 있었다.

> 교회가 국가의 세속적 권력을 공유하면, 국가가 불러일으키는 적대감의 대상이 되지 않을 수 없다. 국가가 사회의 민주적 조건을 받아들이고, 또한 공동체들이 민주적 경향을 보여주는 것에 비례하여,

---

12) Alexis de Tocqueville, *Democracy in America*, abridged with an introduction by Thomas Bender, New York, Modern Library, 1981, p. 185.

종교가 정치제도들과 연결되는 것은 더욱 더 위험해진다. … 미국의 성직자들은 처음으로 이 진실을 파악한 사람들이며, 그에 순응하여 행동한 사람들이었다. 그들은 자신들이 정치권력을 얻기 위해 애쓰려면 자신들의 종교적 영향력을 포기해야만 한다는 것을 깨달았으며, 또한 정치의 흥망성쇠를 공유하기보다는 차라리 국가의 뒷받침을 포기하는 것을 선택했다.[13)]

*

권력과 결탁한 유일신론은 실패한다. 발로진(벨라루스)의 랍비 신학교 학장이었던 랍비 나프탈리 츠비 예후다 벌린(1817-93)은 바벨탑 이야기에 관해 흥미로운 주석을 했다. 그 주석은 "온 세상에 하나의 언어뿐이었고 또한 말을 공유했다"로 시작한다. 그는 정확히 이것이 잘못된 것이라고 말한다.

인간의 견해는 똑같지 않기 때문에 [바벨의 건설자들은] 아무도 반대되는 견해를 갖지 말아야 한다는 점에 관심을 기울였다. 따라서 그들은 아무도 자신들의 도시를 떠나는 것을 허락하지 않았으며, 반대 의견을 제시한 사람들을 불에 태워 죽였다. 그들은 아브라함도 그렇게 화형시키려고 했었다. 그들이 "말을 공유한" 것이 장애물이 된 이유는 그들이 자신들처럼 생각하지 않는 사람들은 누구든 죽일 작정이었기 때문이다.[14)]

---

13) Ibid., pp. 187–88.

14) R. Naftali Zvi Yehudah Berlin (Netziv), Ha-amek Davar to Gen. 11:4.

예후다 벌린은 바벨을 첫 번째 전체주의 국가로 보았다. 그 건설자들이 "공유한 말"은 사람들의 견해의 다양성을 부인하는 것이었다. 찬성하지 않는 것은 금지되었다. 이의를 제기한 사람은 죽임당할 위협에 직면했다. 유토피아적인 종파주의 공동체들은 자신들의 통일성에 자부심을 느끼지만, 그 안전성을 확보하기 위해서 너무 큰 대가를 지불해야 하는데, 그것은 자신들의 견해에 동의하지 않는 사람들에 대한 적대감이다.

벌린은 러시아 혁명 이전에 죽었지만, 그는 그 혁명의 실패를 내다보았다. 그의 비판은 정확히 플라톤의 ≪국가≫에 나오는 아리스토텔레스의 비판과 비슷하며, 보다 최근에는 칼 포퍼[15]의 비판과 공명한다. 플라톤은 "국가 전체가 가능한 한 일치단결하는 것이 최선이다"라고 주장했다. 아리스토텔레스는 반대한다. "우리는 그럴 수 있다 하더라도 그런 위대한 일치단결을 이루려고 해서는 안 된다. 왜냐하면 그것은 국가를 파멸시킬 것이기 때문이다."[16] 전체주의 사회가 부르짖는 일치단결의 정도는 인간의 자유와 또한 반대할 권리와 모순된다. 정치는 갈등의 조정자여야지, 억압자여서는 안 된다.

분명히 정치에 대한 그리스인들의 생각과 유대인들의 생각 사이에는 엄청난 차이가 있다. 아테네인들과 스파르타인들은 시민 윤리를 갖고 있었다.[17] 그들에게 최고의 선은 도시를 섬기는 것으로서, 그 법을 존중

---

15) Karl Popper, *The Open Society and Its Enemies*, vol. 1, new edn., London, Routledge Classics, 2002.

16) Aristotle, *The Politics*, ed. Stephen Everson, Cambridge, Cambridge University Press, 1988, 1261a16-23, p. 21.

17) 훌륭한 요약은 Harry Redner, *Ethical Life: The Past and Present of Ethical Culture*, Lanham, MD, Rowman & Littlefield, 2001, pp. 68-85을 보라.

하며, 그 논쟁에 참여하고, 그 도시를 위해 기꺼이 싸우고 필요하다면 죽는 것이었다. "자신의 국가를 위해 죽는 것은 기쁘고 적절하다."

이와는 반대로, 히브리성서는 정치에 대해 지속적으로 비판한다. 예언자들은 통치자들의 부패를 고발했다. 하나님은 사무엘에게 백성들이 왕을 세우기를 원하는 것은 하나님 자신을 거절하는 것이라고 말씀하셨다(삼상 8:7). 성서의 핵심 문장 중 하나에서 기드온은 백성들이 자신을 그들의 왕으로 초대했을 때, "나는 여러분을 다스리지 않을 것입니다. 나의 아들도 여러분을 다스리지 않을 것입니다. 오직 주께서 여러분을 다스리실 것입니다"(삿 8:23)라고 말한다.

출애굽기와 그 정치적인 주제들—노예, 해방, 폭정, 자유—보다 앞에 창세기와 그 가족들의 삶의 이야기가 나오는 것은 우연이 아니며, 룻기의 사랑과 충성에 관한 비정치적 메시지가 사무엘서와 열왕기서 같은 정치적 책들의 역사적 전주곡이라는 것도 우연이 아니다. 이런 작품들의 기능은 **정치적인 것보다 개인적인 것이 우선한다**는 점을 강조하는 것이다. 도시(polis)는 최고의 선(*summum bonum*)이 아니다. 유대교에서는 국가가 개인을 섬기기 위해 존재한다. 개인은 국가를 섬기기 위해 존재하지 않는다. 이것은 결코 상투어가 아니다. 이것은 헬레니즘 윤리를 가장 근본적인 차원에서 배격하는 것이다. 국가는 필요악이다. 토마스 페인이 ≪상식≫(1776)에서 말한 것처럼, "정부는 옷처럼, 상실한 순수성의 표지이다. 왕들의 궁궐은 낙원의 폐허 위에 건설된다."[18] 히브리성서는 강렬하게 정치적인 문서이지만, 결코 정치의 한계성을 놓치지 않으며 또한 그 한계성을 위반할 때 초래할 위험성에 대해서도 눈을 떼지 않는다.

---

18) Thomas Paine, *Political Writings*, ed. Bruce Kuklick, Cambridge, Cambridge University Press, 2000, p. 3.

그것이 역설적으로 자유민주주의의 종교적 의미이다. 서구 민주주의는 아테네의 민주주의가 아니다. 자유민주주의가 정치적 역사에서 희귀한 현상인 이유는 그 온건함, 그 한계에 대한 인식, 그 자기억제 때문이다. 자유민주주의 국가는 진선미를 구현할 꿈을 꾸지 않는다. 단지 서로 다투는 파벌들 사이에서 평화를 유지할 방법을 찾으려 한다. 그것은 실질적이라기보다는 오히려 절차적이다. 그것은 삶의 전체성을 대표한다고 주장하지 않는다. 그것은 올리버 골드스미스가 표현한 것처럼, "얼마나 작은가 / 인간의 가슴이 견딜 수 있는 것은 / 법이나 왕이 초래하거나 치유하는 부분들이란."[19] 마이클 노박은 유창한 말로 이렇게 말한다.

> 진정으로 다원적인 사회에서는 하나의 신성한 덮개가 없다. 의도적으로 없어야 한다. 그 영적인 핵심에는 텅 빈 성소가 있다. 그 성소가 텅 빈 것은, 어느 하나의 말씀, 형상, 상징도 모든 사람이 그 성소에서 찾을 가치 있는 것이 아님을 알기 때문이다. 따라서 그 비어있음은, 자유로운 양심이 실질적으로 무한한 방향들로부터 접근하는 초월을 표상한다.[20]

이것이 바로 자유민주주의가 아무리 이상한 것처럼 보여도, 아브라함의 유일신론의 가치들을 증명하는 최선의 방법으로 만드는 것이다. 아브라함의 유일신론은 시민들로 하여금 도시를 숭배하도록 초대하지 않으며, 시민의 미덕을 유일한 미덕이라고 간주하지도 않는다. 그것은

---

19) Oliver Goldsmith, *The Traveller* (1764), l. 427.

20) Michale Novak, *The Spirit of Democratic Capitalism*, London, Institute of Economic Affairs, 1991, p. 53.

(장 자크 루소와 달리[21]) 정치는 종교가 아니며, 종교의 대체물도 아님을 인정한다. 정치와 종교는 본래 서로 다른 활동이다. 종교는 진리를 추구하며, 정치는 권력을 다룬다. 종교는 하나 됨을 목표로 삼지만, 자유민주주의는 갈등의 중재와 다양성에 대한 존중에 관한 것이다. 종교는 타협을 거절하지만, 정치는 타협의 기술이다. 종교는 이상적인 것을 열망하지만, 정치는 현실, 이상보다 못한 것에서 살아간다. 종교는 변하지 않는 진리에 관한 것이지만, 정치는 끊임없이 변하는 도전에 관한 것이다. 해럴드 윌슨은 "정치에서 일주일은 긴 시간이다"라고 말했다. 시편은 "주님 앞에서는 천년도 지나간 어제와 같고, 밤의 한순간과도 같습니다"(시 90:4)라고 말한다. 종교는 영원의 순수한 산의 공기 속에 살지만, 정치는 지금 여기의 시끌벅적함 속에 산다.

여전히 더욱 중요한 것은 자유민주주의 정치가 성취한 것이다. 자유민주주의는 **차이점을 위한 공간을 만든다**. 그것은 복잡한 사회 안에 서로 다른 많은 견해들, 전통들과 도덕체계가 있다는 것을 인정한다. 그것은 어느 것이 진실한 것인지를 안다고 주장하지 않는다. 그것이 추구하는 것은 서로 다른 견해를 가진 사람들이 함께 평화롭게 살 수 있도록 확실하게 만드는 것인데, 우리들 가운데 어느 누구도 우리의 견해를 다른 사람들에게 강요할 권리가 없다는 사실을 인정하기 때문이다. 강요된 의견일치는 동의가 아니라고 유대인 현자들은 말했다.[22] "황제의 것은 황제에게 돌려주고, 하나님의 것은 하나님께 돌려드려라"(마 22:21)고 예

---

21) 루소는 그의 세속적인 대체물을 "시민 종교"라고 불렀다. J. J. Rousseau, *The Social Contract and Other Later Political Writings*, ed. and trans. Victor Gourevitch, Cambridge, Cambridge University Press, 1997.

22) Babylonian Talmud, Shabbat 88a; Avodah Zarah 2b.

수는 말했다. 종교에는 강제가 없다고 꾸란(2:256)은 말한다. 민주주의 정치는 개인들이 자신의 권리를 추구할 자유를 허락하는 것보다 더 높은 열망을 갖지 않는데, 그 유일한 조건은 타인들도 똑같은 권리를 갖고 있다는 것을 인정하는 것이다. 그것은 모든 사람이 동등한 자유를 갖고 있다는 것과 조화를 이룰 수 있는 한에서, 최대로 가능한 자유를 추구한다.

이것이 아브라함의 유일신 종교를 그 이전의 종교들과 다르게 만드는 것이다. 고대세계에서, 이집트의 파라오는 메소포타미아의 도시국가 왕들과 마찬가지로, 세속 권력과 종교 권력을 결합시켜 장악했다. 그들은 국가의 우두머리였을 뿐 아니라 국가종교의 우두머리였다. 그들은 자신들이 육체로 나타난 신, 신들의 자녀, 또는 신들과의 최고 중재자라고 주장했으며, 그렇게 간주되었다. 그들은 종교의식들을 관장했다. 그러나 아브라함의 종교는 바로 이런 현상에 대한 항거로 태어났다. 에릭 푀겔린은 이것을 정확하게 지적했다.

> 정치의 세계는 본질적으로 다신론적인데, 권력의 모든 중심은 아무리 작아도, 세상에서 절대적 실체가 되려는 경향이 있다는 점에서 다신론적이다. 자신들도 똑같이 절대적이라고 간주하는 권력의 다른 중심들도 동시에 존재하는 것과 상관없이, 권력의 모든 중심은 절대적 실체가 되려는 경향이 있다는 점에서 다신론적이다.[23)]

다신론은 다수의 세력과 영구적인 갈등에 대한 비전과 더불어, 정치

---

23) Eric Voegelin, *Order and History*, vol. 1, *Israel and Revelation,* Baton Rouge, Louisiana State University Press, 1956, p. 37.

를 신성하게 만드는 데 적합하다. 유일신론은 그렇지 않다.

물론 종교 역사는 그처럼 단순하지 않았다. 유대교, 기독교, 이슬람은 모두 이런저런 형태로 정치권력을 장악했다. 성서 시대에 이스라엘은 왕국이 되었다가 곧 둘로 분열되었다. 기독교와 이슬람 모두 제국의 권력이 되었다. 마침내 종교가 대규모 변화를 겪게 된 위기의 순간이 닥치고, 그 신앙 자체 안에서 새로운 질문이 나타났다. 우리는 변화를 통해 변화에 대응하는가? 아니면 우리는 종교제도들을 그대로 보존하는가? 우리는 신앙의 핵심 메시지로 되돌아가는가?

그런 질문 자체는 문제가 아니었다. 그 해결책이 문제였다. 권력에 너무 익숙하게 된 종교 지도자들은 힘으로 밀고 나가는 데 익숙하게 되었다. 그러나 이번에는 종교의 이름으로 행동한다고 주장하는 집단이 하나 이상이었다. 똑같은 종교의 이름으로 말이다. 세력이 세력과 맞부딪치고, 그 결과는 종교적 내전으로서, 타협할 줄 모르는 종교의 열정과 전쟁의 쓰라림이 그대로 나타났다. 이것이 1세기의 유대교, 17세기의 기독교, 그리고 오늘날의 이슬람에서 벌어지는 일이다. 이것을 통해, 종교는 영적인 삶에 적용되는 규칙들과는 전혀 다른 규칙들이 권력에 적용된다는 점을 발견했다. 종교와 권력 중 하나를 선택하거나, 아니면 종교가 권력을 장악해서 스스로 파멸하거나, 둘 중 하나임을 깨달았다.

*

아브라함의 종교와 연관된 정치에서 가장 재앙적인 형태는 **묵시론적 정치**(apocalyptic politics), 즉 마지막 날들의 정치 형태다. 묵시론은 아브라함 종교에서 뒤늦게 나타났는데, 우리가 3장에서 살펴보았던 것처럼, 이원론과 같은 원천인 조로아스터교에서 왔을 것이다. 묵시론은 고전적인 예언과 근본적으로 다르다. 예언자는 정상적인 역사의 관점에서 생각했다. 비록 차질이 생기고 패배할 때가 있을지라도, 하나님의 백성은 하나님의 율법과 사랑 안에서 살아감으로써, 마침내 의로움이 보상을 받고 악은 패망하게 될 것이다. 예언자는 희망의 목소리다.

이와 반대로, 묵시론은 절망의 목소리다. 정상적인 역사는 오랜 세월 기다려왔던 구원을 가져오지 못했다. 악은, 우리가 정복할 수 있는 우리들 내면의 본능과는 전혀 다르게, 독자적인 세력이며, 사탄이 벌이는 일이다. 우주는 하나님과 그 원수들 사이의 충돌이며, 그 마지막 대결에서는 세상을 기초부터 흔들어놓을 것이다. 하나님의 통치가 회복될 것이며, 악은 사라질 것이고, 역사는 그 모든 흥망성쇠와 절망과 함께 끝장날 것이라는 것이 묵시론의 결론이다.

이것이 히브리성서의 다니엘서에 나타나는 비전이다. 또한 성서 정경에서 배제된 신구약 중간기의 여러 작품들(에녹 1서, 제2 에스드라서 등)에도 다시 나온다. 우리가 3장에서 살펴보았던 것처럼, 이것은 쿰란 종파의 특징이었으며, 또한 신약성서에서 그 고전적 표현은 요한계시록이다. 오늘날 이런 묵시론이 이슬람국가(ISIS)의 세계관에서 중심을 차지하고 있는데, 그들은 자신들이 이슬람의 군대와 십자군("로마") 군대 사이의 우주적인 전투로 끝장이 날 과정에서 가장 중요한 행위자들이라고 간주한다. 그들은 첫 번째 중요한 전투가 북부 시리아의 다비크에서 벌어질 것이라고 예상한다. 그 전투가 이슬람국가에게 너무 중요하기 때문에 그들은 자신들의 공식적인 온라인 잡지 이름을 "다비크"(*Dabiq*)라고 붙였다. 그 후 이슬람이 통치하는 칼리파국은 팽창하여, 이스탄불을 포함해서 광대한 지역을 정복할 것이라고 믿는다. "다잘"(Dajjal)이라고 알려진 가짜 메시아가 나타나, 마지막 전투까지 칼리파국의 군대에 큰 인

명손상을 입힐 것이지만, 이슬람은 예루살렘에서, 전 지구적인 승리를 하게 될 것이다.[24)]

묵시론은 예언이 희망을 잃어버릴 때 나타나는 것이며, 정치가 인내심을 잃어버릴 때 벌어지는 것이다. 묵시론적 정치는 혁명운동의 기이한 현상으로서, 그 시선이 과거에 굳게 고정되어 있다. 그것이 생겨나는 것은 사람들을 불안정하게 만드는 변화의 시대이며, 부당하게 뒤에 처졌다고 느끼는 사람들에게 호소력을 갖는다. 천년왕국 종파들은 유대교에서 제2 성전 시대 말기에 번창했으며, 기독교의 유럽에서는 중세 말기에 번창했다(Ranters, Flagellants, Hussites, Anabaptists 등).[25)] 사회적이며 종교적인 격동의 시대에, 이런 천년왕국 종파들은 전염병처럼 확산된다. 특히 소외되고 밀려났다고 느끼는 사람들에게 매혹적인 것으로 다가온다.

두 개의 세상 사이에서 떠도는데, 하나는 죽었고,
다른 하나는 태어날 힘이 없는 세상이다.[26)]

이런 현상은 세속적 형태를 취하기도 한다. 프랑스혁명과 러시아혁명의 사상가들은, 작고한 탈몬이 "정치적 메시아주의" 또는 "전체주의적 민주주의"[27)]라고 부른 것의 관점에서 생각했다. 출애굽 이야기를 정치에 적용하는 방식은 두 가지가 있다. 우선 "출애굽 정치"는 그 여정이

---

24) Graeme Wood, 'What ISIS Really Wants', *The Atlantic*, March 2015.

25) Norman Cohn, *The Pursuit of the Millennium*, London, Paladin, 1972.

26) Matthew Arnold, 'Stanzas from the Grande Chartruse' (c. 1850).

27) J. L. Talmon, *The Origins of Totalitarian Democracy*, Harmondsworth, Peregrine, 1986.

길고 또한 방해를 받는 일들이 많다는 것을 이해한다. 인간의 마음이 변화하는 데는 시간이 걸리며, 또 많은 세대를 거쳐야 한다. 다른 하나인 "메시아적 정치"는 그 종착점이 가깝고, 하나님이 손짓하고 계신다고 믿는다. "따라서 메시아적인 군병들은 그 마지막 날들에 이르는 테러를 기꺼이 환영하며, 심지어 그런 테러를 주도한다"고 마이클 월쩌는 말했다. "그래서 보다 악한 자들의 기이한 정치가 더 좋은 것이며, 그래서 그 종말을 위해 기꺼이 죄를 짓고, 어떤 범죄든 무릅쓰는 것이다."[28)]

묵시론적 정치는 (내적) 변혁 없이 혁명을 꾀하며, 교육이라는 점진적 과정 없이 변화를 도모한다. 그것은 설득 대신에 힘을, 논쟁 대신에 단검을 사용한다. 그것은 진리의 문제를 가장 초보적인 선택(동의할 것이냐, 아니면 죽을 것이냐?)으로 단순화시킨다. 그것은 시간 한복판에서 종말을 염원하는 것이며, 지금 당장 구원을 추구하는 것이다. 그 때문에 묵시론적 정치는, 무고한 사람들을 살해하지 못하도록 억제하는 정상적 규칙들을 보류시킨다. 탈몬의 결론(그가 세속적 교리에 관해 말하고 있음을 기억하라)은 너무 강력해서 길게 인용할 가치가 있다.

> 이 탐구에서 얻은 가장 중요한 교훈은, 모든 것을 품으며 또한 모든 것을 해결하는 교리라는 생각은 자유와 양립할 수 없다는 점이다. 그런 두 가지 이상은 인간의 본성 속에 매우 깊게 박혀 있는 두 가지 본능, 즉 구원에 대한 열망과 자유에 대한 사랑이라는 본능에 해당하는 것이다. 그 둘 모두를 동시에 충족시키려고 시도하는 것은 결과적으로, 만일 무제한의 폭정과 노예생활이 아니라면, 적어도 기념

---

28) Michael Walzer, *Exodus and Revolution*, New York, Basic Books, 1985, p. 145.

비적인 위선과 자기 속임수를 초래하게 마련인데, 이 둘은 전체주의적 민주주의에 수반되는 것들이다. 이것이 구원론자 교리에 내린 저주(the curse on Salvationist creeds)로서, 인간의 가장 고상한 충동에서 생겨났지만, 폭군의 무기로 둔갑하는 것이다. 배타주의적인 교리는 반대를 인정할 수 없다. 그것은 자신이 수많은 적들에게 둘러싸여 있다고 느끼게 마련이다. 그 신봉자들은 결코 정상적인 존재로 정착할 수 없다. 이런 위기의식에서 생겨나는 것이 바로 테러를 통해 정통주의를 보호하려는 끝없는 요구들이다.[29)]

묵시론적 정치는 항상 실패한다. 그 이유는 시간 한복판에서 영원을 창조할 수 없으며, 또는 반대 의견 제시 없이 일치단결을 이룰 수 없기 때문이다. 그것은 마치 삼손이 블레셋 족속의 신전에 들어가, 원수들의 건물을 파괴하면서 그 과정에서 스스로를 파멸시키는 것과 같다.

*

종교가 최상인 것은 논쟁과 본보기의 힘에 의존할 때다. 종교가 최악인 것은 힘으로 진리를 강요하려 할 때다. 우리는 이런 생각을 어떻게 네 가지 서로 다른 전통이 받아들였는지를 추적할 수 있다. 첫 번째는 이슬람의 위대한 사상가 이븐 루시드(아베로에스, 스페인, 1126-98)로서, 그는 아리스토텔레스의 저술들에 관한 탁월한 주석들을 썼다. 16세기의 탁월한 랍비였던 프라하의 랍비 유다 뢰베(마하랄, 1525-1609)는 자신의 저술에서 그를 인용했다. 아베로에스는 우리가 철학적 주장을 펼칠 때, 항상

29) Talmon, *The Origins of Totalitarian Democracy*, p. 253.

반대편의 견해를 인용해야 한다고 주장했다. 그렇지 않으면, 우리 자신의 주장이 허약한 것임을 암묵적으로 인정하는 것이기 때문이다. 랍비 뢰베는 이렇게 덧붙여 말한다.

> [아베로에스의] 말은 종교에도 맞는 말이다. … 우리가 [적대자들의] 말을 경멸하는 것은 적절하지 않다. 오히려 우리는 가능한 한 그들을 가깝게 끌어와야 한다. … 따라서 이성과 지식에 대한 사랑에서, 우리 자신의 생각과 반대되는 것을 단칼에 배격하지 않는 것이 적절하다. 특히 우리의 적대자가 단지 우리를 자극하기 위한 것이 아니라 자신의 믿음을 선언할 경우에는 더욱 그렇다. 비록 그런 믿음이 우리 자신의 신앙과 종교에 반대된다 하더라도, [우리의 반대자에게] "입 닥치고, 말하지 말라"고 해서는 안 된다. 그런 일이 벌어지면, 종교의 순수성은 사라지게 된다.
>
> 그와 반대로, 그런 때에는 우리가 "당신이 말하고 싶은 만큼 말하고, 당신이 하고 싶은 말은 무슨 말이든 해서, 나중에 당신이 더 말할 수 있었다면, 더 자세하게 대답했을 것이라고 말하지는 마시오"라고 해야 한다. … 이것은 어떤 사람들이 생각하는 것과 반대되는데, 누군가 종교에 반대해서 말하는 것을 우리가 막는다면, 그것은 종교를 더욱 강하게 만든다는 말이다. 그렇지 않은 이유는 종교적 문제에서 반대자의 말을 막는 것은 종교 자체를 막는 것이며, 종교를 약하게 만드는 것이기 때문이다. …
>
> 어떤 힘센 사람이 자신의 힘을 보여주기 위해 상대방을 찾을 때, 그는 자기만큼 힘을 쓸 수 있는 사람을 찾아야만, 그가 승리할 때 그의 승리가 더욱 빛을 발한다. 상대방이 싸우는 것을 허락받지 못

> 한다면, 무슨 힘을 보여주겠는가? … 따라서, 종교에 반대해서 말하는 사람을 침묵시켜서는 안 된다. … 그렇게 하는 것은 연약함을 인정하는 것이기 때문이다.[30]

몇십 년 뒤에 존 밀턴은 언론 자유를 옹호하면서(*Areopagitica*, 1644) 똑같은 주장을 했다. "비록 교리의 모든 바람은 땅 위에 불어 닥치도록 느슨해졌으며, 진리도 들판에서 마찬가지이지만, 우리는 자격을 허락하고 또한 금지시킴으로써, 진리의 힘을 의심하도록 만드는 해로운 작업을 하고 있다. 진리와 거짓이 맞붙어 싸우도록 하자. 자유롭고 개방적으로 맞붙을 때, 진리를 아는 사람이 궁지에 몰리겠는가?"

2백 년 뒤에, 존 스튜어트 밀은 ≪자유론≫(1859)에서 똑같은 주장을 반복한다.

> 견해 표명을 금지시키는 특정한 악은 인류를 약탈하는 짓이며, 현재 세대만이 아니라 후손들까지 약탈하는 짓이다. 반대 의견을 내는 사람들뿐 아니라 찬성 의견을 내는 사람들을 더욱 약탈하는 짓이다. 그 견해가 옳다면, 잘못을 진실로 바꿀 기회를 빼앗는 것이며, 그 견해가 틀렸다면, 그 잘못과의 대결이 가져오는, 진실에 대한 더 명백한 인식과 더 생생한 인상이라는 큰 유익함을 잃게 되는 것이다.[31]

---

30) Maharal, *Be'er haGolah*, Jerusalem, 1972, pp. 150–51.

31) John Stuart Mill, 'Utilitarianism', *On Liberty, Considerations on Representative Government*, ed. H. B. Acton, London, Dent, Everyman's Library, 1972, p. 85.

이처럼 700년의 기간에 걸쳐 벌어진 대화에서, 처음에는 유대인, 다음에는 기독교인, 그 다음에는 세속적 휴머니스트가 어떻게 함께 언론 자유의 중요성에 동의하며, 또한 **반대 의견을 위한 공간을 만드는지**를 확인하는 것은 우리를 황홀하게 만든다. 힘을 사용하는 것보다 진리를 추구하는 것이 더 위대하다.

종교가 영향력을 갖게 되는 것은 종교가 권력을 포기할 때다. 그래야 종교가 제자리를 찾으며, 통치자들 사이에서가 아니라 통치 받는 사람들 사이에서, 권력의 궁궐에서가 아니라, 영원의 날개들이 스치면 비범하게 되는 평범한 남녀들의 실제 생활 속에 자리를 찾게 된다. 그래야 종교가 목소리를 내지 못하는 사람들의 목소리가 되며, 공동체의 양심이 되고, 권력에는 도덕적 한계가 있으며, 국가의 과업은 백성들을 섬기는 것이지, 백성들이 국가를 섬기는 것이 아니라는 사실을 영원히 상기시켜주는 종교가 된다. 그 때문에 우리는 예언자들을 기억하며, 계속해서 그들을 통해 새로운 영감을 얻는 반면에, 황제들과 폭군들의 이름들은 사람들의 집단적인 기억에서 완전히 잊혀진다. 키에르케고르의 말을 풀어서 하자면, "왕이 죽으면, 그의 권력은 끝난다. 예언자가 죽으면, 그의 영향력은 시작된다."[32] 종교가 스스로 권력을 내던질 때, 종교는 국가라는 배의 갑판 의자를 다시 배열하는 부담에서 벗어나, 종교의 진정한 과업인 삶을 변화시키는 일로 돌아갈 수 있다.

아브라함과 그를 따르는 사람들이 이해한 종교가 최상이 되는 것은 정치의 유혹에 대해 저항하고 대신에 선한 영향력을 선택할 때다. 아브라함의 종교가 우리에게 말해주는 것은 문명들을 심판하는 것이 권력이

32) 키에르케고르가 실제로 한 말은 "폭군이 죽으면, 그의 지배는 끝난다. 순교자가 죽으면, 그의 지배가 시작된다"였다.

아니라, 힘없는 사람들에게 관심을 갖는 것이며, 재물이 아니라 가난한 사람들을 대하는 태도이며, 문명이 난공불락이 되는 때가 아니라 취약한 사람들을 돌보는 때라는 것이기 때문이다. 종교는 지상의 보좌에 앉은 사람들의 목소리가 아니라, 권력을 휘두를 생각이 없이, 권력이 부패할 때, 그 권력자들을 비판하는 데 전혀 두려워하지 않는 사람들의 목소리다.

엘리야는 위대한 예언자였다. 그는 바알의 거짓 예언자들에게 치열하게 맞서서, 하나님의 영광을 위해 "열심이었다." 그는 그들에게 맞서서 갈멜 산 위에서 시험하도록 도전했다. 그가 승리했고, 그들이 패배했다. 백성들은 설득되었고, 거짓 예언자들은 살해당했다. 이것은 성서에서 종교적 진실을 확실하게 보여준 것이다. 그러나 그 이야기(왕상 18-19장)는 거기에서 끝나지 않는다. 천사에 의해 호렙산으로 소환된 그는 지진, 광풍, 격노한 불길을 목격한다. 그러나 하나님은 지진이나 바람, 불길 "속에 계시지 않았다." 하나님은 엘리야에게 "부드럽고 조용한 소리"로 오셨다. 종교가 지진, 광풍, 불이 되면, 우리를 자유로 부르시는 하나님의 부드럽고 조용한 소리를 더 이상 들을 수 없게 된다.

14장

혐오 내려놓기

어둠은 어둠을 몰아낼 수 없다. 오직 빛만이 할 수 있다. 혐오는 혐오를 몰아낼 수 없다. 오직 사랑만이 할 수 있다. 혐오는 혐오를 키우며, 폭력은 폭력을 배가시키며, 거친 행동은 거친 행동을 늘릴 뿐이다.

— 마틴 루터 킹[1]

사람들이 그처럼 완강하게 혐오에 고착되어 있는 이유 가운데 하나는 일단 혐오가 사라지면, 자신들이 고통에 직면할 수밖에 없을 것임을 알기 때문이라고 나는 생각한다.

— 제임스 볼드윈

자유롭기 위해서는 혐오를 내려놓아야만 한다.

히브리성서에는 비범한 순간이 나오는데, 그 구절은 너무 짧아 흔히 주목하지 못하지만, 21세기를 위해 가장 중요한 진리를 담고 있을 것이

1) Martin Luther King, *Strength to Love*, New York, Harper & Row, 1963.

다. 그 장면은 이렇다. 모세는 이스라엘 백성을 인도하느라 40년을 보냈다. 그는 백성들을 이집트 노예생활에서 구출하여, 바다를 건넜고, 광야를 지나 약속의 땅 입구에 도달했다. 그러나 하나님은 모세가 요르단 강을 건너 그 땅에 들어가지 못할 거라고 말씀하셨다. 그는 그 땅 바깥에서 죽을 것이며, 그곳은 아직 도달하지 못한 종착지가 바라보이는 곳이다.

모세는 이것을 이해한다. 이것이 유대교의 원리가 되었다. 즉 그 일을 끝마치는 것은 우리가 아니지만, 그것을 단념할 만큼 자유롭지도 않다. 사회 변혁 문제에서는 가장 위대한 인물조차도 자신의 꿈이 성취되는 것을 볼 수 없다. 우리들 각자에게는 우리가 건너지 못할 요르단 강이 있다. 우리가 이것을 알게 되면, 다른 무엇보다 중요하게 된다. 우리를 뒤따르는 사람들에게 안내를 맡겨야 한다. 그들이 그 일을 계속할 사람들이기 때문이다. 분명히 하라. 초점을 맞추라. 비전을 가지라.

그것이 모세가 한 것이다. 히브리성서가 들려주는 바에 따르면, 모세는 그의 생애 마지막 달에, 백성들에게 가장 비전이 넘치는 연설을 한다. 그것이 오늘날 신명기로 남아 있다. 신명기는 유대교를 사랑의 종교로 정의하는 위대한 명령을 담고 있다. 즉 "너희는 마음을 다하고 뜻을 다하고 힘을 다하여, 주 너희의 하나님을 사랑하여라"(신 6:5)는 명령이다. 그리고 사람 사이의 가장 중요한 명령도 포함하고 있다. "너희가 낯선 사람을 사랑해야 하는 것은, 너희도 한때 이집트에서 낯선 나그네로 살았기 때문이다"(신 10:19)라는 명령이다. 신명기는 모세의 다른 책들보다 더 많이 "사랑"이라는 말을 사용한다.

그것은 놀라운 것이 아니다. 모세는 전에도 사랑에 관해 말했는데, 가장 유명한 명령은 "너는 너의 이웃을 네 몸처럼 사랑하여라"(레 19:18)

는 명령이다. 아브라함의 유일신론은 정의와 상호성(타인들이 너에게 해주기를 원하는 대로 타인들에게 행하라)만이 아니라 사랑에 기초한 첫 번째 도덕체계였다. 예상하지 못했던 것은 그가 혐오에 대해 말한 것이다.

> 이집트 사람을 미워하지 말라. 너희가 그들의 땅에서 낯선 나그네로 살았기 때문이다. (신 23:7)

이것은 사람들의 직관에 반대되는 명령이다. 무슨 일들이 있었는지를 기억해보라. 이집트 사람들은 이스라엘 백성을 노예로 부렸었다. 그들은 갓 태어난 사내아이들을 모두 죽임으로써 서서히 이스라엘 백성의 씨를 말리는 정책을 폈다. 모세는 파라오에게 백성을 가게 해달라고 거듭거듭 간청했지만 계속 거절당했다. 모세는 이스라엘 역사의 이 장 전체가 우연이 아님을 알았다. 그것은 민족의 모체로서, 민족이 형성되는 경험이었다. 백성들은 그것을 계속해서 기억하도록, 매년 유월절에 노예생활의 쓰라림을 기억하는 무교병과 쓴 풀을 먹음으로써, 노예생활을 재연하도록 명령받았다. 이 모든 것은 표면적으로 이집트인들을 미워하기에 충분한 이유들이었다. 아니면 최소한 원한, 분노, 적대감, 고통을 지닌 채 과거를 돌아볼 충분한 이유들이었다. 그런데 왜 모세는 정반대를 명령했는가? 그들을 미워하지 말라. 너희가 그들의 땅에서 낯선 떠돌이로 살았기 때문이다.

왜냐하면 자유롭기 위해서는 우리가 혐오를 내려놓아야만 하기 때문이다. 이것이 모세가 말하는 것이다. 이스라엘 백성이 계속해서 그들의 과거 원수들을 미워한다면, 모세는 백성을 이집트에서 빼내는 데는 성공했을 것이지만, 이스라엘 백성에게서 이집트를 빼내는 데는 실패했을 것이다. 정신적으로 그들은 아직 이집트에서 살고 있을 것이며, 과거의 노예로서, 기억들의 포로들로 남아 있을 것이기 때문이다. 그들은 여전히 쇠사슬이 아니라 마음의 사슬(chains of the mind)에 매여 있을 것이기 때문이다. 그리고 마음의 사슬은 때때로 최악의 사슬이기 때문이다.

*

2002년 5월 7일, 사우디아라비아 사람이 소유한 텔레비전 채널 "이크라"는 한 인터뷰를 방송했는데, 그 내용은 이 책의 주제의 핵심에 닿는 것이다. 그 프로그램 명칭은 "무슬림 여성 잡지"였으며, 사회자는 도아 아메르였다. 그녀는 한 어린아이와의 인터뷰를 진행했다.

아메르: 이름이 뭐예요?

아이: 바스말라.[2)]

아메르: 바스말라, 몇 살이에요?

아이: 세 살 반.

아메르: 무슬림인가요?

아이: 네.

아메르: 바스말라, 유대인들을 잘 아나요?

아이: 네.

아메르: 그들을 좋아해요?

---

2) 역자주: 바스말라(Basmallah)는 "가장 은혜로우시고 자비로우신 하나님의 이름으로"라는 이슬람 표현으로, 무슬림들이 일상에서 자주 사용하는 말이다.

아이: 아니요.

아메르: 왜 그들을 안 좋아해요?

아이: 왜냐하면 …

아메르: 그들이 어때서요?

아이: 그들은 원숭이들이고 돼지들이에요.

아메르: 그들이 원숭이들이고 돼지들이기 때문이다. 누가 그렇게 말했나요?

아이: 우리 하나님이.

아메르: 어디에서 그렇게 말했나요?

아이: 꾸란에서.

인터뷰를 진행한 사람은 이렇게 마무리지었다. "바스말라, 알라 신을 찬양합시다. 우리의 하나님이 그녀를 복주시기를 빕니다. 알라 신이 그녀보다 더 믿음이 좋은 소녀를 주실 것을 아무도 바랄 수 없을 겁니다. 알라 신이 그녀와 그녀의 부모에게 복을 주시기를 빕니다. 다음 세대의 어린이들은 참된 무슬림이 되어야 합니다. 지금 그들이 아직 어린이일 때 교육시켜야 그들이 참된 무슬림이 될 수 있습니다."

인터뷰가 방송되자 큰 소란이 벌어졌다. 우리가 4장에서 본 것처럼, 급진적인 정치적 이슬람의 세계는 혐오로 가득하고, 특히 반유대주의로 넘친다. 사실상 이런 현실에 대해 가장 비판적으로 활발하게 글을 쓰는 사람들은 무슬림 자신들이며, 흔히 여성들이다. 그들은 이런 현실이 근본적으로 잘못된 것이며, 단순히 파괴적인 것이 아니라 자기 파괴적임을 알고 있다. 그들은 또한 이것이 이슬람의 전통적 목소리가 아니라는 것도 알고 있다. 4장에서 분명히 지적한 것처럼, 꾸란에는 유대인들에 관해 부정적 구절들이 들어있지만, 그런 반유대주의는 "피의 중상"(Blood Libel, 유대인들이 기독교인 아이들을 죽여 그 피로 무교병을 만든다는 중상모략)과 ≪시온 장로 의정서≫(*The Protocols of the Elders of Zion*)라는 신화가 유럽에서 중동지방으로 이식된 19세기와 20세기에 뿌리를 둔 것이다.

종교가 폭력으로 치닫는 것은 혐오를 신성한 것으로 만들 때다. 그것이 4세기에 교회에 닥친 비극이었다. 그 후 6세기가 지나 나타난 폭력은 필연적인 것이었다. 문화 속에 혐오를 모셔두면, 잠복기를 거치지만 여전히 살아 있고 잠재적으로 치명적이다. 기독교인들은 유대인들만 죽인 것이 아니다. 그들은 하나님에게 더 큰 영광을 돌리기 위해, 사랑의 종교 이름으로 무슬림들, 이단자들, 마녀들, 종파주의자들을 죽였다. 그러나 기독교가 바뀐 것은 교황 요한 23세와 그 후계자들이 기독교가 바뀌어야만 한다는 것을 알았기 때문이다. 오늘날 혐오의 진원지는 급진적이며 신전통주의적인 이슬람인데, 그 이유는 슬프게도 이슬람이 오랫동안 그 바이러스에 면역성을 갖고 있었기 때문이다.

우리는 혐오에 기초해서 자유로운 사회를 만들 수는 없다. 원한, 분노, 치욕, 희생자 의식과 불의와 같은 것은 과거의 박해자들에게 상처를 입혀 명예를 회복하고자 하는 욕망이다. 특히 우리 시대에는 인터넷을 통해서 과거의 박해자들을 참수하고 대량 학살하는 비디오들이 끊임없이 흘러나오기 때문에 그런 부정적 감정들이 더욱 강화되며, 근본적으로 사람들에게 자유를 빼앗는 조건들로 작용한다. 모세가 백성들에게 가르친 것은 우리가 과거와 **함께** 살아야 하지만, 과거 **속에서** 살아서는 안 된다는 점이다. 과거의 박해자들에 대한 분노에 사로잡힌 사람들은 여전히 그 포로들이다. 자신의 원수들로 하여금 자신이 누구인지를 정의하도록 만드는 사람들은 아직 자유를 얻지 못한 사람들이기 때문이다.[3)]

*

나는 이것을 홀로코스트 생존자들로부터 배웠다. 내가 랍비가 되었을 때 그들을 알게 되었는데, 그들은 나의 삶에 큰 영감을 불러일으킨 사람들이 되었다. 처음에는 그들이 어떻게 살아남을 수 있었는지, 자신들이 무엇을 목격했는지, 무엇을 알게 되었는지, 자신들의 기억들을 안고 어떻게 살아가는지, 나로서는 이해하기 힘들었다. 그들 중 많은 사람들이 자신들의 가족 전부를 잃었다. 그들이 성장했던 세상은 사라졌다. 그들은 또 다시 낯선 땅에서 낯선 떠돌이로 시작해야만 했다.

그러나 그들은 내가 만났던 사람들 중에서 가장 인생을 긍정하는 사람들이었다. 나를 가장 놀라게 만든 것은 그들이 원한을 품지 않고 살아간다는 점이었다. 그들은 복수를 도모하지 않았다. 그들은 미워하지 않았다. 그들은 내가 아는 어느 누구보다도 다른 사람들이 보스니아, 르완다, 코소보, 수단에서 학살당하고 있을 때, 가장 마음 아파한 사람들이었다. 그들은 자신들이 겪은 고통으로 인해 타인들의 고통에 민감해진 사람들이다. 그들은 말년에 자신들의 이야기를 말하기 시작했는데, 특히

---

3) 이것 때문에 장 폴 사르트르가 1946년에 발표한 ≪반유대주의와 유대인≫(*Sur le Question Juif*)이 그토록 반감을 불러일으켰다. 홀로코스트 직후에 쓴 이 책은 외견상 반유대주의에 **반대하는** 책이다. 사르트르의 중심 논지는 유대인들이 반유대주의를 만드는 것이 아니라, 반유대주의가 유대인들을 만든다는 것이다. 유대인들은 혐오의 대상이라는 것 이외에는 공통되는 것이 없다고 그는 말한다. 따라서 유대인이 된다는 것은 그 혐오에 저항하는 것이다. 사르트르 자신의 기준으로는 이것이 "비본래적" 존재다. 그에게 본래성은 자신이 선택한 방식으로 산다는 뜻이지, 남들이 강요한 방식대로 사는 것이 아니다. 그러나 이것이 그가 유대인들에게 부여한 존재의 유일한 형태다. 즉 유대인들이 존재하는 것은 타인들이 그들을 혐오하기 때문이다. 반유대주의는 그토록 힘을 갖고 있어서 사르트르는 반유대주의를 배격하는 중에 그것을 새로 만들어낸 것이다.

젊은이들에게 말했다. 그들은 학교들을 방문하곤 했으며, 때때로 나도 함께 갔다. 그들은 무슨 일이 있었는지, 어떻게 살아남았는지에 관해 말했다. 그러나 그들의 근본 메시지는 과거에 관한 것이 전혀 아니었다. 그들이 젊은이들이 알게 되기를 원했던 것은, 자유가 얼마나 귀중한 것이며 또한 얼마나 깨어지기 쉬운 것인지, 먹을 음식이 있다는 것, 열 수 있는 창문이 있다는 것, 대문 밖으로 걸어 나갈 수 있다는 것, 내다볼 수 있는 미래가 있다는 것이 얼마나 놀라운 기적인지에 대해서였다. 그들은 관용에 대해 말했으며, 우리와 다른 사람들을 돌보는 것이 얼마나 중요한 일인지에 대해 말했다. 결코 자유를 당연한 것으로 여기지 말라는 것이 그들의 메시지였다. 자유를 위해 일하고, 자유를 위해 싸우고, 특히 소수자들의 자유를 위해 일어나고, 다른 사람들이 미워할 때조차 결코 미워하지 말라!

내가 궁금했던 것은 그들이 어떻게 밤마다 찾아왔을 고통을 쫓아냈는가 하는 점이었다. 그들의 고통은 여러 해가 지난 후에도, 쁘리모 레비를 포함해서 많은 사람들을 자살로 몰아갔기 때문이다. 마침내 나는 그 의문이 풀렸다. 그들은 수십 년 동안 자신의 과거에 대해, 심지어 배우자나 자녀들에게조차 말하지 않았다. 그들은 오직 미래에만 일념으로 초점을 맞추었다. 그들은 새로운 고향의 언어와 문화를 배웠다. 그들은 일해서 경력을 쌓았다. 혼인해서 자녀들을 키웠다. 40년 내지 50년 걸려, 자신들의 미래가 절대적으로 안전하게 되었다고 느낄 때 비로소 그들은 뒤를 돌아보고 과거를 기억했다. 그것이 내가 생존자들로부터 배운 것이다. **우리는 먼저 미래를 건설해야 한다. 그런 다음에야 비로소 우리는 과거를 다시 방문하면서도 과거의 포로가 되지 않을 수 있다.**

이것이 성서에서 롯의 아내에 관한 이야기(창 19:17-26)가 말해주는 것이다. 메신저들인 천사들이 찾아와서, 롯과 그의 가족이 떠나야 한다고 말한다. 그 도시가 파괴될 참이었기 때문이다. 롯은 망설였지만, 결국 떠난다. "뒤를 돌아보지 말라"고 천사들은 말했지만, 롯의 아내는 뒤를 돌아보았고, 소금기둥이 되었다. 내가 어렸을 때는 이 이야기를 어리석은 이야기로 생각했지만, 이제는 그 이야기의 위력을 느낀다. 고통스러운 과거를 되돌아보면, 우리는 앞으로 나아갈 수 없다. 눈물로 인해 움직이지 못하게 될 것이기 때문이다. 소금기둥이 되는 것이다.

모세의 말을 듣던 청중들은 생존자들이 아니라 그들의 자녀들이었다. 그들의 부모들은 유대 민족의 첫 번째 집단적인 비극을 겪어낸 사람들이었다. 모세가 그들에게 미래에 초점을 맞추라고, 과거를 분노나 고통 속에 되돌아보지 말고, 과거를 창조적으로, 건설적으로 사용하라고 가르친 것은 가장 중요한 것이었다. 모세의 책들은 계속해서 출애굽을 언급하며, 기억하라고 명령한다. "너희들이 이집트에서 노예들이었음을 기억하라." 그러나 이것은 결코 혐오, 보복이나 복수의 이유로 명령한 것이 아니다. 그 명령은 항상 이스라엘 백성이 창조할 대안적 질서, 즉 이집트와 반대되는 정의롭고 자비로운 사회체제를 건설하라는 명령의 한 부분으로 등장한다. 모세는 다른 사람들을 노예로 삼지 말라고 말한다. 아니면 그것이 역사의 그 단계에서 너무 무리한 요구였기에, 노예들을 명예롭게 대하라고 말한다. 그들에게 중노동을 시키지 말라. 그들에게 매 7일마다 안식과 자유를 주라. 7년마다 그들을 풀어주어라. 그들을 결코 존재론적으로 너보다 열등한 존재로 간주하지 말고, 너처럼 인식하라. 아무도 노예로 태어나는 사람은 없기 때문이다.

가난한 사람들에게 넉넉하게 주어라. 그들이 추수할 때 남겨진 것들을 먹게 하라. 그들에게 밭의 한 구석을 남겨주어라. 너희가 받은 축복을 타인들과 나누어라. 사람들의 생계를 빼앗지 말라. 성서 율법의 전체 구조는 이집트에서의 노예생활 경험에 뿌리박고 있다. 그것은 마치 "너희는 박해의 희생자가 되는 것이 어떤 것인지를 너희 가슴으로 알고 있기 때문에, 타인들을 결코 박해하지 말아야 한다"고 말하는 것과 같다. 성서의 윤리는 우리가 8장에서 요셉 이야기를 통해 보았던 것처럼, 반복적인 역할 바꾸기에 기초해 있다. 우리가 어려운 시절이나 낯선 사람들을 향해서, 칸트의 논리나 데이비드 흄의 연민보다 더 강한 무엇을 갖고 있지 않다면, 도덕적인 존재로 머물 수 없다. 그 "더 강한 무엇"이 바로 기억이다.[4] 출애굽기와 신명기에서, 기억은 도덕적 힘이 된다. 즉 혐오를 계속 유지시키는 방법이 아니라, 그와는 반대로, 희생자가 되는 것이 어떤 느낌이었는지를 기억함으로써 혐오를 정복하는 길이 된다. "기억하라." 과거 속에서 **살기** 위해서가 아니라 과거가 **반복되는 것을 막기** 위해서다.

*

예수의 산상설교는 우리의 원수들을 사랑하라고 말한다. 그것은 최고로 아름다운 생각이지만, 쉽지 않은 일이다. 모세는 보다 실천가능한 해결책을 제시한다. 원수들을 도와주라는 것이다. 우리가 원수를 사랑할

---

4) 기억에 관해서는 Yosef Hayim Yeryshalmi, *Zakhor, Jewish History and Jewish Memory*, Seattle, University of Washington Press, 1982; Maurice Halbwachs, *On Collective Memory*, ed., trans., and with an introduction by Lewish A. Coser, Chicago, University of Chicago Press, 1992; Eviatar Zerubavel, *Time Maps: Collective Memory and the Social Shape of the Past*, Chicago, University of Chicago Press, 2003을 보라. 현대 윤리적 갈등에서 기억의 남용에 관해서는 Stuart J. Kaufman, *Modern Hatreds: The Symbolic Politics of Ethnic War*, Ithaca, NY, Cornell University Press, 2001을 보라.

필요는 없지만, 원수를 도와주어야 하는 것은 우리의 의무이다. 이것이 출애굽기에 나오는 단순한 명령의 기초다.

> 너희가, 너희를 미워하는 사람의 나귀가 짐에 눌려서 쓰러진 것을 보거든, 그것을 그대로 내버려 두지 말고, 반드시 임자가 나귀를 일으켜 세우는 것을 도와주어야 한다. (출 23:5)

이 율법 배후에는 단순한 사상이 깔려 있는데, 그것은 너희의 원수도 인간이라는 사상이다. 그에게 문제가 생겼다. 더군다나 그의 나귀가 고통을 겪고 있다. 적대감은 우리를 서로 분리시키게 마련이지만, 그보다 더 깊은 것, 즉 연대의 언약(the covenant of solidarity)은 우리를 서로 연결시킨다. 고통, 재난, 불행은 차이의 언어를 초월한다. 온전한 사회는 원수들이 도움을 필요로 할 때, 그들에 대한 원한이나 적개심 때문에 그들에게 도움을 베풀지 않는 사회가 아니다. 만일 누군가가 곤경에 처했다면, 즉시 행동하라. 그들이 친구인지 적인지를 묻기 위해 멈추지 말라. 목동들이 이드로의 딸들에게 거칠게 대하는 것을 보고 모세가 즉각 행동했던 것처럼, 또는 아브라함이 평원의 도시들의 백성들을 위해서 즉시 기도했던 것처럼, 행동하라.

랍비들은 신명기(22:4)에도 비슷한 율법이 나오는 것을 지적했는데, 이번에는 원수의 나귀가 아니라 "너의 형제의 나귀"(새번역과 표준새번역에는 "이웃의 나귀"로, 공동번역에는 "동족의 나귀"로 번역함)를 말한다. 탈무드에는 너희의 형제와 너희의 원수가 모두 너희의 도움을 필요로 하는 갈등 상황에서 "너희는 악한 성향을 억누르기 위해서, 먼저 너희의 원수를 도와야만 한다"[5]라고 규정한다. 두 사람 모두 똑같이 곤경에 빠진 경우에,

원수에게 먼저 손을 내밀어야 하는 이유는 적대감, 악의, 거리를 극복하는 일이 더 시급하기 때문이다. 고대 아람어 번역본(*Targum Onkelos*, 보다 명시적으로는 *Targum Yonatan*)에는 이것과 관련해서 흥미로운 것을 말한다. "(나귀를) 일으켜 세우는 것"은 나귀를 짓누르는 물리적 짐만 뜻하는 것이 아니라, 너를 짓누르는 심리적 짐(부담감)도 뜻한다는 것이다. 그래서 아람어 번역본은 "너희는 확실히, 그를 향해 너희 가슴 속에 들어 있는 미움을 내려놓아야만 한다"라고 번역했다.

이 규정이 힘이 있는 것은 이것이 유토피아적인 것이 아니라는 점이다. 이것은 적대감이 없는 세상을 그리지 않는다. 우리의 원수는 여전히 우리의 원수일 것이다. 세상이 끝나는 날까지 사람들은 여전히 땅, 재물, 권력을 놓고 싸울 것이다. 그러나 낯선 사람들이라 해도 서로 도울 수 있다. 9/11 사태 당시, 세계무역센터에서 한 하시딕 유대인은 기도하던 무슬림을 구출했다. 2015년 1월에 파리의 유대인 수퍼마켓이 테러 공격을 받았을 때, 그 가게에서 일하던 한 무슬림 직원은 유대인 손님 20명을 저온창고에 숨겨서 구출했다. 실제 위기 상황에서 어느 누구도 자기가 구출할 사람이 "우리 중 한 사람"인지 아닌지를 묻지 않는다. 그래서 위기는 우리 속에서 최악이 아니라 최선을 끄집어내는 것이다.

*

무엇보다도 결코 복수를 도모하지 말라. 우리가 과거에 대한 복수를 통해서 과거를 바로잡을 수 있다고 믿지 말라. 그런 방법은 과거를 치유하는 대신에 과거를 단지 영속화시킬 따름이다.

---

5) Babylonian Talmud, Baba Metzia 32b.

히브리성서에는 흔히 오해받는 요소가 있다. 하나님의 복수에 관한 말씀이다. 시편은 시시때때로 하나님이 복수해주실 것을 위해 기도한다. 도대체 왜 사랑, 용서, 미래에 헌신하는 종교에서 그런 복수를 위해 기도하는가? 그 신비를 풀어낸 사람 중에 예일대학교 신학 교수 미로슬라브 볼프가 있는데, 그는 본래 크로아티아 출신으로서 과거 유고슬라비아에서 벌어진 참혹한 민족 전쟁들을 직접 목격했다. 그런 경험을 통해서 그는 ≪배제와 포용≫이라는 화해에 관한 용기 있는 책을 썼다.[6]

그는 우리 자신이 타자에 대해 개방할 필요성에 관해 약 300 페이지를 쓴 다음에, 전혀 예상하지 못했던 말로 끝낸다. 그는 "인간의 비폭력과 하나님의 복수에 대한 확증 사이의 밀접한 연관성"을 말한다. 그의 논지는 유대인 학자 헨리 아틀란[7]의 주장과도 같은 것으로서, **인간의 잘못에 대해 하나님이 복수하실 것이라는 믿음은 인간이 그렇게 복수하지 않아도 되도록 만든다는 것**이다. 사람들이 불의라고 인식하는 것은 말할 것도 없고, 모든 불의를 인간이 고칠 수 있는 것은 아니다. 그런 시도를 하는 것은 더 많은 폭력과 더 많은 인식상의 불의를 낳는다. "하나님과 하나님 아닌 것 사이의 근본적인 차이를 유지하면서, 성서 전통은 오직 하나님만이 하실 수 있는 일들이 있다고 주장한다."

그런 의미가 바로 "원수 갚는 것은 내가 하는 일이니, 내가 갚는다고 주님께서 말씀하신다"(신 32:35; 롬 12:19)는 구절의 뜻이다. 우리는 결코

---

6) Miroslav Volf, *Exclusion and Embrace: A Theological Exploration of Identity, Otherness, and Reconcililation*, Nashville, Abingdon Press, 1996. ≪배제와 포용≫, 박세혁 역, 강영안 해설, IVP, 2021.

7) Henri Atlan, 'Founding Violence and Divine Referent', in Paul Dumouchel (ed.), *Violence and Truth: On the Work of Rene Girard*, Stanford, Stanford University Press, 1988, pp. 198-208.

과거를 원래 상태로 되돌릴 수 없으며, 과거를 완전히 고칠 수도 없다. 원수를 죽인다고 해서 우리의 친구가 다시 살아나는 것이 아니다. 그렇다. 우리는 과거의 잘못들을 바로잡고, 사과하고, 속죄하고, 사람들의 고난과 불평을 인정해야 한다. 그러나 역사에는 완전한 정의가 없으며, 오직 대략적인 근사치만 있다. 그리고 그것은 반드시 행해야 한다. 나머지는 하나님께 맡겨야 한다.

유대 율법은 인간이 원한을 품거나 복수하는 것을 금지한다.

> 너희는 너희 마음에서 [너희에 대한 모든 공격을] 없애고 원한을 품지 말라. 마음에 불평을 키우는 한, 복수를 하게 될 수 있다. 따라서 오경은 원한을 품지 말라고 강조함으로써, 그 잘못에 대한 인상이 완전히 지워지고 더 이상 기억되지 않도록 한다. 이것이 올바른 원칙이다. 이것만이 문명생활과 사회적 상호작용을 가능하게 만든다.[8)]

이것은 하나님의 정의에 대한 믿음의 당연한 결과다. 만일 복수가 하나님께 속한 것이라면, 그것은 우리에게 속한 것이 아니다.

*

유일신론과 혐오를 내려놓는 일은 서로 연결되어 있다. 나는 여기서 이원론에 관해 다루면서 간략하게 언급했던 생각을 좀 더 명확하게 설명하고 싶다. 서로 다른 문명은 서로 다른 성격 유형을 만들어낸다. 그것은 성격이 민족성 문제가 아니기 때문이다. 성격을 민족성 문제로 보는 것

---

8) Maimonides, Mishneh Torah, Deot 7:8.

은 인종차별주의이며, 사실이 아니다. 인간은 문화를 창조하는 동물이며, 또한 우리가 행동하고 심지어 느끼는 방식은, 환경과 우리가 어린 시절에 배운 마음의 습관으로부터 내면화한 마음의 구조에 크게 달려있다. 종교는 문화를 형성하는 제도이며, 종교에는 신학뿐 아니라 인간학도 포함된다. 우리가 하나님에 관해 믿는 것은 우리들 자신에 관해 믿는 것에 영향을 끼친다.[9)]

유일신론은 갈등을 **내면화하는** 반면에, 신화는 갈등을 **외부화한다**. 예수회 학자인 잭 마일스는 오이디푸스와 햄릿의 차이점에 대해 말하면서, 오이디푸스가 대결하는 힘들—운명, 델피 신탁, 미리 쓰여진 결말—은 그의 생각, 의도, 선택과 상관이 없다고 지적한다. 그런 힘들은 "저기 바깥에" 있다. 그와는 반대로, 햄릿의 싸움은 내면에서 벌어지며, 그의 "타고난 핼쓱한 정신의 색조는 창백한 생각의 성격 탓이다."[10)] 신화에서 서로 충돌하는 신들이 유일신론에서는 한 분 하나님의 마음속의 내적 충돌이 되는 것처럼, 인간의 드라마는 전쟁터가 아니라 정신, 영혼 속에서 벌어진다. 야곱이 천사와 씨름을 할 수 있게 되자마자, 그는 더 이상 에서와 씨름할 필요가 없어진다. 히브리성서와 유대교 전체는 내면의 투쟁 이야기다. 그것은 미리, 또한 원칙상, 심리적 대안, 즉 **그것은 다른 누구의 잘못이었다**는 심리적 대안을 배제한다.

이것이 바로 유일신론과 이원론 사이의 진정한 차이점이다. 한 개인이나 집단에게 나쁜 일이 생길 때, 우리는 "누가 나에게 이런 일을 했는

---

9) Jonathan Sacks, *To Heal a Fractured World*, London, Continuum, 2005, pp. 175-84.

10) Jack Miles, *God: A Biography*, New York, Alfred A. Knopf, 1995, pp. 397-408. ≪신의 전기- 상, 하≫, 김문호 역, 지호, 1997.

가?"라고 묻거나, 아니면 "어차피 이런 일이 벌어졌으니까 이제 나는 무엇을 할 것인가?"라고 물을 수 있다. 첫 번째 질문은 이원론자가 묻는 질문인 반면에, 두 번째 질문은 한결같은 유일신론자의 반응이다. 이런 질문들은 너무나 다른 질문들이라서, 두 가지 존재 양식을 낳는다. 즉 **비난**의 문화(a blame culture)와 **참회**의 문화(a penitential culture)다. 첫 번째는 외부의 원인에 초점을 맞추고, 두 번째는 내면의 응답에 맞춘다. 비난은 과거를 돌아보고, 참회는 미래를 내다본다. 비난은 수동적이지만, 참회는 능동적이다. 참회의 문화는 책임의 논리 위에 세워진다. 우리에게 나쁜 일이 벌어지면, 그것을 바로잡는 것은 우리에게 달려 있다. 그것이 비극에 대한 문화의 반응일 때, 근원적인 존엄성이 태어난다.

이것은 본질적으로 예언자적 목소리다. 불행한 일들이 이스라엘 백성들에게 닥치면, 그들은 "우리 백성이 죄를 지은 때문"이라고 말한다. 우리가 언약을 대수롭지 않게 취급했으며, 하나님의 신뢰를 배반했다. 이스라엘의 곤경에 대해 절대로 남을 비난하지 않는다. 이것이 바로 유대교를 죄의식의 종교, 회개와 속죄의 종교로 만든 것이며, 하나님의 용서를 통해 견딜 수 있도록 만든 것이다. 참회의 문화는 "하나님, 나는 오직 나 자신만을 비난할 뿐입니다. 나를 용서해주십시오. 나의 찢어진 가슴을 받아주십시오. 그리고 나에게 변화할 힘을 주십시오"라고 말한다. 그 특별한 힘은 참회가 엔트로피 법칙, 즉 모든 시스템은 시간이 지나면 에너지를 잃는다는 법칙을 무시하는 것이다. 참회가 에너지를 보전하는 것은 모든 고난을, 미래에 더 나은 것을 하기 위한 추진력으로 만들기 때문이다. 유일신론은 그 신봉자들에게 "영혼이 수치심의 쓰레기더미 속에서 희생되는 것"[11]을 막아준다.

이것은 빅터 프랭클이 아우슈비츠에서조차도 자유와 존엄성을 유지할 수 있었던 것처럼,[12] 사람들에게 놀라운 힘과 탄력성을 준다. 속죄가 자유의 궁극적 표현인 이유는 속죄가 두 가지 정신적 활동, 즉 참회와 용서를 통해, 과거라는 강철 족쇄를 깨뜨리기 때문이다. 참회는 우리의 변화 능력을 증언한다. 용서는 악의의 포로가 되기를 거부하는 표현이다. 속죄는 하나님의 자유와 인간의 자유가 만나 새로운 시작을 창조하는 것이다. 그것은 희망의 이름으로 비극에 대해 승리하는 행동이다.

이원론은 비난의 문화를 창조한다. 이원론은 "그것은 우리 때문이 아니며, 하나님 때문도 아니기 때문에, 그들 때문임이 틀림없다"고 말한다. 재앙, 흑사병, 아이의 죽음, 전쟁에서의 패배, 경제의 실패, 변화 자체가 초래하는 혼란 등 모든 것이 악한 의지, 악한 존재의 의도적인 행동이며, 사탄의 음모인데, 그것이 보이지 않는다는 사실 자체가 그 간교한 비밀을 증명하는 것이라고 주장한다.

우리가 그런 식으로 생각하기 위해 악한 사람일 필요는 없지만, 그런 생각의 결과는 이타주의적인 악이며, 또한 그것이 시작되는 것은 우리가 자신과 우리의 국가, 민족을 다른 누군가의 범죄의 피해자로 보기 시작할 때다. 그러면 양심의 가책 없이 그들을 죽일 수 있다. 살인이 도덕적 행동이 된다. 우리는 우리의 민족을 방어하는 것이며, 민족이 당한 치욕을 복수하는 것이며, 세상에서 페스트를 없앰으로써, 진리와 정의, 하나님의 승리를 확보하는 걸 돕는 것이다. 누구나 이것을 이해하는 것이 아니기 때문에, 우리는 계속해서 라디오, 텔레비전, 신문, 인터넷, 소셜

---

11) William Shakespeare, *Sonnets*, 129.

12) Victor E. Frankl, *Man's Search for Meaning: An Introduction to Logotherapy*, trans. Ilse Lasch, Boston, Beacon Press, 1992. ≪삶의 의미를 찾아서≫, 이시형 역, 청아출판사, 2005.

미디어, 학교와 가족들을 통해 증오하도록 교육시켜야만, 심지어 세 살 반이 된 소녀조차도 누가 자기의 원수인지를 알게 되고, 그 원수를 믿지 말고 두려워하도록 배워야만, 언젠가 그 소녀가 자살폭탄 범인이 되어 산화할 경우에 천국에 갈 수 있게 될 것이며, 그렇지 않다면 자기 자녀들에게 때가 되면 그렇게 하라고 격려할 수 있을 것이다. 이처럼 이원론은 항상 잠재적으로 종족학살을 감행할 수 있으며, 또한 이것을 받아들이지 않으려면, 끊임없이 우리의 원수들이 종족학살을 자행하는 자들이라고 고발해야만 한다.

이것은 문제를 일으키는 관점이며, 또한 자기파멸적이다. 우리 자신을 희생자라고 정의하는 것은 궁극적으로 우리를 인간이게 만드는 것을 축소시킨다. 그렇게 정의하면, 우리는 주체가 아니라 객체가 된다. 우리는 능동적 행위 주체가 아니라, 수동적으로 당하는 사람이 된다. 비난은 책임을 지는 길을 막는다. 희생자는 자기의 조건을 남의 탓으로 돌리고, 자기의 현재 상황의 원인을 자기 바깥에서 찾기 때문에, 자기 스스로 만든 덫에서 벗어날 수 없게 된다. 그는 실제 현상(고통, 가난, 문맹, 질병)을 허구적인 원인 탓으로 돌리기 때문에, 그 원인을 제거한다고 해서 그 증상을 제거하지는 못한다. 따라서 노력을 두 배로 기울일 수밖에 없다. 비난의 문화는 그들이 맞서서 저항하는 모든 조건을 영속화시킨다.

이것은 사람들이 세계를 이해하려는 자신의 개인적 여정을 통해서 이원론에 도달할 경우에도 사실이다. 그러나 보통 사람들은 그렇게 이원론에 도달하지 않는다. 이원론은 폭군들이 사람들을 목적이 아니라 수단으로 조작하기 위해 만든 문화적 현상이다. 만일 우리가 사람들에게 혐오하도록 교육시킬 수 있다면, 우리는 우리가 원하는 것은 무엇이든 사람들이 하도록 만들 수 있으며, 또한 사람들이 우리에게 반기를 들지 않는 이유는 그들의 모든 분노가 외부로 향해 있기 때문이다. 이것이 우리가 살펴본 것처럼 희생양의 고전적 기능이다.

바로 이런 이유 때문에, 아랍의 봄을 통해 몇 차례 폭동으로 맞섰던 세속적이며 민족주의적인 정권들이, 억압, 부패, 불경기, 교육적 낙제의 조건 아래에서도, 그처럼 오랫동안 존속할 수 있었던 것이다. 그런 정권들은 흔히 이스라엘 국가에 초점을 맞춘 반유대주의를 교묘하게 이용하는 한편, 이스라엘 국가가 세워지기 천 년 전에 기록된 꾸란과 하디스(무함마드의 어록)에 나오는 구절들에 근거하여, 폭정을 이어간다. 놀랍게도 그런 세속적이며 민족주의적인 정권에 반대하여 형성된 이슬람주의 운동 역시 더욱 악랄한 반유대주의를 사용함으로써, 자신들이 저항하는 부패, 잔인성, 불경기를 영속화시킨다.

몇 년 전에 나는 가까스로 살아남아 중환자실에 있던 어느 젊은이를 찾아갔었다. 스무 살 먹은 그는 영국 북부에 있는 랍비학교 학생으로서, 런던의 버스 안에서 탈무드를 공부하던 중에 칼로 스물두 차례나 찔렸다. 그 가해자는 경찰에 체포된 후 "이스라엘은 살인자들이다. 그래서 내가 그를 찔렀다"[13]고 말했다. 그 피해자는 이스라엘인도 아니었고 시온주의자도 아니었다. 단지 유대인이었다. 아무런 도발도 하지 않은 무고한 학생을 공격한 후에, 가해자는 자기방어라고 주장한 것이다.

혐오와 비난의 문화는 함께 간다. 그들 모두 부인하는 전략을 쓰기 때문이다. 즉 "그것은 나 때문이 아니라 그들 때문이니까, 나는 자기방어를 한 것이며, 나는 가해자가 아니라 희생자다"라는 식이다. 그래서 무고

---

13) Phyllis Chesler, *The New Anti-Semitism: The Current Crisis and What We Must Do About It*, San Francisco, Jossey-Bass, 2003, p. 105.

한 사람들을 살인하는 것이 거룩한 행동이 된다. 희생자들은 우리의 지원을 필요로 한다. 그러나 그들은 주체적 능력을 회복하기 위해 우리의 지원을 필요로 한다. 자신의 운명에 대해 책임을 지는 것은 도덕적 삶의 사치가 아니라, 필수적이다. 먼저 미래를 건설하라. 이것이 우리가 과거를 구원하는 방법이다.

자유는 혐오를 내려놓는 일과 관련된다. 왜냐하면 혐오는 자유를 포기하는 것이기 때문이다. 이것이 바로 모세가 약속의 땅에 들어갈 사람들에게 가르친 것이다. 너희를 박해한 사람들을 미워하지 말라. 대신에 그 경험을 통해서 어떻게 박해 없는 사회를 건설할 것인지를 배워라. 홀로코스트 생존자들이 나에게 가르쳐준 것은 뒤를 돌아다보지 말고 앞을 내다보라는 것이다. 삶, 가족, 미래, 희망을 세워라. 미움은 우리를 노예로 만든다. 그러므로 미움을 내려놓아야 한다. 어둠의 자식들과 전쟁을 벌이지 말라. 그 대신에 당신과 당신의 자녀들이 확실한 빛의 원천이 되도록 만들라.

15장

권력 의지인가, 생의 의지인가

여기 이 수송열차 안에

나는 하와

나의 아들 아벨과 함께 있다.

당신이 내 큰 아들

남자의 아들 가인을 본다면,

그에게 나의 말을 전해주오.

— 댄 페이기스, "봉인된 열차 안에서 연필로 쓴 글"

가인과 아벨로 시작된 그 이야기는 지금도 여전히 벌어지고 있다. 이 책의 상당 부분은 형제자매 사이의 라이벌 관계에 관한 것이었기 때문에, 그것이 어떻게 시작되었는지에 관한 이야기로 끝맺는 것이 의미가 통하게 만들 것이다. 그것은 인간의 첫 번째 자녀들, 첫 번째 종교 행위, 그리고 첫 번째 형제살해로 시작되었다. 가인은 하나님께 예물을 가져온다. 아벨도 가져온다. 하나님은 아벨의 예물은 받으시지만, 가인의 예물은 받지 않으신다. 가인은 화가 난다. 하나님은 가인에게 자신을 통제하라고 촉구하신다. 가인은 그 경고를 무시하고 자기 동생을 죽인다. 그러자 하나님은 "너의 아우의 피가 땅에서 나에게 울부짖는다"(창 4:10)라고 말씀하신다. 옛날에도 그랬고, 지금도 그렇다. 종교 역사의 전체 비극은 이 드라마에서 이미 드러나고 있다.

그러나 이 이야기는 분명히 이상하다. 왜 하나님은 가인의 예물을 거절하시는가? 왜 가인은 아우를 살인하는 것으로 반응하는가? 그 형제들 사이의 라이벌 관계는 무엇인가? 현대의 주석가들은 유목민들(아벨)과 농경민들(가인) 사이의 긴장관계로 읽는 경향이 있다. 그와는 달리, 그 형제들의 이름이 히브리 자료가 아닌 곳에서 나온다고 주장하면서, 아벨은 "목동"을 뜻하며 가인은 "대장장이"라고 주장한다. 이렇게 읽는 것은 성서 자체가 주는 단서, 즉 그 형제들의 이름의 히브리어 의미를 놓치는 것이다.

아벨(Abel)은 히브리어로 '헤벨'(*Hevel*)인데, 다른 것들 가운데, 전도서의 핵심어로 나온다. 그 두 번째 문장에는 '헤벨'이라는 단어가 다섯 번 이상 나온다. 그래서 번역 성서는 "전도자가 말한다. 헛되고 헛되다. 헛되고 헛되다. 모든 것이 헛되다"로 번역한다. '헤벨'은 "무의미하다, 효과가 없다, 쓸데없다, 소용없다"로 번역되기도 한다. 이런 번역들은 그 요점을 놓친 것들이다.

'헤벨'은 '숨'(breath)을 뜻하는 말이다. 유대인들은 그리스인들처럼, 영혼, 또는 인간의 영적인 차원을 숨 쉬는 행동에서 나온 말로 표현했다. 히브리어에서 영혼을 뜻한 단어들―*nefesh, ruach, reshamah*―은 모두 숨의 형태들이다. '헤벨'은 얕은 숨, 빠른 숨, 단명하는 숨을 뜻한다.

전도서는 죽을 수밖에 없는 목숨에 대한 일관된 명상이다. 인생이란 한 번 숨 쉬는 것에 불과하며, 모든 재물과 영광을 아무리 쌓아놓는다 해도 헛것에 불과한 이유는 우리를 비존재(죽음)로부터 분리시키는 것이 단지 한 번의 숨이기 때문이다. 그 분위기는 리어 왕이 마지막 장면에서 자신의 딸 코델리아의 시신을 붙들고 (코델리아는 리어 왕을 사랑했지만, 리어 왕은 마지막에 가서야 비로소 그 사랑을 깨달았다), "왜 개나 말이나 박쥐도 살아 있는데 / 너는 전혀 숨을 쉬지 못한단 말인가?" 하며 부르짖는 것과 같다.

아벨은 인간의 죽을 수밖에 없는 가멸성을 대표한다. 가멸성은 죄 탓이라기보다는 오히려 우리가 쇠퇴하고 썩을 수밖에 없는 물리적인 세계 안에서 살고 있는, 몸을 입은 영혼들이라는 사실에서 오는 것이다. 우리를 무덤으로부터 분리시키는 것은 우리들 속에 숨을 불어넣으시는 하나님의 숨결이다. "주 하나님이 땅의 흙으로 사람을 지으시고, 그의 코에 생명의 기운을 불어넣으시니, 사람이 생명체가 되었다"(창 2:7)는 구절이 그것을 뜻한다. 그것이 바로 '헤벨.' 즉 단지 숨에 불과한 우리들의 참 모습이다. 그러나 그것은 하나님의 숨이다. 그래서 생명은 거룩하다. 이것이 유대교, 기독교, 이슬람의 공통 근거이다.

결국 아벨을 죽이게 마련인 것은 가인이다. 가인(Cain)은 히브리어로 "획득한다, 소유한다, 갖는다"는 뜻이다. 성서는 명시적으로 말한다. "아담이 자기 아내 하와와 동침하니, 아내가 임신하여, 가인을 낳았다. 하와가 말하였다. '주의 도우심으로, 내가 남자 아이를 얻었다[*kaniti*].'" 이 말의 중요성은 대부분 "낳았다," "만들었다," "창조했다," "출생시켰다"로 번역함으로써 그 의미를 놓치고 있다.

'카니티'(*kaniti*), 즉 "내가 획득했다"는 동사는, 이 책에서 분석한 이야기들처럼, 뒤돌아볼 때만 비로소 그 의미를 알려준다. 즉 우리가 히브리 성서 전체를 읽은 다음에, 되돌아가서 그 다음에 나오는 것들 모두에 비추어 본문을 다시 읽을 때, 그 의미를 알 수 있게 된다. 본의 아니게 가장 깊은 주석을 제공한 사람은 장 자크 루소였다. 그는 ≪불평등의 기원에 관한 담론≫에서 이렇게 말한다.

> 첫 번째 남자는 한 조각 땅에 말뚝을 박아 울타리를 친 다음에 "이건 내 것이다"라고 말했고, 사람들은 순진하게 그를 믿고, 그가 시민사회의 진정한 창설자라고 믿었다. 어느 누가 그 말뚝을 뽑아내거나, 그 도랑을 메운 다음에, 동료들에게 "이 사기꾼에게 귀를 기울인 당신들이, 만일 땅의 열매들은 우리 모두에게 속한 것이며, 땅 자체는 아무에게도 속한 것이 아니라는 사실을 잊는다면, 당신들은 끝장난 것이다"라고 외쳤다면, 어느 누구든 얼마나 많은 범죄, 전쟁, 살인들로부터, 얼마나 많은 참극과 불행들로부터 인류를 구원할 수 있지 않았겠는가.

이 문장에서 성서를 읽는 사람들이 동의하지 않을 유일한 단어는 땅은 "하나님의 것"(시 24:1)이라는 말뿐일 것이다. 땅은 아무에게도 속하지 않은 것이 아니라, 하나님께 속한 것이다.

히브리성서가 기초하고 있는 전체 윤리적-법적 원리는 우리가 아무것도 소유하지 않는다는 사실이다. 모든 것, 즉 땅, 그 산물, 권력, 주권, 자녀들과 목숨 자체는 하나님께 속한 것이다. 우리는 단지 그분을 대신해서 맡고 있는 관리자들에 불과하다. 우리가 소유하고 있지만 우리의 것이 아니다. 이것이 바로 당시에 성서를 독특하게 만들었으며, 또한 오늘날에도 여전히 변혁적인 것으로 만드는 사회정의의 하부구조의 초석이다.

가인은 그 반대, 즉 소유권으로서의 권력, 권력으로서의 소유권을 대표한다. 가나안 족속의 우두머리 신 이름 바알이라는 히브리어는 똑같은 의미들을 갖고 있다. 그 어근은 "소유한다, 갖는다, 누구 또는 무엇에 대한 권력을 행사한다"는 뜻이다. 이것은 성서에서 궁극적인 우상숭배다. 루소가 옳았다. 폭력은 희소한 물건들에 대한 경쟁에서 시작되며, 그 중 첫 번째가 땅이다.

하와가 무의식적으로 자기의 첫 아들에게 붙인 이름은 마침내 그를 살인자로 만들 이름이었다. 가인이 표상하는 것은 내가 소유한 것이 나에게 권력을 준다는 생각이다. 내가 소유한 것 가운데 일부를 희생제사 형태로 하나님께 바칠 때, 나는 그분의 권능 가운데 일부를 돌려받기 위해서 그렇게 한다. 이것은 이교도들의 희생제사로서, 신들의 비위를 맞추고, 아부하거나 뇌물을 쓰는 방법이다. 그런 종류의 희생제사는 하나님이 받지 않으신다. 하나님이 받으신 아벨/헤벨의 예물은 죽을 수밖에 없는 가멸성의 겸손함으로 바치는 예물이다. "하나님, 나는 한 번의 숨에 불과합니다. 그러나 내가 쉬는 이 숨은 나의 숨이 아니라 당신의 숨입니다."

이것은 성서가 이해하는 것처럼, 인간의 조건 안에 있는 근본적인 갈등으로서, **권력 의지**(will to power)와 **생의 의지**(will to life) 사이의 싸움이다. 여기 이 땅 위의 생명은 거룩하다. 또한 생명은 매우 깨어지기 쉽다. 그것이 '헤벨,' 단지 한 번의 숨이다. 모세는 그의 거의 마지막 말에서 그의 백성들에게 "나는 오늘 하늘과 땅을 증인으로 세우고, 생명과 사망, 복과 저주를 너희 앞에 내놓았다. 너희와 너희의 자손이 살려거든, 생명을 택하여라"(신 30:19) 하고 말한다. 권력을 추구하여 살인하면서 하나님의 이름을 부르는 것은 신성모독이다. 누가 그렇게 하든, 누가 그 희생자이든, 그 신앙이 무엇이든, 신성모독이다.

이 드라마는 오늘날에도 여전히 시리아, 이라크, 아프가니스탄, 나이지리아, 소말리아, 리비아에서, 또한 세계 곳곳에서 벌어지는 테러 행동에서도 재연되고 있다. 이슬람국가(ISIS)와 그와 비슷한 단체들이 추구하는 것은 칼리파국의 회복이며, 이슬람이 한때 이스라엘에서부터 스페인까지 통치했던 그 지배력으로 되돌아가려는 것이다.[1] 이런 것들은 정치적 목표들이다. 이런 것들은 아브라함의 하나님과 아무런 상관이 없다. 하나님은 인간의 희생제물을 받지 않으신다. 하나님은 권력 의지를 신성한 것으로 인정하지 않으신다. 그것은 가인의 길이지, 하나님의 길이 아니다. 종교가 사람들을 살인자들로 둔갑시킬 때, 하나님의 대답은 "너의 아우의 피가 땅에서 나에게 울부짖는다"(창 4:10)는 말씀이다.

*

그렇다면, 우리 시대의 야만주의와 유혈사태로 인도하는 그 이데올로기에 대해 우리가 직접 대결하지 않을 경우에, 무슨 일이 벌어질 것인가? 첫째로, 세계는 지금보다 더욱 종교적인 세대가 될 것이다. 종교가 단 한 사람의 영혼도 개종시키지 못한다 해도 그렇게 될 것이다. 그것은 인구 통계학과 관련되어 있다. 보다 종교적인 사람들일수록, 더 많은 자녀들을 낳기 때문이다. 더 세속적일수록, 더 자녀들을 적게 낳는다. 지상에서 가장 세속적인 대륙인 유럽의 토착민들은 이처럼 서서히 사라지는 자살을 감행하고 있다. 현재의 인구를 유지하지 못하는 그들의 낮은 출생률은 그들이 더 노화되고 더 줄어들 것임을 뜻한다. 인구상으로, 에릭 카우프만이 보여준 것처럼, 종교적인 사람들이 지구를 물려받을 것이다.

---

1) Graeme Wood, 'What ISIS Really Wants', *The Atlantic*, March 2015.

종교 안에서는 가장 극단적이며, 반근대적이거나 반서구적인 운동이 승리할 것이다. 이것은 이미 유대교, 기독교, 이슬람에서 벌어지고 있는 현상이다. 종교와 문화의 오랜 혼인 관계는 이혼으로 끝났다. 오늘날 세속적인 서구는 유대-기독교적 유산이라고 불렀던 가치들을 이미 대체로 상실했다. 대신에 서구세계는 자기(the self)라는 우상—시장, 소비주의, 개인주의, 자율성, 권리, "너에게 좋은 것이면 무엇이든"—을 숭배하기로 선택한 반면에, 한때 우리들을 서로 묶어주며 우리로 하여금 공동선을 위해 일하도록 만들었던 유대 관계와 혼인과 공동체를 보전해주었던 충성, 존경, 존중을 포기했다.

종교적 믿음을 잃어버림으로써, 서구세계는 한때 이타주의를 불러일으켰던 이상들을 잃어버리기 시작했는데, 그 이상들이란 존경, 충성, 인간의 존엄성, 가난 구제, 공공 서비스, 집단적 책임, 민족적 정체성, 종교적 가치들에 대한 존중과 동시에 양심의 자유와 여러 종교인들이 평화롭게 공존하기 위한 공간을 만드는 이상들이다. 오늘날 서구의 정치는 흔히 "자유와 민주주의"라는 진부한 말 너머의 비전을 상실했으며, 세금의 최소화와 최대의 서비스라는 비용-이익 계산 너머를 보지 못하는 것 같다. 개인주의와 쾌락주의 문화에 직면한 현실에서, 세상을 변화시키려는 열정을 품은 젊은 급진주의자들이 자신들의 이타주의를 다른 곳에서 표현하는 것(심지어 그런 표현이 잔인하고 야만적인 행동과 관련된다 하더라도)은 놀라운 일이 아니다. "자기를 부인하는 행동은 타인들을 향해 무자비하고 가혹할 수 있는 권리를 우리에게 주는 것처럼 보인다"고 에릭 호퍼는 ≪맹신자들≫[2]에서 말했다. 이처럼 방향을 잘못 잡은 이타주

---

2) Eric Hoffer, *The True Believer: Thoughts on the Nature of Mass Movement*, London, Secker and Warburg, 1952, p. 103. ≪맹신자들: 대중

의는 악으로 이끌 수 있다. 이것이 이 책의 논제였다. 그 때문에 서구세계는 그 이상들을 되찾아야만 한다.

오늘날 세속적인 서구 사회에 유행하는 도덕적 상대주의는 자유를 방어하지 못한다. 서구 저널리스트와 이슬람주의자 사이의 인터뷰를 보면, 이런 점을 확인할 수 있다. 저널리스트가 "신을 모독했다는 이유로 사람을 죽이는 것은 분명 잘못된 것이다"라는 식으로 말하면, 이슬람주의자는 "나는 왜 당신이 그렇게 생각하는지를 이해할 수 있지만, 사람들은 서로 다른 도덕적 견해를 갖고 있으며, 또한 어떤 사람들은 그것을 다르게 보고 있다는 것을 당신도 분명히 이해할 것이다"라는 식으로 대답한다. 대화는 끝난다. 저널리스트는 더 이상 할 말이 없다. 그는 아마도 도덕이 주관적이며, 인간의 유일한 기본적 가치는 자율성과 선택할 권리이며, 최고의 미덕은 관용하지 않는 사람들에 대해서조차 관용하는 것이며, 자신의 견해를 남에게 강요하는 것은 지적인 제국주의라고 믿을 것이다. 그는 결과적으로 자기 입을 열기도 전에 이미 자신의 패배에 대한 신호를 보냈던 셈이며, 이슬람주의자는 이것을 알고 있다.

상대주의 세계에서는 통하는 것이 권력이다. 그런 점에서, 이슬람주의자는 21세기의 신실한 어린이다. 그는 서구세계를 정신 차리고 주목하게 만드는 것이 힘으로 잔인하게 강조하는 것임을 알고 있다. 서구세계는 흔히 종교적인 동기에서 자행하는 폭력에 대해서 조롱하며 그런 종교를 유치하게 공격하는 것 이상으로 심각하게 반응하지 않았다.

사회가 풍요로워질수록 더욱 개인주의적으로 변한다는 것을 지적한 사람은 이슬람의 위대한 현자 이븐 칼둔(1322-1406)이었다. 그는 사회가

운동의 본질에 관한 125가지 단상≫, 이민아 역, 궁리, 2011.

잃어버리게 되는 것은 사회적 응집력(*asabiyah*)이라고 보았다. 그러면 사회는 "사막의 거주자들"의 먹이가 되는데, 그들은 도시의 사치를 피하고, 전쟁에서 자기희생을 위해 준비된 사람들이다. 버트란트 러셀은 정반대 출발점에서 시작해서 똑같은 결론에 도달했다. 그는 고대 그리스와 르네상스 이탈리아처럼 창조적인 문명이 발견한 것은 "족쇄에서 해방됨으로써 개인들을 에너지가 넘치고 창조적으로 만들었고, 천재들이 꽃을 피우게 했지만," 그러나 "도덕의 쇠퇴"는 사람들을 "집단적으로 무능하게" 만들었으며, "그들보다 덜 문명화된 민족들, 그러나 사회적 응집력이 결핍되지 않은 민족들"에게 함락된 것이라고 말했다.[3)]

따라서 더 많은 테러, 더 많은 유혈사태가 벌어질 것이며, 중동지방과 아프리카에서는 더 많은 내전이 벌어질 것이다. 요르단과 레바논과 같은 다른 국가들은 깊은 구렁에 빠질 수 있다. 더욱 야만적인 새로운 "인도에 반하는 범죄들"이 벌어질 것이며, 인터넷을 통해 확산될 것이다. 유럽의 모든 국가들에서도 긴장상태가 고조될 것이다. 사람들은 자신들의 자유가 위협받고 있다고 느낄 테지만, 어떻게 반응해야 좋을지에 대해 분명한 생각을 갖지 못할 것이다. 알카에다와 같은 운동이 패배할 때마다, 또 다른 운동이 일어나 그 자리를 대신할 것이다. 젊은이들은 의미, 정체성, 공동체를 찾기 위해 계속해서 그런 운동에 말려들 것이다.

실제로 세계는 이와 비슷한 도전에 한 번도 직면했던 적이 없었다. 이런 도전에 맞서서 나타난 운동은 하나의 국가나 연맹, 집단이 플래쉬몹처럼 나타났다가 해체되는 수준에 불과하다. 전쟁의 정상적 관습도 적용되지 않는다. 즉 전투원과 비전투원을 구별하는 복장, 잔학행위를

---

3) Bertrand Russel, *History of Western Philosophy*, London, Allen and Unwin, 1961, 서론. ≪러셀의 서양철학사≫, 서상복 역, 을유문화사, 2019.

방지하는 제네바 협정처럼 인류라는 이름으로 실행될 수 있는 규칙들도 적용되지 않는다. 사실상 급진주의자들은 자신들의 비인간성에 긍지를 느낀다. 그들은 자신들에게 동의하지 않는 사람들을 참수하고 도살하는 것을 막아주는 양심의 가책도 없이, 민간인들을 인간 방패로 사용하며, 사람들을 노예로 삼고, 열 살 먹은 소녀들을 자살폭탄 범인들로 만든다.

또한 그들은 과거에 국제적 충돌 문제를 해결했던 합리적 고려를 따르지도 않는다. 그들은 기꺼이 죽는 일, 그리고 전혀 타협하지 않는 것에 자부심을 느낀다. 그램 우드에 따르면, 이슬람국가(ISIS)는 "평화를 원칙상 거절하며," 또한 "종족학살에 굶주려 있다."[4] 이슬람국가는 시간과 하나님이 자기들 편이라고 믿는다. 급진적 이슬람은 인터넷을 통해 고난과 치욕에 대한 끝없는 비디오 장면들을 보여주고, 복수할 사람들을 모집함으로써, 세계 어디에서든지 사람들을 모집할 능력을 입증했으며, 천국에서 자신들의 자리를 차지하기 위해 스스로의 목숨과 타인들의 목숨을 희생시키고 있다.

우리가 지금 이 문제를 심각하게 다루지 못한다면, 이런 세상은 우리의 미래가 될 것이다. 이것은 어느 누구도 우리의 손자손녀들에게 물려주고 싶은 세상이 결코 아니다.

*

나는 이 책의 3장과 4장에서, 반유대주의의 공간이 엄청나게 많은 것에 초점을 맞추었다. 그 이유는 유대인들의 고통이 기독교인들이나 무슬림들의 고통과 다르기 때문이 아니다. 그렇지 않다. 모든 인간의 고

---

4) Wood, 'What ISIS Really Wants'.

통이 문제가 되며, 동등하게 문제가 된다. 또한 유대인들이 오늘날 다른 사람들보다 더 많이 고통을 받기 때문도 아니다. 그렇지 않다. 모두가 잠재적인 희생자들이다. 인류 전체가 고난을 받고 있다.

나의 요점은 우리가 아직도 반유대주의가 무엇이며, 반유대주의가 악을 합법화하는 데서 어떤 역할을 하는지에 대해 이해하지 못한다는 점이다. 반유대주의는 인식의 붕괴 상태에 있는 문화를 경고하는 첫 번째 표징이다. 반유대주의는 복잡한 심리적 퇴행에 도달하여, 엄청난 규모의 악으로 이끈다. 그 심리적 퇴행이란 분리시키고 투사하는 것, 병적인 이원론, 비인간화, 악마화, 희생자라는 의식, 그리고 도덕적 책임을 회피하기 위해 희생양을 만드는 것 등이다. 그런 심리는 현재의 사회 상태에 대한 책임을 타인들 탓으로 돌리기 때문에, 스스로 그 문제와 씨름하지 않게 만든다. 오늘날 아랍 세계와 이슬람 세계에 넘쳐나는 반유대주의는 유럽에서 1880년부터 1945년까지 넘쳐났던 것처럼 전염성이 강하며, 인터넷을 통해 전 세계로 확산되는 중이다.

반유대주의는 우연히 유대인들과 관련된 문제다. 십자군 시대에 기독교인들의 진짜 공격 목표는 유대인들이 아니라 무슬림들이었다. 나치 독일의 목표물 역시 제1차 세계대전에서 독일을 패망시켰으며 그 이후에 독일을 치욕적으로 만든 유럽의 국가들이었다. 이슬람주의자들의 진짜 목표물 역시 세속적 이슬람 정권들과 서구세계, 특히 1922년에 오스만제국을 패망시킨 후 그 영토를 분할한 세력들이다.

그러나 유대인들은 이런 운동의 집단 심리에서 중요한 기능을 발휘했다. 희생양 역할을 수행함으로써 유대인들은 그 집단에게 벌어진 모든 불행에 대한 비난을 받을 수 있었다. 신비하며 전능하며 모두를 포용하는 원수로서 유대인들은 자신들을 미워하는 집단을 단결시키고, 반대

의견을 침묵시키고, 고통스러운 진실로부터 정신을 다른 곳에 쏟게 만들어, 그렇지 않다면 전혀 함께 할 수 없는 집단들이 서로 동맹을 맺을 수 있게 만들었다. 오늘날, 예를 들어, 이슬람주의자들 집단들은 샤리아법을 강요하고, 포로들을 참수하고, 기독교인들을 이슬람으로 개종하도록 강요하며, 신을 모독했다고 처형하는 것 때문에 서구의 지원을 받을 수 없다는 사실을 잘 알고 있다. 그러나 그들이 이스라엘을 비판할 때는 자신들이 더 이상 혼자가 아님을 발견한다. 이로 인해 극우파, 반세계화를 주장하는 좌파, 악명 높게 정치적인 인권운동 단체들을 모두 한 울타리 안에 모일 수 있게 함으로써, 신정정치를 구현하기 위해 테러를 자행하는 사람들의 지원을 받아 기이한 동맹을 맺게 된 것이다.

반유대주의가 성공하기 위해서는 항상 그 동기를 위장해야만 한다는 점을 주목할 필요가 있다. 중세시대에 유대인들이 기독교인 아이들을 살해하고, 또한 역병을 퍼뜨린다고 고발했을 때도 그랬다. 나치 독일에서도 의학 핑계를 댔다. 유대인들은 아리안 민족의 한복판에 사는 암세포라는 것이었다. 오늘날에는 이스라엘이나 유대인들이, 과거에 "피의 중상"(Blood Libel)/≪시온 장로 의정서≫(*The Protocols of the Elders of Zion*)와 같은 방식으로, 미국을 통제하고, 유럽을 지배하며, 경제를 조작하고, 미디어를 장악하여, 9/11 사태를 비롯해서 모든 테러공격을 자행했으며, 에이즈와 에볼라, 2004년의 쓰나미와 지구온난화를 만들어냈다고 비난한다.

중세시대에 유대인들이 미움을 받은 것은 그들의 종교 때문이었으며, 19세기와 20세기에는 그들의 종족 때문에, 그리고 오늘날에는 그들의 국가 이스라엘 때문에 미움을 받고 있다. 서구세계에서 지금 반유대주의는 보통 반시온주의로 위장하고 있다. 아랍 세계에서는 그 수사학이

보다 정직해서, 노골적으로 유대인들에 대해 말한다. 그러나 서구세계에서 이슬람주의자들의 목표물들—코펜하겐의 유대인 회당 관리인, 파리의 유대인 식료품 가게의 손님들, 브뤼셀의 유대인 박물관 관람객들 등등—은 이스라엘이 아니라 유대인들이었다. 그 이유는 단순하다. **희생양은 보복당할 위험이 없이 죽일 수 있는 사람이어야만 하기 때문이다**. 이스라엘은 보복할 수 있다. 이스라엘 바깥에 사는 유대인들은 보복할 수 없다. 사실상 이스라엘이 존재해야 하는 필수적인 이유 중 하나는 유대인들이 또 다시 앞으로 천 년 동안 세상의 희생양-피해자가 되지 않도록 보호하는 일이다.

내가 아는 한, 어느 누구도 반유대주의와 이스라엘에 대한 합법적 비판을 혼동하지 않는다. 유대인들은 어느 인간도 비판을 초월해 있다고 믿지 않으며, 국가는 말할 것도 없다. 유대교는 세상에서 가장 자기비판적인 문화들 가운데 하나다. 히브리성서는 자기비판을 확대한 문서다. 반유대주의는 비판이 아니다. 그것은 유대인들이 존재할 수 있는 집단적 권리를 부인하는 것이다. 반유대주의는 시간이 흐르면서 그 형태를 바꾸어왔다. 1930년대에는 반유대주의자들이 "유대인들은 팔레스타인으로 가라"고 외쳤다. 오늘날에는 "유대인들은 팔레스타인에서 나가라"고 외친다. 이스라엘의 소설가 아모스 오즈가 표현한 것처럼 "그들은 우리가 여기에 있는 것을 원하지 않는다. 그들은 우리가 저기에 있는 것도 원하지 않는다. 그들은 우리가 존재하는 것을 원하지 않는다."

반유대주의의 의미는 그것이 유대인들이 아니라 반유대주의자들에게 끼치는 영향에 있다. 반유대주의는 그들을 희생자들로 보도록 만든다. 그들로 하여금 도덕적 책임을 포기하도록 만든다. 세상에서 잘못된 모든 것은 "우리의 책임이 아니라 저놈들 책임이다. 저놈들이 우리에게 이런 짓을 했다. 결국 저놈들이 세상을 통제한다"고 말하게 만든다. 그 결과는 미움이 사람들의 마음을 마비시키며, 또한 애당초 자신들을 패배하게 만들고 뒤떨어지게 만든 그 실패 자체를 영속화시킨다. 반유대주의는 기독교인들로 하여금 십자군전쟁에서 승리하도록 돕지 않았으며, 나치 독일로 하여금 제2차 세계대전에서 승리하도록 돕지도 않았다. 반유대주의는 중동지방, 아프리카, 아시아의 무슬림들로 하여금 하나님과 인류 속에 들어 있는 하나님의 형상을 공경하는 사회를 건설하도록 돕지도 않을 것이다. 유대인들을 미워하는 사람들은 자유도 혐오한다. 유대인들을 멸절시키고 싶어 하는 사람들은 자유도 없애버리기를 원한다. 반유대주의는 그 속에 은신하는 모든 사람들을 파괴하는 질병이다. 미움은 미움 받는 사람에게 해를 끼치지만, 미워하는 사람도 파괴한다. 여기에 예외는 없다.

*

세상이 바뀔 수 있는가? 대답은 그렇다. 그 증거는 인류의 종교 역사에서 가장 향상시키는 이야기들 가운데 하나로서, 홀로코스트 이후 유대인들과 기독교인들 사이의 관계가 바뀐 것이다. 여기에는 많은 영웅들이 있다. 그 끔찍한 결말 이후에, 반드시 변해야만 한다고 깨달은 도덕적 용기, 깊은 믿음, 탁월한 인간성을 지닌 기독교인들이 있었다. 그들 가운데 특히 칭송해야 할 인물들은 교황들이다. 요한 23세는 바티칸 제2차 공의회와 ≪비그리스도교와 교회의 관계에 대한 선언≫(*Nostra Aetate*)의 과정을 시작했으며, 바오로 6세는 그 과정을 완수했으며, 또한 요한 바오로 2세와 베네딕트 16세는 모두 그들 나름의 방법으로 그 과정을 계속 이어갔다.

그러나 그들보다 더 위대한 사람은 지금의 교황 프란치스코 1세다. 2013년 9월 12일, 이탈리아 신문인 "라 레푸블리카"의 편집자에게 보낸 공개편지에서 프란치스코 교황은 "하나님께서 이스라엘과 맺은 밀접한 언약에 대한 신실하심은 결코 실패한 적이 없으십니다. … 그리고 지난 세기들의 끔찍한 시련들을 통해서, 유대인들은 하나님에 대한 자신들의 믿음을 지켰습니다. 이것에 대해 우리는 교회로서만이 아니라 인류로서 그분들에게 결코 충분히 감사를 드리지 못할 것입니다"라고 썼다. 이것은 아마도 교황이 최초로 유대인들이 자신들의 믿음을 지킴으로써 하나님께 신실한 사람들이었지, 믿음 없는 사람들이 아니었음을 공개적으로 인정한 사례일 것이다. 그것은 세상을 바꿀 수 있는 진술이다. 서구에서 교회는 유대교와의 형제자매 사이의 라이벌 관계를 극복하기 시작했다. 기독교인들과 유대인들 사이에서 그런 일이 일어날 수 있다면, 그들과 이슬람 사이에서도 일어날 수 있다.

오늘날 유대인들, 기독교인들, 무슬림은 함께 인간성을 방어하고, 생명의 신성함, 종교 자유와 하나님 자신을 공경하는 일에 함께 힘을 모아야 한다. 21세기의 진짜 충돌은 문명들 **사이의** 충돌이나 종교들 **사이의** 충돌이 아니라, 그것들 **자체 안에서** 벌어지는 충돌이다. 종교와 권력의 분리를 수용하는 사람들과 배격하는 사람들 사이의 충돌이 될 것이다. 정치 문제들은 종교적 해결책을 갖고 있다고 믿는 사람들은 자신들을 속일 뿐 아니라, 아브라함이 누구였으며 또한 그가 무엇을 뜻했는지를 이해하지 못하는 사람들이다. 종교와 정치를 혼동하는 것은 아브라함과 그의 상속자들이 반대했던 것이지, 찬성했던 것이 아니다.

그렇다면 우리는 무엇을 해야만 하는가? 우리는 종교적 극단주의가 확산되는 데 쏟아 붓는 장기적 계획을 똑같이 종교적 자유를 강화시키는

데 쏟아 부어야 한다. 급진적 이슬람은 서양의 석유 달러가 뒷받침하는 운동이었다. 즉 산유국들이 그 달러를 이용해서 (순수 이슬람주의나 이슬람 근본주의를 주장하는) 와하브파나 살파브파에 헌신하는 이슬람 학교, 대학 학과와 교수진 등의 네트워크에 기금을 제공함으로써, 과거에 이슬람의 위대성의 원천이었던 보다 개방적이며 은혜롭고 지적이며 신비주의적인 경향을 변두리로 밀어냈다. 그것은 정확성, 인내, 세부사항, 헌신이라는 장기적인 관점에서 두드러진 전략이었다. 온건함과 종교적 자유가 우세하려면, 그들만큼 장기적인 전략이 필요하다. 우리는 세계를 그 다양성과 함께 포용하고, 경전을 최대한 관용적으로 해석할 수 있는 새로운 세대의 종교 지도자들과 교육자들을 훈련시켜야만 한다.

또한 혐오를 가르치고 설교하는 것에 반대하는 국제적 운동을 벌여야만 한다. 대부분의 서구 국가들이 채택한 인종차별 금지 법률들은 오늘날 소셜미디어를 통해 확산되는 혐오에 맞서기에는 실질적으로 무력하다는 것이 입증되었다. 많은 국가들에서 교육은 계속 치욕적인 상태다. 아이들에게 불신자는 지옥에 가도록 예정되어 있으며, 기독교인들과 유대인들은 큰 사탄과 작은 사탄이라고 가르친다면, 또한 라디오, 텔레비전, 웹사이트, 소셜미디어에서 쉬지 않고 과대망상과 선동을 쏟아낸다면, 인권선언의 제18조와 종교의 자유를 위한 그 결단은 무의미한 것이 될 수밖에 없다. 세상의 어떤 군사적 개입도 그런 폭력을 중지시키지 못할 것이다.

우리는 아브라함의 유일신론을 최선의 인간화 세력으로 만드는 절대적 가치들을 회복할 필요가 있다. 그 가치들이란 생명의 신성함, 개인의 존엄성, 정의와 자비라는 두 가지 명령, 부자들이 가난한 사람들에 대해 갖는 도덕적 책임, 이웃과 낯선 사람을 사랑하라는 명령, 평화적인 갈등 해결 방법과 상대방의 의견에 대해 존중하는 마음으로 귀를 기울이는 것, 과거의 상처들을 용서하고 대신에 세상의 모든 어린이들이 피부색, 종교와 인종에 상관없이 함께 은총과 평화 속에 살아갈 수 있어야 한다는 가치들이다. 이런 이상들은 유대인, 기독교인, 무슬림이 힘을 합쳐 다른 종교인들과 무신론자들까지 포용할 수 있도록 확대해야 하는 이상들이다. 이것은 인간의 본성이 변할 것이라거나, 정치가 더 이상 충돌의 영역이 아니게 될 것이라는 뜻이 아니다. 정치는 정치로 남아 있을 것이지만, 정치가 종교가 되지는 않을 것이라는 뜻이다.

우리는 또한 가장 단순한 도덕적 원리를 주장할 필요가 있다. 첫째는 (우리가 2장에서 살펴본 것처럼) 서로간의 이타주의 원리로서, 맞대응 원리다. 우리가 타인들에게 행동하는 대로 타인들도 우리에게 행동하게 될 것이라는 원리다. 우리가 존중받고 싶으면, 타인을 존중해야 한다. 관용을 받고 싶으면, 관용을 보여주어야 한다. 공격받고 싶지 않으면, 타인을 공격하지 말아야 한다. 존 로크가 말한 것처럼, "어느 누구도 종교 문제에서 자기와 의견이 다르다는 이유로 타인을 박해하거나 괴롭히지 말아야 한다는 것을 원칙으로 인정하지 않는 사람이 자기 종교의 자유를 주장하는 것은 합리적이지 않다."[5] 이 원칙만이라도 제대로 적용했다면, 혐오 설교자들이 감수성이 예민한 많은 사람들을 급진주의자로 만들고 하나님 이름으로 살인하는 자들로 둔갑시키는 짓을 처음부터 금지시켰을 것이다.

전쟁은 무기로 승리할 수 있지만, 평화를 얻기 위해서는 사상이 필요하다. 이 책은 그런 사상 가운데 하나로서, 역사 전체를 통해서 형제살해

---

5) John Locke, *Political Essays*, Cambridge, Cambridge University Press, 1997, p. 152.

와 종교적 폭력의 원천이었던 형제자매 사이의 라이벌 관계에 대한 (성서적인) 대안을 찾는 것이다. 형제자매 사이의 라이벌 관계가 하나님의 사랑을 차지하기 위한 경쟁이라는 생각은 나쁜 사상이며, 또한 아브라함의 하나님을 그릇되게 왜곡시키는 것이다. 창세기 본문을 통해서 빛나는 진실은 우리들 각자가 하나님께 복을 받았으며, 그분 보시기에는 우리들 각자가 귀하며, 그분의 이야기 안에서 우리 각자가 맡은 역할이 있고, 인류의 음악 속에서 우리들 각자의 노래가 있다는 사실이다. 아브라함의 자녀가 된다는 것은 아브라함의 다른 자녀들에 대한 존중을 배우는 것이다. 비록 그 다른 자녀들의 길이 우리의 길과 다르며, 그들의 언약이 우리의 언약과 다르며, 그들의 하나님 이해가 우리의 이해와 다르다 해도 말이다. 우리는 우리가 사랑받고 있음을 안다. 그것으로 충분해야만 한다. 사랑받고 있다고 주장하는 것이 타인들은 사랑받지 못하고 있다는 주장과 연결되면, 사랑 자체를 이해하지 못하는 것이다.[6)]

---

6) 스피노자는 어떤 점에서 매우 비유대인적인 사상가이면서, 또 다른 점에서는 매우 유대인적인 사상가인데, 이렇게 말했다. "모든 사람의 진정한 행복과 축복은 선한 것을 향유하는 것 속에만 있는 것이지, 그가 혼자만 그것을 향유한다는 식으로 타인들을 배제하는 교만 속에 있는 것이 아니다. 자기가 타인들은 누리지 못하는 유익을 누린다는 이유에서 자기가 더 복을 많이 받았다고 생각하거나, 또는 자기가 동료들보다 더 운이 좋다는 이유로 더 복을 받았다고 생각하는 사람은 진정한 행복과 축복을 알지 못하는 사람이며, 또한 그가 느끼는 기쁨은 유치한 것이거나 악의가 있는 것이다. 예를 들어, 한 사람의 참된 행복이 오직 지혜와 진리에 대한 지식에만 있고, 그가 타인들보다 더 현명하다는 사실이나 타인들은 그런 지식이 없다는 사실과 전혀 관계가 없다면, 그런 생각은 그의 지혜나 참된 행복을 증가시키지 않는다. 따라서 그런 이유들 때문에 즐거워하며, 타인들의 불행에서 즐거워하는 사람은 누구나 악하며 나쁜 사람이며, 참된 행복이나 진정한 삶의 평화를 모르는 사람이다." 또는 오늘날의 경제학의 언어로 말하자면, 축복받는 것은 위치상의 선이 아니다. Benedict Spinoza, *A Theologico-Political Treatise*, trans. R. H. M. Elwes, Mineola, NY, Dover Publications, 2004, p. 43.

그것은 또한 창세기의 두 가지 언약에 관한 것으로서, 첫 번째 언약은 노아와 맺은 언약이며, 두 번째 언약은 아브라함과 맺은 언약이다. 이것은 우리가 정체성을 집단으로부터 얻게 된다는 사실에서 비롯되는 잠재적 폭력에 대해 내가 아는 가장 좋은 해결책이다. 집단은 서로 충돌하기 때문에, 우리가 같은 집단의 사람들에게 보여주는 이타주의는, 우리와 다른 집단의 사람들에 대해 우리가 보여주는 공격성과 함께 가며, 이 두 가지 특성은 인간의 본성 속에 깊이 새겨져 있다. 그 때문에 정체성으로부터 도피하려는 위대한 시도들—보편주의나 개인주의 속으로 들어가려는 시도들—은 종교적이든 세속적이든 항상 실패했다. 조만간 부족들이 충분한 무장을 갖추고 불을 내뿜으면서 돌아올 것이다. 그에 대한 유일한 대안은, 창세기가 폭력에 대한 하나님의 항의로 정확하게 제시하는 것처럼, 하나님께서 우리와 두 가지 언약을 맺으셨다고 말하는 것이다. 즉 하나는 우리의 공통적 인간성과 맺으신 언약이며, 다른 하나는 우리의 특수한 정체성과 맺으신 언약이다. 첫 번째는 정의의 보편성에 관한 언약이며, 두 번째는 사랑의 특수성에 관한 언약이며, 정확히 그 순서대로 맺은 언약이다. **우리의 공통적인 인간성이 우리의 종교적 차이성에 선행한다**. 그것이 폭력을 부추기는 거짓 신과 권력을 추구하는 우상숭배를 이길 수 있는 아브라함의 신학의 기초여야만 한다.

그리고 실제로 어려운 본문들이 있다. 아브라함의 유일신 종교 각각의 경전에는 문자적으로 해석할 때 혐오, 잔인성, 전쟁으로 이끌 수 있는 구절들이 있다. 그러나 유대교, 기독교, 이슬람은 모두 해석학 전통이 있어서, 과거에 그 어려운 본문들을 보다 큰 맥락, 즉 공존, 차이의 존중, 평화의 추구라는 큰 맥락에서 읽었으며, 오늘날에도 그렇게 할 수 있다. 근본주의—맥락 없는 본문, 그리고 해석 없는 적용—는 믿음이 아니라 탈선한 믿음이다.

*

혐오를 통해 구원받은 영혼은 이제까지 없었다. 폭력을 통해 입증된 진리도 이제까지 없었다. 거룩한 전쟁을 통해 구원을 이루었던 적도 없었다. 종교가 그 원수들에게 고통을 입히는 능력을 통해 세상의 존경을 받았던 적은 없었다. 시대에 따라 때때로 진지한 종교인들이 그런 것들을 찬성했다는 사실에도 불구하고, 그런 것들은 신앙으로 위장한 것들이며, 또한 우리가 이런 사실을 분명히 배우기 전까지는, 종교가 여전히 세계 평화에 대한 가장 큰 위협 가운데 하나로 남아 있을 것이다.

종교가 저지르는 범죄들에는 하나의 공통점이 있다. 종교들이 하나님으로 하여금 우리들을 그분의 형상대로 다시 만드시게 하는 대신에, 우리의 형상으로 하나님을 만드는 것이다. 최고의 진리는 그 덮개를 우리의 가장 낮은 본능들—권력의 추구, 정복 욕구, 비열한 범죄를 감추기 위해 거룩한 아우라를 펼치는 종교적 언어 사용—을 덮어주지 않는다. 이런 것들은 믿음이 아니라, 제국주의의 형태들이다.

테러는 우상숭배의 전형이다. 그 언어는 힘이며, 그 원칙은 자신에게 동의하지 않는 사람들을 죽이는 것이다. 그것은 가장 오래되고 가장 원시적인 갈등 해결의 형태다. 그것이 가인의 방법이다. 만일 악한 것이 있다면, 테러가 그것이다. 자살폭탄과 여타 테러리스트 공격에서, 그 희생자들은 임의로 또한 무차별적으로 선택된다. 테러리스트들은 “미처 날뛰는 살인자들과 같은데, 다른 점은 그들의 미처 날뛰는 것이 단지 분노나 광기를 표현하는 것만이 아니라, 그 분노가 합목적적이며 프로그램화한 것이라는 점이다. 그것이 겨냥하는 것은 일반적인 취약성으로서, 이 사람들을 죽임으로써 저 사람들을 공포에 질리도록 만드는 것이다."[7]

테러의 희생자들은 단지 죽고 다친 사람들만이 아니라 자유로운 사회의 토대가 되는 가치들, 즉 신뢰, 안전, 시민적 자유, 관용, 망명 신청자들에게 국가가 기꺼이 문을 열어주는 일, 공공장소의 안정성과 같은 가치들도 파괴되는 것이다. 종교적인 동기에서 자행하는 테러는 종교 자체를 모독하며 그 명예를 추락시킨다. 그것은 하나님에 대한 모독이며, 또한 하나님이 당신의 형상으로 주신 생명에 대한 모독이다. 이슬람은 유대교와 마찬가지로, 한 생명을 우주로 간주한다. 자살과 살인은 아브라함 신앙에서 금지된다. 유대교, 기독교, 이슬람이 모두 알고 있는 순교는 자신의 믿음을 위해 기꺼이 죽는 것을 뜻한다. 순교는 결코 자신의 믿음을 위해 기꺼이 죽이는 것이 아니다.[8]

테러는 받아들일 수 있는 목적에 대한 정당한 수단이 아니다. 왜냐하면 테러는 그렇게 끝나지 않기 때문이다. 테러리스트들은 마침내 자기 자신의 국민들에 맞서게 된다. 마이클 월쩌는 이렇게 말한다. "테러리스트들의 목표는 지배하는 것이며, 살인은 그 방법이다. 그들은 자체 내부의 경찰, 살인부대, 납치와 실종처리 전담부대를 갖고 있다. 그들은 자기들에게 방해가 되는 전우들을 죽이거나 위협하기 시작한 다음에는, 더

---

7) Michael Walzer, *Arguing about War*, New Haven, CT, Yale University Press, 2004, p. 51.

8) "우리의 종교는 자살에 동의하는가? 무슬림은 타인들이 원수들이기 때문에 그들 중에서 자신을 폭파하는 일이 허용되는가? 경건한 [이슬람] 자료는 이것을 가장 큰 죄의 하나로 지칭한다. 지난 1400년 동안, 모든 [법적] 문서는 지하드가 무고한 여인들과 어린이들에게 해를 끼치는 것을 용인하지 않았다. 더구나 그 원수가 성스러운 모든 것들을 더럽혔고, 또한 [무슬림] 여인들과 어린이들을 죽였어도, [이슬람은] 같은 방식으로 반응하는 것을 금지한다" (Dr. Abd Al-Ansari, *Al-Raya*, Qatar, 25 July 2005).

나아가 할 수만 있다면, 자기들이 대표한다고 주장하는 백성들에게도 똑같은 짓을 한다. 만일 테러리스트들이 성공한다면, 그들은 폭군으로 통치하며, 그 백성들은 동의하지 않았지만 그 테러리스트들이 통치하는 대가를 견디어야 한다."[9] 테러에서 자유 사회로 가는 길은 없다.

테러는 약한 사람들의 절망의 외침도 아니다. 약한 사람들은 다른 무기를 갖고 있다. 그들은 정의가 자신들 편임을 안다. 그래서 예언자들은 무기를 사용하지 않고 말을 사용했던 것이다. 그래서 간디와 마틴 루터 킹은 비폭력 시민 불복종을 선호했던 것이다. 그들은 비폭력이 세상의 양심에 호소하지, 그 공포에 호소하지 않는다는 것을 알았기 때문이다. 참다운 요구는 그 목소리가 들리도록 만들기 위해 결코 테러를 필요로 하지 않는다.

무고한 사람들을 의도적인 목표물로 삼는 것은 악한 목적을 위한 악한 수단이며, 우리가 반대하는 사람들의 인간성과 고귀함에 폭력을 가함으로써 해결책을 성취하려는 것이다. 그것을 종교적으로 정당화하는 것은 생명의 하나님이신 아브라함의 하나님을 모독하는 것이다. 이타주의적인 악은 여전히 악이며, 세상의 모든 경건함도 그 악을 씻어낼 수 없다. 아브라함의 하나님은 힘없는 사람들을 구출하는 권능이며, 영광의 하나님은 그분의 얼굴의 광채를, 세상적으로 영광이 없는 가난하고 궁핍하며 외롭고, 세상에서 쫓겨난 이방인들에게 비추신다. 하나님은 목소리 없는 사람들의 부르짖음을 들으시는 분이기 때문에, 우리가 그분을 따르려면, 우리도 그렇게 해야 한다.

지금은 유대인들, 기독교인들, 무슬림들이 과거에 말하지 못했던 것

---

9) Walzer, *Arguing about War*, p. 65.

을 말할 시간이다. 그것은 우리가 모두 아브라함의 자녀들이며, 우리가 이삭이든 이스마엘이든, 야곱이든 에서든, 레아든 라헬이든, 요셉이든 형들이든, 우리는 모두 하나님 보시기에 귀한 존재들이다. 우리는 축복을 받았다. 그리고 우리가 축복을 받기 위해서, 어느 누군가가 저주를 받아야만 하는 것도 아니다. 하나님의 사랑은 그런 방식으로 일하지 않으신다.

오늘 하나님은 우리들, 유대인, 기독교인, 무슬림에게, 혐오를 내려놓고, 혐오 설교를 중단하고, 마침내 형제자매들로서, 우리의 믿음에 신실하고 다른 사람들에게, 그들의 믿음과 상관없이, 복이 되는 삶을 살아냄으로써, 하나님의 형상인 인간을 공경함으로써 하나님의 이름을 공경하라고 요청하신다.

참고문헌

1장

Armstrong, Karen, *The Battle for God*, New York, Alfred A. Knopf, 2000.

Armstrong, Karen, *Fields of Blood: Religion and the History of Violence*, New York, Alfred A. Knopf, 2014.

Berger, Peter L., T*he Desecularization of the World*, Washington, DC, Ethics and Public Policy Center, 1999.

Brafman, Ori, and Rod A. Beckstrom, *The Starfish and the Spider: The Unstoppable Power of Leaderless Organizations*, New York, Portfolio, 2006.

Carlson, John D., and Jonathan H. Ebel, *From Jeremiad to Jihad: Religion, Violence, and America*, Berkeley, University of California, 2012.

Gopin, Marc, *Holy War, Holy Peace: How Religion Can Bring Peace to the Middle East*, New York, Oxford University Press, 2002.

Hill, Christopher, *The English Bible and the Seventeenth-Century Revolution*, London, Allen Lane, 1993.

Hill, Christopher, *The World Turned Upside Down: Radical Ideas during the English Revolution*, New York, Viking, 1972.

Ignatieff, Michael, *Blood and Belongings: Journeys into the New Nationalism*, New York, Farrar, Straus, and Giroux, 1994.

Ignatieff, Michael, *The Lesser Evil: Political Ethics in an Age of Terror*, Princeton, NJ, Princeton University Press, 2004.

Ignatieff, Michael, *The Warrior's Honor: Ethnic War and the Modern Conscience*, New York, Metropolitan Books, 1998.

Juergensmeyer, Mark, *Terror in the Mind of God: The Global Rise of Religious Violence*, Berkeley, University of California Press, 2000.

Juergensmeyer, Mark, and Margo Kitts, *Princeton Readings in Religion and Violence*, Princeton, NJ, Princeton University Press, 2011.

Kaufman, Stuart J., *Modern Hatreds: The Symbolic Politics of Ethnic War*, Ithaca, NY, Cornell University Press, 2001.

Kaufmann, Eric P., *Shall the Religious Inherit the Earth? Demography and Politics in the Twenty-First Century*, London, Profile, 2010.

Naím, Moisés, *The End of Power: From Boardrooms to Battlefields and Churches to States, Why Being in Charge Isn't What It Used to Be*, New York, Basic Books, 2013.

New, David S., *Holy War: The Rise of Militant Christian, Jewish, and Islamic Fundamentalism*, Jefferson, NC, McFarland & Co., 2002.

Phillips, Charles, and Alan Axelrod, *Encyclopedia of Wars*, New York, Facts of File, 2004.

Renard, John, *Fighting Words: Religion, Violence, and the Interpretation of Sacred Texts,* Berkeley, University of California Press, 2012.

Schwartz, Regina M., *The Curse of Cain:* The *Violent Legacy of Monotheism, Chicago*, University of Chicago Press, 1997.

Walzer, Michael, *The Revolution of the Saints: A Study in the Origins of Radical Politics*, Cambridge, MA, Harvard University Press, 1965.

2장

Atran, Scott, *In Gods We Trust: The Evolutionary Landscape of Religion*, Oxford, Oxford University Press, 2002.

Atran, Scott, *Talking to the Enemy: Violent Extremism, Sacred Values, and What It Means to Be Human*, London, Allen Lane, 2010.

Axelrod, Robert, *The Evolution of Cooperation*, New York, Basic Books, 1984.

Bloom, Paul, *Just Babies: The Origins of Good and Evil*, London, The Bodley Head, 2013.

Boniolo, G., and G. De Anna, *Evolutionary Ethics and Contemporary*

Biology, Cambridge, Cambridge University Press, 2006.
Buller, D., *Evolutionary Psychology and the Persistent Quest for Human Nature*, Cambridge, MA, MIT Press, 2005.
Churchland, Patricia Smith, *Braintrust: What Neuroscience Tells Us about Morality*, Princeton, NJ, Princeton University Press, 2011.
Darwin, Charles, *The Descent of Man, and Selection in Relation to Sex*, London, John Murray, 1871.
Darwin, Charles, *On the Origin of Species*, London, John Murray, 1859.
Diamond, Jared, *The Third Chimpanzee: The Evolution and Future of the Human Animal*, New York, HarperCollins, 1992.
Durkheim Émile, *Suicide, a study in Sociology*, Glencoe, IL, Free Press, 1951.
Foot, Philippa, *Natural Goodness*, Oxford, Oxford University Press, 2001.
Glover, Jonathan, *Humanity: A Moral History of the 20th Century*, New Haven, CT, Yale University Press, 2000.
Greene, Joshua David, *Moral Tribes: Emotion, Reason, and the Gap between Us and Them*, New York, Penguin, 2013.
Haidt, Jonathan,, *The Righteous Mind: Why Good People Are Divided by Politics and Religion*, New York, Pantheon, 2012.
Hamilton, W.D., 'The Genetical Evolution of Social Behavior', I and II, *Journal of Theoretical Biology*, 1964, 7:1-52.
Hoffer, Eric, *The True Believer: Thoughts on the Nature of Mass Movements*, New York, Harper and Row, 1951.
Hrdy, Sarah Blaffer, *Mothers and Others: The Evolutionary Origins of Mutual Understanding*, Cambridge, MA, Belknap Press of Havard University Press, 2009.
Kitcher, P., *The Ethical Project*, Cambridge, MA, Harvard University Press, 2011.
Maynard Smith, John, *Evolution and the Theory of Games*, Cambridge, Cambridge University Press, 1982.
Norenzayan, Ara, *Big Gods: How Religion Transformed Cooperation*

and Conflict, Princeton, NJ, Princeton University Press, 2013.

Pinker, Steven, *The Better Angels of Our Nature: Why Violence Has Declined*, New York, Viking, 2011.

Pinker, Steven, *The Blank Slate: The Modern Denial of Human Nature*, New York, Viking, 2002.

Putnam, Robert D., and David E. Campbell, *American Grace: How Religion Divides and Unites Us*, New York, Simon & Schuster, 2010.

Ridley, Matt, *The Origins of Virtue: Human Instincts and the Evolution of Cooperation*, New York, Viking, 1997.

Sober, E., and D.S. Wilson, *Unto Others: The Evolution and Psychology of Unselfish Behavior*, Cambridge, MA, Harvard University Press, 1998.

Trivers, R., 'The Evolution of Reciprocal Altruism', *Quarterly Review of Biology*, 1971, 46:35-57.

Waal, F.B.M de, *The Bonobo and the Atheist: In Search of Humanism among the Primates*, New York, W.W. Norton & Company, 2014.

Waal, F.B.M de, *Good Natured: The Origins of Right and Wrong in Humans and Other Animals*, Cambridge, MA, Harvard University Press, 1996.

Waal, F.B.M. de, *Primates and Philosophers*, Princeton, NJ, Princeton University Press, 2006.

Wilson, David Sloan, *Darwin's Cathedral: Evolution, Religion, and the Nature of Society*, Chicago, University of Chicago Press, 2002.

Wilson, E.O., *On Human Nature*, Cambridge, MA, Harvard University Press, 1978.

Wilson, J.Q., T*he Moral Sense*, New York, Free Press, 1993.

Wright, R., *The Moral Animal: The New Science of Evolutionary Psychology*, New York, Pantheon, 1994.

3장

Barnstone, Willis, *The Other Bible: Gnostic Scriptures, Jewish Pseudepigrapha, Christian Apocrypha, Kabbalah, Dead Sea Scrolls,*

San Francisco, Harper & Row, 1984.

Baumeister, Roy F., *Evil: Inside Human Cruelty and Violence*, New York, W.H. Freeman, 1997.

Beck, Aaron T., *Prisoners of Hate: The Cognitive Basis of Anger, Hostility and Violence*, New York, HarperCollins, 1999.

Herf, Jeffrey, *The Jewish Enemy*, Cambridge, MA, Belknap Press of Harvard University Press, 2008.

Jonas, Hans, *The Gnostic Religion*, Boston, Beacon Press, 1963.

King, Karen L., *What is Gnosticism?*, Cambridge, MA, Belknap Press of Harvard University Press, 2003.

Koonz, Claudia, *The Nazi Conscience*, Cambridge, MA, Belknap Press of Harvard University Press, 2003.

Lifton, Robert Jay, *The Nazi Doctors*, New York, Basic Books, 1986.

Müller, Ingo, *Hitler's Justice*, Cambridge, MA, Harvard University Press, 1991.

Pagels, Elaine H., *Adam, Eve, and the Serpent*, New York, Random House, 1988.

Pagels, Elaine H., *Beyond Belief*, New York, Random House, 2003.

Pagels, Elaine, H., *The Gnostic Gospels*, New York, Random House, 1979.

Pagels, Elaine H., *The Gnostic Paul*, Philadelphia, Trinity Press International, 1992.

Pagels, Elaine H., *The Johannine Gospel in Gnostic Exegesis: Heracleon's Commentary on John*, Nashville, Abingdon Press, 1973.

Pagels, Elaine H., *The Origin of Sata*n, New York, Random House, 1995.

Pagels, Elaine H., *Revelations*, New York, Viking, 2012.

Robinson, James, *The Nag Hammadi Library in English*, San Francisco, Harper & Row, 1978.

Roseman, Mark, *The Villa, the Lake, the Meeting*, London, Allen Lane/Penguin, 2002.

Russell, Jeffrey Burton, *The Devil*, Ithaca, NY, Cornell University Press,

1977.
Russell, Jeffrey Burton, *Lucifer: The Devil in the Middle Ages*, Ithaca, NY, Cornell University Press, 1984.
Russell, Jeffrey Burton, *The Prince of Darkness*, Ithaca, NY, Cornell University Press, 1988.
Russell, Jeffrey Burton, *Satan*, Ithaca, NY, Cornell University Press, 1981.
Volkan, Vamik D., *Blind Trust: Large Groups and their Leaders in Times of Crisis and Terr*or, Charlottesville, VA, Pitchstone Publishing, 2004.
Volkan, Vamik D., *Bloodlines*, New York, Farrar, Straus, and Giroux, 1997.
Volkan, Vamik D., *Killing in the Name of Identity: A Study of Bloody Conflicts*, Charlottesville, VA, Pitchstone Publishing, 2006.
Volkan, Vamik D., *The Need to Have Enemies and Allies*, Northvale, NJ, Jason Aronson, Inc., 1988.

4장

Armstrong, Karan, *Holy War: The Crusades and their Impact on Today's World*, New York, Anchor Books, 2001.
Baumeister, Roy F., *Evil: Inside Human Cruelty and Violence*, New York, W.H. Freeman, 1997.
Beck, Aaron T., *Prisoners of Hate: The Cognitive Basis of Anger, Hostility and Violence*, New York, HarpeCollins, 1999.
Carmichael, Joel, *The Satanizing of The Jews: Origin and Development of Mystical Anti-Semitism*, New York, Fromm, 1992.
Carroll, James, C*onstantine's Sword: The Church and the Jews: A History*, Boston, Houghton Mifflin, 2001.
Chazan, Robert (ed.), *Church, State, and Jew in the Middle Ages*, New York, Behrman House, 1980.
Chazan, Robert, *European Jewry and the First Crusade*, Berkeley, University of California Press, 1987.
Chazan, Robert, *God, Humanity, and History: The Hebrew First Crusade Narratives*, Berkeley, University of California Press, 2000.

Chazan, Robert, *In the Year 1096, The First Crusade and the Jews*, Philadelphia, Jewish Publication Society, 1996.
Chazan, Robert, *Medieval Stereotypes and Modern Anti-Semitism*, Berkeley, University of California Press, 1997.
Chesler, Phyllis, *The New Anti-Semitism: The Current Crisis and What We Must Do About it*, San Francisco, Jossey-Bass, 2003.
Eidelberg, Shlomo (ed. and trans.), *The Jews and the Crusaders: The Hebrew Chronicles of the First and Second Crusades*, Hoboken, NJ, KTAV Publishing House, 1996.
Flannery, Edward H., *The Anguish of the Jews: Twenty-Three Centuries of Anti-Semitism*, New York, Paulist Press, 1985.
Foxman, Abraham H., *Never Again? The Treat of the New Anti-Semitism*, San Francisco, HarperSanFrancisco, 2003.
Freud, Sigmund, *Totem and Taboo: Some Points of Agreement between the Mental Lives of Savages and Neurotics*, trans. James Strachey, London, Routledge and Kegan Paul, n.d.
Gager, John G., *The Origins of Anti-Semitism: Attitudes toward Judaism in Pagan and Christian Antiquity*, New York, Oxford University Press, 1983.
Girard, René, *The Scapegoat*, trans. Yvonne Freccero, Baltimore, Johns Hopkins University Press, 1986.
Girard, René, *Things Hidden since the Foundation of the World*, research undertaken in collaboration with Jean-Michel Oughourlian and Guy Lefort, trans. Stephen Bann (Books II and III) and Michael Metteer (Book I), Stanford, Stanford University Press, 1987.
Girard, René, *Violence and the Sacred*, trans. Patrick Gregory, Baltimore, Johns Hopkins University Press, 1977.
Glick, Leonard B., *Abraham's Heirs: Jews and Christians in Medieval Europe*, Syracuse, NY, Syracuse University Press, 1999.
Glover, Jonathan, *Humanity: A Moral History of the Twentieth Century*, London, Jonathan Cape, 1999.
Iganski, Paul, and Barry Kosmin (eds.), The New Antisemitism?

Debating Judeophobia in 21st-Century Britain, London, Profile, 2003.
Isaac, Jules, *Has Anti-Semitism Roots in Christianity?*, trans. Dorothy and James Parkes, New York, National Conference of Christians and Jews, 1961.
Isaac, Jules, *Jesus and Israel*, ed. with a foreword by Claire Huchet Bishop, trans, Sally Gran, New York, Holt, Rinehart and Winston, 1971.
Isaac, Jules, *The Teaching of Contempt: Christian Roots of Anti-Semitsim*, trans. Helen Weaver, New York, Holt, Rinehart and Winston, 1964.
Kearney, Richard, *Strangers, Gods, and Monsters: Ideas of Otherness*, London, Routledge, 2002.
Lang, Berel, *Heidegger;s Silence*, Ithaca, NY, Cornell University Press, 1996.
Mack, Michael, *German Idealism and the Jew: The Inner Anti-Semitism of Philosophy and German Jewish Responses*, Chicago, University of Chicago Press, 2003.
Netanyahu, B., *The Origins of the Inquisition in Fifteenth Century Spain*, New York, Random House, 1995.
New, David S., *Holy War,: The Rise of Militant Christian, Jewish, and Islamic Fundamentalism* Jefferson, NC, McFarland & Co., 2002.
Nicholls, William, *Christian Anti-Semitism: A History of Hate*, Northvale, NJ, Jason Aronson Inc., 1993.
Poliakov, León, *The History of Anti-Semitism*, 4 vols., Philadelphia, University of Pennsylvania Press, 2003.
Rose, Paul Lawerence, *Revolutionary Antisemitism in Germany from Kant to Wagner*, Princeton, NJ, Princeton University Press, 1990.
Rosenbaum, Ron (ed.), *Those Who Forget the Past: The Question of Anti-Semitism*, New York, Random House, 2004.
Rotenstreich, Nathan, *Jews and German Philosophy: The Polemics of Emancipation*, New York, Schocken Books, 1984.
Rotenstreich, Nathan, *The Recurring Pattern: Studies in Anti-Judaism in*

Modern Thought, New York, Horizon Press, 1964.
Ruether, Rosemary Radford, *Faith and Fratricide: The Theological Roots of Anti-Semitism*, New York, Seabury Press, 1974.
Schoenfeld, Gabriel, *The Return of Anti-Semitism*, San Francisco, Encounter Books, 2004.
Schwartz, Regina M., *The Curse of Cain: The Violent Legacy of Monotheism*, Chicago, University of Chicago Press, 1997.
Signer, Michael A., and John Van Engen (eds.), *Jews and Christians in Twelfth-Century Europe*, Notre Dame, IN, University of Notre Dame Press, 2001.
Simon, Marcel, *Verus Israel: A Study of the Relations between Christians and Jews in the Roman Empire*, London, Littman Library of Jewish Civilization, 1986.
Timmerman, Kenneth R., *Preachers of Hate: Islam and the War on America*, New York, Crown Forum, 2003.
Wistrich, Robert S., Antisemitism: *The Longest Hatred*, New York, Schocken Books, 1994.
Wistrich, Robert S., *A Lethal Obsession*, New York, Random House, 2010.

5장

Baum, Gregory, *The Jews and the Gospel, A Re-Examination of the New Testament*, Westminster, MD, Newman Press, 1961.
Boys, Mary C., *Has God Only One Blessing? Judaism as a Source of Christian Self-understanding*, New York, Paulist Press, 2000.
Buren, Paul M. van, *A Theology of the Jewish-Christian Reality*, Lanham, MD, University Press of America, 1995.
Carroll, James, *Constantine's Sword: The Church and the Jews: A History*, Boston, Houghton Mifflin, 2001.
Edelstein, Alan, *An Unacknowledged Harmony: Philo-Semitism and the Survival of European Jewry*, Westport, CT, Greenwood Press, 1982.
Flannery, Edward H., *The Anguish of the Jews: Twenty-Three Centuries*

of Anti-Semitism, New York, Macmillan, 1965.

Freud, Sigmund, *Femininity (1933), The Standard Edition of the Complete Psychological Works of Sigmund Freud*, London, Hogarth, vol. XXII,1933.

Freud, Sigmund, *The Letters of Sigmund Freud 1873-1939*, Hogarth Press, London, 1970.

Freud, Sigmund, James Strachey, Anna Freud, Carrie Lee Rothegeb and Angela Richards, *The Standard Edition of the Complete Psychological Works of Sigmund Freud*, London, Hogarth, 1953.

Gager, John, *Origins of Anti-Semitism*, New York, Oxford University Press, 1983.

Girard, René, Violence and the Sacred, Baltimore, Johns Hopkins University Press, 1977.

Hasan-Rokem, Galit, and Alan Dundes (eds.), *The Wandering Jew*, Bloomington, Indiana University Press, 1986.

Jones, Ernest, *The Life and Work of Sigmund Freud*, New York, Basic Books, 1953.

Mock, Douglas W., *More than Kin and Less than Kind: The Evolution of Family Conflict*, Cambridge, MA, Belknap Press of Harvard University Press, 2004.

Nirenberg, David, *Anti-Judaism*, New York, W.W Norton & Co., 2013.

Ruether, Rosemary Radford, *Faith and Fratricide: The Theological Roots of Anti-Semitism*, New York, Seabury Press, 1974.

Satloff, Robert, *Among the Righteous: Lost Stories from the Holocaust's Long Reach into Arab Lands*, New York, Public-Affairs, 2006.

Shepardson, Christine C., *Anti-Judaism and Christian Orthodoxy*, Washington, DC, Catholic University of America Press, 2008.

Soulen, R. Kendall, *The God of Israel and Christian Theology*, Minneapolis, Fortress Press, 1996.

Wigoder, Geoffrey, *Jewish-Christian Relations since the Second World War*, Manchester, Manchester University Press, 1988.

6-9장

Alter, Robert, *The Art of Biblical Narrative*, New York, Basic Books, 1981.

Alter, Robert, *The Art of Biblical Poetry*, New York, Basic, Books, 1985.

Alter, Robert, *On Biblical Narrative*, Eugene, University of Oregon Books, 2000.

Alter, Robert, *The World, of Biblical Literature*, New York, Basic Books, 1992.

Alter, Robert, and Frank Kermode (eds.), *The Literary Guide to the Bible*, Cambridge, MA, Belknap Press of Harvard University Press, 1987.

Berlin, Adele, *The Jewish Study Bible*, New York, Oxford University Press, 2004.

Berlin, Adele, *Poetics and Interpretation of Biblical Narrative*, Winona Lake, IN, Eisenbrauns, 1994.

Clines, David J.A., T*he Theme of the Pentateuch*, Sheffield, Dept. of Biblical Studies, University of Sheffield, 1978.

Fisch, Harold, *A Remembered Future: A Study in Literary Mythology*, Bloomington, Indiana University Press, 1984.

Fishbane, Michael, *Biblical Interpretation in Ancient Israel*, Oxford, Clarendon Press, 1985.

Fishbane, Michael, *The Exegetical Imagination: On Jewish Thought and Theology*, Cambridge, MA, Harvard University Press, 1998.

Fishbane, Michael, *The Garments of Torah: Essays in Biblical Hermeneutics*, Bloomington, Indiana University Press, 1989.

Fishbane, Michael (ed.), *The Midrashic Imagination: Jewish Exegesis, Thought, and History*, Albany, State University of New York Press, 1993.

Fishbane, Michael, *Text and Texture: Close Readings of Selected Biblical Texts*, New York, Schocken Books, 1979.

Fokkelman, J.P., *Narrative Art in Genesis: Specimens of Stylistic and Structural Analysis*, Assen, Van Gorcum, 1975.

Fokkelman, J.P., *Reading Biblical Narrative*, Louisville, KY, Westminster John Knox Press, 1999.

Kugel, James L., *The Bible As It Was*, Cambridge, MA, Belknap Press of Harvard University Press, 1997.

Kugel, James L., *In Potiphar's House: The Interpretive Life of Biblical Texts*, Cambridge, MA, Harvard University Press, 1994.

Kugel, James L., *On Being a Jew*, Baltimore, Johns Hopkins University Press, 1998.

Levenson, Jon D., *Creation and the Persistence of Evil: The Jewish Drama of Divine Omnipotence*, Princeton, NJ, Princeton University Press, 1994.

Levenson, Jon D., *The Hebrew Bible, the Old Testament, and Historical Criticism: Jews and Christians in Biblical Studies*, Louisville, KY, Westminster John Knox Press, 1993.

Levenson, Jon D., *Sinai and Zion: An Entry into the Jewish Bible*, Minneapolis, Winston Press, 1985.

Levenson, Jon, D., *The Universal Horizon of Biblical Particularism*, New York, American Jewish Committee, Institute of Human Relations, 1985.

Sacks, Jonathan, *Exodus: The Book of Redemption*, New Milford, CT, Maggid Books & The Orthodox Union, 2010.

Sacks, Jonathan, *Genesis: The Book of Beginnings*, New Milford, CT, Maggid Books & The Orthodox Union, 2009.

Sacks, Jonathan, *Leviticus: The Book of Holiness*, New Milford, CT, Maggid Books & The Orthodox, Union, 2015.

Sternberg, Meir, *The Poetics of Biblical Narrative: Ideological Literature and the Drama of Reading*, Bloomington, Indiana University Press, 1985.

10-15장

Ahmed, Akbar S., *Discovering Islam: Making Sense of Muslim History and Society*, London, Routledge, 2002.

Ahmed, Akbar S., *Islam under Siege: Living Dangerously in a Post-Honor World*, Cambridge, Polity, 2003.

Ahmed, Akbar S., *Postmodernism and Islam: Predicament and Promise*, New York, Routledge, 2004.

Aristotle, *The Politics*, ed. Stephen Everson, Cambridge, Cambridge University Press, 1996.

Berlin, Isaiah, and Henry Hardy, *The Crooked Timber of Humanity*, New York, Knopf, 1991.

Biale, David, *Power and Powerlessness in Jewish History*, New York, Schocken Books, 1986.

Canetti, Elias, *Crowds and Power*, Harmondsworth, Penguin, 1973.

Chesler, Phyllis, *The New Anti-Semitism: The Current Crisis and What We Must Do About It*, San Francisco, Jossey-Bass, 2003.

Cohn, Norman, *The Pursuit of the Millennium*, London, Paladin, 1972.

Cook, David, *Understanding Jihad*, Berkeley, University of California Press, 2005.

Dumouchel, Paul (ed.), *Violence and Truth: On the Work of René Girard*, Stanford, Stanford University Press, 1988.

Esposito, John L., *Islam and Politics*, Syracuse, NY, Syracuse University Press, 1998.

Esposito, John L., *Islam: The Straight Path*, 3rd edn., updated with new epilogue, New York, Oxford University Press, 2005.

Esposito, John L., *The Islamic Threat: Myth or Reality?*, 3rd edn., New York, Oxford University Press, 1999.

Esposito, John L. (ed.), *The Oxford History of Islam*, New York, Oxford University Press, 1999.

Esposito, John L. (ed.), *Political Islam: Revolution, Radicalism, or Reform?*, Boulder, CO, Lynne Rienner, 1997.

Esposito, John L., *Unholy War: Terror in the Name of Islam*, New York, Oxford University Press, 2002.

Esposito, John L., (ed.), *Voices of Resurgent Islam*, New York, Oxford University Press, 1983.

Esposito, John L., *What Everyone Needs to Know about Islam*, Oxford, Oxford University Press, 2002.

Fishbane, Michael A., *Biblical Interpretation in Ancient Israel*, Oxford, Clarendon Press, 1985.

Frankl, Viktor E., *Man's Search for Meaning: An Introduction to Logotherapy*, trans. Ilse Lasch, Boston, Beacon Press, 1992.

Gopin, Marc, *Between Eden and Armageddon: The Future of World Religions, Violence, and Peacemaking*, Oxford and New York, Oxford University Press, 2000.

Gopin, Marc, *Holy War, Holy Peace: How Religion Can Bring Peace to the Middle East*, New York, Oxford University Press, 2002.

Haidt, Jonathan, *The Righteous Mind*, New York, Pantheon Books, 2012.

Halbwachs, Maurice, *On Collective Memory*, ed., trans., and with an introduction by Lewis A. Coser, Chicago, University of Chicago Press, 1992.

Hiro, Dilip, Holy Wars: The Rise of Islamic Fundamentalism, New York, Routledge, 1989.

Huntington, Samuel, *The Clash of Civilizations and the Remaking of World Order*, New York, Simon & Schuster, 1996.

Josephus, Flavius, *The Jewish War*, trans. G.A. Williamson, Harmondsworth, Penguin, 1959.

Kaufman, Stuart J., *Modern Hatreds: The Symbolic Politics of Ethnic War*, Ithaca, NY, Cornell University Press, 2001.

Kepel, Gilles, *Jihad: The Trail of Political Islam*, trans. Anthony F. Roberts, Cambridge, MA, Harvard University Press, 2002.

Kepel, Gilles, *The Revenge of God: The Resurgence of Islam, Christianity, and Judaism in the Modern World*, trans. Alan Braley, University Park, Pennsylvania State University Press, 1994.

Kepel, Gilles, *The War for Muslim Minds: Islam and the West*, trans. Pascale Ghazaleh, Cambridge, MA, Belknap Press of Harvard University Press, 2004.

King, Martin Luther, *Strength to Love*, New York, Harper & Row, 1963.

Kristeva, Julia, *Desire in Language*, New York, Columbia University Press, 1980.

Lewis, Bernard, *The Assassins: A Radical Sect in Islam*, New York, Basic Books, 2003.

Lewis Bernard, *The Crisis of Islam: Holy War and Unholy Terror*, New York, Modern Library, 2003.

Lewis, Bernard, *Cultures in Conflict: Christians, Muslims, and Jews in the Age of Discovery*, New York, Oxford University Press, 1995.

Lewis, Bernard, *Islam and the Arab World: Faith, People, Culture*, New York, Knopf, 1976.

Lewis, Bernard, *Islam and the West*, New York, Oxford University Press, 1993.

Lewis, Bernard, *Islam in History: Ideas, People, and Events in the Middle East*, Chicago, Open Court, 1993.

Lewis, Bernard, *The Jews of Islam*, Princeton, NJ, Princeton University Press, 1984.

Lewis, Bernard, *The Middle East: 2,000 Years of History from the Rise of Christianity to the Present Day*, London, Weidenfeld & Nicolson, 1995.

Lewis, Bernard, *The Muslim Discovery of Europe*, New York, W.W. Norton, 2001.

Lewis, Bernard, *The Political Language of Islam*, Karachi, Oxford University Press, 2002.

Lewis, Bernard, *Semites and Anti-Semites: An Inquiry into Conflict and Prejudice*, New York, Norton, 1986.

Lewis, Bernard, *What Went Wrong? Western Impact and Middle Eastern Response*, Oxford, Oxford University Press, 2002.

Lewis, Bernard, and Benjamin Braude (eds.), *Christians and Jews in the Ottoman Empire: The Functioning of a Plural Society*, New York, Holmes & Meier Publishers, 1982.

Longley, Clifford, *Chosen People: The Big Idea that Shaped England*

and America, London, Hodder & Stoughton, 2002.

Miles, Jack, *God: A Biography*, New York, Alfred A. Knopf, 1995.

Mill, John Stuart, *On Liberty, Considerations on Representative Government*, ed. H.B. Acton, London, Dent, Everyman's Library, 1972.

Nelson, Eric, *The Hebrew Republic*, Cambridge, MA, Harvard University Press, 2010.

Novak, David, *Natural Law in Judaism*, Cambridge, Cambridge University Press, 1998.

Novak, David, and Matthew Lagrone, *The Image of the Non-Jew in Judaism*, Oxford, Littman Library of Jewish Civilization, 2011.

Novak, Michael, *The Spirit of Democratic Capitalism*, London, Institute of Economic Affairs, 1991.

Paine, Thomas, *Political Writings*, ed. Bruce Kuklick, Cambridge, Cambridge University Press, 2000.

Popper, Karl, *The Open Society and Its Enemies*, vol. 1, new edn., London, Routledge Classics, 2002.

Price, Randall, *Unholy War*, Eugene, OR, Harvest House Publishers, 2002.

Rabinovitch, N.L., R*esponsa Melomdei Milchamah*, Maaleh Adumin, Maaliyot, 1993.

Redner, Harry, *Ethical Life: The Past and Present of Ethical Cultures*, Lanham, MD, Rowman & Littlefield, 2001.

Rousseau, J.J., T*he Social Contract and Other Later Political Writings*, ed. and trans. Victor Gourevitch, Cambridge, Cambridge University Press, 1997.

Sacks, Jonathan, *The Dignity of Difference*, London, Continuum, 2002.

Sacks, Jonathan, *The Home We Build Together*, London, Continuum, 2007.

Sacks, Jonathan, *To Heal a Fractured World*, London, Continuum, 2005.

Spinoza, Benedict, *A Theologico-Political Treatise*, trans. R.H.M. Elwes, Mineola, NY, Dover Publications, 2004.

Talmon, J.L., *The Origins of Totalitarian Democracy*, London, Secker & Warburg, 1952.

Tocqueville, Alexis de, *Democracy in America*, abridged with an introduction by Thomas Bender, New York, Modern Library, 1981.

Toulmin, Stephen, *Cosmopolis: The Hidden Agenda of Modernity*, Chicago, University of Chicago Press, 1992.

Voegelin, Eric, *Order and History*, vol.1, *Israel and Revelation*, Baton Rouge, Louisiana State University Press, 1956.

Volf, Miroslav, *Exclusion and Embrace: A Theological Exploration of Identity, Otherness, and Reconciliation*, Nashville, Abingdon Press, 1996.

Walzer, Michael, *Arguing about War*, New Haven, CT, Yale University Press, 2004.

Walzer, Michael, *Exodus and Revolution*, New York, Basic Books, 1985.

Walzer, Michael, *In God's Shadow*, New Haven, CT, Yale University Press, 2012.

Walzer, Michael, *Law, Politics, and Morality in Judaism*, Princeton, NJ, Princeton University Press, 2006.

Walzer, Michael, *On Toleration*, New Haven, CT, Yale University Press, 1997.

Walzer, Michael, *Politics and Passion*, New Haven, CT, Yale University Press, 2004.

Yerushalmi, Yosef Hayim, *Zakhor, Jewish History and Jewish Memory*, Seattle, University of Washington Press, 1982.

Zerubavel, Eviatar, *Time Maps: Collective Memory and the Social Shape of the Past*, Chicago, University of Chicago Press, 2003.

옮긴이의 말

암담한 시대를 견디기 위해 사람들은 아름다운 사랑노래와 이야기를 만들거나, 희망의 돌파구를 찾기 위해 공부에 몰두하곤 했다. 그러나 오늘날 인류의 멸종 가능성까지 논의되는 전대미문의 지구적 기후/생태/경제/정치/전쟁/핵 위기에 대해 프란치스코 교황을 비롯해서 치열한 학자들과 활동가들이 구체적 대안들을 제시했지만, 복잡하게 연결된 그 위기들은 더욱 악화되고 있다. 2019년 11월, 전 세계 153개국 11,258명의 과학자들이 "기후비상사태"를 선포했고, 나는 〈"기후비상사태" 선포와 "기후비상내각" 설치를 위한 긴급 보고서〉 팸플릿을 만들었다. 곧이어 코로나19 팬데믹 사태가 시작되어 2년 반이 지났다. 생태계 파괴의 필연적 결과였다. 그리고 현재 식량난, 고물가, 고금리로 인해 고통받는 사람들이 빠르게 증가하는 근본 원인은 지구적자(Earth deficit)로 인한 에너지/경제위기, 기후재앙/식량난/전쟁이 복합적으로 서로를 악화시키는 "퍼펙트 스톰"(perfect storm)이 시작된 때문일 것이다. 경제학자 로버트 하일브로너가 ≪인류의 미래에 대한 전망≫(1975)의 결론에서 말한 "하강 소용돌이"(downward spiral), 토마스 베리 신부가 말한 "신생대의 마지막 단계", 그 "여섯 번째 대멸종" 사태가 이미 한참 진행되어, 결국 영국의 수석 과학 고문인 존 베딩톤과 지속가능발전위원회 위원장 조너슨 프리트가 2009년에 예고했던 "퍼펙트 스톰"이 이미 시작된 것으로 판단

된다. 이런 위기는 인류가 한 번도 겪어본 적이 없는 전대미문의 "회복이 불가능할 수 있는"(레스터 브라운) 위기로서, 핵과학자협회가 최근 "지구 종말 시계"를 자정까지 90초 남은 것으로 선포한 위기이다.

〈성서심층연구 시리즈〉는 이런 위기감 속에서 또 하나 나름의 신학적 대비책이 되기를 바라는 절박한 기획이다. 어느새 70대 중반이 되었고, 거의 한평생 독재체제에서 살아온 사람으로서 세상이 얼마나 쉽게 나락으로 떨어질 수 있는가를 확실히 알게 되었으며, 지금 눈앞에서 벌어지는 살인적인 기후재앙들과 정치적 퇴행이 조만간 어떤 결과를 초래할 것인지를 어느 정도 예상할 수 있게 된 때문이다. 대선이 끝나고 가장 암담했던 것은 코앞에 다가온 기후 임계점들의 낭떠러지였고, 신천지 같은 소종파와 기독교 우파의 역할이었다. 랍비 색스의 ≪매주 오경 읽기 영성 강론≫ 번역에 착수하여, 새 정권이 시작되기 하루 전에 출간할 만큼, 나름의 대비책을 서두를 수밖에 없었다. 곧이어 시리즈 두 번째로 이 책을 번역하면서 성서에 대해 새롭고 놀라운 것을 참 많이 배웠다.

이 책에서 저자가 지적한 것처럼, (히틀러가 합법적으로 정권을 장악했을 때와 같이) 경제상황이 더 악화되고 수치심과 피해자 의식과 "비난의 문화"가 결합해서 희생양을 만들어낼수록 혐오와 폭력은 더욱 증가할 것이 거의 확실하다. 더군다나 저자가 다루지 않은 기후재앙들은 해마다 더욱 악화되고 있다. 금년 5월, 대기 중 이산화탄소 농도가 421ppm에 달해 산업혁명 이전(280ppm)보다 1.5배 증가했고, 이산화탄소보다 수십 배 이상 영향을 끼치는 메탄 농도는 팬데믹 기간에도 급격하게 상승하여, 산업혁명 이전보다 세 배가 되어, "지구 가열화"(global heating) 시대, "산불세"(Pyrocene) 시대가 되었다. 이처럼 우리 세대는 지구의 화학 성분을 바꿈으로써, "인류 공동의 집"인 지구와 "우리 자녀들의 미래"를 온통 불태워버리는 중이기 때문에, 식량난, 식수난, 기후난민이 증가할수록, 혐오와 폭력도 더욱 증가할 것이 분명하다.

한편 우리사회에 혐오 물결이 차오르기 시작한 것 역시 산업화 과정에서 40년 넘게 경제성장과 평생직장, 소득증가를 누리다가 뜻밖에 외환위기 사태를 맞아 대량 해고와 파산을 겪으면서 심한 좌절감과 사회적 분노가 표현되기 시작한 때문이다. 김진홍이 중심이 된 기독교 뉴라이트(2005년)가 김대중/노무현 정권을 비판하고 이명박/박근혜 정권 창출에 기여한 데 이어, 전광훈과 황교안 등 기독교 극우세력이 문재인 정권에 대한 혐오 표출에 앞장섬으로써 정권 교체에 기여했다. 그러나 "일베" 집단이 세월호 유가족, 여성, 장애인 등 큰 고통을 겪는 이들을 혐오하는 데서 알 수 있듯이, 부모 세대처럼 취업하고 결혼하고 자녀를 키우는 "평범한 삶의 추구가 더 이상 노력을 통해 달성할 수 없는" 좌절감과 수치심을 타자들에게 돌림으로써 "혐오하는 순간만큼은 타자화된 이를(댓글로나마) 짓밟으며 스스로의 존재 의미 또는 우월감을 회복할 수 있는"(김학준, ≪보통 일베들의 시대≫, 345쪽) 것처럼 느끼기 때문이다.

이처럼 큰 고통을 겪는 이들에 대한 측은지심마저 사라진 비인간적 사회가 된 것은 약육강식의 신자유주의 구조 속에서 수많은 사람들이 좌절감과 수치심, 분노 속에 살고 있다는 증거이다. 최근 5년간 우울증 환자는 35.1% 증가하여 93만여 명, 불안장애 환자는 32.3% 증가하여 86만여 명이고, 환자 증가폭이 가장 컸던 연령대는 모두 20대였으며, 여성이 남성보다 1.6~2.1배 많다고 한다(경향신문, 2022/6/25). 또한 지난 17년 동안 OECD 국가 중 1위를 차지하고 있는 한국의 자살률은 "2001년부터 2011년까지 약 10년 동안 100% 이상 증가했다"고 한다. OECD 2020년 발표 자료에 따르면, "한국의 자살률은 인구 10만 명당 24.6명으로 OECD 평균 11.3명의 2배 이상이다. 참고로 일본은 14.9명, 미국은 14.5명, 스웨덴은 11.4명, 덴마크는 9.5명, 터키는 2.6명 등이다. 한국에서는 덴마크보다 3배가 많은 36명이 매일 스스로 생을 마감하는 셈"이며, 자살은 10대, 20대, 30대 모두의 "사망 원인 1위"이며, 또한 40-50대의 사망 원인 2위가 자살이다(시사저널, 1708호, 2022.07.09.). 이처럼 최근에 우울증 환자와 불안장애 환자뿐 아니라 자살률이 급증하는 것은 입시/취업 경쟁과 노동과 생존 조건은 더욱 악화되고 있는 반면, 사회적 안전망은 매우 미흡한 구조에서, "사회적 루저"라는 자의식을 갖고 사는 대다수 사람들의 삶이 날이 갈수록 비인간적이 되어가고 있다는 증거이다. 이런 비인간적인 교육/사회 구조 속에서 비판적 자기성찰이 없을 경우, 누구나 "일베와 유사해질 수 있는" 혐오사회는 일차적으로 시장자본주의의 천민적 약육강식 구조에서 비롯되기에, 그 해결책도 양극화 해소와 복지 확대, 교육개혁 등 합리적 구조 개혁에서 찾아야 한다.

그러나 역사의 시계바늘은 거꾸로 돌아가고 있다. 전대미문의 비상사태 속에서도 기업국가의 정치인들은 자본의 이윤 증식에 몰두하여, 현재의 극심한 빈부격차를 줄이고 교육개혁과 "공정한 전환"이라는 합리적 해결에 태만하기 때문에, 위기는 더 악화될 수밖에 없고 사람들의 불안과 불만이 많아질수록 혐오와 폭력은 더욱 증가하고 있다. 정치인들의 철저한 직무유기와 계급/세대/젠더 갈라치기로 인해 국가의 존재 목적마저 부정하게 만들 정도로 불만과 정치 혐오와 냉소주의를 불러일으키는 탈정치화는 극단주의자들의 전략처럼 보인다. 남자들의 경우 알게 모르게 상처가 많을수록 영혼과 감정조차 말라붙기 쉬운데(샘 킨), 특히 어려서부터 온갖 비디오게임을 통해 "죽이는 것은 신바람 나는 것"(Kill and Enjoy!)이라는 장난감 복음에 세뇌당한 세대의 절망감이 극단주의자들의 가짜뉴스 선동과 맞물려 나타날 폭력이 우려되는 만큼 사회/교육 개혁이 절실하며, 또한 개인의 정체성과 가치관 정립, 정치의식의 변화, 그리고 공동체의 회복 등 어려운 신학/목회적 과제가 산적해 있다.

이 책에서 저자는 창세기의 중심주제인 폭력과 갈등 해결 과정에 초점을 맞추어, 폭력과 혐오를 극복하는 첫 걸음은 역할 바꾸기라고 강조한다. 또한 하나님이 아브라함과 이스라엘 백성을 선택하신 이유는 언약 백성의 우월감이나 지배가 아니라, "종의 공동체"로서 타인들을 섬기기 위한 것이며, 타인들과 평화를 유지하는 것을 배우지 못하면, 정의 사회 구현과 자유민주주의체제의 평화로운 삶이 불가능하다고 강조한다.

우선 교회가 제일 만만한 희생양으로 삼는 성소수자들과 장애인들, 이주 노동자들의 고통에 대해 역지사지의 깨달음을 얻을 수 있으면 좋겠다. 신학대 교수들 5백여 명이 포괄적 차별금지법에 반대하는 근거로 제시하는 "성경은 무오하다"는 주장은 "교황은 무오하다"는 주장처럼, "성경을 해석하는 나는 무오하니까 내 말에 절대복종하라"는 식의 맹신주의를 통해 자신의 권위를 유지하고 축재하는 오래된 수법에 불과하기 때문이다. 길어야 10년 지나면, 한국도 타이완이나 일본처럼 동성결혼/시민결합을 법제화할 것이 역사의 거역할 수 없는 흐름이기 때문이다.

둘째로, 치열한 경쟁사회 속에서 다른 사람들과 비교하여 "사회적 루저"라는 자의식을 가진 수많은 사람들이, 랍비 색스가 치밀하게 해명한 창세기의 카운터 내러티브를 통해 하나님의 풍성한 사랑을 새롭게 깨닫고, 보다 넉넉한 마음으로 자신의 정체성을 가질 수 있으면 좋겠다.

셋째로, 우리의 현대사에서 권력자들이 얼마나 많은 무고한 사람들에게 "적/빨갱이"라는 낙인을 찍고 집단학살했으며, 교회가 그런 혐오와 악마화 작업에 어떻게 앞장섰는지를 성찰하면 좋겠다. 특히 기독교는 십자군전쟁, 종교전쟁, 마녀사냥, 식민주의, 인종차별주의 등 역사상 가장 많은 사람들을 죽인 종교라는 비난을 받아왔기 때문이다.

저자는 종교적 혐오와 폭력의 핵심 문제가 "병적인 이원론"이기 때문에, 아브라함을 믿음의 조상으로 따르는 종교인 모두가 "약자들과 낯선 사람을 돌볼 책임"을 맡고 있으며, 하나님이 원하시는 것은 모두가 하나님 안에서 자유를 누리는 것이라고 강조한다. 이를 위해서는 우리 자신의 경험을 토대로 우리가 만물과 하나라는 깨달음과 생명의 하나님과 하나를 이루기 위한 자기-비움의 수행이 필요하며, 이것이 우리를 기쁨과 평화로 인도하는 길이라고 믿는다. 그러나 세상의 지배체제는 자멸의 낭떠러지로 치닫고 있기 때문에, 저자가 강조하는 것처럼, 하나님의 부름 받은 사람들이 정체성을 새롭게 인식하고 또한 낯선 사람들과도 형제자매애를 갖지 않고서는 혐오와 종교적 폭력을 막을 길이 없는 것 같다.

이 책 번역을 끝낸 후, 나는 다시 아침마다 이생강 명인의 대금산조에 맞추어 춤을 추기 시작했다. 만물이 "우주의 먼지"로 만들어졌으며, "어젯밤에 목성에서부터 지구로 이민 와서 감격적인 첫 날을 맞이하는"(토마스 베리) 우주의 나그네라는 정체성은 "우주적 알"(Cosmic Egg) 속에서 자신의 위치를 확인하며, "우주적 춤"(Cosmic Dance)에 발맞추는 동안 우리의 "한 피붙이"(a kindom)인 모든 생명체들이 겪는 아픔과 끈질긴 창조적 생명력에 대한 감수성을 되살리는 데 도움을 준다.

슬픔, 혐오, 폭력이 증가하는 세상에서 랍비 색스가 새롭게 깨우쳐주는 믿음과 사랑의 길이 독자 모두에게 조금 더 행복으로 안내하는 길이 되기를 바라는 마음이다. 그리고 머지않아 "북반구에서 동시다발적 식량 폭동"이 닥칠 때, 세례 받은 교인들로 이루어졌던 나치 친위대와 서북청년단의 악몽이 되풀이되지 않기만을 간절히 기도할 따름이다.